欧亚古典学研究丛书

乌云毕力格 主编

朔漠烟云

蒙古史与内蒙古地区史研究

白拉都格其 著

上海古籍出版社

本成果得到

中国人民大学"中央高校建设世界一流大学（学科）和
特色发展引导专项资金"支持（项目批准号：17XNLG04）

目　　录

关于早期蒙古社会制度的再思考 ……………………………………… 1

关于蒙古千户制度的进一步思考 ……………………………………… 18

清代蒙古的基本制度 …………………………………………………… 34

关于内蒙古与八旗蒙古若干问题 ……………………………………… 47

近代内蒙古各业开发与社会经济变迁 ………………………………… 55

近代喀喇沁右旗经济与社会变革 ……………………………………… 193

近代额尔古纳地区的多元经济文化 …………………………………… 205

晚清内外战争对蒙古的冲击和影响 …………………………………… 218

清末新政与清朝对蒙政策的彻底转变 ………………………………… 241

近代哲里木盟政治中心的变迁 ………………………………………… 268

关于近代内蒙古史史料的多元性和分散性

　　——以贡桑诺尔布史料为例 ……………………………………… 273

档案的源、流及相关史实辨析

　　——以清末民初东蒙史事为例 …………………………………… 285

有关民国初年部分内蒙古王公动向的一组历史档案 ………………… 293

关于贡桑诺尔布 1912 年遣使外蒙古的问题 ………………………… 298

别里古台第 32 世孙杨桑 ……………………………………………… 315

延安民族学院概述 ································· 319

乌勒吉敖喜尔传略

　　——革命与战争年代 ························ 332

关于民族史研究的视角问题 ····················· 345

成吉思汗帝国史研究及其他

　　——答法新社记者问 ······················ 352

新修清史体裁体例刍议 ························· 359

《我所知道的德王和当时的内蒙古》简介 ········· 364

《博尔济吉特·白莹论文汇编》序言 ············· 367

导师琐忆 ··································· 371

亦邻真教授对蒙古史学发展的突出贡献 ··········· 375

周清澍教授在新中国史学发展史上的地位和贡献 ····· 380

关于早期蒙古社会制度的再思考

本文所说的早期蒙古的社会制度问题,指的就是成吉思汗之前的蒙古人何时从"野蛮"的原始氏族社会过渡到"文明"的、地缘的私有制阶级社会的问题。数十年之前,这个论题曾几度成为蒙古史及相关学界的热门论题。简略回顾中外前人的研究成果,虽然它们所尊奉和运用的理论方法论——唯物史观的社会发展史规律大体相同,而且所依据的基本文献记载也就那么多,但除了在过渡的过程是逐步的、渐进的和漫长的这一点上比较一致,在具体过渡的时段上却可谓众说纷纭。其中,在开始过渡,也即原始氏族制开始瓦解的时段上,认为最早的是苍狼白鹿渡过腾汲思水进入漠北高原之后;在过渡完成,也即私有制阶级社会确立的时段上,最晚的是成吉思汗的统一和建国,后者得到学界的较多共识。其间的跨度,以成吉思汗的 21 世祖推算,大约 500 年;若从 9 世纪中叶回纥汗国衰亡起算,则大约 350 年。如果是一直处于与"世"("文明"社会—群体、国家)隔绝状态,这三五百年不算很长。事实是否果真如此呢?

回顾前人的讨论和结论,笔者觉得值得进一步思考及更好地把握和廓清的主要有以下几点:一个是如何更准确、合理地理解和判断这个过渡及其完成的基本标准、标志,及如何据以更准确、合理地释读史文的问题;一个是在前者(新认识)的基础上再回顾和梳理基本文献记载,试求有一些新的解读;再有就是,力求更为准确、合理地解读更大空间范围的基本史实,为本题讨论提供必要的参照系和佐证。

需要说明的是,本文是在众多前人成果基础上的进一步的,同时也是十分粗略的思考,试图开启一些不同思路以供学界同仁参考。由于凡是对本论题较为关注和了解的同行,对所涉及的基本史料和代表性前人成果都十分熟悉,本文未做缜密和过细的引证考述,容有悖谬和疏漏之处,务请不吝教正。

一、关于历史判断的基本标准和
释读史文中的认识问题

（1）所谓原始氏族公社制,简括而言无非就是：亲缘聚居、财产共有、产品均享,人人平等而无贫富、贵贱之分。与其相对的,则是"地缘"占支配地位,财产私有(自主支配、交换、继承),贫富、贵贱分化为不同阶级、等级。与后者相应的,作为基本条件或标志的还有：体现生产力、生产率发展水平的铁等金属器具的使用;体现公共管理、社会支配权力的国家机器的形成和君主制确立;体现综合文明发展程度的文字的发明和使用。其话语系统中,还包括剩余劳动、剩余产品、人身自由、社会生产分工和社会管理性、公共权力性职能分工;约束社会行为的法规性准则的强制性和成型程度,等等。

在上述几个基本要素中,一般都将血缘关系—氏族制列在第一位。但论者学人也都清楚,如不与财产公有、产品均享,原始性的人人平等,无凌驾其上的社会性强制国家机器相匹配,单纯的亲缘家族聚居并无社会发展史意义。"文明"社会直到近代,同姓一村、四世同堂,传统的"族权"、宗祠仍然存在,未见有人视其为原始氏族群体。早期蒙古人有牢记父系先祖系谱的传统,曾使许多论者浓笔论述,以作原始氏族制的重要特征或其为时不远的遗习。但我们都明白,牢记父系族谱源自同族、同姓不通婚的社会规范,并非原始氏族社会独有,而且理应社会愈文明,牢记和恪守得愈严格。进而,比起无任何财富、名位可作继承、延续的穷、贱阶级,贵族和富人更有清楚记忆父祖系谱的社会需求。就本论题而言,只不过是没有文字可供镌刻记忆的蒙古先人,更多的是依靠世代口传来记忆和追述,尤其是他们当中的贵族血统者。

金属器具的使用,是唯物史观—社会发展史观特别重视的必要条件和基本标志。但是它作为文明过渡因果链条中的初端要素,只要其他基本要素具备了,也就意味着它的存在和作用,不必有直接见诸文献的明确记载。

国家机器、君主制的形成和确立,也是社会发展史观极重视的基本标志。然而，在私有制和阶级、等级已经形成和确立的部落群体，其世袭性的首领——贵族领主，也就是它的小规模的形态和基层单位。具体到历史上的某一部落群体——民族共同体，并不必有本群体、本民族的君主和成形国家机器，只要有凌驾于其上的另一民族群体的君主、国家机器，成为这个君主国家的臣民，也就不再成其为原始、氏族、公有制的群体。

至于本民族文字的创制和使用，在特定的历史事物中也不构成必要条件。统治广阔北亚内陆，与战国秦汉对峙、争雄几百年的匈奴民族政权就是实证。

那么，这个过渡完成的最基本的标志，就是财产私有制和阶级、等级社会以及维持其秩序的贵族领主制的形成和确立。

（2）在我们现有的知识结构里，世界上任何民族共同体，其祖先都是从原始"野蛮"的部落群体进化而来。但是这种进化和过渡，其具体形态、进程，还可分为原生态和次生态。放在整个人类文明发展史上，某一部落—民族共同体在没有受到其他外来因素——文明群体的影响下独立走完这个过程的，可以称之为原生态过渡的（除了已无从探寻其远古足迹的个别文化遗存），大概只有欧亚非大陆的四大文明古国。而历史上其他所有民族—部落群体的文明过渡，都可称之为次生态以至次次生态，即都是受到其他文明直接、间接，形式、形态和程度各异的影响的产物。原生态文明的这个过渡，自然会是逐步、渐进、十分漫长。而次生态的过渡过程，显然不会同样漫长，应是因其所受外来影响的程度、力度和速度而大不相同。

如果说，交换和仿效是原始公有制解体的催化剂，那么大规模的暴力冲突（排除氏族血亲复仇，一方须是"文明"群体），战争和征服，则是龙卷风式的速溶剂。

由于古代史上不同民族群体间的征服和臣属关系，不乏间接的、松散的只纳象征性贡品的形态，或许仍会有被征服的臣属继续维持其群体内部的原始、氏族、公有状态。譬如深山野林中的狩猎群体，只是到山林边上向宗主进贡少量貂皮等猎物即可。但如果部落首领或其代表成群结队地带领着大批量畜群、皮毛等土特产，数千里跋涉并且连年不断地前往宗主的汗庭、都城去尽臣属义务，期间所蕴含的大量的剩余劳动、剩余产品、公共管理和支配权力等因素,恐怕很难再以仍处原始氏族公有制社会形态来解释了。次生态文明的过渡过程,只要其本体在被征服时已处于原始阶段末期,如已经出现了剩余产品、剩余劳动等(否则征服、掳掠、臣属均无意义),其受力最大、速度最快者转瞬之间即可完成,即成群体地被掳为文明社会的奴属、贱民。

(2-2)再一个相关问题是,被征服部落群体的过渡的开始、进程和完成的判断、标志。在许多前人的讨论和结论中,往往认为这种过渡从被征服为臣属时开始;在臣属状态中逐步成长、进化,在与宗主的抵御、对抗、对峙以至争雄中崛起和强盛;在推翻宗主的统治,建立自己的部落—民族政权、国家时最终完成。我的看法则是,对于在臣属状态中逐步进化和成长可以认同,而当他们的实力已足以与宗主对抗、对峙、争雄的时候(尽可时叛时服、时胜时败),这个过渡期应当已经结束。不能设想,没有生产(和作战)工具和技能的进步和提高,剩余劳动、剩余产品、私有财产——社会人力和财富的积累,公共管理和支配权力——从事战争的组织指挥能力,支撑大规模、长距离、持续数月以至经年的战争所需军备、物资,以及相应的、必不可少的"文明"的观念、意识和欲望,仍处在原始氏族制粗陋阶段的血亲复仇式的乌合之众,如何能对抗"文明"群体的"现代化"武器和军队。

(2-3)还有一个相关问题是,已经步入"文明"的阶级社会的群体,即使遭遇大的天灾人祸,只要种族未灭绝,就不可能倒退回原始公有制状态。在蒙古高原及更广大地域的历史上,旧亡、新兴之间,几度出现过没有国家、政权、君主,从历史记载中消失的政治空白时期。但政治空白不等于社会经济形态"空白",倒回原始状态,重启漫长的、新的轮回。对于灾祸之后残存的人口来说,政权没了,财富没了,牲畜、毡帐、铁制器具没了,一时的共苦饥寒、同渡时艰是可能的。但是他们的"文明"生产、生活的经验和技能还在,观念、意识还在,只要出现适当的环境、条件、契机,无须"过渡"即可重返文明状态。鲁滨逊和星期五的故事尽管是虚构、寓言,却蕴含着历史的真理。

（3）解读史文时值得注意的几点。

（3-1）所见凡是参与本论题讨论的学者前人，大多脑中已"装备"了社会发展史观。当他们面对某一部落—民族群体早期历史的记述（无论本族人自述还是外族人他述）时，总不免会将原始氏族公有作为该群体的起始，着意搜寻这方面的信息。如果没能找到直接的信息，就很自然地将史文中后一史段的信息，如财产私有、贫富分化、阶级和等级的存在视为自此才开始产生、出现；或者因史载的粗略和零星，视之为萌芽、雏形，也即推断为前一史段的晚期、瓦解期。问题是，这种预设前提式的推断，需要实证，哪怕是间接的佐证、他证。史文作者的脑中和笔下（记忆和记述）没有的东西，学者后人不应先验地代他们构拟和释义。追溯前史的载记，远略近详、远虚近实当为规律，这是人的记忆力使然。但远溯的虚、略，也不可能超脱作者自身经验和阅历的想象力，无从虚构即使确实存在过但已在记忆中消逝的事物。层累地锻造历史，是古代史家的主观意识和想象力使然，今人学者却不应用后世的形而上理论去继承和沿袭。

（3-2）换言之，在本论题相关史料记载中第一次出现的事物，除非有史文"本证"，不一定就是刚开始产生和出现的，恰应是已经"常态"存在的事物。何时开始出现的？作者没交代，或者他也不知道，我们也就只能是不知道，或另想办法求证。

（3-3）接下来的话题是，先有实、后有名（词汇），实已成"形"才会有命名的需要，当为人们语言词汇发展、发明的规律。进而，如果某一词汇是两个对应事物的一方，那么这个词汇的出现也就意味着其对应词汇—事物的存在。所谓无贫不称富，无庶民、臣属不成贵族、领主。在解读某一群体早期历史的记忆时，特别是没有"先进"的外族他述者的先验性因素干扰的原生态自述中，尤应作如是观。

二、关于成吉思汗先祖
——早期蒙古社会的记述

关于成吉思汗先祖的记述，于他去世不久在蒙古汗庭撰就的《元朝秘史》，显然要比几代人之后由遥远的波斯人宰相主笔的《史集》更贴近事实。

《秘史》的头 3 节文字，追忆了自苍狼白鹿的远祖传说以下，成吉思汗的第 21 至 11 世先祖的谱系、人名。其中，第 19 世、13 世、11 世（朵奔蔑儿干）祖先有"蔑儿干"贵族称号，第 12 世祖（脱罗豁勒真）有"伯颜"富人尊称。揆之常理，有贵族理当有哈阑、孛斡勒，有富人自会有穷人。而《秘史》在这里恰好告诉我们，脱罗豁勒真伯颜家有一个"家奴后生"（总译），并且据其文意显然是异族（异姓）人。《秘史》接着又说，朵奔蔑儿干用鹿肉将一个路遇穷人（"牙当吉古温"）的儿子换来做了家奴童仆。

从以上的简单谱系和传奇故事中，我们完全找不到财产共有、产品均分、人人平等，以至血缘聚居（单纯的血缘群体）等方面的信息。而社会等级、贫富分化且已成"形"（有了专门名称），以及其间所蕴含的财产私有，却是原始氏族公有制的直接对立物。

自朵奔蔑儿干开始，故事的情节逐渐丰富起来。朵奔娶的是另一个部落（亦儿坚）贵族首领（那颜）的女儿阿阑豁阿。阿阑豁阿的母亲也是某某地方的贵族主人（额真）的女儿。阿阑豁阿随父亲举家（亦儿坚—斡孛黑）迁到了以兀良哈歹人某某伯颜为主人的不儿罕山地方。在这里，朵奔蔑儿干的周邻部落，是有贵族首领的，周邻地方是有贵族、富翁主人的。

朵奔蔑儿干的第五子、成为成吉思汗黄金家族孛儿只斤氏始祖的孛端察儿的故事更具典型意义：

母亲去世以后，四位兄长分了家产（牲畜和食物），欺侮他弱小，不分给他。在这里，四个儿子分得的显然是从父母家庭继承的私有财产。而且在《秘史》作者的眼里，第五个儿子也理应享有家庭财产的继承权。

孛端察儿遇到了一群"无主百姓"，说动四个兄长一起掳掠了这群无主百姓及其牲畜、财产，五兄弟从此都有了自己的牲畜、财产和役使人口（哈阑）。在孛端察儿眼里，百姓而"无主"，显然是非常态，所以就很自然地萌生了将他们掳为奴属的欲望。如果我们把这批"无主"的百姓视为原始氏族公社制的群体，那么自他们被掳为奴属之后，转眼间就完成了由"野蛮"向"文明"的过渡，只可叹是被"文明"成了被压迫和剥削的阶级和等级。其原有原始氏族群体也完成了相应的"过渡"——被"文明"的群体吞噬后消失。

之后,已各有家产、属民的五兄弟,各自有了自己的"姓氏"(斡孛黑),孛端察儿成为了孛儿只斤氏的始祖。后来,孛端察儿的子孙又逐代分衍出了十数个斡孛黑。

《秘史》读者最为熟知的斡孛黑一词,明初翰林译员旁译作"姓",它作为父系血缘的标识符号,现代蒙古语中仍在使用。同时熟读《秘史》的学人也大多知道,斡孛黑在书中明显有两重涵义:一个是父系血统的标识,一个是以其命名的群体。在它作为群体涵义出现时,所知大多数学者前人几乎是不假思索地释译为"氏族"。而近代学人都知道,在我们的话语系统里"氏族"是原始公社制的血缘群体的专称。进而,又有不少做过专深辨析的学者(从符拉基米尔佐夫到护雅夫等等)明确指出,《秘史》中的斡孛黑群体几乎都是由不同族姓、不同等级的贵族、奴属——那颜、哈阑和孛斡勒组成。对于这样一个明显的悖论,不少学者都很"自然"地解读为它原本是原始形态的氏族,到史文中出现异族成员时,说明它已从原始末期分化、进化出加入了异族成员的阶级、等级等新的社会成分,只是仍保留着原始氏族的外壳——这不啻是将后人的意志(主观意识——释义)强加给《秘史》的作者。《秘史》本身只告诉我们,在它的作者那里,作为群体的斡孛黑本意就是(父系)贵族领属集团。

孛端察儿之后的故事,就本论题而言已没有必要过多地引证辨析了:成吉思汗八世祖蔑年土敦,有突厥—回纥汗国的"吐屯"官号;六世祖海都征服、吞并、役使漠北强部札剌亦儿残部的历史,《史集》《元史》都有详略不同的记载;五世叔祖察剌孩领忽、四世叔祖想昆必勒格分别被契丹辽授予"令稳""详稳"等部族官官号。

有学者前人依据海都征服札剌亦儿部之例,以及其后已非血缘氏族的部落群体间的征服、掳掠愈益频繁、剧烈,推断大约在11—12世纪蒙古人的原始氏族制趋于解体、崩溃,新的社会因素已占主导地位。但只要认真辨析《秘史》《史集》以及《元史》的相关记载,海都的征服与孛端察儿兄弟的掳掠除了远略近详的传奇与翔实,暴力征服的规模大小和激烈程度的不同,从征服、掳掠的性质与结果上并无质的区别。从部落组织结构和社会经济形态的角度，无论大的空间环境还是本部落群体，也看不出此前此后有什么质的区别和改变。

至于曾祖合不勒合罕将汗位传（转）给"异姓"同族俺巴孩，之后又转（传）回合不勒之子忽图剌，有学者解读为父系氏族制末期世袭君主制尚未确立之前的部落首领相互推选，应属牵强附会。它确可说明松散的部落联盟尚未出现独尊的世袭君主，但这几位合罕早已是各自贵族领属集团的世袭那颜了。成吉思汗的统一和建国，只是将蒙古本部和周邻众多游牧部落集团——其中不乏早已有世袭可汗以至文字、文书的贵族领属集团——兼并统一为一个由他和他的父系家族世袭统治的庞大、强盛的游牧民族大帝国。

对于成吉思汗所建立和普遍编设的蒙古贵族世袭领有的千户制度，学者前人几乎一致认为其最终彻底打破了原有的原始血缘氏族部落的外壳。但是，正如已有许多前人论证过的，《秘史》中的斡孛黑—亦儿坚早已不是血缘氏族群体，换言之，那时就已经是蜕变后的外壳了。进而如所周知，成吉思汗设立的千户，实际上仍然普遍冠有姓氏部落名称（千户那颜的或部众群体原来的）。那么，说它彻底冲破外壳，至少在社会发展层面上已没有多大意义了。

三、室韦—达怛史料中的相关记载

成吉思汗先祖的早期蒙古部落，是见于汉籍和突厥、回纥文碑铭的室韦—达怛部落的一支，应当已是学界大体的共识。在前人专题论著所提供的基本线索和解读的基础上，简要回顾一下与本论题相关的史载，可为本文前面的讨论提供一定的参照系和佐证。前人论著中已有翔实征引考述的，凡不是与本论题直接相关的，不再冗赘重复。

（1）先看《魏书·失韦传》。在交代了"失韦国"大致地理位置之后，简略记述了他们相当粗陋的社会经济生活状况。但其中并无血缘聚落、财产公有、产品均享、阶级等级之分等方面的信息。值得注意的则是，"其国少窃盗，盗一征三，杀人者责马三百匹"。在这里,对犯罪所责罚的理应是私有财产。而略有畜牧业生产、生活知识的都知道,直至近今,某一个人或个体家庭拥有既是生产资料又是生活资料的 300 匹马,是个很庞大的数字。我们不必据此认为室韦各部的畜牧业生产力已普遍发展、发达到人/户均这么高的程度,但总可说明私有制、贫富分化及保障私有财产的强制性社会行为规范已相当普遍和成"形"。此传下文中还有"俗爱赤珠","以多为贵,女不得此,乃至不嫁",也反映了个人财物多寡不均的"常态"。

此传最值得重视的当属"武定二年","始遣使""献其方物","迄武定末,贡使相寻"。武定是东魏年号,公元 543—550 年。在这里,首先作为前提或前因,这种称臣纳贡关系必然源自大朝的政治军事压力以至暴力。随之,贡使团队往返几个月的旅程中,至少有一半穿行、食宿于未曾闻见的富庶乡村和繁华都市,还必然会(须)接触、应酬高官和吏、民、商、仆,跪拜尊卑等级分明的皇帝(?)。期间所受到的各种"文明"的触动、冲击和影响,其力度、速度和范围都是不容忽略的。同时,筹集贡品方物、组成驮队,选派使者、夫役,备齐往返几个月的行装、旅资,加上大朝依例回赐物品的分配(已有论者将此释解为某种形式的官方贸易——物品交换),都蕴含着相当程度的剩余产品、剩余劳动与公共管理和支配权力。此传原文未提失韦国是否有君(酋)长、首领,但这些公权力(包括保障私产的成形法治)的存在,也就意味着凌驾于芸芸部众之上的专职、准专职权力者的存在。

《魏书》以上所记,是截至东魏也即 6 世纪中叶的状况。考虑到室韦众部落间发展程度的差异,即使审慎、保守地推断,或许他们总体上尚未完成向"文明"的最终过渡,其原始公社制形态也当瓦解殆尽,只剩下"外壳"、残余了。

再看《隋书·室韦传》(成书于唐初贞观十年,即 636 年)。室韦分为 5 部,"不相总一","并无君长";"突厥以三吐屯总领之",也即臣属于突厥汗国。5 部中的南室韦又下分 25 部,北室韦下分 9 部,均有各自的有专称(尊号)的首领。南室韦酋长"死则子弟代立,绝嗣则择贤而立之",可解读为世袭制尚未完全确立。北室韦各部,则均已有专称(尊号)的 3 个副职首领。"北室韦时遣使贡献,余无至者"，即其中的北室韦已有时转而向隋朝称臣纳贡。

《隋书》此传最值得辨析的是，南室韦之下文称"其国无铁，取给于高丽"。从"取给于高丽"可知，此处所谓"无铁"，不是说没有铁（器），也非谓不使用铁器，而指的是本"国"不产铁。这恰可证明，有铁和伸用铁器，是常态；似还可以佐证，室韦其他四部也是有（产或用）铁的。"取给于高丽"还可证，存在着远距离、成规模的商品交换贸易。以上种种，恐怕已无法用原始氏族公有制部落群体来解释了。

再看看明确出现了"蒙兀室韦"部名的《旧唐书·室韦传》。其首段综述中称，"其国无君长，有大首领十七人，并号'莫贺弗'，世管摄之，而附于突厥"。又说自唐初（"武德中"）"献方物"，"贞观三年（629 年），遣使贡丰貂，自此朝贡不绝。"就是说原来都臣属于突厥，唐初转而臣属唐朝。在以下分述室韦各部的文字中，复频频罗列各部历年的"遣使来贡"，并且有被唐朝封授为室韦大都督、都督的数十人分别或会同来朝的记录。与此相应，在《旧唐书》和其他唐代史籍中，还有唐朝设节度使等官镇抚、统辖室韦等部，封授室韦各部首领为大都督、都督，室韦人在唐与突厥之间时叛时服，与突厥联兵犯唐的零散记载。① 这些记载都进一步佐证了室韦各部依违、辗转臣属于突厥和唐朝的情况。

据此，分为许多以至几十个部落群体的室韦，几百年来还一直没有统一的"君长"，但都已有各自的世袭或准世袭的、成形制（专称）的"君长"，并由受委派或被封授的突厥可汗、唐朝皇帝的属臣统管、辖治；成规模、定制地遣使纳贡，也就是在常态地向凌驾于其上的世袭君主—国家机器尽封建臣属义务。

此传在简述室韦社会经济状况的文字中，确有"其人土著，无赋敛"，木犁"不加金刃，人牵以种"等尚处相当粗陋形态的记录。但同时也有"其家富者"婚嫁时"女家分其财物"等常态化的贫富之分和财产私有形态。在以人身隶属关系为主导的北族"文明"社会，大概

① 张久和《原蒙古人的历史——室韦—达怛研究》，高等教育出版社，1998年，第138—139页。

起初确实没有类似中土中央集权王朝那种以丁、亩为单位的国家税课。木犁耕种确实"原始",或许由于其铁资源长期无从"取给于高丽",但恐怕不能仅据此条即认为室韦社会全无铁器,及加工、使用铁器的技能(从未加工、使用过)。也就是说,这两条记述虽然说明一些部落群体仍处相当落后状态,但结合上述其他各个方面的要素,并不足以成为原始、氏族、公有制社会经济形态的基本证据。

契丹人建立辽王朝之后,整个蒙古高原和东北地区尽入版图,也即所有室韦—达怛人都成为其臣属。在汉籍史料中,室韦一名基本消失,取而代之的则是泛称性的阻卜和一批我们已耳熟能详的"(阻卜)札剌"(札剌亦儿)、"梅里急"(蔑儿乞)、"王纪剌"(弘吉剌)及"粘八葛"(乃蛮)等具体部名。辽朝对他们的统治管辖并不总是严格有效和稳固。约从10世纪末开始,不断有阻卜各部起兵反辽,时叛时服。大安八年(1092年),被辽朝封授为"阻卜诸部长"的北阻卜首领磨古斯大规模举兵抗辽(后战败被擒杀),据说与其同时或联兵反辽的还有粘八葛、梅里急等部。这里的"北阻卜"就是克烈部,磨古斯就是王罕的祖父,这已经是距成吉思汗不过两三代之前的事了。

辽亡金兴之后,蒙古高原各部的历史已相当清晰,并且于本论题已无关宏旨,故不再赘述(摘辑前人成果)。

辽金时期汉籍中与本论题密切相关的重要记载,则还有已为前辈学者十分关注的南宋人记述。李心传《建炎以来朝野杂记》中的"鞑靼款塞"条:其"远者止以射猎为生,无器甲,矢用骨簇而已。盖以地不产铁故也。契丹虽通其和市,而铁禁甚严。及金人得河东,……由是秦晋铁钱皆归之。遂大作军器,而国以益强"。对于时间、空间和信息来源都相距甚远的这些记载,将其与前述各种文字的相关记载(突厥文、回纥文碑铭参见后文)相参照,可作以下解读:(一)所称"止以射猎为生"的"远者"显然不适用于早已进入草原地带、游牧化了的大部分室韦—达怛——阻卜部落。(二)看来辽朝的铁禁和金朝的松弛确实影响了达怛人的生产力和军事战斗力,或可作为他们几百年来对最高统治者、宗主国时服时叛(强弱兴衰不定)和蒙古人最终崛起、统一各部的诸多基本原因之一。(三)若仅据此载即将辽代的室韦—达怛各部"倒退"回原始氏族公有制社会阶段，显然是不可取的。

（2）下面再看看突厥、回纥文碑铭中的相关记载（据耿世民汉译）。

所知首次出现"三十姓鞑靼"的，是著名的《阙特勤碑》（732年立）。碑文追溯先祖布民（即伊利）可汗（552—553年在位）征服了东至兴安岭的广大地域。布民可汗去世以后，来自各方参加葬礼的有中国（唐）人、吐蕃人、黠戛斯人、三十姓鞑靼、契丹人、奚人等等。按碑石所立年代，这是在追溯200年之前的事，似有明显的传奇色彩。但是，它出自有本民族文字可供镌刻记忆的、对强盛汗国重大历史事件的自述，加上汉籍也证实室韦臣属于突厥，这条记载应该有很大的可信度。参阅汉籍记载，当时的室韦—达怛人还不是统一的大群体，也并无可汗为君长。然而在强大的突厥可汗眼里，三十姓鞑靼竟可与唐、吐蕃、契丹等并列，说明虽可能实力还不是很强，声名却很盛了。这段碑文还可证明，自布民可汗建国之始，室韦—达怛人已成为其臣属，同时恰可与《魏书》中遣使纳贡相衔接、吻合，东魏势衰（亡）之后，转而被突厥汗国征服为臣属了。

《阙》碑在记述碑主事绩时说，在我们的周边，中国（唐）、黠戛斯、三十姓鞑靼、契丹、奚都是敌人，并且连年与这些敌人征战、争雄。这说明了三十姓鞑靼两百年来一直名声显赫，并且强势到了可与突厥可汗武力对抗的程度。它还可与前引汉籍相印证，长期臣属于突厥的室韦—达怛人后来又时服时叛，转而臣属了向他们施加更强政治、军事压力的新兴的隋、唐王朝。

距《阙》碑几年之后刻立的《毗伽可汗碑》，重复了本文前述内容。同时，首次出现了九姓鞑靼。《毗》碑中说，九姓鞑靼与乌古斯（部）联合起来进攻我们，被我（碑主）经两次大战击败、征服（"破其军、取其国家"）。有学者认为，九姓鞑靼是三十姓鞑靼中最早进入漠北高原的那一部分。由此看来，九姓鞑靼也是（后）突厥汗国的劲敌，同时也时叛时服地成为臣属。

突厥衰亡、回纥代之而起之后，回纥文《磨延啜碑》（约立于759年）中说，九姓鞑靼战败归降，后来又背叛，再败再服。在为磨延啜可汗所立另一纪功碑《铁尔痕碑》(又称《磨延啜第二碑》,约立于753—756年间)中说,九姓鞑靼(首领)与回纥汗国的将军、首领、特勤们一起参加了汗廷的聚会,还曾与他部首领和汗国将军们一起拥立碑主之父为土里燕可汗。

上述四个碑,相距不过二三十年,主要记述的是突厥、回纥两大草原帝国几位可汗、特勤们的战争、征服,建功立业等军国大事,几乎看不到涉及包括三十姓鞑靼、九姓鞑靼在内的各部(国)的社会经济状况方面的文字。然而,透过这些碑主们的赫赫功业,我们看到的是一幅幅广阔蒙古高原及周邻更广大地域上部落首领、强盛可汗以至强大王朝间连年的、大规模、长距离的征战和讨伐,金戈铁马、血雨腥风。而在描写战争、征服和功业的图景中,一再出现下列文字:"有头的顿首称臣,有膝的屈膝投降","使有国家的失去国家,使有可汗的失去可汗";(让突厥人)"奴隶成了有奴隶的人,女婢成了拥有女婢的人"(以上见《阙》碑)。在征伐中"获取了其男儿、妇女、马匹、财物";因其"不派贡使""不致问候","为了惩罚他们,我出兵攻打"(以上见《毗》碑)。已臣服的八姓乌古斯、九姓鞑靼复又叛去,"我前去追赶,打了仗","我抢来了他们的马群、财物、姑娘、妇女";"我与鞑靼人打了一场大仗,一半人民内属了,一半人民进入……(逃走了)"(以上见《磨》碑)。

在这样一个金戈铁马、群雄争霸的时代,飓风海啸、犁庭扫穴的广阔战场、历史平台上(除非你躲在人踪难觅的深山野林里不出来),对已有至少两百年被征服而依违臣属、纳贡朝拜于不同汗国、王朝,并且在铁血可汗眼里(笔下)早已跻身、并肩于"列强"之列,时叛时服,对抗、争雄的室韦—达怛部落,如果我们学界今人仍然将他解读为原始、氏族、公有制下的,以木石为兵器,血亲复仇式战争的群体,只能说不是本自形而上史观的预设标准有问题,就是我们对基本史实的判断力出了问题。

距以上数碑近200年以后,在黠戛斯人的突厥文《哈尔毕斯—巴里》碑(约立于10世纪初)中,又出现了"九姓鞑靼王国"一语。年轻学者白玉冬在其近著中,据国内外学者前人对突厥文"王国"一词的释义,认为当时的九姓鞑靼已是"某一部落集团所构成的、由可汗统领的'国家'"，"当时他们构成一个高度集合的政治集团，乃至'国家'"。语意虽然有些含混，指义应很明确，即已是进入"文明"发展阶段的政治实体。这说明，在当时的应比九姓鞑靼更为发达强盛的黠戛斯人眼里，它已经是（独立的）"王国"了。其实，在泛义的、相对的独立政治实体这个意义上，无论在中原王朝正史中（明确称"国"），还是在突厥、回纥汗廷的碑刻中（与唐、吐蕃等并列），室韦—达怛早就是这样的"国"了。①

（3）还有一个与本论题直接关联的问题就是，我们说成吉思汗的孛儿只斤——乞颜部落是室韦—达怛诸部的一支，但除了《旧唐书》中的"蒙兀室韦"（且语焉不详），在蒙古人自己的记述（含提供基本史料或初稿），如《秘史》《史集》《元史》中却几乎找不到隶属或从属关系的直接证据和明确的信息。被考证为三十姓鞑靼或九姓鞑靼成员的塔塔儿、克烈、札只剌、蔑儿乞等部，反倒是乞颜部的邻、友以至敌人。对此，在前人相关论述基础上，以《秘史》为例试作进一步的解释：（一）源自远略近详的历史记忆（含可能的失忆），除了较明晰的世谱，连自己远祖的最基本事绩都说不清楚。如早先的豁里察儿蔑儿干、脱罗豁勒真伯颜，后来的蔑年土敦、察剌孩领忽、想昆必勒格，其中的贵族官号、富人尊称和突厥、契丹官号，都是含在名字里的（见原文旁译），是学者后人从中辨析出来，给我们指出了曾为贵、富和属臣的史证。进而，在早期蒙古的贵族尊号中，蔑儿干、把阿秃儿等都是部落独尊者之下的次、从（功臣、勇士）身份。（二）有意识地讳言已成为世界之帝者的先祖曾臣属于他人的历史。如与札木合（札答阑部古儿罕）、王罕（北阻卜—克烈部）以至俺巴孩（泰赤兀）的关系，早已有学者指出他们之间并非同等的结盟，

---

① 不知突厥文原文中"王国"之"王"义如何显现，但看来显然无当时北族通行的"可汗"一词之义，否则当径称（译）其为"（可）汗国"了（参自玉冬《九姓鞑靼游牧王国史研究（8—11世纪）》，第77、85页）。我们已知道，当时的九姓鞑靼尚无一统其上的可汗，亦非统一的部落集团（否则"九姓"何义？），那么只能说，这里的"（王）国"指的仍是泛义的独立政治实体。而汉语的"国"，古代史上本即有商周、秦汉之（大朝之）"国"和东周列国、五胡十六国之（分立、割据之）"国"。

而应该是主从、君臣关系。铁木真随从王罕应金朝之征攻打塔塔儿,王罕被封为王,铁木真只得了个不是很大的札兀惕忽里官号,其从属关系确凿而分明。已为学界熟知的另一个典型事例就是,《元史·太祖本纪》中明载的成吉思汗在建国前后仍亲赴金朝边境纳贡,维持着与金朝相当正式的臣属关系,在《秘史》中并无踪影。

由蔑儿干到吐屯、详稳、令稳,到合不勒汗、忽图剌汗,再到(也速该)把阿秃儿、札兀惕忽里,可以说相当清晰地透露了成吉思汗的历代先祖在其部落和部落集团及更高统治者辖治下逐渐成长、兴起,显露头角和沉浮不定地作为臣属的历史信息。

结　　论

鉴于直到近代,大兴安岭深处仍然生活着处于原始公社制末期形态的鄂伦春、鄂温克猎民群体,我的基本结论是:成吉思汗先祖时代的早期蒙古人,如果说在传说中的苍狼白鹿和额尔古涅昆时代尚处于原始氏族社会(末期),在他们渡过腾汲思水,冲出山林进入漠北与突厥、回纥等游牧部落"亲密接触"之后,很快就完成了向"文明"的阶级、等级社会的过渡。如果以回纥汗国衰亡、西迁为期,这大约是 9 世纪后半叶至 10 世纪初叶的事。

这个"文明"社会的基本制度,就是所知由亦邻真师命名的父权封建制——具有鲜明游牧、军事特点的、父系层层分封的贵族领主制度。其基本的社会组织单位,就是《秘史》所说的斡孛黑。《秘史》透过成吉思汗先祖们逐代分衍而形成的一批批斡孛黑,十分清晰地描绘了这种草原贵族首领层层分封为众多领属集团的图谱。

归结起来,本文的以上再思考,很大程度上仍属于"虚"的推测和判断,并没能找出更多、更具说服力的史证。但愚以为,诸多前人将这个过渡大为后延,将成吉思汗的绝大部分世祖都推断为原始氏族制或其晚期、末期,实际上更"虚"一些,更缺少有说服力的史证。

【附录】本文的再思考,很大程度上源自亦邻真师曾经的指导、提示和启发。仔细读来,亦邻真师的有关论述,前后是有变化和修正的。兹择要摘录于下（并略作解读，以方括号标注），以供参阅：

1.《成吉思汗与蒙古民族共同体的形成》（1962年）

成吉思汗"代表着蒙古社会由野蛮向文明社会过渡、由父权制部落社会向父权制军事封建主义过渡的革命性飞跃"。

"……这都是有关十世纪前后社会生活的传说，那时私有财产早已产生了。""距成吉思汗几个世纪之前，这条由野蛮通向文明的道路便被私有财产开辟出来了。但这条道路在蒙古高原上显得特别漫长。""两千年来，不少北方草原部落一个跟着一个，在这条发展道路上缓慢地踯躅。"

"十二世纪的部落和氏族并不是纯正的血缘亲族的聚落。"［注引符拉基米尔佐夫的相关论证。］"与其说十二世纪的氏族是血缘组织，毋宁说是血缘组织的对立物：正是因为通过征服、灭族、离散、投奔他人等途径打断了血缘脐带，才出现了十二世纪的氏族——在一个父权贵族家族集团控制下的来自各个氏族、社会地位互不相同的个体家庭群。"（原注："在蒙古社会个体家庭发生的很早，因为私有财产在牧人部落中早已盛行。"）

"值得考虑的是：蒙古人的原始公有制时代是否在游牧经济中度过的？"［此句极值得同行重视和回味。］

"当成吉思汗编组千户的时候，作为一个社会制度，氏族部落制度便被最后地摧毁了。"

2.《中国北方民族与蒙古族族源》（1979年）

（成吉思汗先祖们逐代分衍出几十个氏族）"这些氏族部落的人口似乎都是各自的开创始祖的子孙，但这种人口增殖速度根本不是自然规律所能允许的。"［可谓相当明确地否定了斡孛黑是亲缘群体。］蔑年土敦、海都等成吉思汗的先祖"并不是什么原始公社的头人"。

"蒙古人进入外蒙古高原之后，主要在辽代，原始的氏族制度已经瓦解了，血缘关系被地缘关系逐步代替。"

3.《关于11—12世纪的孛斡勒》（1986年，蒙古文本先发表于1981年）

"蒙古各部中出现了孛斡勒，大约是同原蒙古人即室韦—达怛人大批迁入外蒙古高原的历史运动相联系的。""这样讲大概不会错：主要由森林游猎民组成的原蒙古人闯进突厥语族各部的牧地，掠夺畜群，同时也虏获了从事放牧的生产者。从此，原蒙古人的原始社会结构开始迅速瓦解，私有制发展起来，人们之间原始的平等关系便很快成为一去不复返的往事。"[注意，这里的"迅速瓦解""很快"并"一去不复返"，不再是 1962 年的"特别漫长"和"缓慢地踯躅"。]

（结论：）"随着孛斡勒制的产生和发展，蒙古社会揭开阶级社会历史的第一页，进入了游牧的军事的父权封建制。"

4.《中国大百科全书·中国历史·元史》分册（1985 年），"成吉思汗"条（与翁独健合撰）

"成吉思汗生于蒙古贵族世家。"["贵族"复以"世家"，显然是颇费斟酌的着意之笔。]

主要参考文献

《元朝秘史》，乌兰校勘，中华书局，2012 年。

《元史》，中华书局点校本，1979 年。

《史集》第一卷（第一、二分册）、第二卷，〔波斯〕拉施特主编，余大钧、周建奇译，商务印书馆，1983、1985 年。

《古代突厥文碑铭研究》，耿世民著，中央民族大学出版社，2005 年。

《中国大百科全书·中国历史·元史》分册，中国大百科全书出版社，1985 年。

《元朝史》，韩儒林主编，人民出版社，1986 年。

《蒙古社会制度史》，〔苏〕符拉基米尔佐夫著，刘荣焌译，中国社会科学出版社，1980 年。

《亦邻真蒙古学文集》，亦邻真著，齐木德道尔吉等编辑，内蒙古人民出版社，2001 年。

《蒙元史研究丛稿》，陈得芝著，人民出版社，2005 年。

《蒙元制度与政治文化》，姚大力著，北京大学出版社，2011 年。

《原蒙古人的历史——室韦—达怛研究》，张久和著，高等教育出版社，1998 年。

《九姓鞑靼游牧王国史研究（8—11 世纪）》，白玉冬著，中国社会科学出版社，2017 年。

（原载日本国际蒙古文化研究协会《蒙古学问题与争论》第 16 期，2020 年）

关于蒙古千户制度的进一步思考

按照我国史学界较有代表性的权威论述,成吉思汗建立的千户制度是蒙古汗国最基本的政治制度之一(另两个是怯薛制和札鲁忽赤断事官制)。[①] 因其重要历史意义,近百年来有许多中外蒙古史和元史学者,在对已知现存各种文献资料几近竭泽而渔的基础上,对其制度史范畴的各个层面及其具体编成序列(千户和千户长的数量、来历和对应关系)等等,无论事实判断还是价值判断都做出了十分专深、细致的研究探讨。不过,我想许多前人也都会有这样的困惑,即元朝溃亡之后,这种千户制度何以在蒙古本土也消失得无影无踪? 它在蒙古汗国—元朝时期的实际存在状况究竟如何? 对此,仔细回顾和辨析相关史料、成果,似仍有一定的探讨余地。以下试将这方面的进一步思考和推测呈诸同仁,以供参考。

本文只讨论蒙古高原本土、仍处游牧社会经济形态的千户,一般不涉及其向内地、西域的推广延伸的千户组织和千户长官职。由于凡是对本论题较为关注和了解的同行,对所涉及的基本史料和代表性前人成果都很熟悉,不难查索,而且本文本即在前人成果基础上的延伸性思考,所以未作过细、逐条的注引考述。容有悖谬和疏漏之处,谨请不吝赐教。

一、成吉思汗时期

据较为新近的代表性专论,成吉思汗时期大规模组建和调整扩编千户制度前后共有三次,即1203—1204年之际攻打乃蛮部之前的65千户,1206年建国时的95千户和1219年大举西征之前的

---

① 《中国大百科全书·中国历史·元史》分册"元朝",中国大百科全书出版社,1985年,第3页。

129 千户。① 其中,65 千户说仅见于《元史·术赤台传》的追述性文字,②无从展开探讨。而《元朝秘史》所载 95 千户和《史集》所载 129 千户都相当翔实具体。

《秘史》在详列 88 千户长分领 95 个千户的名单③和一些重要千户的来历、编成情况的同时,相当明确地告诉我们:千户组织是蒙古国家最基本的,军政合一、兵民一体的社会实体单位,千户百姓不得擅离本千户,与千户长有很强的人身隶属关系。它是征缴赋税徭役的地方性行政建制单位,同时也是成建制或按人数比例抽调出战的军队编制、军事组织。如果从制度性内核角度考察,其内部组织结构、人身隶属关系和社会经济生活特点,它仍然是贵族领属集团、游牧部落群体。千户长(千户那颜)则是大汗及黄金家族成员(元代宗王)之下最尊贵的基准官爵。从成吉思汗的"义父"蒙力克,到妻舅驸马阿勒赤(按陈)、不秃(孛秃),从最亲信的四怯薛长和四位统军万户孛斡儿出(博尔术)、木合黎(木华黎)等人到大汗之下统管全国庶政的大断事官失吉忽秃忽,都在这个 88 千户长名单里,都(只)是千户那颜。成吉思汗专门强调,他身边的怯薛宿卫,身份、地位在外千户那颜之上,但是他的所有亲信宿卫,全都出自千户那颜本人及其子弟、下属(百户、什户长及子弟)。

然而,如果将看似如此郑重、明确制定的制度、体制,略与清代外藩蒙古的旗(建制)和札萨克(世袭"王爷")相类比,即使不细究《秘史》作者的失忆、凑数等因素,④也明显不是那么严格、严密和规整的。在千户组织方面,由于平时人口繁衍和战时奉调出征不返、本土动乱灾祸,人、户的数量会明显大幅度消长,若无调整、重组,以千的数量立规的实体,必会趋于名实脱节。在千户长方面,看似各

① 姚大力《草原蒙古国的千户百户制度》,《蒙元制度与政治文化》,北京大学出版社,2011 年,第 10 页。
② 《元史》卷一二〇《术赤台传》,中华书局点校本,1979 年,第十册,第 2962 页。
③ 千户组织和千户长,《秘史》的蒙古语原文均音写作"敏罕"(复数作"敏合惕"),意为"千"(数量),据其前后文意很容易区别,后者有时还缀一"那颜"。
④ 姚大力《草原蒙古国的千户百户制度》,《蒙元制度与政治文化》,第 11 页。

统一个千户实体的同级别官爵，实际上却有许多尊卑、主从不等的情况，所辖千户也多有非一对一的情形。举例如，林木中万户豁儿赤本人是千户长，下辖两个千户长；若除去各自名下的计3个千户，另7个千户（或可视为95千户定编之后的外扩）是否实体编成、各有其长？千户长主儿扯歹统四千兀鲁兀人户，亦是否各编实体千户（又溢出95成数之外？），各有其长？同理，3个驸马千户那颜阿勒赤、不秃、阿剌忽失的吉惕忽里分统3、2、5个千户，是否也都编成实体，各有其长，与三驸马均成为主从、上下关系？再如，分拨给母亲、诸子、诸弟的各若干千户与一同分拨的千户长数量上并不对应，均少于千户数。若按照《秘史》语意，将这些千户视为95千户之内，那88千户长名单中的某些人，将"失去"自己的千户。这种经不住推敲的情况，固然可解释为作者失忆硬凑后难以自圆其说，但像斡赤斤与母亲领有1万户、4个千户长，拖雷5千户、2个千户长，并且千户长均可实名与88人名单对应，这样的明确说法，必当有其所本。但无论如何，从制度史层面细究，终属名实脱节，不那么严格、严整。

据《元朝秘史》记载，成吉思汗在1206年建国大聚会上颁布的第一项政令，就是建立千户制度，编组、封授了95个千户。在其记述建国大会内容的共计33节、约85页中，专述和兼涉千户制的文字，占去了相当大部分（约26节、67页）篇幅（其余为怯薛制和札鲁忽赤制等）。或许由于大事纪年体例的限制，《元史》（本纪）、《史集》和《圣武亲征录》等最基本史籍，在有关成吉思汗建国大聚会的纪事中，均未提《秘史》视为首要的这项"建国大业"。只有《史集》，单另专立篇章详细记述了成吉思汗编设的129千户，也即学界多视其为继95千户之后再次大规模调整、扩编后的情况。

《史集》与《秘史》在制度史层面的相同之处在于，千户是基本编制单位、千户（夫）长是基准官爵（几位统军万户长和各领数千户的驸马那颜亦都是千夫长）。而不同之处在于，篇题是"万夫长、千夫长与成吉思汗的军队简述"，即千户是（单纯的）军事组织、军队编制，淡化或忽略了它同时也是民户编制的性质，同时还将非普设的万夫长也体制性地列于千夫长之上。在所列千户长名单中，还有了不少"国王千户"（木华黎）、"太师千户"（也速不花）、"元帅千户"

(吾也而、秃花)等前缀更显尊贵的头衔。在表述文字中,亦较多地出现了以数量取代千户组织、编制的情形,如右翼军共三万八千人、左翼军共六万二千人;成吉思汗的军队"总计十二万九千人",而不是 129 个千户,似乎更看重军队的人数,而不是千户这个编制单位。在千户与千户长对应关系名实脱节方面,除了《秘史》已有的一长统几千户,千户长亦有主从、上下之分,又出现了命二人统一个千户的情形,且未说明是否同授千夫长官爵,具体如何分工统领。

《史集》所载分拨给诸子、弟的千户数量,与《秘史》有较大的不同,学界多视为成吉思汗晚年调整后的结果。但《史集》称成吉思汗将所有不属于宗王兀鲁思的大汗直辖千户都"死后归"幼子拖雷,并且未提《秘史》所说分给拖雷 5 个千户,终归难以索解。

值得注意的还有,《史集》说成吉思汗于 1218 年,也即编定 129 千户、大举西征之前,封木华黎为国王,派他统兵征金。接着相当详明地罗列了拨给他指挥的各支军队及部分统将。① 这个名单,多数都可与《秘史》所纪 95 千户和《史集》后文所纪 129 千户相对应。如"一万汪古惕部队",《秘史》为阿剌忽失的吉惕忽里千户长领有汪古惕部 5 个千户,《史集》后文中的汪古惕部 4 个千户;"四千兀鲁惕部队",《秘史》为主儿扯歹统领的 3 个兀鲁兀惕千户,《史集》后文中的主儿扯歹等千户长统领的兀鲁兀惕 4 个千户;孛秃驸马的 2 千亦乞列思人,《秘史》为孛秃所领 2 个亦乞列思千户,《史集》后文中的孛秃领有亦乞列思 9 个千户;"忽亦勒答儿的儿子蒙可哈勒札率领的 1 千忙忽惕部人",《秘史》为忙忽惕部人忽亦勒答儿的一个千户,《史集》后文中的忽亦勒答儿管辖忙忽惕部千户;"阿勒赤那颜率领下的三千弘吉剌部人",《秘史》为阿勒赤古列坚管辖 3 个弘吉剌千户,《史集》后文中的阿勒赤等人管辖弘吉剌惕部 5 个千户;木华黎弟带孙率一千札剌亦儿人,《秘史》千户长名单中没有带孙,但《史集》后文中有木华黎弟"带孙千户(长)"与另一族人一起管辖 2 个千户。在这里,拉施特明显是只提部族,不提千户,并且删略了千户长官

---

① 《史集》第一卷第二分册,第 246 页。《元史·太祖纪》纪其事于丁丑,即1217 年,第一册,第 19 页。

爵。如果是拉施特不知道有1206年的千户大封授及其编成情况，何以在所撰同一部书的相距不过一年的纪事中前后全然脱节、不相照应？还值得注意的是，《史集》这段话的具体内容、序列与《圣武亲征录》的相应记载几乎完全一致，①可知其史源即是《亲征录》→《金册》。② 这条最基本的（以及其他许多与此类似的只提部落不提千户的）史料、史事记载，还明显地透露出的历史信息则是，千户体制虽然编成、确立，组成千户的原有部落群体名称仍在沿用，仍在国家政治生活中通行，或可谓与千户体制"并行"。而在《圣武亲征录》中，则是明显淡化、"删略"了成吉思汗定制的千户、千户长。

《元史·太祖本纪》虽然未提建立千户制度，但从留存下来的元代官书和《元史》的志、传的有关篇章，还是可以找到零散、简略却也相当明确的记载。《经世大典序录》官"制"中说："国家肇基朔方"，官制"简要"，"方事征讨，重在军旅之事，故有万户、千户之目"。其"军制"曰："国朝起龙朔，制度简古，典军之官，视军数为名设万户、千户。"③《元史·兵志》的开篇则说："考之国初，典兵之官，视兵数多寡，为爵秩尊卑。长万夫者为万户，千夫者为千户，百夫者为百户。"④再看其《百官志三·宣徽院》："凡……蒙古万户、千户合纳差发，系官抽分，牧养孳畜"等等，"皆隶焉"。⑤ 加上《传》中博尔忽、察罕、术赤台、按竺迩等人于太祖时受封千户的记载，⑥从不同角度说明十进制千户制度确为蒙古汗国的基本制度，及其军政合一（承缴赋税）的性质和特点。但是，上引《元史》兵志和宣徽院条都明确将万户置于千户之上，其《百官志》开篇的"元太祖起自朔土……国俗淳厚"，"惟以万户统军旅，以断事官治政刑"，⑦更是以万户为最高基准官爵，干脆删略了学界由以定制的千户。与此相应，《传》中同

① 《圣武亲征录》，贾敬颜校注本，中华书局，2020年，第272页。
② 参阅亦邻真《莫那察山与金册》，乌云毕力格、宝音德力根汉译，《西域历史语言研究集刊》第二辑，科学出版社，2009年。
③ 《国朝文类》卷四〇、四一，四部丛刊初编本，第三册，第415、545页。
④ 《元史》卷九八，《兵志一》，第八册，第2507页。
⑤ 《元史》卷八七《百官三》，第七册，第2200页。
⑥ 《元史》卷一一九至一二一，第十册，第2949、2956、2962、2982页。
⑦ 《元史》卷八五《百官一》，第七册，第2119页。

属成吉思汗首封千户的按陈、孛秃、木华黎、博尔术等人，则只提其万户、昌王（孛秃，后追封）、国王等更显尊贵的头衔，未提千户。名将速不台传，更是只提他初事太祖授为百户，不提建国时的首封千户。① 这些记载表明在《元史》这里，即使是淳厚、简古的祖制，也不是以千户为基准的。

再看看中（汉地）、外（西域）亲历见闻者的记录。李志常《长春真人西游记》说，他随丘处机奉成吉思汗诏请远赴西域，长途往返先后见到的高官有元帅移剌公（耶律秃花）、相公镇海、太师移剌国公（耶律阿海）、万户播鲁只（博尔术）、元帅夹谷公②等人。其中的博尔术、耶律秃花均在《史集》所纪 129 千户之列。显然，他们当时就并不以千户官爵见称、知名。《蒙鞑备录》在"军政"项下述其编（官）制为"自元帅至千户、百户、牌子头"。在"诸将功臣"项下列有成吉思汗千户名单中的木华黎（没黑肋、谋合理）、秃花（兔花儿）、者别（鹞博）、按赤（按陈），他们的头衔分别是太师国王、太傅国公、尚书令（者别未署官爵），均未署千户官爵。③《黑鞑事略》点出了蒙古的军政合一体制："其民户体统，十人谓之排子头，自十而百、百而千、千而万，各有长。"但"其官称"只有国王、中书丞相、将军之类，不提万户、千户；"其军马将帅"列有"暮花里（木华黎）国王"、秃花等人，亦不提其万户、千户官爵，"其头项（投下）分成"说"黑鞑万户八人"，未列人名，不提千户。④

波斯文史籍《世界征服者史》成书早于《史集》约半个世纪。作者志费尼与拉施特一样，也是蒙古大汗之下统治西域地区的高官。其所述蒙古王朝史不如《史集》那样宏富，没有列出千户的详明序列，但也从多个方面勾勒出了蒙古军政合一的十进制的制度特征。书中说，成吉思汗把所有臣民编为十、百、千户，作为承担各种赋役

---

① 《元史》卷一一八至一二一，第十册，第 2915、2922、2932、2946、2975 页。
② 党宝海译注《长春真人西游记》，河北人民出版社，2001 年，第 20、39、59、66、98 页。
③ 王国维《蒙鞑备录笺证》，《王国维遗书》（十三），上海古籍书店，1983 年，第 12、8、9 页。
④ 王国维《黑鞑事略笺证》，《王国维遗书》（十三），第 15、23、25 页。

的建制单位,并且不能擅离所在单位,也即与长官有明显的人身隶属关系。同时还指出,在千户长之上、大汗或诸王之下,还设有万户长。在介绍十人至万人的军队编制时,还特意指出了万夫长的突厥—蒙古语专称"土绵"。在记述蒙哥汗即位后的史事时,复几次提到"土绵将官",几"土绵"人、官兵,①明确显示了万户长的制度性地位。由此可见,在志费尼这里这个十进制体制是以"土绵(万)"为最高层级的,千户、千夫长只是其下属序列中的普通环节。

奉罗马教皇之命出使蒙古的普兰·迦尔宾(又译普兰诺·卡尔平尼、柏朗·嘉宾)曾亲历贵由汗即位大典。他在题为《蒙古史》的行记中说,成吉思汗确定的军队结构是十夫长、百夫长、千夫长、万夫长,并且与志费尼一样特意标出了万夫长的突厥—蒙古语专称"土绵"。②法国国王的使者卢(鲁)布鲁克曾在蒙古汗廷见过蒙哥汗,他的行纪没有介绍蒙古的军政制度、体制,只是提到陪护他从拔都处前往蒙哥汗廷的是某位"千人之长"的儿子,也即千户之子,并说"那在他们当中是个高位了"。③这透露了蒙古社会确实有以千户长为名衔的高官。

学界同仁都知道,《元史》中有关蒙元初期的内容,其素材、底稿多成于元代中叶。汉人翰林史官们对太祖初制,无论时间和空间都相距很远。但是,这些素材、底稿的史源——无论是直接、间接,文字、口传,"脱卜赤颜"或耆宿,应该大都还在;并且这些史官都是奉元朝皇帝之命,由蒙古重臣(出身千户体制的千户长、百户长们的裔孙)监督下写成。这种千户祖制存在感不强的情形,应该不仅是出自汉人史官的漠视、忽视。再加上前述中外时人的观察、记录,可以说都从不同侧面和角度折射、反映出,随着蒙古汗国的连年大举向外征战扩张,与异域在政治和社会制度各个方面的急骤、剧烈互动的冲击和影响下,《秘史》所描述的千户基本体制,其在政治、社会

---

① 〔伊朗〕志费尼《世界征服者史》(上下册),何高济译,内蒙古人民出版社,1980年,上册第32—34页,下册第686、690、698页。

② 《柏朗嘉宾蒙古行纪 鲁布鲁克东行纪》,耿昇、何高济译,中华书局,1985年,第61、53页。

③ 《柏朗嘉宾蒙古行纪 鲁布鲁克东行纪》,第242页。

生活中的地位、作用和影响,在成吉思汗末期已经显现出弱化、淡化的趋向。

二、成吉思汗之后的蒙古本土千户

成吉思汗之后,再无汗国成规模调整、封授蒙古千户、千户长的记载。

《元朝秘史》上说,窝阔台汗的即位大会,出席者为宗王、驸马和万户、千户等那颜。① 《史集》的相应部分则是,与会者除诸子、宗王之外,为"异密们和军队将校们"(《元史·太宗纪》只作"诸王百官")。《史集》记 1235 年举行大聚会,参加者为"所有的儿子们、亲属和异密们"。② 都明显以泛称的异密(大臣)、将帅取代了特指的万户、千户。自此以后,《史集》所记贵由、蒙哥、忽必烈等大汗即位聚会的参加者,宗王之外也都是"众异密""尊贵的大异密们,诸部首领们"之类。其中,忽必烈即位大会所列异密人名中,不少都应是开国千户的承袭者,也即当时在位的千户。③

按照蒙古旧俗,窝阔台继位之后把汗廷所得财物(银帛)、新拓地所括人户(食邑五户丝户)大规模地分赐给了宗王、勋臣。这种做法后来成为蒙元王朝的定制,史称"岁赐"。在窝阔台汗丙申年(1236 年)的岁赐名单的"勋臣"一栏里,在"木华黎国王"、××先锋、××郡王之后,还有"左手九千户"等以千户立名的 4 项(条)10 余个千户。窝阔台之后,蒙哥汗、忽必烈等也都成批增列过这个名单,其中也有以千户名衔立项的。④ 能够列入这个名单的千户,应当大都出自成吉思汗封授的 95 和 129 千户及其子孙承袭者。从"勋臣"名单中还可以明显看出,其中相当多以尊贵、显赫官爵列名者,也是初封千户及其子嗣,只是不再以千户衔见称。此外,在《元史》《史集》和元代人物碑传资料中,还能检索到一些汗国首封千户的裔孙

① 《元朝秘史》第 269 节。
② 《史集》第二卷,第 29、58 页;《元史·太宗纪》第一册,第 29 页。
③ 《史集》第二卷,第 215、243、294 页。
④ 《元史》卷九五《食货三·岁赐》,第八册,第 2427—2444 页。

承袭千户官爵的记载。① 至于这些仍以千户立名者，一直承袭下来仍有千户官爵者，后来是否还有其一对一领有的本土千户实体，则不得而知。

《秘史》记载，窝阔台汗即位之初，即郑重宣布了汗国的赋税（羊马抽分）制度、征收额度，同时明确以千户为承缴单位。② 据《大元马政记》记载，元世祖忽必烈谕令，除（窝阔台汗所定）大聚会时从"直北蒙古千户百户牌甲"科收取乳牝马之外，不得"寻常科要"。③ 据《通制条格》记载，直到元仁宗时期，皇帝还批准"迄北蒙古百姓"的羊马抽分，仍由各千户负责征缴。④ 此外，元仁宗时曾下诏："其蒙古人犯盗诈者，命所隶千户鞠讯。"⑤ 即本土千户还享有一般司法权。《元史·英宗纪》还记载，至治三年（1323 年）"蒙古大千户部"遭雪灾，诏令赈钞 200 万贯。⑥ 这些记载说明，直到元朝后期，千户仍是蒙古本土基本的地方性行政建制、社会组织单位。

在千户组织的分拨调整和所受各种冲击方面，窝阔台汗即位以后，也效仿父汗分封诸子，分封的主要是统治地盘和人户（食邑五户丝户），未见成建制地分拨本土千户。据《史集》的特意记载，窝阔台汗在拖雷死（1233 年）后，将其属下的二千速勒都思部人和一千雪你惕部军队转而分给了自己的儿子阔端。⑦ 这里的二千、一千，当指 2 个和 1 个千户。这 3 个千户难以与成吉思汗 1206 年分封给拖雷的 5 个千户 2 个千户长相对应，应是原属大汗直辖，父汗死后由拖雷以"监国"身份统领的千户。蒙哥汗在拔都等宗王的支持下登上汗位之后，将谋反的窝阔台系宗王们（除阔端之外）的领属军队（也即千户百姓）全都没收、"分掉了"。据说后来窝阔台裔孙海都谋叛时，是

---

① 这方面比较集中的记载有《史集》第一卷第二分册中的"万夫长、千夫长与成吉思汗的军队简述"（第 362—383 页）和《元史》卷一一八《列传五·特薛禅（及其子嗣）》（第十册，第 2915—2918 页）。

② 《元朝秘史》第 279 节。

③ 《大元马政记》，广文书局，1972 年影印本，第 1 页。

④ 《通制条格》，黄时鉴点校，浙江古籍出版社，1986 年，第 180 页。

⑤ 《元史》卷二四《仁宗纪一》，第二册，第 547 页。

⑥ 《元史》卷二八《英宗纪二》，第三册，第 630 页。

⑦ 《史集》第一卷第二分册，第 380—381 页；第二卷，第 204 页。

从"父祖的老营里",将"四散开来的军队从各个角落聚到了"一起的。① 蒙哥汗即位后分封诸弟(忽必烈、旭烈兀、阿里不哥),也主要是分给大的统治地域,包括须率重兵去开拓的疆土。

在蒙古几大汗国中,拔都拓建金帐汗国,应是成建制地带走了术赤系原有的蒙古千户。旭烈兀拓建伊利汗国,统率的本即是从各宗王、勋臣、千户名下抽调的军队,其中有许多将领拥有万户、千户长官爵。这些远离本土的千户、千户长官,后来都融入了异域的政治和社会制度、体制。察合台汗国离蒙古本土最近,社会经济形态也多有相近。《秘史》说察合台名下有 8 千户、4 个千户长,《史集》说有 4 千户、2 个千户长。但专门研究察合台汗国史的学者,从基本史料中只找到一个原封千户长的一些信息,而且都是以"异密""那颜"等头衔出现的。② 据《史集》记载,成吉思汗还命"弘吉刺部人失窟驸马千户"率弘吉刺 4 个千户前去吐蕃地区,后来留驻在那里。③ 这也是蒙古本土千户成建制外迁的记录。

除了成建制外迁,对蒙古本土千户实体冲击最大的还是外征、内战。至少从成吉思汗命木华黎统大军征金开始,就有众多从本土征调的蒙古军、探马赤军(亦主要由蒙古人组成)及千户长、百户长们留驻内地未返,成为镇戍职业军户和拥有各种新头衔的军官、将领。这种情形,历经太宗、宪宗、世祖诸朝而未辍。旭烈兀西征大军,是从所有宗王、千户麾下按十抽二比例带走的,加上归入他名下已在西域的绰儿马罕等所率两支也是从蒙古本土抽调的各三万大军,总兵力达十多万人。④ 再加以世祖时期蒙古本土的阿里不哥、海都、乃颜之乱,大规模的、动员全国兵力的讨伐战争,犁庭扫穴、殪俘掳掠。经过这样不断的"抽牌""洗牌",不知还有多少原编千户能在

---

① 《史集》第一卷第二分册,第 378 页;第二卷,第 13 页。
② 刘迎胜《察合台汗国史研究》,上海古籍出版社,2006 年,第 80—82 页。
③ 《史集》第一卷第二分册,第 373 页。
④ 《世界征服者史》,第 220、737 页;《史集》第二卷,第 32 页。另据《史集》第一卷第 160 页,绰军为四万人。参阅〔日〕志茂硕敏《伊尔汗国的蒙古人》,《蒙古学资料与情报》1987 年第 2 期;徐良利《伊儿汗国史研究》,人民出版社,2009 年,第 42—43、49—51 页。

人员、结构（包括千、百户长的承袭谱系）等制度、体制性各方面名实相符地延续下来。在征讨阿里不哥、海都、乃颜的战事中，在那木罕、铁穆耳（成宗）等宗王和伯颜、土土哈等重臣出镇漠北的史事中，除了海都、乃颜麾下各有一例，①几乎完全看不到千户组织和千户长官爵的存在。

整个蒙古汗国—元朝时期，位于蒙古本土南部的弘吉剌、汪古等部驸马兀鲁思，是受到各种动乱影响相对最小的地区。有关的各种史料记载，也比迤北各部更多一些。《秘史》中说，1206 年弘吉剌部主阿勒赤（按陈）千户，受封的是 3 个千户，汪古部主阿剌忽失的吉惕忽里千户受封的是 5 个千户。《史集》上说，1218 年前者受封的是 5 个千户（前述失窟驸马千户带到吐蕃的 4 个千户不在其内），后者受封的是 4 个千户。据《史集》的说法，这样的较大领属集团兀鲁思可由部主指定属下千户长，②那么是否可以引申理解，所部几个千户编制也是自主编成？据《元史·特薛禅传》的记载，弘吉剌部主按陈在窝阔台汗时晋封万户，并由其子嗣世代承袭；同时，还有几支千户官爵持续世袭的记录。《元史·阿剌兀思剔吉忽里传》十分简略，只说其裔孙受封并世袭高唐王、赵王，未提初封千户之事。③ 如前所述，我们已知道，早在成吉思汗时期，汪古部的这几个千户就曾抽调出一万人的军队随木华黎征金，不知其中有多少人留驻内地，多少人返回了原籍千户。除此而外，与此二部有关的史料中更多的是千户长之外的各种官爵、头衔。在社会组织方面，除了以部落名称出现和路、府、州、县等地方行政建制之外，几乎看不到本应是基本建制单位的千户的存在。在这种日渐明显的淡化、弱化趋势中，各种史料中按照汗国定制本应以千户名称出现的群体单位，更多、更普遍地被（原有的）部落名称取代。如建国首封千户博尔术（阿鲁剌惕、阿儿剌部）、木华黎（扎剌亦儿部）、忽亦勒答儿（畏答儿，忙兀惕

---

① 《史集》第二卷，第 8 页：海都肇乱时，曾有同族（贵由汗之孙）察八忒率领直属的一千人参战；《经世大典·站赤》：乃颜之乱时，有同族（斡赤斤孙）爱牙合赤位下千户从叛（《永乐大典》一九四一八，第 10 页）。

② 《史集》第一卷第二分册，第 368—373 页。

③ 《元史》卷一一八，第十册，第 2915—2918、2923—2926 页。

部)的裔孙玉昔帖木儿、安童、博罗欢,都是元世祖忽必烈时的名臣,均曾受命统领(原有)本部,但有关史料只提部名,不提千户和千户长。① 成宗大德四年(1300年),"(赐)八鲁剌思等部六万锭",②亦不提千户,与前文英宗时赈济"蒙古大千户"恰可明显对照。

成吉思汗时期定制的最尊贵官爵千户(长),在《史集》中曾与汉地的元帅等同("元帅是千夫长的意思"),③延伸到汉地成为各种职业军户的千人之长之后,竟沦落成了都指挥使之下相隔几级的中低层军官。④ 这种在内地逐渐"贬值"的情形,在统一的政治统治之下,必然也会反馈到漠北本土。加以留在本土的千户、百户长们也多已得到来自汉地或西域职官体制的更显尊贵的官爵,当可想见千户长衔也就逐渐失去了原有的显赫光环和地位。这一境况应当也是中西史料作者们,距成吉思汗愈远愈容易删略在他们看来仅以统领区区一千人马命名,并且既无品秩、又无俸禄的千户头衔的原因所在。

从蒙古汗国—元朝的制度设计角度,自窝阔台汗开始大力引进汉地和西域的体制,到忽必烈将统治中心迁出本土,更全面地推行汉法,并没有对本土原有的制度、体制做明显的改制更张。而且与此同时,还将怯薛和断事官制及其显赫特权地位"嫁接"到了汉法体制当中。然而,作为兼有最基本社会组织和附着其上的官制职能的千户体制,却因"水土不服"未能推广至本土之外。它的外形虽然一直延续下来,其原有的制度性地位和职能、作用则"与时俱进"地逐渐弱化,以致名存实亡。

大一统元朝灭亡以后,约从17世纪开始又陆续出现了一批蒙古

---

① 《元史》卷一一九《玉昔帖木儿传》:"弱冠袭爵,统按台(即阿儿剌台)部众"(第十册,第2947页);《国朝文类》卷五九《平章政事忙兀公(博罗欢)神道碑》:"帝曰:……自今凡忙兀事无大细如札剌而事统安童者,悉统于博罗欢"(四部丛刊初编本,第四册,第656页)。

② 《元史》卷二〇《成宗三》,第二册,第430页。

③ 《史集》第一卷第二分册,第375页。

④ 《元史》卷九六《食货四·俸秩》,第八册,第2454—2455页。枢密院职官中,都指挥使(俸70贯、米7石5斗)之下有副都指挥使、佥事等,然后才是行军官千户(俸25贯余、米仅2石)、弩军官千户(俸20贯余、米仅1石5斗)。

人自己撰写的编年体史书，并流传了下来。其中的罗卜藏丹津《黄金史》、善巴《阿萨喇克其史》和《黄史》、《蒙古源流》等，都在记述成吉思汗建国史事时，详略不同地提到了封授千户、万户那颜，建立千户制度之事。这些史书都是自远祖叙至近今（成书时）的，但是在成吉思汗之后的叙史中却再也没有提到千户那颜和千户组织，似乎都无形中消失了。也就是说，他们记录确实存在过的千户制度，当各有所本，但明显都是"过去时"的追述，已是很遥远的记忆了。

三、小 结 和 余 论

（一）小结

成吉思汗创建的千户制度，将蒙古高原上大小不一的众多游牧贵族领属集团洗牌重组，试图取代血缘关系色彩较浓的斡孛黑、亦儿坚，整齐划一为源自游牧汗国旧俗的十进制的千户编制序列和贵族首领官爵名称，加强了大汗的专断权威和国家机器的中央集权性。然而，其最基本的父权封建制下的贵族领属集团的性质和内核并未改变，并且从制度设计层面自始就不是那么严密和规整。与此同时，其原有的部落群体名称实际上仍在社会政治生活中通行，并未被彻底取代。随着汗国几代大汗的连年大规模向外拓土扩张，被征服地区的更较健全、更显尊贵的制度文化反过来冲击着汗国的千户体制。汗廷内迁，元世祖创新、更张的制度设计更使本土的千户体制边缘化。本土的千户制度、体制虽然仍在延续、一直存在，但已逐渐弱化、淡化。千户实体愈来愈多地被原有部称代替，特定官爵千户那颜也被更多新的各种尊贵头衔取代。

元朝灭亡之际，千户制度无疾而终。蜕去外壳的贵族领属集团变成了鄂托克、爱马克；[①]千户长消失，仍然继续沿用原有的泛称那颜。

---

① 符拉基米尔佐夫："我们大概可以设想，当时的鄂托克并非别的，仍是蒙古世界帝国时代原来的'千户'。实际上，鄂托克恰好填补起应该由'千户'空出的位置。"《蒙古社会制度史》，第 209 页。

（二）余论

1. 三类不同的民族史家对千户制度的不同解读。《元朝秘史》的作者是游牧人,在他那里本来就天然地不分军政、兵民一体。《秘史》的故事里充满了金戈铁马、刀光箭影,却极少出现军队、士兵这样的语词。在《史集》里,以封建贵族领主制为主的、制度文化较为发达的西域、波斯,则按照自己的理解把千户、千户那颜解读为军政不分、兼有民(政)身份的职业军队、贵族军官。到了社会阶级、阶层分工更为明细,制度文化更为发达的汉地,翰林史官们将千户的不同职能干脆按照典制的体例拆解为兵制中的职业军户、官制中的等级军官和宣徽院职司之下承缴牧业赋税(羊马抽分)的地方性建制单位。在《元史》本传和其他碑传资料中,则是开国之初、制度简古时代太祖亲信功臣的拙朴官衔。而到了明初修《元史》时,馆臣对《秘史》(或许还有《青册》)这种涂有浓重传奇色彩的制度、体制和相应的纷乱无稽的人和事,更难索解,也不屑索解。虽然将它极认真地音写翻译成语言教材,却对其史实记载—史料价值弃之如敝屣。

2. 《秘史》《史集》与《青册》。《秘史》在第 202 节逐一罗列了统领 95 个千户的 88 位千户长名字之后,紧接着就在第 203 节说,成吉思汗任命失吉忽秃忽为全国大断事官,命他将全国所有分"分子"(忽必——财产、属民)和审断案件的事都记写在"青册"上;然后从第 204 节开始又讲述了一系列编组、封授一些主要千户、千户长的故事。在这里,《秘史》相当直白地告诉我们,成吉思汗让失吉忽秃忽做的第一件大事,就是将这个封授名单记写在青册上。我们读者后人也就很容易想到,《秘史》上如此详明的名单及相应的一系列多可考索、佐证的封授故事,就是出自这本青册。

成吉思汗定下的青册制度,据史书记载,至少到蒙哥汗时期还在延续。① 可以推测,入元之后翰林史官们录载的太宗、宪宗等朝几

---

① 《通制条格》卷三"蒙古人差发":中统三年中书省奏,"达达民户,壬子(1252)年虽是青册上附籍……"黄时鉴点校,浙江古籍出版社,1986 年,第 34 页。

次大的括户、分赐("岁赐")的详明统计资料,均应出自当时记录下来的青册。

《史集》在专篇详述 129 千户的开头即交代:"按照经过研究后的可靠(材料)查明的结果,以及《阿勒坛·迭卜帖儿(金册)》上的记载,除由于年代久远、疆域辽远不得而详者外,总计十二万九千人。"在具体述及察合台、窝阔台所分得的千户名单时,前后各有 2 名、1 名千户长名字失详,特分别指明"主册上没有这两个千户""主册中没有(这个千户的名称)"。① 据前人有关研究的信息,《金册》似乎不会载有如此详明具体的统计资料、名册。那么这里所说的"主册",应该就是当年的青册,或其他类似体裁的档册。如果没有如此详尽系统的现成资料,仅凭各种分散的文献和口传资料,恐怕无从凑足这个 129 成数。

《秘史》在详述 1206 年大封授之后,再也未提成吉思汗其后又调整、扩编千户之事。只是在述及成吉思汗西征归来、准备出征西夏时说,曾"从新整点军马"(总译)。②《秘史》的作者身在汗廷,如果有再次成规模调整、封授千户及相应的青册,理应能够看到。或许作者认为后来的调整远不如开国定制重要,所以忽略不计,或只以重新"整点军马"一笔带过。

《史集》完全不提开国之初的大封授及已有的 95 千户,显然是不知道、没有看到 1206 年的青册及重笔记载此事的《秘史》。否则可以想见,作为那个时代的大史学家,拉施特首先应将"建国大业"放在重头戏,然后会像学界后人那样详细考辩 95 与 129 成数的前后对应和调整变化关系。不知道、没有看到建国之初大封授的详情,自然也就没有了如何解释当初拖雷受封的 5 千户哪里去了的难题。

主要参考文献

《元朝秘史》,乌兰校勘,中华书局,2012 年。

---

① 《史集》第一卷第二分册,第 362、377 页。
② 《秘史》第 265 节。多年以前,笔者曾在导师亦邻真教授的点拨下,据《秘史》的此条记载推测,《史集》中的 129 千户是这次"整点军马"的结果。参见拙著《成吉思汗的遗产》,内蒙古人民出版社,2009 年,第 13—14 页。

《元史》,中华书局点校本,1979 年。

《圣武亲征录》,贾敬颜校注,中华书局,2020 年。

《长春真人西游记》,党宝海译注,河北人民出版社,2001 年。

《蒙鞑备录笺证》《黑鞑事略笺证》,《王国维遗书》(十三),上海古籍书店,
　　1983 年。

《世界征服者史》,何高济译,内蒙古人民出版社,1980 年。

《史集》第一卷(第一、二分册)、第二卷,〔波斯〕拉施特主编,余大钧、周建奇
　　译,商务印书馆,1983、1985 年。

《柏朗嘉宾蒙古行纪　鲁布鲁克东行纪》,耿昇、何高济译,中华书局,1985 年。

《中国大百科全书·中国历史·元史》分册,中国大百科全书出版社,1985 年。

《元朝史》,韩儒林主编,人民出版社,1986 年。

《蒙古社会制度史》,〔苏〕符拉基米尔佐夫著,刘荣焌译,中国社会科学出版社,
　　1980 年。

《亦邻真蒙古学文集》,亦邻真著,内蒙古人民出版社,2001 年。

《元蒙史札》,周清澍著,内蒙古大学出版社,2001 年。

《蒙元史研究丛稿》,陈得芝著,人民出版社,2005 年。

《草原蒙古国的千户百户制度》,姚大力著,载《蒙元制度与政治文化》,北京大
　　学出版社,2011 年。

《元代分封制度研究》,李治安著,天津古籍出版社,1992 年。

《元朝宣徽院的结构与职司》,达力扎布著,载南京大学《元史暨北方民族史研
　　究集刊》(十一),1987 年。

（原载日本国际蒙古文化研究协会《蒙古学问题与争论》第 19
期,2023 年）

清代蒙古的基本制度

一、清朝统治蒙古的基本政策和制度

在满洲贵族建立清朝、统一全国的过程中,蒙古封建主及其军队立下了很大功劳。作为以少数民族入主中原的清王朝,也很需要有一个可靠的统治盟友和稳固的后方。同时,由于强悍的蒙古各部曾长期与清朝对峙、对抗,使清朝的最终征服统一耗费了百余年的武力。所以,清朝统治蒙古,在以羁縻抚绥、因俗而治为主的同时,也采取了严格控驭、分割统治等政策措施,使其无法形成统一的意志和力量。按照统治管辖体制的不同,清代蒙古分为外藩札萨克旗、内属总管旗和蒙古八旗三大部分。除了蒙古八旗与满洲八旗制完全相同之外,清朝统治蒙古的基本政策和体制主要体现在外藩和内属蒙古,其中又以外藩蒙古为主。

封王联姻、因俗而治是清朝治蒙政策的最基本特点之一。对于先后臣服、降附的蒙古大小封建主,除编入八旗、内属体制者外,清朝皇帝均封为与满洲皇族相同的王公或蒙古原有台吉爵位,有的还保留原有汗号;将原来的鄂托克、爱马克统编为旗,明确划定旗界,分授王公台吉为札萨克世袭统治。蒙古王公分为六等,即亲王、郡王、贝勒、贝子、镇国公、辅国公,其中任札萨克的称为执政王公,不任札萨克的称为闲散王公。王公爵称之前,还加有各种尊号,如和硕亲王、多罗都棱郡王、多罗贝勒、固山贝子等;一些显赫王公还有特有名号,如土谢图亲王、札萨克图郡王、达尔罕贝勒等,这些爵位名号均为"世袭罔替"。台吉分为一至四等,除了世袭札萨克的头等台吉,均为降等世袭,降至四等后仍为世袭。未袭封王公爵位的王公其他子弟,亦降等袭为台吉。个别蒙古盟旗还有与台吉身份地位完全相等的塔布囊。

从爱新国(后金)时期开始的满蒙贵族联姻,入清以后也延续下来。如清太宗皇太极的孝庄皇后,即科尔沁贵族女子,曾辅佐、扶持其子顺治帝、其孙康熙帝秉政、成长。皇族公主、格格,依等级分为固伦公主、和硕公主、郡主、县主等,娶其为福晋(夫人,蒙语称为哈屯)的蒙古王公台吉也相应称为和硕额驸、固伦额驸、郡主或多罗额驸、县主或固山额驸。

所有蒙古王公、额驸和出任官职的台吉、塔布囊,均常年享有优厚的俸银、俸缎。如地位最高的科尔沁三亲王和汗,每年俸银 2 500 两,俸缎 40 匹;其他亲王年俸 2 000 两、缎 25 匹;固伦额驸年俸 300 两、缎 10 匹;札萨克台吉或塔布囊年俸 100 两、缎 4 匹。

蒙古王公贵族对清朝皇帝所尽臣子义务,主要是年班和贡输。年班制度,即所有王公札萨克分班轮流,在每年农历元旦(春节)前后进京朝觐皇帝参加各种典礼筵宴,一般内蒙古王公分为三班,外蒙古王公分为四班。若无故不赴年班,将受责罚惩处。贡输即每年给皇帝进贡定额物品,主要是羊、马、驼、乳制品、珍奇猎物等,但数量只是象征性的。如喀尔喀土谢图汗、车臣汗,每年各进一只白驼、八匹白马,称"九白之贡";科尔沁王公贵族每人每年两三只汤羊。得到清帝宠信的部分蒙古王公还常年驻京当差,出任御前大臣、领侍卫内大臣、八旗都统等显赫官职,但并不直接参与朝政、管理全国性军政事务。

蒙古王公台吉虽然身份地位高下悬殊,但只要是一旗札萨克,均直隶皇帝,互不统属。清朝还在中央设立理藩院,在各地设立驻防将军、都统、大臣,对蒙古实施严格有效的统治管辖。

清朝建立之初的1636年,即在中央设立了与各部平级的蒙古衙门,专管蒙古事务,1638年改称理藩院。随着统治区域的扩大,其职权也扩至统管回、藏等各边疆民族事务,以及清朝的对俄交涉事务,但实际上仍以蒙古事务为主。其主掌职官,除了与其他六部相同的尚书、侍郎,还设有额外侍郎,专从外藩蒙古的贝勒贝子中选任。理藩院下设旗籍、王会、柔远、典属、理刑、徕远等六司,分别统管外藩、内属蒙古的旗制、会盟、年班、驿传、爵职承袭的审核奏报,承转王公札萨克给皇帝的奏议,重大民刑争讼等等。此外,理藩院还在蒙古与内地接壤、蒙汉交错的乌兰哈达(赤峰)、三座塔(今辽宁朝阳)、陕西神木等地派驻司员,专理蒙汉交涉、纠纷事务。

清代边疆、内地一些战略要地、重镇,均有八旗军常年驻守,设驻防将军、都统统辖。这种驻防制度又称军府制度。其中,设在蒙古或邻接地区的将军、都统、大臣,均有监督统辖外藩、内属蒙古各部盟旗的职能。如设在漠南及其接壤地区的绥远城将军、察哈尔都统、热河都统和盛京、吉林、黑龙江等东北三将军;设在漠北的乌里雅苏台将军、库伦办事大臣、科布多参赞大臣;设在新疆的伊犁将军、塔尔巴哈台参赞大臣;设在青海的西宁办事大臣等。这些将军、都统直接统领管辖所在地区的内属蒙古各部、旗,类似于军政合一的地方行政建置;而对外藩蒙古盟旗,只有控驭、监督、承转,统辖军务、边防,会决重大事务的职能,并无干预盟旗内部事务的管辖治理权。

蒙古地区的驻防将军、大臣中,乌里雅苏台将军又称定边左副将军,原为清朝与准噶尔战争中的统兵将军,后常驻漠北西部的乌里雅苏台,统辖整个漠北地区。乌里雅苏台(定边左副)将军初设时,曾由驸马功臣、喀尔喀蒙古赛音诺颜部亲王策棱父子三人世袭连任,乾隆后期方将这一边疆重臣大权收回,改为由朝廷选派、有任期限制的八旗流官。库伦办事大臣初设时,专门办理对俄交涉事务,后来又兼管、监督哲布尊丹巴呼图克图和喀尔喀土谢图汗、车臣汗二部事务。库伦办事大臣额设二名,一为满洲大臣,即朝廷委派的八旗流官;一为由蒙古王公札萨克出任的蒙古办事大臣,后来又称蒙古帮办大臣,但实际上清前期一直由蒙古大臣掌印主事。此外,在乌里雅苏台和科布多,也有额设由蒙古王公札萨克担任的蒙古参赞大臣。

对于蒙古民族普遍笃信的喇嘛教,清朝也极力予以优待、扶植,成为其羁縻笼络政策的重要组成部分。外蒙古库伦的哲布尊丹巴呼图克图、内蒙古多伦诺尔的章嘉呼图克图等蒙古地区宗教首领,及地位显赫的活佛,均得到清朝的正式册封,授予种种尊贵名号,并且也像世俗王公一样年班进京朝见皇帝,得到各种赏赐。活佛以下各级较高喇嘛职衔,也由清政府审定和授任。一些拥有较大寺庙、众多属民(庙丁、沙毕纳尔)和牧畜、土地(牧场)等财产的上层活佛喇嘛,清朝还授予札萨克达喇嘛等官衔,设立专门衙署,自成封建领属系统。内外蒙古几个最大的活佛领属集团,还拥有与札萨克旗一样的管辖治理权,称为喇嘛旗。为了扶持蒙古喇嘛教,清朝还拨出大量银两,广建寺庙,给所有较大寺庙"御赐"寺名,并且规定凡属出家喇嘛均免除一切赋役负担。与此同时,为防止宗教势力过于膨胀,借宗教影响形成民族凝聚力,清朝在蒙古实行严格的政教分离政策,制定各种律令加以控制,禁止活佛喇嘛参与盟旗事务。

清朝统治蒙古的另一个基本政策和制度,是颁布各种律令,严格禁止或限制蒙古与内地、蒙汉民族之间的经济、社会、文化交往,被称为边禁、蒙禁或封禁政策。清代的边,基本上就是明代长城和清初所设辽西柳条边墙。清朝在长城各口和辽西边门,均设有关卡严加把守,禁止内地汉人出边进入蒙地。由于内地农村社会危机和人口压力,汉族流民出边垦种谋生很难禁绝。清朝对此也时禁时弛,予以默许或承认,但乾隆以后即一再重申、严令禁止。对于已进入蒙地长期耕种定居的汉民,则按照分布区域设立制同内地的府厅州县管辖治理,隶邻接各省辖属,在蒙旗属地形成互不统属的两套辖治体系。内地商人进入蒙地经商贸易,须经理藩院批准发给部票(特殊执照),并且不准在蒙地定居。与此相应,蒙古人也不得随意进入内地。王公贵族年班进京,对随从人员有严格限额;前往五台山和青海、西藏拜佛,须经特许批准。此外,还有不准蒙汉通婚,不准延聘内地书吏和行用汉文,甚至不得用汉语给蒙古人起名字等等。同时,按照清代制度,外藩、内属蒙古均不参加科举考试,不能出任蒙古盟旗以外的地方军政官职。

清朝的各种治蒙政策和制度,及其对多民族统一国家的有效统治,结束了几百年来蒙古贵族领主纷争割据,结束了蒙古与内地、北方游牧民族与农业民族之间有史以来的冲突、战乱,使蒙古民族的传统游牧业得到保障和发展,政治、社会长期稳定、安宁,有了成百年的休养生息,确实为清朝统治者起到了"屏藩朔漠"的历史作用。但另一方面,蒙古落后的封建领主性统治制度也因此得以延续以至强化。由于互不统属的分割统治和民族隔离性蒙禁政策,销蚀了蒙古民族的凝聚力,人为阻滞了社会经济结构和生产力,以及社会文化各个方面的丰富、发展和质的提高。特别是优待、扶植喇嘛教的政策，使蒙古民族精神愚钝，不事种族繁衍和社会生产的喇嘛越来越多，人口和劳动力递减。所有这些，成为晚清以降蒙古民族在政治、经济、社会、文化和民族精神等方面全面衰颓的重要历史原因。

二、外藩蒙古的盟旗制度

清朝逐步征服、统一蒙古各部之后，蒙古原有的鄂托克、爱马克等众多封建贵族领属集团，绝大部分被整编为由札萨克世袭统治的旗，蒙语称为和硕。其中，漠南即内蒙古地区的称为内札萨克蒙古，漠北、漠西等其他地区的称为外札萨克蒙古，统称为外藩蒙古、藩部。每个旗的所辖地域，也按照山川地理走向固定下来，被称为某某札萨克或旗的"游牧"。若干札萨克旗组成盟，形成会盟制度，并且以固定的会盟地点命名。这种札萨克旗制，也称为盟旗制度。外藩蒙古的札萨克旗，在地域和人口上占据了蒙古民族的绝大部分，所以盟旗制度即成为清代蒙古的最基本的政治统治和社会制度。札萨克旗与内属、八旗蒙古及内地省县制度的最大区别是，拥有封建领主性"君国子民"之权，对本旗的山林、土地、矿产资源有传统所有权，并且不承担国家赋税，不由朝廷委派各级职官。

外藩蒙古盟旗的大体分布为：（1）内蒙古六盟49旗：其中哲里木盟10个旗（科尔沁6旗，分左右翼各前、中、后3个旗；扎赉特旗、杜尔伯特旗，郭尔罗斯左、右2旗），卓索图盟5个旗（喀喇沁左、中、右3旗，土默特左、右2旗），昭乌达盟11个旗（巴林、扎鲁特、翁牛特各左、右2旗，敖汉、奈曼、阿鲁科尔沁、克什克腾、喀尔喀左翼旗），锡林郭勒盟10个旗（乌珠穆沁、浩齐特、苏尼特、阿巴嘎、阿巴哈纳尔各左、右2旗），乌兰察布盟6个旗（四子部落、茂明安、喀尔喀右翼及乌拉特前、中、后3旗），伊克昭盟7个旗（鄂尔多斯左、右翼各前、中、后旗及右翼前末旗，又分别习称准噶尔、郡王、达拉特、乌审、鄂托克、杭锦、札萨克旗）。其辖属系统为：哲里木盟10旗分由东北盛京、吉林、黑龙江三将军监摄统辖，卓索图、昭乌达二盟由热河都统监摄统辖，锡林郭勒盟由察哈尔都统监摄统辖，乌兰察布、伊克昭二盟由绥远城将军监摄统辖。

（2）外蒙古喀尔喀、杜尔伯特等部：喀尔喀4部各为1盟，即土谢图汗部（盟）、车臣汗部（盟）、札萨克图汗部（盟）、赛音诺颜部（盟），共有86个旗。其中土谢图汗、车臣汗2盟由库伦办事大臣统辖，札萨克图汗、赛音诺颜2盟由乌里雅苏台将军统辖。外蒙古西部的杜尔伯特及土尔扈特等部15旗组成2个盟，新土尔扈特2个旗组成1个盟，由科布多参赞大臣统辖。

（3）新疆、青海及套西蒙古：新疆旧土尔扈特蒙古分为东、西、南、北四路10个旗，组成4个盟，由塔尔巴哈台参赞大臣、伊犁将军等分别统辖。青海额鲁特等部29个旗组成2个盟，由西宁办事大臣统辖。套西蒙古即内蒙古河套以西，有阿拉善额鲁特旗和额济纳土尔扈特旗，不设盟，由陕甘总督兼辖。

旗是清代蒙古最基本的社会组织单位。外藩札萨克世袭统治的旗，具有军政合一的性质，构成封建领主性领户集团——领地，同时，它也是清朝大一统体制下特殊的一级地方行政建置。

札萨克旗除战时承担兵役和羊、马军需，部分旗承担平时站役，不承担其它常年国家赋税、差役。作为清朝的后备武装力量，是盟旗对国家承担的最基本义务。每个旗均须定期编审丁册，即将18—60岁的男丁登记造册，呈报理藩院，并且须经常整饬装备、武器，以备随时奉调出征。

札萨克是一旗之主，由王公台吉世袭担任。亡故出缺，或获罪罢免，经理藩院报请皇帝批准由其嫡子或亲族子弟承嗣袭任。旗内各级职官，均由本旗贵族或平民担任，不由朝廷委派。札萨克对旗内贵族、官员、平民、奴隶，有程度不同的支配权力、人身隶属关系，被旗民俗称为王爷。在清朝原则性律令规定之下，札萨克全权管辖治理旗民，处理旗内行政、司法、财政，征派赋役、职官任免等各种事务，对旗内山林、土地有传统支配权。

札萨克旗的职官设置，有协理台吉（塔布囊）、管旗章京、副章京、梅伦（梅林）等。协理台吉（塔布囊）每旗2~4人，蒙语称为图萨拉克齐，秉承札萨克意旨处理旗政，只有贵族台吉或塔布囊才能担任，并且须呈报理藩院经皇帝批准。札萨克因故出缺、常年驻京或未及 18 岁不能亲政,例由协理台吉执掌印信,代行札萨克职权。管旗章京 1 人,蒙语称扎黑鲁克齐,在札萨克、协理台吉之下主持日常旗务。管旗副章京、梅伦等官员,协助分掌各种旗务,其中有专管军事、统领旗府武装的统兵梅伦。旗的基层组织是佐,亦称佐领,蒙古语称为苏木(意为箭),一般由 150 个丁户组成,也是军政合一的。每个佐设佐领(苏木章京)一员统领管辖所属丁户。佐领较多的旗,由 6 个佐领组成一个参领,参领官称为扎兰章京。札萨克以下各级官员,均无任期限制,除协理之外,其他均由札萨克任免,并且可从平民中选任。

盟,蒙古语称为楚古拉干。它来源于蒙古传统的各部首领会盟议决大事的习惯制度,清朝将其转变为固定的体制。每个盟设盟长、副盟长各一人,内蒙古多数盟还设有帮办盟务,也称协办盟长,均由王公札萨克(包括闲散王公)兼任。每个盟还设有专管军务的备兵札萨克,外蒙古称为副将军,由盟长、副盟长、王公札萨克兼任(不包括闲散王公)。清初规定,全盟各旗札萨克和贵族官员率所属兵丁,每年会盟一次,由皇帝派大臣主持,后来改为每三年一次,由盟长自行主持。盟不是一级军政建置,没有专设衙署和职官。其职能,主要是督察军备,承转奏报或处理全盟重大事务。清后期,随着社会政治生活的日益繁杂,全盟性事务不断增多,盟长的职能权限也逐渐扩大,盟也开始向一级地方行政建置转变。

与札萨克旗在性质、制度上基本相同的还有由显赫活佛"世袭"统治的喇嘛旗。喇嘛旗为政教合一体制,由作为旗主的活佛担任掌印札萨克达喇嘛,其下还设有各旗不尽相同的札萨克副达喇嘛、札萨克喇嘛、达喇嘛、商卓特巴喇嘛及德木齐、格斯贵等职官,分掌旗政或宗教事务。与世俗札萨克一样,活佛旗主有掌管本旗行政、司法、财务、征收赋役的自主权力。与世俗旗不同的是,喇嘛旗的属民不承担兵役、站役等国家义务。清代蒙古的喇嘛旗共有 7 个,即内蒙古的锡埒图库伦旗,外蒙古的哲布尊丹巴呼图克图、额尔德尼班第达呼图克图等 5 个旗,和青海的察罕诺们汗旗。

三、内属蒙古和八旗蒙古

（一）内属蒙古

清代内属蒙古的来源主要有两部分,一是由清初的札萨克旗改制转变而来,一是部分零散归附清朝的蒙古各部属众,虽编为旗和佐领,但未封授、设立札萨克。内属蒙古与外藩蒙古的最大区别在于,没有封建领主性世袭统治者(札萨克),对旗境土地没有传统所有权,而且"官不得世袭,事不得自专",由各地将军、都统、大臣直接管辖。内属蒙古基本上以旗为单位军政合一,旗内的基层组织也是佐领,一般是由清朝任命的总管主掌旗政,所以也称为总管旗,以与札萨克旗相区别。

清代的内属蒙古按地域分布主要有：漠南的察哈尔八旗和归化城土默特两翼,今呼伦贝尔地区的呼伦贝尔八旗和布特哈八旗,漠北西北部的唐努乌梁海5旗和科布多地区的额鲁特、扎哈沁、明阿特等旗,新疆伊犁和塔尔巴哈台地区的额鲁特等旗和察哈尔等部各佐领。其中,呼伦贝尔、布特哈八旗,指的是八旗体制,而不是实有8个旗级单位。由于分布地域、编成先后和原有体制的不同,内属蒙古各部的统辖体制和职官设置也不尽相同。

清初被征服的察哈尔部,最初也编成藩部旗,封授了世袭王公札萨克。布尔尼亲王起兵反清被镇压以后,其"君国子民"之权被削夺,重新整编为按八旗军旗色分别命名的8个旗,即左翼的镶黄、正蓝、正白、镶白旗和右翼的正黄、正红、镶蓝、镶红旗,也称为察哈尔游牧八旗,归设在张家口的察哈尔都统统领管辖。每个旗设总管一员主掌旗政,蒙古语称为安本,总管之下设参领、副参领佐理旗政,若干章盖(佐领官)分管各苏木(佐领)。旗的各级官员均从本旗原有贵旗或平民中选任,不是朝廷委派的流官,并且亦无任期限制。

归化城土默特两翼,清初编为类似外藩的2个旗,由本部原有贵族分别担任都统世袭统领管辖。乾隆时期,两翼都统均被削职、停袭、裁撤,改由朝廷委派的八旗流官归化城副都统直接管辖,只保留土默特两翼各参领、佐领，并由参领们组成议事厅，处理日常旗政。归化城副都统归绥远城将军统辖节制。

呼伦贝尔八旗由巴尔虎、额鲁特和索伦（鄂温克）等部各若干佐领组成。每个佐领均有八旗色名称，并组成新巴尔虎左右、索伦左右、额鲁特等5个翼。每翼设总管一员统领管辖，总管之下设有副总管及各佐佐领等官，均由本部人担任。五翼总管之上，设有黑龙江将军辖下的副都统衔呼伦贝尔总管，清末光绪时改称呼伦贝尔副都统，由八旗流官担任。

内属蒙古与外藩札萨克旗相同的是，除兵役、站役之外一般不承担国家赋税。不同的是，其戍守边防（中俄边境地区）和兵役、站役负担更重。此外，一些内属蒙古各旗的在册丁壮，即预备役兵丁，还有一定的常年俸禄、兵饷。遇有战事，清廷往往首先征发内属蒙古骑兵，然后才从外藩各盟旗抽调。

（二）八旗蒙古

八旗蒙古又作蒙古八旗，是清代完全按照八旗体制编成的蒙古人，也是清朝常备八旗军的重要组成部分。满洲爱新国时期，最早降附的蒙古各部，除仍保留原有鄂托克、爱马克体制（后来编成札萨克旗）的之外，均被编入满洲军政、兵民合一的八旗组织之中。其来源成分，主要是内喀尔喀五部和喀喇沁等部贵族领主及其属民。由于蒙古降众愈来愈多，皇太极于1635年将他们单另编成蒙古八旗，但满洲八旗中仍然保留了部分蒙古人。满洲八旗、蒙古八旗和汉军八旗，共同构成了清朝特有的八旗军。

清军入关以后，蒙古八旗除常驻京畿的京营八旗，还以佐领为单位分驻全国各地。与满洲八旗一样，八旗蒙古人也演变为世代当兵、常年领取俸饷、不事生产，并且享有种种特权的特殊社会阶层。

清制，科举考试、职官选任均分为满（旗）人、汉人两套体系、两种制度。一些重要军政职官设置，也分为满缺和汉缺。满缺，即只能由满洲贵族、八旗人出任的职位。在这种"双轨制"中，八旗蒙古人与满洲八旗享有完全相同的待遇和权利。

由于长期生活在内地城镇，接触、接受满汉社会文化，并享有种种仕途优遇,八旗蒙古人中出现了许多著名的军政官员、文人以至科学家。如蒙古正蓝旗人松筠,乾隆至道光年间历任户部、兵部、吏部尚书,陕甘、湖广和两广总督,内阁大学士,伊犁将军及驻藏办事大臣,不仅是清朝中央和地方的重臣,而且在治理边疆民族地区方面起过很大作用。松筠还是一位著名的汉语诗人和史学家,著有《西陲(伊犁)总统事略》《绥服纪略》《新疆识略》《西藏巡边记》等多种记述边疆民族地区政治、社会、史地方面的书籍。内务府正黄旗蒙古人法式善,科举进士出身,是清中叶著名文学家和书法家,曾参加编修《四库全书》,用汉文著有笔记体《清秘述闻》及多种诗文集。蒙古正白旗人明安图,曾任钦天监监正,是古代著名天文历法学家、数学家和舆地学家,主持编著了《历象考成》《仪象考成》和《割圆密律捷法》等科学著作。在晚清急剧变化的历史风云中,鸦片战争时期在广州主持对英交涉的钦差大臣兼两广总督琦善,是满洲正黄旗中的蒙古贵族博尔济吉特氏人;在镇江保卫战中以身殉国的钦差大臣兼两江总督裕谦,是蒙古镶黄旗人;在第二次鸦片战争的大沽口保卫战中英勇战死的直隶提督乐善,是蒙古正白旗人;清末新政和辛亥革命前夕先后出任归化城副都统和库伦办事大臣的三多,是杭州驻防八旗蒙古人。

经过有清200多年的历史变迁,早已脱离蒙古本土政治、经济和社会文化生活的八旗蒙古人,在仪制、习俗和语言文化上先是逐步同化于满族,然后又与满族一样渐趋同化于汉族。他们的种种社会历史活动,在整个蒙古民族发展变迁中的作用和影响,也随之愈来愈小。

四、社　会　结　构

清代蒙古的封建社会,由多种阶级、阶层构成。世袭王公、台吉、塔布囊,是贵族阶层,箭丁、随丁、庙丁等构成平民阶层。王公札萨克、上层官员、喇嘛,是统治阶级,下层台吉和普通平民是被统治阶级。同时,无论外藩、内属蒙古,僧俗上层、中高级官员,与其辖属均有程度不同的人身依附关系和人身支配权力。王公札萨克是蒙旗最高统治者。其中，身份地位最为显赫的，是科尔沁三亲王和清朝保留的5个蒙古汗。他们是：科尔沁右翼中旗札萨克土谢图亲王，科尔沁左翼中旗札萨克达尔罕亲王、闲散卓里克图亲王；外蒙古喀尔喀土谢图汗、车臣汗、札萨克图汗，因主动归附而被特封的杜尔伯特汗，1727年从俄罗斯草原率部回归的新疆蒙古土尔扈特汗。因战功卓著而得到清廷格外恩宠的，则有清初外蒙古赛音诺颜部札萨克亲王策棱和清后期科尔沁左翼后旗札萨克亲王（由郡王晋封）僧格林沁。他们死后，均得到配享太庙的殊荣，其子孙也常年驻京，担任御前大臣、领侍卫内大臣等显赫官职。

王公札萨克除了全权执掌旗政，还有直接隶属、供其世代役使的随丁。贵族台吉、塔布囊和中层以上官员，也有自己的随丁户。同时，一些旗的闲散王公和贵族台吉，还保留着与原有属民之间的某种领属关系。如闲散王公最多的科尔沁左翼中旗，卓里克图亲王、温都尔郡王等，除属民之外还有划定的领属地域。

内属蒙古的总管旗，许多总管、佐领等官，往往是由少数显贵家族变相世袭，而且有的佐领本身就是世管佐领，即由佐领官世袭管领。

清朝对蒙古的民刑罪罚、赋税额度等均有原则性律令规定。但由于王公札萨克的封建领主性特权，往往滥施刑罚、随意征敛。札萨克有自己的王府，履行旗政有专设衙署，但王府与旗署的职能权限、财产财务，往往没有严格区分。一些王公札萨克往往以年班进京、诵经拜佛、婚丧嫁娶等各种名目增加旗民的赋役负担，甚至将个人债务变相摊派给旗民缴纳偿还。

随着家族、人口的分衍和经济生活变化，一般台吉、塔布囊阶层也逐渐分化，出现了许多没有随丁、失去贵族特权的下等台吉、塔布囊，实际社会和经济地位已与平民无异。

箭丁，蒙语称为阿勒巴图（意为赋役义务承担者），外蒙古等地区也泛称为阿拉特（意为民众），是蒙旗最广大平民，个体牧民或农民。平时承担本旗赋役，战时承担国家兵役，是其基本封建义务。清朝规定的蒙旗常年赋税额，依拥有畜种和物质生产特点的不同，大体以20只羊每年上缴1只为基准。王公札萨克进贡、会盟、移营、婚嫁,可另行征赋,也有一定限额。至于旗、佐的各种差徭,则无明确限定。实际上箭丁的赋役负担往往随札萨克和各级旗官的意旨而定,或借各种名目滥肆征敛。清朝规定,箭丁如果无故不缴纳赋税,可任由王公札萨克自主惩处;王公札萨克逾额征赋一倍,却只受罚俸一个月的处分。在人身依附关系色彩十分浓厚的蒙旗社会,一般箭丁、平民即使受到超额赋役盘剥,也往往想不到或不敢去更高的衙门控告自己的王爷。

箭丁可以充当旗、佐下层官吏。得到王公札萨克特殊宠信者,也可出任佐领、参领、梅伦以至管旗章京等中高级官员。随着政治经济地位的变化,阿勒巴图阶层也发生贫富分化,出现牧主、地主和缺少或没有牲畜土地的贫苦农牧民。

随丁,蒙语称为哈木济勒嘎,是按照清朝制度指拨给王公贵族或旗官,供其役使的箭丁。贵族爵位、职官级别不同,领属的随丁数量也不同,如亲王60人,郡王50人,贝勒和固伦额驸40人,一等台吉15人,四等台吉4人;管旗章京4人,参领、佐领1人,等等。隶属王公贵族的是随人箭丁,主人固定,世代继承;隶属官员的是随缺箭丁,主人随官员更替而转移。随丁为主人从事牧业生产和承担各种杂役,身份、地位近似家奴。随丁不承担本旗其他赋役,不服正式兵役,但可随侍主人出征。一般都有自己的牲畜、财产或划拨的谋生土地。受到王公札萨克宠信的随丁,也可担任王府总管等职官,有的还可破例充任旗府官吏,跻身官僚阶层。

庄丁和陵丁。庄丁,是专为拥有农田的王公札萨克、公主额驸耕种土地的人户。陵丁,是专门守护显赫王公或公主额驸的陵墓,负担岁时祭祀的人户。其中包括许多随公主下嫁而来的满族和汉族人,他们同主人有严格的人身隶属关系,身份、地位类似随丁。

驿丁,又称站丁,蒙语称为乌拉齐,是被征调专门承担蒙古地区驿站义务的箭丁。有的是拨给贫困箭丁牛马等畜,使其充当驿丁。驿丁常年驻牧、生活在驿路台站,负责供给往来王公、官员、信使的役马、食用牛羊和住宿,有的世代充役,有的数年一换。

庙丁,蒙古语称为沙毕纳尔(本意为佛教徒众,但此处非指出家喇嘛)或哈里亚特(意为寺庙属民),是隶属于寺庙、活佛的人户,专门为寺庙承担牧业生产和各种赋役征派。其来源，有的是蒙古平民（为崇佛或躲避兵役等各种繁重差役）主动投附，有的是王公贵族将自己的属民划拨、"贡奉"给寺庙、活佛。但入清以后，无论投附、贡奉为庙丁，已逐渐受到清廷的明令禁止和限制。庙丁一般也有自己的牲畜、财产，是个体经营牧民或农民，也可分化为贫富阶级。

在清代蒙古民族的社会和人口构成中占有重要位置的，还有大量黄教出家僧侣——喇嘛。寺庙、喇嘛及其所属庙丁，自成一个社会组织体系。由于笃信神佛和社会、政治（如清朝的黄教政策）等各种原因，蒙古族家庭一般兄弟2人即有一人出家，致使清代蒙古族人口中喇嘛竟占成年男子的五分之一甚至四分之一以上。喇嘛中虽也有下层，贫穷，富裕，压迫与被压迫之分，但均以佛事为业，受世俗社会的贡奉、布施供养。地位低微的下层徒众，也主要是承担繁重的寺内杂役，不事社会性物质生产。

清代蒙古族社会与内地不同的另一特点是，从国家民政、人口管理角度，也自成体制。王公入世谱，平民入丁册，喇嘛入度牒，而均不属一般的"编户齐民"。所以，进入蒙地的非蒙旗籍人，被称为民人。而随公主下嫁或世代为王公贵族充当工匠、仆役的汉族或其他各族人，只要纳入旗籍，成为蒙旗庄丁、陵丁，其社会体制身份也成了蒙古人。

主要参考文献

《清代理藩院资料辑录》，赵云田辑，全国图书馆文献缩微中心，1988年。

《钦定理藩部则例》，全国图书馆文献缩微中心影印本，1992年。

光绪朝《钦定大清会典事例·理藩院》，赵云田点校，中国藏学出版社，2006年。

《呼伦贝尔副都统衙门册报志稿》，边长顺、徐占江译，呼伦贝尔盟历史学会，1986年。

《土默特旗志》，高赓恩纂，光绪三十四年（1908年）刻本。

《清代蒙古社会制度》，〔日〕田山茂著，潘世宪译，中华书局，1988年。

《清代蒙古政教制度》，赵云田著，中华书局，1989年。

（原载乌云毕力格、白拉都格其主编《蒙古史纲要》第三卷第四章，内蒙古人民出版社，2006年。"主要参考文献"为补加）

关于内蒙古与八旗蒙古若干问题

《内蒙古史志》编辑部(以下简称"本刊"):第一个问题,您为什么认为清代著名科学家明安图和文学家法式善不是内蒙古人?

白拉都格其(以下简称"白"):首先需要申明的是,我虽然是专搞清近代蒙古史的,但对于清代的八旗制度和体制,其中的八旗蒙古(又称蒙古八旗),都并没有专门的研究。这里所谈的,主要是参考吸收在这方面有专门研究的现成成果,比如老一辈清史学家王钟翰,近些年国内相关权威学者杜家骥、定宜庄等人的论著等等,当然自己也查阅了《八旗通志》《清史稿》等最基本的史籍。

法式善、明安图都是八旗蒙古人,而一般来讲八旗蒙古人不是(不算)内蒙古人,也不是察哈尔人,这在我们专业学术界,包括蒙古史学界和清史学界,其实是一个基本知识。

搞清这个问题需简单交代一下清代蒙古人的体制。清朝统治下的蒙古人分为三种:一是世袭札萨克(俗称王爷)统治下的外藩蒙古。其中内蒙古6盟49旗称为内札萨克,外蒙古(今蒙古国)和新疆、青海各盟旗,包括今内蒙古西部的阿拉善、额济纳,统称外札萨克。内外札萨克都属"外藩",许多人容易混,以为外藩指的是外蒙古。第二个称为"内属"蒙古,如归化城(今呼和浩特)土默特和察哈尔八个旗都是,是由清朝任命的都统、副都统、总管等统治管辖,它们与外藩蒙古的区别主要是自主权差得多。外藩和内属蒙古的共同特点则是,都没有离开蒙古族自己生活的本土,没有离开原来的游牧经济生活等等(后来局部变为农耕是另一回事)。还有一个共同点是他们不参加科举。尽管这些人(贵族官员)在清代享有的身份、待遇很高,但不能进入内地出任一般的军政职官,比如中央的六部、地方的省府厅县官员,统领八旗兵和绿营兵(僧格林沁统率内地大军是极特殊的例外,他本人就是咸丰皇帝的表兄)。

清代蒙古人的第三种体制就是八旗蒙古。他们的制度体制,以至政治、经济、文化生活，身份、待遇，与清朝的满洲八旗完全一样，是世代吃俸禄、常驻北京或分驻全国各地的职业军户。八旗蒙古人不仅离开了原有本土和原来的社会经济生活，而且可通过科举考试或荫封出任中央和地方的各种军政官职。八旗蒙古的来历是，清初臣服、投附清朝（当时还是满洲—后金）的蒙古人被分成了两部分，一部分就是外藩札萨克制的盟旗，一部分直接编入了满洲人（后金）的八旗。满洲兴起时全是八旗，不管你汉人（投附）来了我也编入八旗，蒙古人来了我也往里编。编来编去人口多了怎么办？就又从里面把蒙古人分出来建一个蒙八旗，把汉人分出来建一个汉八旗（称为汉军八旗）。都有八个旗，而且名称（旗色）都一样，满、蒙、汉（军）合共是 24 个旗，统称八旗（军）。而实际上，仍有少部分蒙古人留在了满（洲）八旗。

我在新近出版的《蒙古史纲要》（内蒙古人民出版社，2006 年）中，针对蒙古八旗专门写了下面一段话，大意是：由于长期生活在内地城镇，接触、接受满、汉社会文化，并享有种种仕途优遇，八旗蒙古人中出现了许多著名的军政官员、文人以致科学家。比如蒙古正蓝旗人松筠，乾隆至道光年间历任户部尚书、兵部尚书、吏部尚书、陕甘总督、湖广总督、两广总督、内阁大学士、伊犁将军、驻藏办事大臣等等，不仅是清朝中央和地方的重臣，而且在治理边疆民族地区方面起过很大的作用。松筠还是一位著名的汉语诗人和史学家，著有《西陲总统事略》等等。法式善是内务府正黄旗蒙古人，科举进士出身，是清中叶著名的文学家和书法家……明安图是蒙古正白旗人，曾任钦天监监正，是中国古代著名天文历法学家、数学家和舆地学家，主持编著了《历象考成》等科学著作。在晚清以后的历史风云中，鸦片战争时期的钦差大臣兼两广总督琦善（就是顶替林则徐的那个琦善，原来多以反面人物出现，后来谢晋拍的《鸦片战争》把他变得比较中性了），是满洲正黄旗中的博尔济吉特氏蒙古贵族出身。镇江保卫战中以身殉国的两江总督裕谦，是蒙古镶黄旗人。第二次鸦片战争时大沽口保卫战中英勇战死的直隶提督乐善，是蒙古正白旗人，等等。我接着又指出：经过清朝两百多年的历史变迁，早已脱离了蒙古本土的政治、经济和社会文化生活的八旗蒙古人，在仪礼习俗和语言文化上先是逐步同化于满族,然后又与满族一样渐趋同化于汉族。它们的种种社会历史活动,在整个蒙古民族发展变迁中的作用和影响也随之愈来愈小。

接着我想说的是,如果大家注意一般正式出版的由我们专业学术界的人撰写的蒙古通史类书籍,都不把八旗蒙古人作为主要的记述对象。为什么呢?因为按照一般的民族理论概念,所说的共同的语言、共同的地域、共同的经济生活、共同的心理素质,八旗蒙古人都已没有了(失去了),而是渐渐趋同于满族和汉族了。而他们当中的许多代表性人物(及其重要历史活动),都是清代全国性的政治人物和活动,属于研究清代全国史和八旗史的基本内容了。

本刊:第二个问题,那为什么还有人认为明安图、法式善等人是内蒙古人呢?

白:我觉得主要是这些人对清代蒙古的基本制度和体制缺乏专业基本知识,只是看了一些较粗浅模糊的、似是而非的著述和说法,就去想当然了。比如说,清代察哈尔八个旗的名称,与蒙古八旗(也是满、汉八旗)的名称是一样的,都是正黄、镶黄、正红、镶红、正蓝、镶蓝、正白、镶白(这最容易误导一般读者)。而在清代一般史书中讲到某人的籍贯时,只说他是蒙古正白旗人、蒙古镶黄旗人,并不再明确他是察哈尔的还是八旗蒙古的。这是因为,对于生活在清代的人,或者对这种体制具备基本知识的人,它自然而然指的就是八旗蒙古,都不会把它和察哈尔的正白旗或镶黄旗相混淆。我前面已经说过,清代的外藩蒙古和内属蒙古人,是不能出任内地职官的。了解清朝对蒙政策的人都知道,有个不准汉人随意出边进入蒙地的"蒙禁"政策,其实它的另一面就是,边外(不论是外藩还是内属)蒙古人也是不准随意进入内地居住、谋生的。所以,能够出现在清代一般(汉文)史籍和各种著述中的"蒙古正、镶白(黄、红、蓝)旗"人,除非特别说明,只能是世居北京或分驻全国各地的八旗蒙古人。

接着的问题就是,名称(旗色)相同的察哈尔蒙古与八旗蒙古不是一回事,但八旗蒙古人中也可以有察哈尔人吧?

按照《八旗通志》等书的记载和专家学者的研究,当初编入八旗蒙古的,主要是内喀尔喀五部(扎鲁特、巴林等)和喀喇沁部的人,后

来也有少量科尔沁人、察哈尔人等。比如（八旗）蒙古正白旗共 29
个佐领中，（只）有一个科尔沁佐领和一个察哈尔佐领之类。但无论
从历史学专业的角度，还是从我们正在编写的地方志的角度（"人物
志"的收录标准和范围的角度），即使有确切记载说明某位八旗蒙古
人确实出身于原察哈尔部，也只能证明察哈尔是他的祖籍，而不能
证明是他的出生地，以至其父祖的居住地。因为八旗蒙古早在清朝
正式建立之前的 1635 年（后金天聪九年）就已编成，即使至乾隆时
期，也已有百年以上、数代人的时距了。

这里还须特别说明的是，明清之际、林丹汗时期的察哈尔，与后
来清朝编成的察哈尔八旗，无论从地域还是人群，都已几乎"面目全
非"了。林丹汗时期的察哈尔万户（部）领地主要在辽西边外，即今
赤峰市以西拉木伦河流域为中心的广大地区。这时居住在宣（化
府）大（同）边外的，也就是后来的察哈尔八旗分布地区的，则是蒙古
永谢布、喀喇沁等部落集团（换句话说，编入蒙古八旗的察哈尔人，
其"祖籍"地就是西拉木伦河流域一带，而不是今天锡林郭勒盟南部
的正蓝、镶黄等旗）。而另一方面，林丹汗时期的察哈尔，是很大的
部落集团，其中包括着今天还保留名称的敖汉、奈曼、乌珠穆沁、苏
尼特等许多分支（小部）。而后来编成的察哈尔八旗中，又陆续编入
了许多来自新疆、青海的卫拉特、和硕特各部的佐领。也就是说，后
来察哈尔八旗中的相当一部分人，也并不是原来的察哈尔部人。

综上所述可以确认的是，察哈尔八旗和蒙古八旗尽管名称（旗
色）完全相同，两者之间却几乎没有什么直接关联。

本刊：第三个问题，那么能否绝对排除明安图、法式善是（原籍
是）内蒙古人？

白：历史作为一门科学，最基本的特征是其"实证"性。说某一
个历史事物是真实的、客观存在过的，必须要有可信可靠的证据，文
献史料或实物（如考古文物）、口传（亲历忆述、现代录音等）史料来
证明。而且应该像学术先哲所言：有一分证据说一分话，有九分证
据不能说十分话（大意）。所以我们史学专业还有一句行话，就是说
其有易（证明某一事物存在过，相对容易），证其无则难（证明某一事
物没存在过，绝对排除其可能性，很难）。比如某一群体场合，说某

人当时在场相对容易,说某人肯定不在场却很难。

所以,让我肯定地说明安图、法式善不是内蒙古人,无论是其出生地,还是其籍贯(父、祖父居住地)都肯定不在内蒙古,我没有专门的研究、充分的史证,能证明这一点。但如前所述,其可能性极小,却可以肯定。而想要得出相反的结论,即使是"证其有易",也须拿出一手的、原始的史料证明吧?

这里连带还有一个问题,就是他们还可能是驻防在内蒙古境内的八旗蒙古人或其子弟。确实不应忽略这种可能性。

清代内蒙古境内常驻八旗军的,只有绥远城(也就是今天的呼和浩特市新城)。据史书记载,绥远八旗驻军中确实有八旗蒙古人。其大体人数为,总共 20 个佐领中 4 个是蒙古八旗,额定 2 700 兵员中 500 人是蒙古(这大约占清代八旗蒙古兵额总数 1 万 1 000 多人的 1/22)。其中,见于记载的战死者、"忠孝节烈"等人物中,八旗蒙古人共有约 37 人,其中 36 人为蒙古镶黄、正黄、镶红三旗人,1 人是镶白旗人。清代八旗制度,抽调兵丁基本上都是以各旗各佐领为单位的,也就是说,绥远驻防蒙古八旗,主要是镶黄、正黄、镶红这三旗人。依清朝制度和一般概率推断,明安图(籍隶蒙古正白旗)出生在绥远城的可能性很小,几乎可以说没有。同时,据明安图的履历,他 20 岁之前就以官学学生的身份在清朝钦天监(统管天文历算的中央机构)学习天文、算学,并且自童年就直接从康熙皇帝"亲受"数学,更可能是世居北京的京营八旗蒙古人。而法式善是专门侍奉宫廷的内务府八旗人,就更应该是世居北京城的。

如果从祖籍的角度考虑,并且不是拘泥于今天内蒙古自治区的行政区划(清代内蒙古的几个蒙旗,后来已划入东三省境内),所有八旗蒙古人确实都出身于清初的内蒙古(漠南蒙古)各部。但这毕竟是"祖籍",不合乎我们地方志的收录标准。如果将已离开内蒙古二三代甚至一二百年以后的后裔也纳入编写范围,那就只能称为"族裔志"了,而且其应当收录的内容(人物)将会更为庞杂、无从把握了。

再进一步说,我们是内蒙古的地方志,只要是历史上的蒙古族人,并且确实与内蒙古沾点边,我们是不是可以适当变通,放宽收录标准和范围。从一般性原则而言，确实也应该适当考虑。比如说成吉思汗，他的出生地和主要历史活动区都不在内蒙古，但他毕竟曾几进几出，在统一蒙古各部和攻打金朝、灭亡西夏的战争中，在内蒙古境内打过多次大仗，长时间居留过。而如果以清代为例，比如八旗蒙古人中的明安图、法式善（毕竟祖籍都是内蒙古）也可以考虑，那八旗蒙古人中比他们的历史地位和影响大得多的人还多啦。

了解清代制度的人都知道，清朝是没有中央统管的行政（"国务院"及其总理、"丞相"）和军事（"中央军委"）机构的。皇帝之下，职位最高的是作为辅臣的大学士和军机大臣，而且两职常有互兼，同时在职者至多 10 人左右。而仅晚清以来（道光朝，即 1820 年以后）担任过大学士或军机大臣（包括互兼）的八旗蒙古人就有 8 人：长龄、富俊、琦善（兼）、赛尚阿（兼）、柏葰（兼）、倭仁、瑞常、荣庆（兼）。其中，长龄曾任首席（文华殿）大学士，以统军平定新疆张格尔之乱而名震中外；赛尚阿曾任首席大学士兼首席军机大臣，也即皇帝之下第一人；倭仁则是晚清最著名的理学家。这些人，均可称为一人之下、亿人之上、权倾一时的全国性重量级人物。前面提到的为国捐躯的裕谦、乐善，以及清末历任云贵总督、东三省总督，创办了培养过朱德等一代名将的云南讲武堂的锡良等人，身份、地位和全国性影响还都在这些大学士、军机大臣之下。如果以祖籍在内蒙古把这些全国性八旗蒙古军政官员也收录进来，即使以正"省部"级为标准（清代除了大学士、军机大臣，是没有"国家级"领导人的）或者再把科举状元和进士（都是文化知识界顶级人物）包括进来，再加上他们的生平事迹史料都会很翔实，那我们《人物志》中的清代部分，将充斥着这些既不出生于内蒙古，主要历史活动也与内蒙古无何关系的全国性八旗大人物了。

本刊：第四个问题，呼市五塔寺的蒙古文天文图是不是明安图制作的？

白：这是个非常专门、具体的需要严密考证的问题。对此我没有专门的研究，也没看到过直接相关的历史记载或学术研究成果，更缺乏天文学和科技史方面的专门知识，只能根据自己现有的知识做些粗浅的推断。而且还是那句老话,尽管未看到"是"(有)的史料或研究成果,说它肯定"不是"(无)则更难。

据所知,呼市五塔寺的天文图,大约制成于1727—1732年(即雍正五至十年)。明安图参加编著的天文学著作《历象考成》成书于1713—1722年(康熙五十二年至六十一年)。如果《历象考成》中的天文学成果、星象图成果,与五塔寺天文图一致,那就完全可能是将《历象考成》的最新科学成果,以译成蒙文、制成石刻图的形式展示在新落成的五塔寺这个黄教寺院里。如果这个推测可以成立,接下来的问题就是明安图本人与这部石刻天文图的制作,有何种程度的直接关系。比如说,《历象考成》及其中的星象图具体成果,是否由明安图直接完成,或者是由他主持完成、参与完成(另有主持者)?五塔寺天文图是由明安图主持提供、参与提供(包括其具体制成设计图、将有关名词译成蒙古文等),还是由寺庙的建筑设计者根据《历象考成》的成果自己设计制作?

据所看到的资料,明安图确实是《历象考成》的主要作者之一,而且是最懂专业知识的作者之一。但在这部书的具体编写班子中(不算亲贵大臣等人兼任的"总理""协理"),排在第一位的是主持"考测"工作的西洋传教士戴进贤,明安图名列第四具体主持"测算"工作。而当时在钦天监的专业科学技术方面排在戴进贤之后、明安图之前的,还有一位西洋人徐懋德。

把思路再回到我们的"人物志",如果不能证明明安图是内蒙古人、出生在内蒙古(很大可能应是世居并出生在北京的八旗人),而且也没有可靠史料能够把他同五塔寺蒙文天文图直接联系起来,那么仅根据我以上推测的明安图与这个天文图可能的较间接的关系,是否可以或应该把他收录进来呢?也就是说,明安图是以参与制作了这部科技文化史上十分重要而极具民族特色的天文图的非内蒙古人身份"入志"。我觉得把明安图以这样的理由"牵挂"进来过于勉强。因为如果仅强调这部天文图的价值而忽略(不坚持)明安图并不是内蒙古人、与内蒙古地区无何直接关系,那在制作这部天文图的科学成果方面比明安图更为重要的戴进贤、徐懋德和《历象考成》作者中名列明安图之前的另两位钦天监官员,是否更有资格收录进来呢？

最后想说的感受是，编写地方志中的人物志，确定收录标准本身就难度很大，怎样很好地坚持已确定的标准更有种种掣碍，而用历史事实来确证某个具体人的"标准"又会遇到另一种难度。

（原载《内蒙古史志》2009 年第 4 期，编辑部根据录音整理，笔者又做了较大的修改和加工）

近代内蒙古各业开发与
社会经济变迁

目　　录

一、农林业发展变革

　　（一）农耕业的发展与新型变革

　　（二）农业水利开拓与发展

　　（三）林木渔业的开拓与发展

二、工矿产业的出现与发展

　　（一）金属矿产开采

　　（二）煤炭开采

　　（三）盐碱资源开发

　　（四）城镇手工作坊

　　（五）清末工艺局与近代工业的出现

三、近代交通通讯事业的出现与发展

　　（一）铁路

　　（二）公路(汽车)运输

　　（三）水运交通

　　（四）邮政

　　（五）电信

一、农林业发展变革

（一）农耕业的发展与新型变革

1. 清前期内蒙古农业概况

内蒙古高原自远古以来就是北方游牧民族的生息摇篮。但同时，内蒙古地区的农业土地开发，也古已有之。

据考古发现，早在新石器时代，内蒙古东南部赤峰地区和西部阴山地区，即已存在原始农耕业。战国诸侯、秦汉王朝拓土阴山河套一线之后，在内蒙古南部沿边地区设置过几十个郡县地方治所，主要由徙居的汉民，在这里开拓发展了农耕种植业。此后，凡属较强盛的中原王朝（包括由北方民族入主者）能够施以有效统治管辖时期，内蒙古南部沿边地区的农耕业均有过程度不同的存在和发展。至明代后期，除了蒙古土默特部阿勒坦汗曾在土默川容留汉民发展农业，蒙古察哈尔部、喀喇沁部也已出现了自己的农耕业。

明清之际，长城一线以北及辽西柳条边外，均为漠南蒙古各部属地。清朝陪都承德避暑山庄，及其附属的木兰围场一带地区，原为蒙古喀喇沁、翁牛特等部领地，是这两部贵族统治者以"奉赠"的名义献给清朝皇帝的。

清朝征服统一漠南蒙古各部之后，出自民族隔离性统治政策需要，曾颁布并一再重申禁止内地汉民出边进入蒙地垦种定居的政令。但在不同时期、不同具体情况下，实际上是时禁时弛，并曾有意开放，使内蒙古地区的农耕业再次逐步发展起来。

早在清军大举入关的 1644 年，清廷即设立了分属内务府和镶黄等上三旗的官庄百余所，其中许多官庄就位于喜峰口和古北口外。[①] 1670 年，清朝又将古北口、张家口等长城边外土地划给正黄、镶黄等旗，作为八旗贵族、官兵的庄田。[②] 1695 年，清政府又在归化城土默

---

① 《清朝文献通考》卷五《田赋考五》，商务印书馆"十通"本，1930 年代。
② 《清朝文献通考》卷五；《大清会典事例》（光绪）卷一五九。

特地区添设粮庄 13 所,至 1737 年垦种土地已达 2 600 余顷。① 在清朝的满蒙贵族联姻政策下,下嫁蒙旗的清室公主须有农产品供给,遂有随嫁庄丁垦种定居。如清初随嫁哲里木盟科尔沁右翼前旗的六姓庄丁,在边外科尔沁左翼前旗境内垦种定居,至清末已形成"七大屯"数百户人家。② 康熙年间,归化城土默特曾向下嫁外蒙古而留住在这里的敬安固伦公主"效纳"地亩数千顷。③ 雍正、乾隆之际,清朝用兵西北征伐蒙古准噶尔部,为保障军需,边外归化城土默特等地的土地进一步大规模开垦。如仅 1735 年,一次就开放了归化城土默特旗土地 4 万顷,向山西等地广泛招民垦种。④ 据 1743 年奏报,归化城土默特蒙古共有土地 7.5 万余顷,其中牧地只占 1.4 万余顷,已不足五分之一。⑤

由于内地农村社会经济因各种天灾人祸渐趋凋敝、频繁危机,不断有"走西口""闯关东"者来到内蒙古沿边地区垦种谋生。对此,清政府为避免激化社会矛盾,在一再申禁的同时也往往予以默认。嘉庆初期,山东等地流民蜂涌出关谋生,清廷不得已先后准许他们分别在郭尔罗斯前旗和科尔沁左翼后旗等地"借地养民",划定地域、弛禁容留,并陆续设立长春厅、昌图厅管辖治理。

经过 200 余年的持续发展,至 19 世纪中叶,内蒙古哲里木盟东南部、卓索图盟全境、昭乌达盟南部、察哈尔八旗南部和阴山以南的归化城土默特地区,已基本上变成了农业区。伊克昭盟南部沿边地区和北部河套地区,也出现了成片的农业区。

内蒙古地区的农业经营者,除了纯农业区的蒙古人,绝大部分仍是汉族人。清朝实行蒙汉(旗县)分治政策,陆续增设厅县治理汉民。迄 1840 年,清政府自西至东先后在内蒙古南部设立了归化城、萨拉齐、丰镇(山西省)等口外七厅,张家口、独石口、多伦诺尔等口

---

① 《大清会典事例》(光绪)卷一九六。
② 徐世昌《东三省政略》卷二《蒙务上·蒙旗篇》"纪科尔沁宾图王旗争地控案始末",1909 年排印本。
③ 《土默特旗志》第五卷《赋役(附输田)》,呼和浩特市民委,2001 年标点本。
④ 同上。
⑤ 《清高宗实录》"乾隆八年八月壬子",中华书局影印本,1987 年。

北三厅,承德府及赤峰、平泉、朝阳、建昌等州县,以及吉林、盛京辖下的长春、昌图等厅。这些地方厅县的分布,也就是内蒙古农业开发区域的大体、集中性分布。

2. 清末农业的急剧扩展

1840 年以后,随着内外形势的变化,清朝对蒙政策逐步转变,种种蒙禁政策也渐趋松弛。由于内地战乱频仍、民不聊生,有更多的汉族流民进入蒙地。蒙旗统治者为坐吃荒价地租,也往往予以容留。对此,清政府也多取默认态度,并且为加强直接统治和管辖,不断增设地方官府。如 1877 年将昌图厅升为府,新设怀德、奉化(今梨树)、康平三县隶之,统管科尔沁左翼三旗汉族垦户。① 1888 年,又将长春厅升为府,并于其下新设农安县。② 这些新设府县,直接反映了这一地区农耕业的拓展情况。

而对于不属外藩制盟旗的地区,则已明显解禁,以至正式下令放垦。早在 1854 年,清政府即弛禁察哈尔地区的官马厂,招民垦种。1879 年和 1882 年,又先后开始官办招垦察哈尔左翼多伦诺尔等口北三厅辖境官马厂;在察哈尔右翼设立丰(镇)宁(远)(今凉城)押荒局,招民垦放境内牧场。③ 1881 年,经直隶总督李鸿章奏请,复将张家口等口北三厅的理事同知改为抚民同知,加强了管辖治理。④ 1896 年,经盛京将军奏请,开始设局招垦辽西边外原属科尔沁左翼前旗领地的养息牧官牧厂(又称苏鲁克旗,今辽宁彰武一带)。⑤

对于制同"古之封建"⑥的外藩盟旗,清朝疆吏大臣也开始有开禁放垦的奏议。庚子事变后,几遭倾覆的清朝最高统治集团也痛感

---

① 吴廷燮《奉天郡邑志》《东三省政略》附载;《清史稿》卷五五《地理志·昌图府》,中华书局标点本,1977 年。
② 《清史稿》卷五六《地理志·长春府》。
③ 《清文宗实录》卷一二四;《清德宗实录》卷一一〇、一四三、一四九、一五〇等。
④ 《清德宗实录》卷一三〇、一三八。
⑤ 《清德宗实录》卷四一二、四一三、四一五、四一七。
⑥ 清末督办蒙旗垦务大臣贻谷公牍中语,见李克仁《清将军衙署公文选注》,内蒙古人民出版社,1995 年,第 77 页。

"国势至此,断非苟且补苴所能挽回厄运",①遂于 1901 年 1 月正式发布"变法"上谕,开始在全国推行所谓新政改革。在新政的第一阶段,清政府也在蒙古地区推行过练兵筹饷等各项新政,但是还没有拟订出针对蒙古的新政规划,只有以政令形式强行放垦蒙旗土地,是专门实施于蒙古的,并且是最主要的一项新政。

内蒙古西部的放垦,是由督办垦务大臣贻谷及其继任者统筹进行的。② 贻谷所负职责除了放垦乌、伊两盟各旗土地,还有清丈整理和继续放垦归化城土默特、察哈尔及这一地区其他官有牧厂、台站属地。

综合各种基本史料记载,在贻谷督垦的 6 年(1902—1908 年)里,先后放垦了察哈尔左翼四旗土地 2 万余顷,察哈尔右翼四旗土地 24 800 余顷,绥远城八旗牧厂地 3 700 余顷,杀虎口站地 7 900 余顷,伊盟各旗土地 18 800 余顷,乌盟各旗土地 7 900 余顷。乌伊两盟放垦土地中包括:杭锦旗 4 000 余顷,达拉特旗(赔教地③)2 600 余顷,郡王旗 9 600 余顷,鄂托克旗 170 顷,札萨克旗 2 200 顷,准噶尔旗近 1 600 顷,王爱召香火地 1 200 余顷;四子王旗约 3 900 顷(含赔教地 830 顷),达尔罕(即喀尔喀右翼)旗 1 000 顷,茂明安旗 680 余顷,乌拉特前(西公)旗 2 000 顷,乌拉特中(中公)旗约 70 顷,乌拉特后(东公)旗 190 余顷。④ 不包括纯属清丈、整理已垦熟地的达拉特旗后套永租地、渠地和归化城土默特旗垦地,贻谷在任期间共放垦土地约 8.4 万余顷。贻谷革职之后,乌、伊两盟又新放、续放垦地 3 300 余顷,其中主要有乌审旗 2 000 顷,乌拉特中旗 860 余顷,乌拉特后旗 270 余顷。总计在清末新政的 10 年里,清政府在内蒙古西部新放

① 慈禧太后"懿旨",见《义和团档案史料》,中华书局,1978 年,下册,第 1327—1328 页。
② 以下内蒙古西部垦务内容,除注明出处者外,均据宝玉长文《清末绥远垦务》,载内蒙古地方志编委会编印《内蒙古史志资料选编》第一辑,下册,1984 年。
③ 指抵偿庚子教案赔款的土地。因教会不肯接受蒙旗以地抵银,遂由贻谷主持的垦务公司代付赔款并放垦抵银土地。故此项放垦仍属官放蒙地。
④ 参见贻谷《垦务奏议》《蒙垦续供》《蒙垦陈诉供状》(均清末京华印书局排印本)及宝玉《清末绥远垦务》。

垦土地共约 8.7 万余顷。

内蒙古东部的官放蒙地，其（局部）得到清廷批准是在 1900 年之前，但其大规模推行也是从 1902 年开始的。

在黑龙江将军辖区，庚子事变之前已获批准的扎赉特旗垦务，1902 年才开始进行。至 1905 年，共丈放该旗东南部土地 45 万余垧。加上后来续放的"余荒"，清末该旗共放垦土地 47 万余垧。郭尔罗斯后旗的放垦始于 1903 年。至 1908 年，该旗先后丈放了铁路沿线地 29 万余垧，铁路以西地 21 万余垧，沿（松花）江及中部三道岗子一带 13 万余垧，合计共放垦土地 63 万余垧。杜尔伯特旗从 1904 年开始放垦，至 1908 年报竣。不包括旗省接界、后划入省境的新放地 13 万余垧，该旗共放垦铁路沿线及嫩江沿岸土地 25 万余垧。齐齐哈尔以东不属哲里木盟的蒙古依克明安公也将属地报垦。除酌留牧场约 10 万垧外，共丈放土地 30 万余垧。[①] 此外，署黑龙江将军程德全还于 1905 年弛解西布特哈总管所属绰尔河上游一带山林采伐之禁，并于 1907 年派员进山勘办垦务，共丈放毛荒 4.3 万垧。[②]

吉林兼辖的郭尔罗斯前旗，迄于清亡，在约 30 万垧土地中已丈放 21 万余垧。[③]

盛京将军（奉天省）辖下哲里木盟各旗中，最先放垦的是札萨克郡王乌泰所在的科尔沁右翼前旗。总计共放垦土地约 90 万余垧。[④]科尔沁右翼后旗陆续丈放、展放洮儿河以南 40 余万垧，洮儿河以北

---

① 以上三旗一公放垦大致始末及地亩数字，分见参酌《东三省政略》卷二《蒙务下·筹蒙篇》"纪开放荒地"；张伯英等《黑龙江志稿》卷八至一〇《经政·垦丈》；程德全《程将军守江奏稿》，文海出版社"中国近代史料丛刊"影印本；柏原孝久、滨田纯一《蒙古地志》中卷，日本东京富山房，1919 年，第 5 编第 2 章"开垦沿革"。

② 徐世昌《退耕堂政书》，卷一三"黑龙江绰勒河荒务招垦片"，文海出版社"中国近代史料丛刊"影印本；张伯英等《黑龙江志稿》卷八《经政·垦丈》。

③ 《东三省政略》卷二《蒙务上·蒙旗篇》"纪郭尔罗斯前旗债务及开放余荒始末"；柏原孝久、滨田纯一《蒙古地志》中卷，第 50—54 页。

④ 《办理札萨克图蒙荒案卷》第 1—8 页，张文喜等整理《蒙荒案卷》，吉林文史出版社，1990 年；《东三省政略》卷二《蒙务下·筹蒙篇》"附哲里木盟蒙旗官局丈放荒地一览表"；内蒙古历史研究所编印《原札萨克图旗清末土地放垦及其演变情况调查报告》，1965 年铅印本。

约 20 万垧。科尔沁右翼中旗,先后放垦东南部及王府以北土地 8.7 万余垧。① 科尔沁左翼中旗的放垦主要分两部分:一是丈放采哈、新甸一带土地 8.6 万余垧;一是新设洮南府与辽源州(今吉林双辽)之间的"洮辽站荒"8.3 万余垧。自 1908 至 1911 年,两处共丈放生荒 16.9 万余垧。②

热河都统所辖卓索图、昭乌达两盟,大部分地区先已成为农业区。清末官放蒙地主要是在昭乌达盟中部和东部进行的。迄于清亡,计从巴林右旗毛荒 1 万余顷中放垦 8 000 余顷;其他三旗 1.8 万余顷毛荒中放垦 8 000 顷,其中阿鲁科尔沁旗 2 000 顷,扎鲁特左右两旗各 3 000 顷。③

综上所述,清末新政时期内蒙古东部哲、昭两盟及依克明安公属地共放垦土地大约 360 余万垧另 1.6 万余顷。④

据研究者不完全统计,至 1908 年,清政府已从内蒙古主要放垦地区征收押荒银近 670 万两。⑤ 加上此后继续放垦所得,及继续征收此前已放未缴和拖欠的荒银,清政府从大规模放垦蒙地中征得总计应不下一千万两的押荒银,可以说确实为清政府带来了巨大的财政收入。

3. 呼伦贝尔地区边垦与哈拉火烧新型屯垦

(1)呼伦贝尔地区边垦

清代以前,呼伦贝尔地区(含兴安岭以东清代的西布特哈地区)

① 《东三省政略》卷二《蒙务下·筹蒙篇》"附哲里木盟蒙旗官局丈放荒地一览表"、卷七《财政·附奉天省垦务》"附奉天全省垦务一览表";〔日〕柏原孝久、滨田纯一《蒙古地志》中卷第 63—65、81—87 页,下卷第 503 页。

② 《东三省政略》卷二《蒙务上·筹蒙篇》"纪科尔沁达尔罕王旗荒债控案始末";《锡良遗稿·奏稿》,中华书局 1959 年,第 7 卷第 900—904、1017—1019、1163 各件。

③ 《清德宗实录》第 557、572、575、582 卷;《清实录·附宣统政纪》第 12 卷;陈广编撰《巴林垦务》,内蒙古林西县志办公室编印,1984 年;〔日〕柏原孝久、滨田纯一《蒙古地志》中卷第 203—209 页,下卷第 645—646、655、675、687 页。

④ 据当时各地放垦章程,1 垧合 10 亩,1 顷合 100 亩。但前亩为 288 弓,后亩为 240 弓,故不能简单折算相加。

⑤ 黄时鉴《论清末清政府对内蒙古的"移民实边"政策》。

迄无成规模农业土地开发的明确记载。清朝时期，居住在这里的蒙古巴尔虎部、额鲁特部人和索伦(鄂温克)、达斡尔、鄂伦春等族人主要从事游牧业和狩猎业。

19世纪上半叶，呼伦贝尔地区的索伦、巴尔虎人在外来移民帮助下开始学习耕作。19世纪80年代以后，随着呼伦贝尔北部奇乾河、吉拉林等地金矿的发现，涌入大批越境俄人和内地汉人前来开采。为满足矿工的生活需要，一些内地移民纷纷在矿区附近择地开垦。呼伦贝尔地区开始有了零星的小块农业。

1897年俄国在呼伦贝尔地区开始勘修中东铁路以后，铁路沿线的土地、矿藏、森林等资源均被俄国中东铁路公司划占。1900年俄国趁八国联军侵华战争之机出兵强占整个东北，呼伦贝尔各要地均被侵占，陷入严重边疆危机。随着清末清政府对蒙政策的转变，1907年东北由八旗(驻防将军)体制改为行省制，放垦、移民也开始在呼伦贝尔地区推行。

1908年2月，经署黑龙江巡抚程德全和东三省总督徐世昌批准，呼伦贝尔副都统宋小濂决定正式招民放垦从满洲里到兴安岭14(火车)站附近土地。后采纳呼伦贝尔副都统署左右两司(厅)条陈，将呼伦城(海拉尔)迤东，至哈克车站铁路以北，海拉尔河以南地方先行招放，河北德德额依勒一带16 000余垧土地可先试行放垦。规定不收押租，仅收经费400文、桥梁费100文，并附带"由官借给牛力、籽种，分年归还"，"三年之内免捐税"的优惠条件。① 但是，由于当时黑龙江省南部及哲里木盟各旗均在大规模放垦，所以内地垦户舍近求远者寥寥，出放土地很少，未达预期目的。

1909年初，应宋小濂呈请，东三省总督徐世昌、黑龙江巡抚周树模联衔奏请清廷，试办呼伦贝尔沿边卡伦屯垦。奏文称，呼伦贝尔中俄边界绵长1 500余里，额尔古纳界河沿岸荒无人烟。"而隔江俄境则屯镇相望，星罗棋布。俄民时时越界采矿、垦地、捕猎暨伐木刈草等事，一切为所欲为，无人过问。惟有于沿边一带安设卡伦，并酌立垦务总分各局，以资提挈，庶为巩固边疆，联络声息之道。"奏请得

---

① 《黑龙江志稿》卷八《经政志·垦丈》。

到批准后,宋小濂即在呼伦(海拉尔)、胪滨(满洲里)分设垦务总局和分局。将已调整、新设的沿边21卡伦,每卡额兵30名中,由10名卡兵巡查边境,20名卡兵开荒种地,计划"更番轮替,庶期务农讲武,两者交资"。垦地所得粮食,作为卡兵津贴。俟"力能自存",再将所垦之田分给为业,酌量升科停饷。同时,在卡兵保护下,再逐渐招徕垦户,扩大垦殖规模。① 经过几年的努力,呼伦贝尔沿边屯垦本已初见成效。嗣因辛亥革命后呼伦贝尔民族上层宣布"独立""自治",边垦随之中辍。

(2)哈拉火烧屯田

在清末大兴放垦蒙地过程中,黑龙江省当局还曾在扎赉特旗所属哈拉火烧地方试办过使用进口新式农机具的屯垦。

哈拉火烧位于黑龙江省城齐齐哈尔西南、嫩江西岸,土地膏腴,"土性颇宜麦豆"。此前已被开放招垦,但尚无垦户承领。1908年春,黑龙江省署民政司使倪嗣冲提出了颇为宏大的屯垦计划。他提出在哈拉火烧一带划拨百里见方土地,可辟垦地16 000顷,调拨北洋陆军第三镇等部应届退伍兵前来屯居耕种,兼顾常年武备训练,以"寓兵于农"。由于当地"荒芜已久,非人力马力所能治",拟购进西方新式农机具"以辟之"。他提出,"耕种机器以美国制造为优","拟派员赴美国考查订购并研究用法",并聘请一名"机器洋工头"即外国技师直接指挥操作。其购进机器计划为:"火犁"即拖拉机8台,"两犁刀马力"和"五犁刀马力"(机引)犁铧1 100部,播种机和"捆割"机740部。按照第一年开垦十分之四(第二年全部开垦)估算,其第一年包括"人工、器具"各项开支在内的经费预算为约278万银两(其中:进口机器是请天津德国商人估价的,"火犁"每台2万两)。

按照倪嗣冲的设想,在招募垦工将土地开垦成熟后,第一年安置退伍兵1 000人,第二、三年也各1 000人,第四年3 000人,第五年4 000人,五年内达到10 000人。每名士兵,划地1顷,由官府筹垫安置经费和耕牛、种籽等费,然后逐年以垦种所得抵偿缴还,四年

---

① 《黑龙江志稿》卷八《经政志·垦丈》。

内缴清。

为了顺利推行屯垦，黑龙江当局除按照当时通行章程，将所辟土地应收地价的一半分给蒙旗(扎赉特旗)之外，还由东三省总督徐世昌和署黑龙江巡抚程德全出面，联衔行文扎赉特旗要求划拨土地，并同时咨报清朝理藩部和哲里木盟盟长备案。在设立屯垦局时，还特意任命扎赉特旗蒙荒行局帮办、蒙古人阜海为屯垦局帮办，具体负责与扎赉特旗官员协商划拨土地。①

据称，哈拉火烧屯田正式兴办不久，即有许多"牛马、犁具、雇工"陆续抵达。② 但由于当年实际着手已晚，改以 1909 年为计划中的第一期。兴办之初，在火犁(拖拉机)到货之前，曾以马拉犁开垦。火犁到后，又因"未能试验"而不能投入使用，只好改用牛犁。加上当年拨到之退伍兵只有 204 人，实开土地仅约 300 顷。③

此项屯田兴办一年多之后，即因"择地不审，用人不当"，管理不善而"殊鲜成效"，徒费投资 20 余万银两，终告失败。1910 年 3 月，经东三省总督锡良奏准清廷，停办兵丁屯垦，改为招民垦种。④

4. 民国初期的继续发展

1912 年初，清朝正式灭亡，袁世凯窃取辛亥革命果实，成为民国北京政府大总统，继续推行歧视、压迫国内少数民族，削夺蒙古原有权益的政策。

由于辛亥革命时期外蒙古、呼伦贝尔先后宣布"独立"，内蒙古东部又发生乌泰"独立"事件，加上清末清政府的强行放垦蒙地曾遭到蒙古各阶层的普遍抵制、反对以至激烈反抗，袁世凯当政之初，曾许诺不再以政令手段官放蒙地。

1912 年 10 月，在第一次哲里木盟(东蒙)王公会议上，与会蒙古王公明确提出不得再行开垦蒙旗土地的要求，得到政府方面代表的批准。会议结束后，盟长齐默特色木丕勒前往北京向袁世凯汇报会

---

① 黑龙江省编辑处《蒙务编辑成案》(抄本)"哈拉火烧屯田"；《黑龙江志稿》卷八《经政志·垦丈》。
② 黑龙江省编辑处《蒙务编辑成案》(抄本)"哈拉火烧屯田"。
③ 徐世昌《东三省政略》卷二《蒙务下·筹蒙篇》"纪兴办屯田"。
④ 《清实录·附宣统政纪》卷三三；《黑龙江志稿》卷八《经政志·垦丈》。

议情况,再次代表哲盟十旗呈文提出"各旗未放荒地留归各旗自行开垦"等要求,又得到袁世凯"均可照行"的批示认可。① 但与此同一时期,绥远地方当局却在1913年1月召开的西盟(乌兰察布、伊克昭二盟)王公会议上强迫与会王公接受继续开垦。而且,在1913年10月的第二次哲盟(东蒙)王公会议上,北京政府代表和地方当局也出尔反尔推翻前议,要继续推行放垦蒙地。

在此背景下,约于1913年冬,哲盟科左中旗的几位闲散贝勒、贝子分别提出,由驻京蒙古王公阿穆尔灵圭亲王等创办的蒙古实业公司招垦他们的属地(以获得自行放垦后的全部荒价、地租)。为了笼络阿穆尔灵圭等蒙古王公上层,袁世凯批准了蒙古实业公司的承垦要求,并称"此项地亩系以蒙人集合之公司承垦蒙地,自与蒙人出放荒地不同"。②

然而正值此时,随着蒙古地区内外局势的渐趋缓和,袁世凯终于公开显露了其推行民族压迫和掠夺政策的本质。北京政府于1914年2月19日正式颁布的《禁止私放蒙荒通则》和《垦辟蒙荒奖励办法》,标志着袁世凯重拾清末清政府的衣钵,开始全面推行放垦蒙地的政策。《禁止私放蒙荒通则》规定:"凡蒙旗出放荒地,无论公有私有,一律应由札萨克行文该管地方行政长官报经中央核准,照例由政府出放,否则以私放论。"即使是"准由蒙旗自行开垦"的所谓"照章划留领照之地",亦"须呈报该管地方长官备案"。同时,还详细规定了对私放土地的蒙旗各阶层予以惩处的办法。其最后一条规定:"本通则未尽事宜,准由兼辖蒙旗之奉天、吉林、黑龙江、甘肃、新疆、热河、绥远、察哈尔、阿尔泰各该巡按使、都统、办事长官,就各处情形另订施行细则,咨部核准进行。"即将具体放垦大权授予了各地方官府。同时颁布的《垦辟蒙荒奖励办法》,则详细规定了给予蒙旗积极报垦者"勋章""爵衔"和"翊卫处各职衔"等"荣典",汉民承垦大户也按领荒地亩数可获各种"奖章"。③

① 内蒙古档案馆藏北洋政府蒙藏院档案复印件,编号440—22。
② 内蒙古档案馆藏北洋政府蒙藏院档案复印件,编号440—33。
③ 《绥远通志稿》卷二二《垦务》,内蒙古人民出版社,2007年。

1915 年,北京政府蒙藏院又制订公布《边荒条例》,将清末放垦蒙地政策及一些有关规定进一步扩大推行于西北、西南边疆民族地区。《条例》第一条即规定:"凡蒙、藏、青海等处暨热河、察哈尔、绥远城、东三省、新疆以及陕甘、四川边外开放荒地,均依此条例办理。"其他具体规定主要有:"凡荒区""如系蒙、藏、回(指西北新疆穆斯林占相当数量各族)游牧地段,由该札萨克呈请蒙藏院转呈大总统核准开办","同时亦须呈该地方长官备案",并且"凡放荒之处须责成附近县署办理"。"如所放系蒙、藏、回游牧地段,其所收荒价半归国家、半归该旗,由放荒县署和荒务局征收,分解分交";"所收大小租应解国库若干,应分给该旗若干,亦照该地向例办理";其"所收镇基、屯基之价,仍半归国家、半归蒙旗"等等。①

北京政府制定总的方针、政策之后,内蒙古境内各地方当局遂分别开始了新的更大规模的放垦蒙旗土地。在内蒙古西部的绥远地区,直系军阀蔡成勋任绥远都统的 3 年多时间里(1917 年 8 月至 1920 年 12 月),即清丈放垦土地多达 51 600 余顷。② 继任绥远都统的西北军阀马福祥,更是"大肆进行搜刮,兼并了大量土地。从昭君坟到(宁夏)陶乐县将近两千里的地区,马家的土地不计其数,仅后套兰锁一地即有数十万亩"。他在任 4 年(1921 年 1 月至 1925 年 1 月)期间,又新放土地 19 000 余顷。③ 1925 年初,绥远成为冯玉祥国民军的统治地盘,由其部下李鸣钟出任都统。冯玉祥虽然在国内政局上倾向革命,但对于"移民垦殖"掠夺蒙旗土地以解决兵饷、收入却十分热衷、不遗余力。在他控制绥远不到两年的时间里,就放垦土地 36 000 余顷,征收荒价 162 万元。④ 据时人统计,北洋政府时期

① 中国第二历史档案馆藏北洋政府蒙藏院档案,编号 1045—505。
② 据《绥远通志稿》卷二二《垦务》;石华岩《绥远垦务计划》,民国时期石印本。转引、参阅王德胜《北洋军阀对蒙政策几个问题的初析》,《内蒙古近代史论丛》第三辑,内蒙古人民出版社,1987 年。
③ 张寄亚等《马鸿逵在宁夏》,全国政协《文史资料选辑》第 27 辑,中华书局,1962 年。
④ 据《绥远通志稿》卷二二《垦务》;石华岩《绥远垦务计划》。转引、参阅王德胜《北洋军阀对蒙政策几个问题的初析》。

绥远地区共新放土地 11.6 万余顷,已明显超过清末新政时期的放垦数字。①

具体到伊克昭盟,各旗在清末放垦基础上,民国时期又被进一步放垦。其中,鄂托克旗民初又陆续报垦 500 余顷。由于发生反洋教(教堂、教会势力)事件,曾赔款 1 万两白银给教堂,因无力偿付现银,以土地抵押。其地东自塔板胡卢山下,西至下拉古勒沟,长约 20 里,宽 20 里。另外,鄂旗还借用洋教堂 2 250 银两,用巴音达库木地抵押,长 30 里,宽 10 里。这两块共有土地达 3 141 顷,因已归洋教堂所有,没有列入官方放垦土地数字内。因此,清末放垦至民国初期,鄂旗实际放垦约 3 870 顷。达拉特旗民初继续放垦,累年计约近 5 000 顷。加上清代旧垦、清末放垦(赔教),至 1930 年,达旗累计已放垦 13 480 顷,其中已丈放出售的有 11 610 顷。杭锦旗,民初继续放垦 3 000 余顷。加上清末放垦数字,至 1930 年累计放垦土地 7 360 顷。准噶尔旗沿边地区开垦较早,已有大片熟地。经民初继续放垦,加上原有熟地、清末放垦,累计已开垦土地 11 000 余顷。

据学者研究,清末以前伊克昭盟各旗历年"私垦"土地计约 14 270 顷。而从 1902 年至 1932 年,仅 30 年即放垦土地 35 000 余顷。② 其中,民国前期以各种形式开垦的土地即约 15 000 顷。

在土匪、行伍出身的张作霖、吴俊升等奉系军阀统治的内蒙古东部,掠夺蒙旗土地尤为滥肆无忌。如张作霖于 1916 年强迫科左中旗放垦(西)辽河南北沃土 4 000 余方(每方一平方里,合 375 亩),其子张学良及鲍贵卿、冯麟阁等人即割占了 1 000 余方。1922 年,张作霖已占有通辽(1918 年设县)以西沃土 2 800 余方。③ 这一时期,仅在通辽一县,张作霖、吴俊升、鲍贵卿、孙烈臣等军阀"就霸占了上千垧的好地"。④ 1924 年,吴俊升又强行租占(租期 99 年)科左后旗

---

① 据《绥远通志稿》卷二二《垦务》;石华岩《绥远垦务计划》。转引、参阅王德胜《北洋军阀对蒙政策几个问题的初析》。

② 王龙耿《清末民初伊克昭盟的放垦》,《内蒙古垦务研究》,内蒙古人民出版社,1990 年。

③ 满铁经济调查会《满洲经济年报》,1934 年,第 43 页。

④ 章有义《中国近代农业史资料》第二辑,三联书店,1957 年,第 19 页。

"斯卜海"地方土地2 000垧;同年又与杨宇霆一起侵占该旗"松林哈特耕地二千二三百垧"。① 吴俊升于1921年出任黑龙江督军兼省长之后，"攫取土地几遍全省"，并且又在洮南一带占有土地2万亩。② 1924年，张作霖又拟订《内蒙开垦大纲》，计划设立内蒙古屯垦专局进一步放垦蒙旗土地，既移民招垦，又裁兵屯垦。③

在察哈尔特别区，1915年起也陆续"增设新县（宝昌、康保、商都），盛行放垦"。④ 因中隔察哈尔八旗而距内地较远的锡林郭勒盟，此时也受到放垦的威胁，急忙上呈北京政府，申明"本盟向无开荒之地，且不宜辟荒"，要求"请勿将该盟各旗加入（蒙藏）院定蒙荒条例内"。⑤

民国初年至"九一八"事变前，呼伦贝尔地区的农业土地开发也有一定拓展。据统计，至1920年，呼伦贝尔地区开垦的土地有，呼伦县境内59垧;胪滨县（满洲里）境内海拉尔河两岸约300垧，县衙附近及各边卡约200垧;室韦县境内吉拉林金矿等处"自垦地"共约200垧，俄人越境私垦地约115垧;奇乾县境内奇乾河（金矿场）等处"自垦地"计约41垧，俄人越境在毕拉尔河、珠尔干河等处私垦地共约587垧。其中，呼伦、胪滨两县垦地都是园子地。1920年呼伦贝尔取消"自治"以后，俄人越垦地被当地人（中国人）接收，俄人多变为雇工。1920年后，室韦县所属河坞地方开始试垦，开垦面积约达300垧。⑥

在西布特哈地区，民国以来垦民逐渐增多，开垦面积随之增加。1916年，还设立扎兰屯稽垦局，负责催垦和升科事宜。⑦

在官放蒙地过程中，各地方军阀还往往仗恃强权，滥垦滥放，拖欠、侵吞按规定应拨归蒙旗的荒价地租。如奉系军阀在放垦科左中

---

① 满铁经济调查会《满洲经济年报》，1934年，第43页。
② 章有义《中国近代农业史资料》第二辑第19页。
③ 中国第二历史档案馆藏档，编号1024—93。
④ 《察哈尔建设厅呈送确定人民租借权草案》《农矿公报》1929年2月。
⑤ 中国第二历史档案馆藏北洋政府蒙藏院档案，编号1045—509。
⑥ 《呼伦贝尔志略》"垦殖"，内蒙古文化出版社影印本，2003年。
⑦ 杜心宽《"九一八"事变前呼伦贝尔及西布特哈地区垦务探析》《内蒙古垦务研究》。

旗土地时,即"越界侵丈""任意收价",将"所有大段荒地竟自倒卖"肥己,并且使该旗"至今五载,荒价尚在无着"。① 在绥远地区,"包头(以)西达拉特旗开放时,由政府设置之垦务局办理"。"放出土地,蒙古王公应得之押荒及荒租","概被该地当局挪用于军费、行政费。据垦务局最近报告,挪用额已达三十余万元。蒙古王公催收不获,大为懊恼"。② 另据时人载记,当时"达拉特旗岁租三万,局员乃尽干没之"。③

北京政府在内蒙古地区的大规模放垦蒙地,使蒙古民族再次遭受了深重劫难:"垦地日广,牧场益狭……蒙官之权力渐失,蒙民之生计日蹙。"④由于官放蒙地等民族压迫和掠夺政策,清末以来蒙古地区本已十分尖锐的民族矛盾,因此而更为加剧。

(二) 农业水利开拓与发展

随着农业土地开发的不断拓展,利用天然河流或雨后洪水灌溉农田,进一步开挖渠堰,有计划地控制和引导河水或洪水灌溉农田,也在内蒙古逐步发展起来。清代前期,在农业最先发展的卓索图盟和归化城土默特地区,已出现了修渠浇地。清朝末年,在黄河干流、支流环绕的内蒙古西部河套地区,更出现了纵横交错的渠堰、相当发达的农业水利开发。

1. 喀喇沁、归化城土默特地区的农田水利

乾隆时期,喀喇沁右旗牛家营子农民在锡伯河下游开挖一道无坝引水渠,渠长 6 华里,可浇地 2 000 余亩。道光时期,牛家营子以北土城子村农民又修筑一条长 7 华里的灌渠,并有支渠两条,可浇地1 300 亩。⑤

在归化城土默特地区,横贯土默川平原、流程 100 余公里的大黑

---

① 内蒙古档案馆藏北洋政府蒙藏院档案(复印件),编号 440—33。
② 《察绥两特区之开发》《中外经济周刊》第 155 号,1926 年 3 月。
③ 张相文《塞北纪行》,转引自余元庵《内蒙古历史概要》,上海人民出版社,1958 年,第 157 页。
④ 马福祥编《蒙藏状况》,1931 年蒙藏委员会排印本,第 13 页。
⑤ 《喀喇沁旗志》,内蒙古人民出版社,1998 年,第 339 页。

河,是清近代水利开发最早、渠道最多、受益面积最广的河流。康熙年间,为留居土默川的固伦公主划拨农田而形成的归化城以东美岱、黑沙图、太平庄、新(辛)庄子四村,即开挖永丰渠,引大黑河水浇灌土地,成为当地闻名的"四村水地"。清朝中后期,沿大黑河流域开垦的地面日益增多,渠道亦时有增修。如乾隆时期开挖的苏木沁渠,姚府村和黑河村的清混水渠,头道河、二道河的清水渠,陶卜齐村的公义渠等。清末,大黑河上中游一带尚可充足用水,下游地区水已不甚足用。为防止发生用水纠纷,沿河各村曾公议制订使水章程。民国以后,沿河又增修许多渠道,使灌溉面积达到数千顷。

归化城边的札达海河,雍正年间已有菜农园户凿渠两道。一条浇城东一带园圃,一条灌西郊菜园,可浇灌面积约 12 顷左右。园户有的以撑杆打水浇地,后又改进为铁轮水车,浇灌更为便利。札达海河南流汇入的小黑河,自乾隆年间也开始有沿河姚府等村修渠引水浇地。

乾隆初期,归化城以西毕克齐一带的农商户,因耕地日益增多,集议开凿大青山水磨沟口石洞,引涧水、洪水灌地。石洞长、宽、高各 3 米多,下经长约 1.5 公里石渠,再分注各支渠。雨水充足年份,清、洪水可灌地 400 余顷。同一时期,察素齐一带的蒙古人开垦户口地耕种,也开始修渠引万家沟涧水灌地。其老渠宽约 2.3 米,深约 1.3 米,并有支渠 20 道。由渠(沟)口至把什、古城二村长 3 公里,至云社堡 5 公里,至察素齐 7.5 公里,共可灌地 190 余顷。清朝中后期,大青山西部的苏寨沟(水涧沟)、美岱沟、五当沟等沟口,也都开始有当地蒙汉农民修凿水渠引水灌地。①

2. 河套地区水利的开拓与发展

"黄河百害,惟利一套。"黄河自宁夏流入内蒙古西部,分成南北两条河道,北河道原为干流,史称北河,当地人又称五(乌)加河。两河蜿蜒东行,相距最宽处百余公里,至包头以西汇合,称为黄河后套。期间枝杈纵横,时溢时淤,土地膏腴,利于农耕种植。

清代的后套套内,属伊克昭盟达拉特、杭锦两旗及套西阿拉善

---

① 《土默特志》上卷,内蒙古人民出版社,1997 年,第 246—249 页。

旗牧地,原无农耕,只有零散内地汉商居留。康熙朝以后,北河上游逐渐淤塞,黄河改行南道。经河水冲刷,套内更便于修挖沟堰,灌溉农田。遂开始有汉商、汉民私租蒙旗土地,兴修渠堰,垦耕种植。

道光八年(1828年),因达拉特旗积欠汉商债款,清廷特旨准该旗将套内缠金(今属临河市)一带土地开放,招租偿债。后套地区,很快出现了清代最早的缠金灌渠。① 自此之后,时有从理藩院获得批准的租地者,更有从贵族台吉或喇嘛庙(均有畜产、牧地)私租者,垦辟农田日多,而后套地区欲种田必须修渠灌地,逐渐成"阡陌相望,渠道纵横"之势。据称至咸丰年间,达拉特旗每年所得地租银已达10万两之多。不过,由于多为分散、小股经营,加上不谙地形、季候、水势,所修渠道往往年久淤塞。加上同治年间陕甘回民反清起义之乱,套地众兵过往、屯驻,地商穷于赋役供应,后套已成水利多致渠废地荒。②

到了同、光之际,西北"回乱"敉平,清朝禁垦蒙地的种种边禁政策也明显松弛,复有内地商民涌入后套开发水利、经营农耕。大概是因为总结经验教训,重兴的水利事业多为集股较大规模经营。期间,还出现了一位曾在宁夏河套充渠工多年,熟稔套区地形、季候、水势,并且善于经营的"水利专家"王同春。大体至光绪中叶,后套地区已形成"八大干渠",加上其他干渠和众多支渠,水利灌溉事业已成相当规模。兹将各大干渠状况略述于下:

(1)缠金渠(永济渠)

道光八年(1828年),经清廷允准达拉特旗出放缠金一带土地抵债,当地商号永盛兴、锦和永等遂合股开渠辟地。干渠由黄河起点东北行,经今临河市城西、公中庙、崇发公、补隆淖等处,至五加河,长约180里。又开东、中、西三渠,及乐善堂支渠,至五加河,各约30里上下。③ 道、咸之际,缠金渠由48家地商联合经理,公共议事处设

① 王建勋《重修河套四大股庙碑记》,载《五原厅志》,1907年;周颂尧《绥远河套治要》,1924年排印本,第37页;《绥远通志稿》卷二四《水利上》。按:《绥远河套治要》纪其事为道光五年。
② 《绥远通志稿》卷二四《水利上》。
③ 周颂尧《绥远河套治要》,第37—38页。

在公中庙。渠水畅旺的好年景，每年可灌地三四千顷，收粮数十万石。至同治年间，清朝大军为镇压"回乱"络绎不绝，各地商竭力供输，财力被搜括殆尽。军民杂处、农事日荒，渠工日废，加以各地商弱肉强食，争地争水，使缠金渠日趋衰落。[1]

（2）刚目渠（刚济渠）

刚目河为黄河天然支流，又作刚卯河，河口位于缠金渠口以东。咸丰年间，由地商贺清集众股开浚。自黄芥濠（又作黄家豪）口经永盛河、复隆长、沙梁等处至乌摄古琴出梢，约长近 100 里。[2] 后因刚目河口淤塞，渠道渐废。至光绪二十三年（1897 年），由王同春主持，从黄河道另开新口，至与原刚目渠交汇，挖新渠约长 20 里，疏浚了刚目渠。[3]

（3）老郭渠（四大股渠、通济渠）

约同治末、光绪初，地商万德元号主人张振达，欲开渠修浚黄河支流短鞭子河（今五原县城以南），以郭大义（地）为渠工总管，王同春为渠工头。约三年后，短鞭子河口淤塞，张振达遂邀商号万泰公及郭大义、王同春集为四股，合资复开渠工，由王同春主持。[4] 王同春从黄河另开新口，修渠 10 里，与短鞭子河旧道接通，然后修通旧渠、天然壕，至五加河，总长 100 余里。干渠外，各地商又陆续分修支渠 27 道，前后历十余年终成规模。此渠初名四大股渠，郭大义、王同春及郭大义之子郭敏修先后任经理。因内部矛盾，王同春辞去经理后，由郭敏修独占，遂被称为老郭渠。

（4）义和渠（王同春渠）

光绪六年（1880 年）王同春离开四大股渠之后，租地并独资在四大股渠口以西开挖新渠。此渠自土城子北黄河口开挖，经 30 里插入

① 《临河县志》（1931 年），《巴彦淖尔市旧志两种》，内蒙古文化出版社，2010年，第 196—197 页。
② 《绥远河套治要》，第 40—41 页。
③ 张维华《王同春生平事迹访问记》，《王同春与河套水利》，内蒙古政协，1989 年。
④ 参阅张维华《王同春生平事迹访问记》、韩相符《我所知道的王同春》、贾汉卿《河套水利垦殖与王同春》，均载《王同春与河套水利》；王建勋《重修河套四大股庙碑记》。

天然哈拉格尔河道,疏浚河道后又修新渠,经隆兴长以北直通至五加河,前后历经 10 年,全渠总长 110 里。其后,历年又有续修、扩修。至 1900 年时,其灌溉区域已达 2 800 余顷。①

（5）长胜渠（长济渠）

约同治十一年（1872 年）,有地商侯应魁等自黄河天然支流塔布河口附近开挖。约光绪七年（1881 年）,经王同春为之指导、计划,修至东槐木村,渠长 50 余里。至 1899 年,先后接修长 60 余里两段至五加河。全渠长 130 余里,每年灌田千余顷。干渠之外,又有支渠 21 道,相加亦有 100 余里。②

（6）塔布河渠

塔布,蒙古语意为五,为后套第五道支流,蜿蜒向东流入乌梁素海。咸丰年间,始有何姓汉商筑堤 10 余里,以御河水溢淹耕地。约光绪八年（1882 年）,何姓后人及地商樊姓、蒙古人吉尔古庆等 5 家合股,请王同春指导,挖渠修浚河道,又称"五大股"渠。先后修成干渠两条,各长 30 里左右,并有支渠 20 余条,可灌地 1 700 余顷。③

（7）沙河渠（永和渠）

光绪十七年（1891 年）,王同春从义和渠口以西黄河岸边惠德成开挖新渠。历时 6 年,先后修通五道渠,自河口东北经梅令庙至五加河,灌溉区域约 2 200 顷,总长 90 里,耗资 8 万余银两。自 1894 年至 1901 年,又添挖 10 道支渠。④

（8）中和渠（丰济渠）

同治年间,有汉商协成号在刚目河以东筑坝,控制河水耕种地亩,后因刚目河口淤塞废弃。光绪初年,又有汉商天吉泰号,从刚目河开挖长 12 里小渠经营土地,不久亦淤塞。至光绪十八年（1892 年）,王同春购得天吉泰渠地,出资 2 万余两,重新从黄河黄芥濠开

---

① 王喆《后套渠道之开浚沿革》《禹贡》第七卷第八、九合期（1936 年）,引自《王同春与河套水利》;《绥远通志稿》卷二四《水利上》。
② 《绥远河套治要》,第 45—46 页;《绥远通志稿》卷二四《水利上》。
③ 王喆《后套渠道之开浚沿革》;《绥远河套治要》,第 46—47 页;《绥远通志稿》卷二四《水利上》。
④ 王喆《后套渠道之开浚沿革》;《绥远通志稿》卷二四《水利上》。

口修筑新渠 32 里,向北截断刚目河,与原天吉泰渠接通,并将旧渠拓宽加深。光绪二十三年(1897 年)王同春又费银 3.2 万两,继续向北开挖通水渠,通五加河。中和渠前后耗银 7 万余两,断续 8 年,总长 96 里,宽 3~4 丈,水势畅旺,称为当时后套最好之干渠。①

以上八大干渠之外,还有杨家河子、黄土拉亥、皂火河等较大干渠。

杨家河原系五加河上源乌拉河歧出之天然河流。乾隆末年、嘉庆时期,已有山西商人杨凤珠,修坝控制乌拉河、杨家河漫溢之水,耕种、经营农田。道光时,乌拉河被风沙浸没,水流断绝,杨家河渠道淤废。光绪时,杨家后人拟与蛮会、陕坝等处天主教堂联合开渠种地,渠灌工程后被教会控制。②

黄土拉亥河也是黄河天然支流,位于杨家河以东。同治年间,陕北府谷商人杨廷栋租得达拉特旗乌兰卜尔一带土地,修筑渠堰,借黄土拉亥河水浇灌、经营土地。至光绪中叶,已可灌地三四百顷。1900 年“教案”(义和团反洋教运动)之后,这一地区成为赔教地(蒙旗以土地抵偿教案赔款)。天主教会出资另开新口,将黄河水引入旧黄土拉亥河道,并将该河从新修浚,以资浇灌蛮会、陕坝、大发公一带地亩。③

皂火河又作灶火河,是中和渠以东、沙河渠以西原天然河流。据传早在康熙后期即由众地商开凿成渠。后来形成长 80 余里、宽 2 丈多,可浇地 100 余顷的灌渠。④

1902 年初,清廷下令开始在内蒙古地区推行放垦蒙地政策,贻谷出任内蒙古西部督办垦务大臣。1903 年开始,达拉特、杭锦等旗被迫陆续将后套地区属地报垦(实为将已垦熟地清丈升科)。贻谷又下令后套私人所开渠道“报效”国家,由官府视渠工费用给予适当补偿。后套各地商渠户知土地已统归官放,渠道亦难据为己有,王同春等遂先后将塔布河、缠金、长胜、老郭、中和等大小渠道几十条

---

① 王喆《后套渠道之开浚沿革》;《绥远通志稿》卷二四《水利上》。
② 王喆《后套渠道之开浚沿革》;《绥远通志稿》卷二四《水利上》。
③ 王喆《后套渠道之开浚沿革》;《绥远通志稿》卷二四《水利上》。
④ 《绥远通志稿》卷二四《水利上》。

"报效"。

为统筹兴修疏浚河套水利,贻谷聘请王同春等人,自 1903 年起在负责放垦乌伊两盟土地的西盟垦务总局之下,先后设立了 10 个渠工分局。如长济渠工分局、永济渠工分局、丰济渠工分局、刚目渠工分局(后并入永济分局)、隆兴长分局(专门办理义和、沙河等渠渠工事宜和放地事宜)、黄老楼分局(办理老郭渠渠工和放地事宜,后并入长济分局),及杭锦头段、二段、三段、四段分局,还另设了乌拉(特)渠工分局。这些渠工分局负责兴修和管辖 100 多条大小干渠和支渠,初步形成了河套地区水利网。①

贻谷时期新修的较大规模水利工程主要有:

缠金渠改称永济渠,从黄河另辟新口,循西大渠口北抵渠梢,修浚渠长 130 余里,并修浚、新开支渠 6 道,总长亦在 180 余里。

中和渠改称丰济渠,加长、新修主支渠道 6 条,计长 40 余里。

塔布河渠,经历时 2 年,耗资 5 万余元整修,其渠身之良好整齐,据称为八大渠之冠。同一时期,又将长胜渠改称长济渠,永和渠改称沙河渠。②

至 1905 年,长济、永济等主要干渠已修浚十之八九,耗资近 10 万银两,可灌地 1 万余顷。至 1908 年贻谷被革职,后套水利耗资共 50 万余银两。其中渠工费 36.8 万余两,地商报效各渠补偿费 7 万余两,车马运输及护垦马队费 6.8 万两。③

入民国以后,绥远地区属各派系军阀反复争夺之地,军政统治者更动频繁。虽有几任都统也曾热心、致力河套水利的统筹管理,兴修维护,但均受严重影响。

民国前期,河套水利新的进展、变化主要有:

永济渠,民国初改为商办,由地商杨茂林(水利专家)承包。辟渠口、浚渠道、开渠梢,几年内使该渠进入"中兴时代"。1918 年河水

---

① 宝玉《清末绥远垦务》,《内蒙古史志资料选编》第一辑下册,内蒙古地方志编委会,1984 年。
② 《绥远河套治要》,第 37—38、40—43、46—47 页;《绥远通志稿》卷二四《水利下》。
③ 宝玉《清末绥远垦务》。

盛涨，经疏导宣泄，当年即新增灌地不下 3 000 顷。①

丰济渠，民国初由地商田全贵等集资"五大股"承包。至 1919
年，新开挖什巴圪兔、刀劳召等支渠，耗资工费 2 万余银两。1920 年
驻军杨旅长承包后只顾得利，不修渠道，几年内该渠即淤塞不堪。
1928 年有垦务总办成立水利公社，筹资官督民修，复有一定起色。②

1918 年，由众地商筹资，王同春、樊三喜等经办，在旧皂火渠附
近开凿了新皂火渠。渠长 92 里，宽 3 丈多，深 4~5 尺，可灌地约 180
顷。另开有五乐愚、曹柜等 11 条支渠。③

至 1920 年代末、1930 年代初，河套水利各大灌渠的状况为：

丰济渠，干渠长约百余里，宽均四丈余，深均七八尺不等，可浇
灌地 700 余顷。沙河渠，南北长 80 余里，口宽 4 丈，通身平均宽约 3
丈上下，口深 6 尺，通身平均深 3 尺余。全渠覆盖地亩 1 500 余顷，
因渠道失修，河水减少，每年实可浇地三五百顷。义和渠，全长约 90
里，由口至梢，宽 2~4 丈，可浇地约 2 600 顷。通济渠（1915 年老郭
渠改称），全长 110 里，宽约 3.4 丈，深均 5 尺，可浇地计约 3 000 顷。
黄土拉亥渠（黄济渠），全长 147 里，口宽 6 丈，深 8 尺，可浇灌土地
1 500 余顷。杨家河渠，经地商杨茂林、杨春林兄弟出资，历 10 余年
疏浚新开，使全渠长达 200 余里，宽均 5 丈余，深均 7 尺余，流域面积
3 000 余顷，年可浇地 1 000 余顷。永济渠，渠长 150 里，加上连通的
五加河，共长 300 余里，可浇之地约 5 000 余顷。长济渠长约 130
里，由口至梢宽 2~4 丈，可浇地约 3 000 顷。塔布河渠，全长约 110
里，由口至梢宽 2~4 丈，深 2~8 尺，可浇地约 2 500 顷。④

（三）林木渔业的开拓与发展

1. 林木采伐

内蒙古地区的林木资源，最主要集中于大兴安岭及其各个支
脉。不过，除了荒漠、草甸，其他许多山岭、丘陵、平原，也曾分布着

---

① 《临河县志》（1931 年），《巴彦淖尔市旧志两种》，第 197 页。
② 《绥远通志稿》卷二四《水利下》。
③ 《绥远通志稿》卷二四《水利下》。
④ 《后套渠道调查表》（1932 年），转引自《绥远通志稿》卷二四《水利上》。

茂盛的森林。只是由于历代定居、农耕经济的断续开发,许多林木资源已采伐殆尽。到近代之前,除了大兴安岭腹地,其他地区已很少看到成片的森林。

(1)阴山山脉的林木采伐

清代以前,阴山山脉的大青山、穆纳山(乌拉山)等支脉,都曾生长着茂盛的林木。据明代史书记载,当时的大青山曾是"千里郁苍","厥草维夭,厥木维乔","彼中松柏连抱","林木不可胜用"。①

随着清初以来土默川地区的逐步土地开发,农耕定居经济生活的迅速发展,大青山区的林木开始被大规模采伐,以至成批向口里贩运。据雍正年间成书的《朔平府志》记载:"笔写契(毕克齐)在归化城西七十里,北通磺口,大青山林木在此发卖,居民商贾有百十余家。"当时并非仅止毕克齐一带有木材商,沿山其他地方也有。所伐木料主要是运往长城以南发卖。陆路主要通过杀虎口,水路则以毛岱(今土默特右旗境内)和湖滩和硕(河口,今托克托县境)为主要发运码头。从雍正到乾隆年间,清廷准予杀虎口关每年向商人发放照票 100 张,特许他们在大青山区伐木。这种照票直到乾隆二十二年(1757 年)仍在发放。如乾隆二十三年六月,《理藩院札付归化城都统》文内称:"为杀虎口商人出关伐木,本院于乾隆二十二年六月一日颁发钤印照票一百张,交付该监督。当收取地方官员印结,众商人互保甘结后发放,准其出关伐木。""只准于大青山伐木,不准越界砍伐穆纳山之木。"②

大青山区林木采伐的另一个重要用途,是清朝官府为修筑绥远城等的大兴土木,历史上曾有"绥远城工峻,大青山林尽"的说法。为修筑绥远城,初时曾分别从大青山、穆纳山大规模采伐林木,但实际建成所需,几乎全部伐自大青山。据乾隆初年建成将军王昌致工部的咨文中说,绥远城"工程用木,于大青山砍伐足够"。文中并称:"用木之项,城门楼、钟楼、大小衙署,众兵丁之房舍、仓房,计有房一万二三千间,需用大小木三十万根。"而与此同时,从穆纳山采伐的大批木料则一根也未用。对已采伐的多达 20 余万根的穆纳山木料,

---

① 引自《土默特志》上卷,第 41 页。
② 参阅于永发《志之余》,远方出版社,2001 年,第 272—273 页。

归化城都统却咨文工部,将其"饬交杀虎口监督,俟来年冰化之后,运至塞内作价",出售入官。

自康熙三十五年(1696年)设置毛岱、湖滩和硕两个官渡以来,官船一直是用大青山木材建造的。到乾隆十年(1745年),大青山中已无建造官船的大口径木料。而用小型木料制作,因不堪应用破损很快。数年之后,归化城土默特旗户司只好申请前往穆纳山采伐长三丈二尺至三丈六尺的木料,用以建造官船。

由于掠夺性滥采滥伐,至乾隆三十年(1765年)左右,大青山的林木已经被砍伐殆尽。据当时文献记载,一些来自边内的流民占据绥远城以东讨思浩附近山场,"伐木并刨取树根转卖",甚而"不容蒙古人等进出,亦不容牧放牲畜。致蒙古人等需用草木,持价向民人买取"。伐了树木,还把树根刨掉,终使原本郁郁葱葱的大青山变成了童山秃岭。1765年以后,土默特旗务衙门虽曾张贴告示,严加禁止,但林木已尽,徒唤奈何。①

(2)索伦山祥裕木植公司

自1897年俄国开始在呼伦贝尔地区勘修中东铁路之后,铁路沿线的大兴安岭林木即遭随意采伐。随着中东铁路的建成通车和黑龙江省的全面开放,内地商民也开始在沿边林区采伐,但却须向强占沿线林区的俄人申领票照。为了收回林木主权,黑龙江地方当局于1901年开始创设官办木植公司。②

大兴安岭支脉索伦山,位于西布特哈地区南部、哲里木盟西北部,方圆二千余里,"森林茂郁垂数千年,高十丈大数围之松木遍山皆是,而橡木画木亦杂出其间"。伐木者入山采木,约分三路行销:北路销黑龙江省者十分之三,销外人(俄人)者十之七;东路销黑龙江省蒙汉地区各十分之五;而南路则全数销于科尔沁右翼诸旗。③自1902年哲里木盟北部各旗大规模放垦以后,对木材的需求迅速增长,遂有蒙旗人士起而借助官府支持兴办伐木事业。

---

① 于永发《志之余》,第271—273页。
② 《黑龙江志稿》卷二二《财赋志·森林》。
③ 徐世昌《东三省政略》卷二《蒙务下·筹蒙篇》"纪实业"。

1905 年 11 月,寓居科尔沁右翼前旗(札萨克图旗)的原喀喇沁中旗梅楞(林)阜得胜,通过当时负责绰尔河流域放垦事宜的黑龙江省巡防中军统领、八旗佐领吉祥,呈报署黑龙江将军程德全获得批准,在绰尔河上游索伦山腹地成立黑龙江祥裕木植公司。祥裕木植公司当属官办招商性质,由阜得胜召集附近各旗蒙古人募得资金 16 000 银两(初称 2 万余两)。公司"总董"阜得胜既属黑龙江省派任,又称由股东推举,副董有拉西多尔济、白玉升等人。公司兴办之后,曾有由江省派专官督理之议,但迄未实际派任,只是在公司所在地随设木局征收木材经销税。①

祥裕木植公司创办之初,即制订章程、发放股票,由黑龙江省当局先后颁发图记和执照。其经营方式为,聘雇木把(工头)招募伐工进行采伐,雇请车马伕役负责外运,并招有佃户(均为蒙古人,当兼顾领荒垦种)。其所得利润,以二成"报效公中"即上缴省署,二成作为总董、副董及公司职员薪金(花红),其余六成按股金份额分给股东。

木植公司地处尚未垦辟的索伦山腹地。为使所伐木材外销开通运路,公司曾向其南路出口的科尔沁右翼前旗提出"借地修栈",但遭到该旗札萨克郡王乌泰的"坚执不允",并称要自备经费招雇人员,于洮儿河沿线开设店栈。由于外销运道迟迟不能开通,使木植公司的经营大受影响。据该公司 1907 年四月结账统计,其花销包括开办之初的房屋家具,牲畜粮石,及伐工薪金、雇车马伕役、日用伙食等杂费,开支总额已达 25 000 余银两。而所收销售木材款等不足 10 000 两,加上原集股金 16 000 两,至此已消耗殆尽。除已伐待销木料 12 万余根,账存现银仅剩 600 余两。②

为开通运路,木植公司通过黑龙江省和东三省总督一再向科右前旗乌泰施加压力,其间还"惊动"了清朝理藩部和哲里木盟盟长。直到 1908 年年末,乌泰才"咨报"已在归流河沿线和洮儿河沿线修建完成 10 处栈店,并称已派定各栈经理人员(均为该旗蒙古人)。③

---

① 黑龙江编辑处《蒙务编辑成案》"祥裕木植公司"。
② 黑龙江编辑处《蒙务编辑成案》"祥裕木植公司"。
③ 黑龙江编辑处《蒙务编辑成案》"祥裕木植公司"。

然而此时,已值内蒙古东部陶克陶、白音大赉领导的抗垦武装在官军追剿下躲进索伦山,在木植公司"窜扰盘踞、恣意取索"。其后不久,大概受到陶克陶抗垦案的牵连,阜得胜即"在江省因事被诛",祥裕木植公司也随之衰辍。

其后,阜得胜之子阜海(时任黑龙江省署官员)辞去官职,转而至索伦山南部洮儿河上游的哈海河口开办了哈海木局(木植公司)。[①]

(3) 民国初期大兴安岭林木采伐

1912 年,呼伦贝尔民族上层在沙皇俄国支持下宣布"独立"(后改"自治"——"特别区域")。其后,大批俄商遂乘机与呼伦贝尔当局签订了一系列开发掠夺渔业、林木等资源的经济合同。其中的伐木合同主要有:俄商谢夫谦克所设林场,在中东铁路兴安、宜立克都(伊列克得)、乌奴尔、免渡河四车站以北权东沟、巧沟、五奴尔沟一带采伐;俄商卧伦错夫所设林场,在"海拉尔河各河源及支流一带地方采伐";俄商拉本斯齐所设林场,在倭宜那河(维纳河)、亚达尔河等处采伐;俄商马尔车夫斯齐所设林场,在白子湖(贝子河、牛尔河)等处采伐。[②]

约从 1918 年,黑龙江省当局开始全面开放、批准商民设立公司、林场,采伐境内森林。截至 1925 年,陆续在呼伦贝尔地区设立的林场主要如表 1 所示。

表 1 1925 年呼伦贝尔地区林场情况表

局别	林商姓名	林区地点	面 积	勘测日期	发照年月	备考
布西设治局	周澄江	属境东北甘河南岸	200 方里	1919 年 12 月	1920 年 5 月	甘奎公司
	陶葵举	他库兰山	200 方里	1919 年 4 月	1919 年 6 月	甘敏公司

---

① 参阅白拉都格其《阜海与清末民初内蒙古东部政局变化》,《内蒙古大学学报》1997 年第 1 期。
② 《呼伦贝尔志略》"蒙旗复治始末"。

（续表）

局别	林商姓名	林区地点	面　积	勘测日期	发照年月	备考
布西设治局	周土贞	毕拉河	200方里	1918年12月	1919年5月	同上
	易敦白	嘎尔东河	200方里	1918年2月	1919年5月	同上
	李德才	博克图火燎沟雅鲁河	200方里	1920年1月	1923年10月	计四段
	李长惠	阿伦河上游	150方里	1924年2月	1925年3月	—
	吕大有	巴里木东沟	100方里	同上	同上	—
	任德明	火燎沟三道河上游	100方里	1924年11月	1925年5月	—
	杜宝臣	博克图东沟火燎沟	200方里	同上	1925年3月	—
	黄建勋	雅鲁河西沟上掌桦皮窑沟	200方里	—	—	—
	黄建勋	羊吉利河	200方里	—	—	—
	陈裕宽	都克他等处	200方里	—	—	—
	胡海山	老西店雅鲁河等处	150方里	—	—	—
	奎　新	甘河上游	200方里	—	—	—
	张继祖	插拉拨沁	200方里	—	—	—
	李俊峰	克伊河北岸	200方里	—	—	—
索伦山设治局	刘采南	托申河北上游	200方里	1919年6月	1924年7月	—
	马锡图	绰尔河	200方里	—	—	—

1920 年,呼伦贝尔取消"自治"。1922 年,呼伦贝尔善后督办程廷恒收回呼伦贝尔原"自治"区域的林政主权,取消俄商谢夫谦克的原订采木合同,改归中、日、俄合办,定名为札免公司。1927 年,俄商卧伦错夫原订合同也被取消,改为黑龙江省与该俄商合办,称为海敏公司。

1924 年,林商新义公司成立,开采博克图、火燎沟林场,每年约采伐木材 150 余车(火车车厢)。1926 年,林商永利公司成立,在火燎沟顶子林场采伐,每年约伐木材 200 余车。1928 年,俄商东方公司成立,在永利公司以南绰尔河林场采伐,每年约伐木材 1 500 车。1929 年,林商永顺公司成立,在博克图以东大阿伦河林场采伐。①

2. 渔业的出现与发展

内蒙古地区由东到西,分布着许多河流湖泊,渔业资源较为丰富。由于这里的蒙古族居民主要从事游牧业,很少有食用鱼类水产的习惯,所以捕鱼业的发展,主要是汉族等定居民迁入以后的事。兹据所见资料,将近代以来各地渔业资源的开发简况分述于下。

(1) 黄河渔产的捕捞

清朝中后期,沿黄河一带的萨拉齐、托克托两厅居民,逐渐出现了以捕鱼为业者。但政府规定,渔户须在春、秋二季每家每季以 1 公斤左右的大鱼 400 尾输纳官厅,方准捕捞。民国以后,此项规定被废除。

此后,萨拉齐、托克托、包头等地专营捕鱼的人逐渐多起来。据1931 年(民国二十年)左右的调查,以上 3 地的渔业情况如下:

包头鱼汛期分春、秋 2 季,各 1 个月有余。萨县亦分 2 期,春分解冻后为开河期,秋季白露为秋水期,各捕鱼 1 个月左右。托县分 3 期,春季 2 月为开河期,捕鱼 1 个月,夏季 6 月为伏水期,捕鱼 10 日,秋季 9 月为秋水期,捕鱼 1 个月。

包头有渔户 20 余家,其捕鱼工具有坡网、交河网、旋网数种。坡网系长条形,投网入河后,两端各用数人拉网,将鱼拉至岸边拾取。交河网形略似坡网,两端各以一船在河中拖拉,待鱼大量入网后,两

---

① 《黑龙江志稿》卷二二《财赋志·森林》。

船靠近收网取鱼。旋网系一人手持渔网立船上,撒网于河中,随手慢慢收拢,拉起渔网,即可得鱼。

萨县有渔户七八家,约40余人,皆八大股、黑豆壕、金家圪堵、高龙渡口等村人。捕鱼方法与包头相同。清朝时黄河常泛滥,波流所及,鱼亦随之。退水后,洼地遂形成湖泊,多系私有。其中所存之鱼,渔人捕得后与湖主按四六或三七分成,这种湖在民国时已干涸。

托县在民国初有渔户百余家,鱼店约10余家,每年可产鱼25万公斤。1920年以后因黑河干涸,产量顿减,渔民亦改图他业。1930年后,仅托克托、河口两处有渔户35家,渔人约250名。沿黄河之海生不浪村、碱池村及喇嘛湾有渔户15家,渔人约70~80名。捕鱼方法有用网及鱼栅两种,鱼栅系以柴草木棍制成,横结河中,隔数步置一栅,肚大口小,使鱼易入难出,渔人以手网捞取之。

包头捕捞黄河鲤鱼、鲇鱼、白鱼、鳂鱼四种。1公斤以上鲤鱼年产约4000公斤,1公斤以上大鲇鱼年产约3500公斤。其他大鱼0.25公斤以上者年产约3500公斤,0.2公斤以下小鱼年产约5000公斤。

萨县捕捞1公斤以上大鲤鱼年约750公斤,1公斤以上鲇鱼年约250公斤,其他大鱼0.25公斤以上者年约250公斤。

托县捕捞1公斤以上大鲤鱼年约2500公斤,1公斤以上大鲇鱼年约1500公斤,0.25公斤左右各种鱼年约1500公斤,0.2公斤以下小鱼年约5万公斤。①

(2)克什克腾旗达里诺尔渔业

清前期,虽已有内地汉民进入克什克腾旗,但清政府下令禁止在达里诺尔捕鱼。道光(1821—1850)年间,克旗土地逐渐放垦,大批汉民移居。旗札萨克遂允许汉民在达里诺尔捕鱼,从中收取税赋。其后,达里诺尔渔业逐渐兴盛。至民国前期的1929年,年产鱼量达到6万公斤。② 其后,年均产量多在10万公斤左右。

(3)哲里木盟北部渔业

哲里木盟北部各旗境内的松花江、嫩江及其支流洮儿河等河

① 《土默特志》上卷,第261—262页。
② 《经棚县志》卷一九"物产",1929年稿本。

道,以及松嫩流域的大小湖泊,如月亮泡(扎赍特旗境,今属吉林镇赍、大安县境)、察罕诺尔(查干泡,郭尔罗斯前旗境内)等处,均属"绝好渔业厂"。清末放垦、设治(设置厅县)以来,垦种汉民捕鱼者愈来愈多。蒙旗当局因贪图税课,也弛禁许允。如郭尔罗斯前旗札萨克公府,均于上年预征渔户税课,否则不容网捕。渔人皆在水滨架构茅屋,布网以代墙垣,俗称网房。

松嫩汇流一带鱼场,以嫩江东岸杜尔伯特旗境内的多耐站地方(原驿路台站,今杜尔伯特自治县胡吉吐莫镇一带)最负盛名。民国初期,多耐站沿江有大网房十余所。"每制一网,费约数千金。"下网时需工人 200 余人,每网(房)获鱼少则万斤,多至 20 余万斤。"五月鱼车塞路,户皆市鱼。剖而绳属之,晾屋上,谓之晾鱼胚子,终岁用之不竭。""冬令凿冰,下网拦鱼,近岸另凿冰口以取之。"其捕鱼方法有五种,称为鱼滰子、挡冰障(冬季)、网滩、鱼钩、挂网。其渔网,亦有汤网、古鲁网、张网、铁铰子网、波网、把网、绸网、丝挂子网等许多种。其中,汤网、古鲁网均宽达二三十丈。"张网"即拦江网,宽约 10 余丈,"以巨绠横截水道而张之。"所谓"网滩"捕法,则在水势浅稳成滩处用两艘船拽载一网,"江中用网有长百余丈者,分途撒落,一网能得数百斤或千余斤"。

多耐站一带渔产,种类繁多,"以白鱼、细鳞鱼、鲤鱼等为上品,行销东三省及日、俄两国"。据 1914 年统计数字,渔获物总计达 4 348 064 斤,价值 30 万元,以至被誉为"世界第三渔场"。[①]

(4) 呼伦贝尔地区的捕鱼业

呼伦贝尔地区的渔业资源,主要集中于呼伦池(达赍诺尔)、贝尔湖、乌尔顺河及哈拉哈河、克鲁伦河等处。1900 年俄军大举侵入呼伦贝尔,俄境商民随之涌入呼伦湖区捕鱼。1903 年中东铁路通车后,来湖捕鱼的俄人愈来愈多。当地蒙旗官府多次抗争,驱逐无效。1905 年苏那穆策麟继任呼伦贝尔副都统,明令禁止俄人越界捕鱼。俄商多次提出以重资租赁呼伦湖渔业,均被拒绝。苏那穆策麟为维护渔业主权,曾置网具,招雇人力捕鱼,但一方面获利甚微,加以遭

---

① 《黑龙江志稿》卷一六《物产志·渔猎》。

到当地蒙古族牧民反对,遂停止官办渔业。1907 年,呼伦贝尔副都统衙门发布公告,严禁在湖区私捕滥涝,并在交通要道设卡盘查,严惩违令打鱼者。①

民国初,呼伦贝尔成为特别区域后,俄商与呼伦贝尔自治当局签订的经营开发各种资源的 50 余项合同中,渔业合同多达 40 多项,占绝大多数。其涉及的渔场,主要集中在乌尔顺河和呼伦湖,也包括克鲁伦河和海拉尔河及其上游等处。②

1917 年俄国爆发十月革命以后,越境的俄人急剧增加,使呼伦湖一带渔区出现第一次大规模捕捞。1917 至 1919 年,经满洲里和扎赉诺尔车站运出的鱼货达到 5 510 吨。1920 年,呼伦贝尔取消自治,苏俄政府封锁了国界,越境俄人纷纷内迁呼伦贝尔和东北腹地,内地汉民开始大量流入呼伦贝尔渔区。其后,陆续来满洲里经商的内地人开始在呼伦湖渔区经营渔业,其中最早的渔业户有姜敦伍和洪兴泉商号的张耀庭。

中俄渔户在捕鱼之前,须到呼伦贝尔副都统署呈报申请书,说明渔区、姓名、人数、网数等。经审批后,方能订立经营契约,办理捕鱼许可证及营业执照,并须按规定缴纳渔业税。在呼伦湖渔区经营渔业的商户,多为在满洲里经营各种工商业的内地和俄人商号。至1928 年,渔业商户达到 30 多户,其中俄国渔户 18 个。当时大拉网已达 53 合(张),捕鱼人数多达近 2 000 人,成为渔业开发以来的第二次大捕捞时期。

1913—1932 年,呼伦湖一带渔区产鱼共 9 万余吨。其中 1920年最少,仅 103 吨;1927 年最多,达 7 535 吨。1920 年以前,鱼货外销主要发往俄国,远至莫斯科和彼得堡。1920 年以后,主要发往安达、哈尔滨、长春、沈阳,以至关内京津等地。③

---

① 《呼伦贝尔志略》"渔猎";《呼伦贝尔盟志》,内蒙古文化出版社,1999 年,第1001 页。
② 《呼伦贝尔志略》"蒙旗复治始末"。
③ 《呼伦贝尔志略》"渔猎";邹尚友等《呼伦贝尔概要》第三章"呼伦贝尔之经济价值·渔业",东北文化社,1930 年;《呼伦贝尔盟志》,第1001 页。

二、工矿产业的出现与发展

（一）金属矿产开采

清朝前期，不仅蒙古地区，内地各省的各种矿产资源，也不准商民随意开采、销售、加工牟利。直到 1852 年（咸丰二年），因镇压太平天国财政匮乏，为筹措军饷，清廷诏告各省驰解矿禁，允许并要求各省官办招商开采金银诸矿。《清史稿·食货志》中罗列了一批当时开采的各地矿藏，其中可确知在内蒙古盟旗属境的即有：翁牛特右旗境内的红花沟金矿；列为"直隶"，但实仍属喀喇沁右旗境的偏（遍）山线、土槽子、锡蜡片银矿；喀喇沁中旗境内的长杭沟银矿；阿拉善旗境内的哈勒津、库察山银矿。[①]

1898 年（光绪二十四年），清廷再次下诏开办各地金银矿厂。《清史稿·食货志》中又列有当时次第开采的内蒙古敖汉旗境内转山子（平泉州）、金厂沟（梁）（建昌县）金矿；翁牛特旗境内的红花沟、水泉沟、拐棒沟金矿，以及"蒙古"之贺连沟、大小槽碾沟等处金矿。[②]

1910 年，在热河都统诚勋汇报属境矿物开采情形的奏折中，开列了当时正在开采的各矿，其中属卓索图、昭乌达两盟各旗辖境的即有：赤峰州（翁牛特等旗境）煤矿 8 处；平泉州（喀喇沁右旗）金矿 1 处，煤矿 13 处；建昌县（敖汉等旗）金矿 1 处、煤矿 10 处；朝阳府（土默特右旗）金矿 4 处、煤矿 27 处；阜新县（土默特左旗）金矿 3 处，煤矿 12 处；建平县（喀喇沁等旗）金矿 8 处；承德（实喀喇沁右旗）之三山银矿等等。[③]

下面，仅据现有资料，将晚清至民国初期内蒙古境内（包括虽设治已久但地权仍属蒙旗的地区）陆续开采的各金属矿厂择要分述。

---

① 《清史稿》卷一二四《食货志·矿政》。参阅《清文宗实录》卷一三一、一三八、一五三、一六九、一七一、一七八、一八四。
② 《清史稿》卷一二四《食货志·矿政》。
③ "中研院近代史研究所"《矿务档》第一册，1960 年，第 722—726 页。

1. 金矿

（1）敖汉旗境内的撰山子、金厂沟梁等处金矿

早在 1840 年之前，来到敖汉旗一带的汉族移民或流民，已开始聚众采挖撰山子、金厂沟梁等处金矿。由于未获清朝官府许可，当时称为私采或盗采。1861 年，朝阳地区爆发各族民众反清起义，其主要首领李凤奎，即是金厂沟梁的挖金工。[①] 1891 年冬，卓索图及昭乌达盟南部发生后果惨重的金丹道暴动，其道首杨悦春失败后即逃匿至金厂沟梁金矿的矿洞，被官军搜剿捕获。[②]

1892 年初，著名洋务派官商（企业家）、候补道徐润，奉北洋大臣兼直隶总督李鸿章之命筹办建平（又作承平）金矿。同年春，徐润派矿师从建昌、平泉一带，也即敖汉旗南部一带，转（撰）山子、霍家地等五处矿线（当时称矿场、矿区为线）采回矿苗样品，获知"周围数十里日出斗金，并非虚假。旧洞每处均尚可靠"。同年旧历五月，正式成立矿局开始雇工开采，盛时招工多达 4 000 人。1892 年冬，徐润亲往建平金矿巡查。在三十几天里逐一详细查勘了所属金厂沟梁、各力格、霍家地、长皋、热水等分局，及所属几十个矿点。[③]

由于金厂沟梁等处岩金矿石坚硬，矿局还聘请西洋矿师，购买抽水泵等外国机具，用"洋法"开采。为修筑矿厂、购入机器及职工聘用（一外国矿师聘金抵华工百人）等费用颇巨，期间又招集商股维持经营。

至 1896 年末，该矿虽始见成效，但历年获利仅约 8 500 两。其后，因用"洋法""赔累甚巨"，只好仍改用土法。而一直采用土法的撰山子金矿，至 1910 年时已"成效昭著"。[④]

民国初期，撰山子金矿仍在开采。1914 年，由北洋大军阀冯国

---

① 参阅《赤峰市志》（中），内蒙古人民出版社，1996 年，第 1013 页；王魁喜等《近代东北史》，黑龙江人民出版社，1984 年，第 76 页。

② 《叶志超奏官军擒获教首杨悦春折》，《清代档案史料丛编》第十二辑，中华书局，1987 年，第 316—317 页。

③ 汪敬虞《中国近代工业史资料》第一辑下册，科学出版社，1957 年，第 1146—1150 页。

④ 《中国近代工业史资料》第一辑下册，第 1150 页；《矿务档》第一册，第 724—725 页。

璋派人设立建平矿务局经营,当时有矿工 300 人,护兵 30 人。①

（2）翁牛特旗境内的红花沟金矿

翁牛特右旗境内的红花沟金矿,所知有明确记载者,自 1852 年后开始官办招商开采。1855 年,热河都统柏葰拟订开采蒙古红花沟等处金矿章程,奏报清廷获得批准。其产品分成规则为:"每金一两作十成计算,五成归商人工本;以三成六分为正课,三分为耗金,一分为解费;余一成为阿拉巴图当差之资。"也即产值的一半归经办商,四成上缴官课(税),一成归蒙旗("山分")。② 此后直至光绪中叶、19 世纪末,一直有人开采此矿,常年有采金工 2 000 人。1902 年,承德府官员(州判)范家鸾又雇工 400 余人,在矿区的龙头山、洋棒子沟等处开井数十,扩大采金生产。至 1910 年,热河(卓索图、昭乌达盟)地区各官办金矿相继停采,但民间采金始终未间断。③

（3）喀喇沁右旗的金矿开采

喀喇沁右旗东北部鸡冠山一带金矿,早在清咸丰年以前,即有当地居民零散采挖。1889 年前后,曾有人在这里采金 9 年,获金 5 000 余两。1891 年金丹道之乱后,清朝官员前来赈济,曾动员当地居民采金自救。④

1901 年清政府开始推行新政之后,该旗札萨克郡王贡桑诺尔布积极创办各项图强新政,筹资开采旗境各矿也成为其新政目标之一。1902 年,有逸信公司华商孙树勋、德商俾尔福,与喀喇沁右旗订立合同,开采全旗五金各矿。热河都统锡良以"全旗字样有违定章",要求明确划定矿地界限,"不得包占全旗"。贡桑诺尔布遂划定鸡冠山周围二十里为矿区,再次呈请批准兴办,但至 1904 年夏间尚未签订正式合同。⑤

---

① 〔日〕柏原孝久、滨田纯一《蒙古地志》中卷,日本东京富山房,1919 年,第 736 页。
② 《清史稿》卷一二四《食货志·矿政》;《清文宗实录》卷一八四。
③ 《赤峰市志》(中),第 1013—1014 页。
④ 《喀喇沁旗志》,内蒙古人民出版社,1998 年,第 408 页。
⑤ 《矿务档》第一册,第 711 页;《中国近代工业史资料》第二辑上册,第 161 页。

1903 年,复有法国和兴洋行拟出十万元资金承办喀喇沁右旗矿产,被贡王拒绝。1904 年,贡桑诺尔布又呈奏清廷,提出有荷兰商人白克耳愿为该旗承办机器,雇用外国技师(洋匠),拟以"华洋合办,股本各居其半"形式,开采该旗巴达尔胡川金矿。经清朝外务部、商部联合核查,因此前由逸信公司承办该旗矿务一事尚无结果,以恐生纠葛为由未予批准。①

约从 1904 年开始,有逸信公司陈明轸等人在鸡冠山南偏道子沟,雇工 100 多人开采金矿,10 余年间采金 3 000 多两。②

入民国以后,有一陶姓商人(师爷),1924 年从敖汉旗金厂沟梁来到该旗,聚集 140 余人,在鸡冠山以南大水清开掘竖井,采矿 3 年,得金约 1 500 两。1926 年,当地住民王廷等 100 余人开采公主陵前矿点,一年采金 800 余两。③

(4)平远公司承办开采的霍家地等处金矿

1902 年,有候选知县、华商王绍林,与英商伊德合办平远矿务公司,拟筹集股金 100 万两,开采平泉州境内(后属 1903 年新设建平县境)的霍家地、城子山、王家杖子,及赤峰县属境柴火栏子,围场厅属境五台山、白山吐等 6 处金矿,并经热河都统色楞额呈奏清廷获得批准。但是,在此后的拟订正式合同并辗转呈请审批过程中,平远公司华商代表王绍林病故,改由华商孙世勋顶替,原报拟开采 6 处金矿,改为只开采建平属境的霍家地、城子山、王家杖子三矿。正式合同中还规定,此前已交课银,按照清政府改订的章程,抵作矿税(值百抽十),其出口之税,仍遵海关税则照章交纳;同时,如霍家地等三矿遇有矿深见水不能施工,准禀明都统,在该三处准办界内,另寻他处开采。至 1909 年春,此项合同正式获准签订。但直到 1910 年夏,尚未开始开采。④

(5)阜新、朝阳境内的塔子沟等处金矿

清代的阜新、朝阳(后升府)二县,本属卓索图盟土默特左右二

---

① 《中国近代工业史资料》第二辑上册,第 159—161 页。
② 《喀喇沁旗志》,第 408—409 页。
③ 同上。
④ 《矿务档》第一册,第 712、715—724 页。

旗辖境。

1905 年 2 月,清政府在阜新县治以南的塔子沟设立官办金矿局,承办开采附近的上抬头沟、太平沟、新大堤沟等处金矿。因入不敷出,经营亏累,至 1908 年均已停办。其中的太平沟金矿,曾雇工50 人,经营两年多亏损约 2 万元。

清末民初,朝阳县(土默特右旗)境内的马胡子沟、山咀子、徐家北沟等处矿,也先后被开采。其中,徐家北沟矿由当地人自 1894年开始开采,全盛时约有 1 000 名矿工,每日可采金约 150 克,至1908 年因亏损停采。民国以后,仍有当地农民利用农闲零星采挖。上射力虎金矿 1912 年由当地人杨某出资 3 000 元,张洪寿具体经营开采。盛时雇矿工约七八百人,每日可采金 150 克。1914 年,因矿坑出水遭受很大损失而中止。上射力虎金矿以南的杨家湾子金矿,开始时间与前者大体同时,盛时有矿工 300 人,每日可采金近 800克。朝阳县治以西的小塔子沟金矿,约 1870 年代即开始开采。后因矿坑出水而中衰,残留的矿坑有 30 多个。[1]

(6)呼伦贝尔北部的奇乾河、吉拉林等处金矿

详见本书《近代额尔古纳地区的多元经济文化》一文。

2. 铜矿和银矿

(1)平泉州境内的铜矿

1852 年清政府开放矿禁时,平泉州属铅铜子沟一带铜矿,即有官办招商开采。因为用土法开采,矿洞积水无法抽出,不久即停歇。

1881 年,为了给天津北洋机器局制造军械提供原料,北洋大臣兼直隶总督李鸿章奏准清廷,成立平泉铜矿总局,委派招商局官员、直隶候补道朱其诏主持经营,招商股开采。一年以后,铜矿总局先后募集股金计 12 万银两,从"西洋"购进抽水、起重、吹风等新式机器,采铜炼铜生产日渐进展。但至 1883 年初,因购买机器、水陆运输、购地建房及雇工等开销已用去 93 000 余两。所产净铜,除解运天津机器局 10 批、上海 3 批之外,尚存铜矿砂 120 万斤(可出净铜24 万斤)。由于照旧法熔炼,出铜量较少,遂再次招募股金 12 万两,

---

① 〔日〕柏原孝久、滨田纯一《蒙古地志》中卷,第 711—728 页。

拟购进西方新式熔铜机器(熔炉),聘请洋技师督炼。1884年,由朱其诏聘请的德国矿师德璀琳开始主持经营,新式发动机等机器也安设投产。1887年,李鸿章又聘请美国著名矿师哲尔者前来平泉州铜矿等处查勘,并在他的监督下,开始用"最新方法开采提炼"。[①]

由于此矿积水较多,矿石较难提炼,"要炼成纯铜须经过复杂而费钱的手续",而且雇外国技师聘金高昂(年金一万二三千两),外洋机器价格昂贵,使"洋法"采炼成本过高;加上当时社会动荡、地方不靖,常有盗匪抢劫,以及又历经1891年冬的"金丹道"之乱,至1892年,该矿已"残破不堪"。[②]

（2）热河土槽子、遍山线等处银矿

清朝皇帝辟建避暑山庄的热河(承德)地区,本属蒙古喀喇沁等旗领地。开采这一地区的矿产,按照清朝规定,尚须向蒙旗缴纳分成利润(税课)和山分(地租—山租)。

1852年清政府开放矿禁,遂有内地商人呈准热河都统,先后承办开采承德府治附近的土槽子、遍山线(亦曰烟筒山)及罗圈沟等处银铅矿(银铅共生矿,以采炼银矿为主)。按照当时采矿定章,土槽子、遍山线等处矿产,分由热河都统和热河道派员按月征收课银(然后分成给喀喇沁右旗)。至1862年,因该矿采挖日深,山洪秋水无法抽汲,加上资金(矿本)不足,遂行中辍。[③]

1881年,有锦州人倪中兴呈准接办该矿。因采挖成本较高,"每银砂一斤只出银一两余,一岁之中亏本数万"。一年之后,开挖愈深,银苗愈大,"每银砂一斤可出纹银七八两"。但获利愈厚,"人尽争趋","各思染指",愈难经营,倪中兴遂欲将银矿转让出售。1882年,买办李文耀通过招商局官员朱其诏,预存付资金1万两获得此矿经营权,即成立热河三山矿务局,开采遍山线、土槽子、罗圈沟等处银矿。次年,又筹集资本银20万银两,并有著名洋务派商人唐廷枢也出资20万两,且另贴老股银5万两与其合办(唐不久即奉派出

① 《中国近代工业史资料》第一辑下册,第670—674页。
② 《中国近代工业史资料》第一辑下册,第670—674页。
③ 《中国近代工业史资料》第一辑下册,第1135—1138页。

洋,实未兑现)。据李文耀称:"矿局初以土法开采,成绩卓然。嗣欲便利开采,乃订购机器,延聘富有经验之中国矿师,产额因而倍增。"①

1886年,李文耀因经营亏损,资金难筹,私回原籍不返。次年四月,李鸿章改令当时经营平泉州铜矿的朱其诏接手兼办(改为官办)。其后李鸿章又聘请美国矿师哲尔者前往勘察并监督采炼。至1888年,该矿常年雇西方矿师、炉司、医生等15人,其中哲尔者年薪一万二三千两,副矿师以下每月300两或每日5元不等,并且每人每月饭食费25元,及交通、住房等费用均由矿务局支付。同时,该矿已配备各种进口西洋机器,雇有矿工200人,兵勇(护矿)50人。以上所有开矿经费,均由李鸿章"筹拨巨款"。②

至1889年,该矿开采逐渐旺盛,"计每吨矿石可取出白银五百两"。1890年,"每日开山炼矿工作者约共千人"。③ 至1910年,仍称"成效昭著"。④ 当时该矿每年经热河道交喀喇沁右旗的山分(山租)为200银两,抽分(利润分成)为110两。⑤

(二) 煤炭开采

1. 内蒙古西部地区的煤矿

(1) 土默特旗境内的煤炭开采

清代的归化城土默特辖境广大,大体上西至包头,北至武川,东至今旗下营,西南至黄河,东南以长城为界。这一地区虽陆续增设许多厅县(辖治汉族农民),但山林矿产等资源仍归土默特旗所有,开采运销均须向土默特旗缴纳山租、税课。

归化城土默特旗境北部的大青山区和南部清水河、托克托县

---

① 《中国近代工业史资料》第一辑下册,第1135—1138页。
② 《中国近代工业史资料》第一辑下册,第691—696页。
③ 同上。
④ 《矿务档》第一册,第725页。
⑤ 汪国钧原著,马希、徐世明校注《校注蒙古纪闻》(《赤峰市文史资料选辑》第七辑,以下简称汪国钧《蒙古纪闻》),赤峰市政协编印,1994年,第310页。

（厅）山区,蕴藏分布着丰富的煤炭资源。其开发利用,始自清初。

据传,早在清初的 1646 年（顺治三年）,东北关外广宁总兵万有孚反清失败,逃到大青山万家沟,曾向当地蒙古租山,开采煤矿。康熙年间,清政府以民人（汉人）"滥开"为由,查封了土默特地区的所有煤窑。雍正以后,经归化城副都统恳请和为修筑绥远城的需要,这一地区的煤矿又逐渐被开采。除了土默特蒙古各阶层自开或雇人开采,也有许多汉民租山开采。乾隆时期,土默特地区的煤炭开采逐渐达到高潮。如 1739 年（乾隆四年）,经清朝理藩院认可的煤窑有 22 座。1749 年时,44 座煤窑一个月即售煤 280 万斤。煤窑最多的 1785 年,曾达到 198 座。

土默特地区的煤分为烟煤和无烟煤两种。开采方法,一直是镐采人背,每人日背 10 背左右,约 300 至 500 斤。以木轮车、驼、驴、骡等运出山外销售。当时的开采条件极差,煤窑经常出现"着火、出水、遇石、道毁、坍塌"等事故,所以煤窑的分布和数量经常变化。但自乾隆年间至清末,本境的煤矿一直未停开采,煤窑数和产煤数亦略有所增。

据 1918 年统计,土默特旗境内有煤窑 110 多个,全年产煤11 000 万斤,即 5.5 万吨,每斤售价 1~5 文（制钱）不等。当时规模最大的煤矿经营者是漠南矿业公司（详见后文）,有工人 400 名。其他蒙汉族私人承领的煤窑,大窑有工人几十至上百人,小窑只几个人。均为土法开采,平均每名工人日采煤 300~600 斤。最大的窑年产煤 1 000 余万斤,一般的窑年出煤几十万至几百万斤,最小的窑年出煤 5 万多斤。

据 1931 年的调查,土默特地区主要煤矿的开采情况如下:

大青山区大沟（万家沟）煤矿,产质量较高的无烟煤。有窑口 3座,工人 35 人,月出煤 350 吨。窑场设把总（土矿师）1 人,写账 2人,水头 1 人,水工数人（专在窑内治水）。工人入窑工作时 3 人一组,1 人采煤,2 人往外拖运。

西沟煤矿,有窑 3 座,产无烟煤,工人 30 余名,月出煤 340 吨。东沟煤矿,有窑 2 座,产无烟煤,工人 15 名,月出煤 170 吨。杨圪楞煤矿,产烟煤,工人 100 余名,日出煤 80 余吨,每吨售价 4.5 元。并以不能出售之煤末烧炼焦炭，每吨值 3.5 元。

巴图沟煤矿，为较大窑场，产烟煤。有窑 32 处，后仅 20 处开采，日产煤 30 余吨。

大斗林沁沟煤矿，产烟煤，有窑 6 处，仅余 1 处开采，工人 10 余名，日出 30 吨。

小炭沟煤矿，产烟煤，工人 20 名，日出煤 30 吨。

水涧沟煤矿，产烟煤，有窑 14 处，后仅余 7 处，年产煤 2 000 吨。

五当沟煤矿，产烟煤，有窑 3 处，后仅 1 处开采，日出煤 10 吨。

石拐沟，产烟煤，储量大，质地佳，最大煤窑由漠南（详见后文）、冀昌二公司经营。冀昌公司有矿洞 2 口，工人约 240 名。窑户有 7 家，雇人开采，日出煤 7 万斤，年产约 1 200 万斤。公司与窑户二八分成，名为二八股。多以火车运煤销于附近各地。

大青山后武川县境马王庙煤矿，产烟煤，有 5 座煤窑，均为私人集股开采，年产煤 600 多吨。柳林子沟煤矿，产烟煤，有窑 4 座，年产煤 500 吨左右。福来永村煤矿，产烟煤，有窑 4 座，年出煤 400 余吨。

清水河县境沙嘴子沟、麻黄嘴沟煤矿，产烟煤，有窑 10 余处，年产煤百余万斤。栋木沟等 7 处煤矿，均产烟煤，有窑口 12 座，年产煤约 3 700 万斤。

土默特旗境的煤矿，多为该旗公产（公有山林资源），少数拨归部分官员、蒙丁（户）所有。无论公司、窑户，开采煤矿均须向土默特旗衙署（或私人所有者）交纳煤销售税、山租。按照煤产总价，山租抽二成，运销税征一成。

民国初年，绥远地方当局曾否认土默特旗的传统矿山权，下令将煤矿开采权改归实业处、财政厅管辖。由于土默特参佐官员联合向北京政府申诉反对，未能实现。民国时期，旗境各煤矿仍沿旧制，由旗署征收山租、税课。1915 年，土默特旗成立煤炭租税总局，专管征收旗境各矿租税。

整个清近代，煤炭租税成为土默特蒙旗财政收入的重要组成部分。乾隆初期（乾隆四年，即 1739 年），该旗每年可征收煤税（制钱）1 000 余串（千）。1770 年，共征收 3 194 余千。1908 年，土默特旗设立窑厘总局，当年共征得煤厘银 5 527 两。1910 年，征得煤厘银

8 117 两。1914 年,土默特租税总局共收煤炭租税制钱 45 446 334
文。以当时 1 230 文制钱合 1 银元计算,折合银元 36 948.24 元。[1]

(2)漠南矿业有限公司

漠南矿业公司是近代以来内蒙古西部第一个大型煤炭生产企
业,民国初由晋西镇守使孔庚创办。

孔庚(号雯掀)是湖北人,清末赴日本留学,追随孙中山加入同
盟会。回国后任职于北洋陆军第六镇。辛亥革命爆发后,率众投效
山西阎锡山。1912 年,任山西陆军第一师(后改中央陆军第九师)师
长、晋西镇守使,1913 年进驻包头。为了开发绥西地区,便伙同地方
各界实力人物,发起创办了漠南矿业有限公司,计划开采西起狼山
东至石拐沟的千里煤田。其公司发起人除孔庚外,还有绥西河套地
区著名绅商大地主王同春,早期同盟会员、曾任萨拉齐县知事王建
屏等人。

漠南公司拟开采的煤田均在蒙旗属境。其西部属乌兰察布盟
乌拉特三旗,东部属土默特旗,而中部的五当沟山场,则是五当召的
膳召地,也即召庙属地(香火地)。所以漠南公司筹建之初,首先得
向乌拉特三旗的札萨克(王爷)租赁煤田所在的山场,条件是公司将
经营煤炭所得利润的十分之一分给山主,俗称"一九股子"。双方经
过协商达成协议,由乌拉特前旗(西公旗)的札萨克代表三旗(三公
旗)在租山契约上签字。为开采石拐沟、喇嘛坝及其周围的煤田,漠
南公司又于 1913 年同五当召签订了租山合同,并于 1914 年在绥远
特别区都统署正式注册。其合同(契约)规定,仿照土默特旗征收煤
炭租税的成例,公司须向五当召缴纳(产量、产值的)一成山租,由土
默特煤厘征收局(后改煤炭租税总局)收取后,按月如数转交五当
召。合同还规定,五当召还享有"使用报酬金之权",即公司每年所
得纯利(红利),须分作十一成,先将一成提交五当召,然后才由各股
东按股份均分其余十成。矿区属土默特旗属境的,则须按规定向该

---

[1] 《土默特志》上卷,第 272—278、589—593 页;石志余《从历史档案看土默特
煤矿业的开发与矿权之斗争》,《土默特文史资料》第三辑,土默特左旗政
协,1988 年。

旗缴纳二成山租一成税课（销售税），若另有公私山主，则山租交山主，税课交土默特旗。

漠南公司的筹资方式是发放股票，每股现大洋100元，计划发售股票1 000张，即筹资10万元。为筹措股金，孔庚曾奔赴太原、北京、天津、上海及其家乡湖北等地。由于民国初期军阀混战，局势动荡，内地有资者无意投资塞外，股票多数售给了绥西城乡的商贾、豪绅和晋军第一师的军官（孔庚本人出资1 000元购买10股），包头的大商号差不多都购买了漠南公司的股票。但筹资10万元的计划未能实现，使公司经营一直资金不足。

作为当时绥西地区的最大企业，漠南公司分为五级管理，即董事会—公司—煤厂局—煤窑—岔户。

董事会是公司最高决策机构，一般每年旧历腊月召开一次例会，议定当年的决算分红和下年度生产、基建、投资等重大事项，议决后交由公司执行。

公司是具体经营管理机构，负责组织基建、生产和经济核算。公司机关最初设在旧包头城（今东河区）关帝庙街福徵寺前院，1919年又出资在东门大街购买了一座新院。公司设经理一人，协理一人，地质师兼工程师一人，会计二人，文牍一人，庶务一人，稽查员数人，及勤杂、炊事人员。

煤厂局也称公司事务所，在公司领导下，分片直接经营管理各煤矿。漠南公司下设两个煤厂局，喇嘛坝煤厂局管理石拐沟煤矿，营盘湾煤厂局管理西边的拴马桩、西官井、窑沟、乌不浪口各矿。煤厂局设厂长一人，把总一人，会计兼文牍、出纳两人，及稽查、勤杂人员。把总就是土地质师兼工程师，负责选定窑口和如何开采。

煤窑是具体负责经营矿洞窑口生产的管理机构，也是基础经济核算单位。煤窑的负责人为窑主兼把总，其下有负责窑口排水的水头一人，负责接收、保管和销售煤炭业务的司场员一人，会计兼文牍、庶务二人。煤窑还经管窑工的食宿，设有伙房、宿舍。较小的煤窑只有一个把头、一个会计。

岔户近似后来煤矿的采区，直接经管窑口采煤作业，由一个窑头带领几十名窑工采煤。

漠南公司的创办者孔庚曾留学日本。他开办公司之初,曾计划仿效日本的近代化采煤技术和方法。公司规划在矿区兴建火力发电厂,以解决本公司各煤窑的井下照明和生产用动力。为此,他一边派人到天津、上海等地购买机电器材和照明设备,一边亲自与英、美、日等国外商洽谈贷款购买国外的发电机组、矿车、电机车、电力牵引机等设备。为实现机械化开采,还专门聘请毕业于齐鲁大学的张绍周为工程师(后任喇嘛坝煤厂局厂长)。但由于外商对贷款开发塞外煤田不感兴趣,漠南公司因缺少资金无力直接购买海外机械设备,只能仍采用镐刨肩背的土法生产。

由于资金不足,漠南公司采取了边筹资边建矿的办法。1913 年筹建之初,首先投资开办了石拐沟(喇嘛坝)、拴马桩两个煤矿。1914 年,喇嘛坝煤厂局建成东官煤窑,营盘湾煤厂局在拴马桩建成两个窑口,同时又投资开办了五原境内的乌不浪口煤矿。1915 年,又投资开办了营盘湾、西官井、窑沟等煤矿。

当时煤炭是绥远地区的紧缺物资,漠南公司产的煤炭畅销于绥远各个城镇,市场的需要又促进了漠南公司的发展。到 1916 年,漠南公司已有大小煤窑七座,员工 1 200 多人,每年生产、销售原煤近12 万吨,营业额 41 万多元,岁收纯利润 82 000 多元(见表 2)。

表 2 1916—1918 年漠南公司经营一览表

	窑工人数(人)	年产销原煤(100 斤)	百斤煤炭销售价格(元)	年销售煤炭营业额(元)	销售煤炭纯利率(%)	年纯利润额(元)
公司总计	1 180	2 390 600		416 325	19.9	82 465
一、喇嘛坝煤厂局	1 000	2 000 000	0.18	360 000	20	72 000
东官煤窑	1 000	2 000 000	0.18	360 000	20	72 000
二、营盘煤厂局	180	390 600		56 325	19	10 465

（续表）

	窑工人数（人）	年产销原煤（100斤）	百斤煤炭销售价格（元）	年销售煤炭营业额（元）	销售煤炭纯利率（%）	年纯利润额（元）
乌不浪口子煤窑	20（？）	100 000	0.22	22 000	20	4 400
营盘湾煤窑	40	70 200	0.125	8 775	20	1 755
西官井煤窑	40	70 200	0.125	8 775	20	1 755
窑沟煤窑	40	70 200	0.125	8 775	20	1 755
拴马桩煤窑	40	80 000	0.1	8 000	10	800

1919年，喇嘛坝煤厂局的东官煤窑被河水淹没。漠南公司购买一台卧式工业锅炉，想用蒸汽机排水。因机械设备不配套和缺少操作机器的技术人员，机械化排水的尝试终至失败。东官窑煤矿是漠南公司产量最大的窑口，它的封闭停产，使公司的营业额和利润锐减。

为了维持公司的生产和经营，漠南公司又在东官窑以北新开办了两座小窑，并不得不出租一部分煤矿，交给窑户投资经营，公司坐收赁金。

1921年，京绥铁路修通至归绥（今呼和浩特）。随之，山西大同的煤炭开始利用火车打入当时绥远地区最大的煤炭消费市场。由于漠南公司的煤炭主要靠骆驼及人力车等外运，加上地方赋税过重，使它在与大同煤炭的竞争中败为下风，经营进一步衰落。据北京政府中央地质调查所对大青山地区煤炭生产的调查，到1925年，漠南公司年产原煤39 500吨，比1918年鼎盛时期的产量下降了8万吨。

1926年，统治绥远地区，并在治理地方的社会经济方面颇有政绩的冯玉祥国民军被直奉联军和晋系军阀击败西溃，绥远社会陷于严重动荡。本已衰落的漠南公司无力经营，遂将煤矿全部出租给窑户，以每年租金2 000元勉强维持公司职员的最低薪金，无力交纳矿区税和煤矿山租,面临破产的命运。

1931 年,随着傅作义主政绥远,局势稳定,孔庚曾到包头拟重振漠南公司,承租了原冀昌公司在石拐沟内开采的部分煤矿,后来又新开发了大发煤矿,但终未能恢复其原有规模。①

2. 呼伦贝尔地区的煤矿

(1) 扎赉诺尔煤矿

扎赉诺尔煤矿位于中东铁路滨洲线扎赉诺尔车站以西。1899年,俄人在勘修中东铁路时发现。1902 年由中东铁路公司开采,产煤主要用于中东铁路机车用煤。开采方法仍主要是用手镐等笨重人力方式。

1903 年,扎赉诺尔矿产煤 1 600 吨。1905 年,扩展到 4 座矿井,并开始露天开采,年生产能力约 15 万~16 万吨。②

1906 年,清朝政府开始谈判回收 1900 年俄军侵占东北后所失各项利权。经哈尔滨铁路交涉局总办宋小濂与铁路公司俄方交涉,收回煤矿地权,议定商租合同,每煤千斤缴纳税银一钱二分,并在矿区设立了煤税局。③

至 1909 年,扎赉诺尔煤矿共有煤洞(矿井、矿坑)14 个,分为明洞(露天)和暗洞(井下)。明洞出煤用人工,井下出煤用机械。除了因不慎点燃煤火未能扑灭而停采的 5 号矿,尚未开采的 3 个矿口,及已采挖完毕者,当时正在开采的有 4 个矿。采煤工人 200 余名,既有中国人,也有俄国人,分为三班昼夜开采。1908 年度(旧历正月至十二月底)共产煤 2 亿斤即 10 万吨,中国煤税局收得税银 2 万余两。④

1910 年,铁路公司将煤矿租赁承包给俄国矿商经营,至 1924 年

---

① 代宝玺、李春峰《漠南矿业有限公司的兴衰》,《包头文史资料选编》第五辑,包头市政协,1984 年。参阅《土默特志》上卷,第 275—276、591—593页。(文中"附表"对原资料略有校改)
② 徐世昌《东三省政略》卷一《边务·呼伦贝尔篇》;《呼伦贝尔盟志》(中),第1148—1149 页。
③ 徐世昌《东三省政略》卷一《边务·呼伦贝尔篇》。
④ 徐世昌《东三省政略》卷一《边务·呼伦贝尔篇》附宋小濂《呼伦贝尔边务调查报告书》。

15 年内共产煤 302.9 万吨。[①] 1902—1924 年,俄方共投资 82.4 万卢布(折合大洋 197.7 万元),生产(掠得)煤炭 456 万吨,获利 10 887.6 万元,相当于总投资的 55 倍。

1925 年,煤矿改为中苏合资开办,对矿井、运输、排水进行改造,使用较先进的采煤方法。至 1928 年,煤炭年产量达到 26.9 万吨。[②]

(2)甘河煤矿

甘河煤矿位于嫩江支流甘河南岸,又称九峰山煤矿,即今鄂伦春自治旗东南部大杨树煤矿。

1904 年,有猎人在九峰山发现矿苗。1906 年,署黑龙江将军程德全聘请中外矿师前往踏勘,得知该煤田煤质优良,储量丰富。程德全遂奏准清廷,拨出官款江钱 20 万吊作为资本,委派官员前往兴办煤矿,雇矿工五六十人开始开采。1907 年以后,经东三省总督徐世昌派员调查滞销原因,得知主要是由于山多水急,运道梗阻,脚价运费过高,即提出从煤窑修铁路通至嫩江口墨尔根(今黑龙江省嫩江县),购进轮船经嫩江运往齐齐哈尔,自可收效。至 1909 年,经继任黑龙江巡抚(东北改行省制后,将军改巡抚)周树模会同继任东三省总督锡良奏准清政府,由黑龙江省广信公司借拨 20 万银两,着手修路购轮。1910 年,购进浅水轮船两艘。1912 年春,九峰山至墨尔根(博尔气)嫩江口的马拉轻便铁路竣工,甘河煤矿的生产开始恢复和发展。当时每年外销原煤约 1.4 万吨,采煤工人最多时达 400 余人。[③]

(3)察汉敖拉煤矿

察汉敖拉煤矿位于满洲里西南、察汉敖拉卡伦以东。

1908 年,察汉敖拉卡官发现旱獭掘地洞所出之土含有煤质,遂命卡兵采探。挖至丈余见碎煤,至三丈余则有煤块重叠现出。[④] 同年冬,护理呼伦贝尔副都统宋小濂命该卡伦弁兵试办开采,嗣因时

---

① 《呼伦贝尔盟志》(中),第 114 页;《呼伦贝尔志略》"物产·矿物"。
② 《呼伦贝尔盟志》(中),第 1149—1150 页。
③ 《黑龙江志稿》卷二三《财赋志·矿产》;《呼伦贝尔盟志》(中),第 1131、1144 页。
④ 赵春芳《江省矿产调查纪略》,引自《黑龙江志稿》卷二三《财赋志·矿产》。

值寒冬、矿洞出水而暂停。1909年秋,署胪滨府知府张寿增到任后,与正在经营开采的矿商唐松年、卡弁王文兴协商,决定成立察汉敖拉煤矿有限公司,呈报黑龙江省正式立案发给执照开采,并于同年十月获得批准。由于唐松年等矿商资金不足,投入开采未及见成效即已亏赔,提出请官府出资改为官督商办。知府张寿增遂自行出面,拟招集商股资金羌洋2万元,商办经营煤矿公司,并于1910年2月呈报并获得东三省总督和黑龙江巡抚批准。

正当张寿增等人边筹资边试行开采时,俄办中东铁路公司及其属下的扎赉诺尔煤矿也想染指该矿。1910年3月间,中东铁路公司未经黑龙江当局许可,即派矿师随带俄兵和探矿设备前来矿区"察勘",企图阻止华商开矿。为此俄国驻北京公使廓索维茨还出面照会清政府,以中俄《黑龙江铁路煤矿合同》(1907年签订)中规定的允许铁路公司在路界(两旁30里之内)内随意择地开矿,他人开矿须经铁路公司批准等条文为借口,企图攫夺察汉诺尔煤矿。经中国黑龙江省及胪滨府根据《煤矿合同》明文规定的路界内同样允许华商开矿,并委派官员亲往查勘,证明华商确实先已开采并已获地方当局批准,据理力争,俄方才不得不撤回勘矿人员。

俄国中东铁路公司攫夺察汉敖拉煤矿的企图虽未得逞,却使得华商资本畏于中俄纠葛而止步不前,原已入股并参与经营的华商也提出要抽撤股金。张寿增不得已,为维护主权、利权,转请黑龙江省署出资5 000元羌帖(银元)官股,改由胪滨府出面经营煤矿,华商具体开采。据1910年九月奉命前往察汉敖拉煤矿勘察的江省官员报告,该矿当时有原开、新开各两个矿井正在出煤,有矿工20余人,另有原开已停4个矿井。①

辛亥革命爆发后,呼伦贝尔民族上层在俄国支持下于1912年初宣布"独立"(后改"自治"),该矿华商撤出,后由某意大利矿商经营开采。呼伦贝尔取消"自治"后,黑龙江省于1922年由官办广信公司出资14.8万卢布,从意商手中购回煤矿,自办经营。1930年,又转

---

① 《矿务档》第七册,第4826—4843页。

让给黑龙江官银号远大公司经营,次年即因水大、缺电而废弃。①

3. 内蒙古中东部地区的煤矿

(1) 喀喇沁右旗境内的煤矿

所知卓索图盟喀喇沁右旗境内最早开发的煤炭资源,是旗境东北部的五家煤矿(今属赤峰市元宝山区)。据说早在 1784 年(乾隆四十九年),即有人开采煤窑,窑主 22 家,日产煤 90 吨左右。1816 年(嘉庆二十一年),有内地农民赵尉文携眷来到五家地方,以采挖煤炭为生。后来,因争夺矿区与人争斗致死。其家人进京告状,终于 1893 年得到清政府发给的"龙票"(特许执照),取得了矿山经营权。

当时,矿山分为前窑和后窑,有大小矿井 10 余眼。到 1912 年,煤矿生产进入全盛时期,日产煤 200 余吨,雇佣矿工 2 000 多人。②由于煤矿地权属喀喇沁右旗,清末民初时,该矿每年须向喀喇沁王府缴纳定额山租(山分银)400 银两,折合制钱 1 800 吊,由热河都统署征收后转交该旗。③

喀喇沁右旗东北部的十大分煤矿(今古山煤矿,属赤峰市平庄镇),开采始于 1901 年秋,民国初期的经营者为邢福中,每年亦须向该旗王府缴纳山分银 400 两。④

该旗西北境还有小牛犀煤矿。光绪末期,喀喇沁王贡桑诺尔布将该矿开采权授予汪殿英。该矿规模较小,民国初期仅有矿工数人进行开采。⑤

(2) 喀喇沁左旗境内的冰沟煤矿

冰沟煤矿位于卓索图盟喀喇沁左旗(今属辽宁省)公爷府以南,分布着许多矿区。约从 19 世纪末开始,即有人逐步开采。1906 年,天津人丁令得投入 50 万吊资金,购进一台抽水机,开挖广东窑及北岭窑等矿区,后因矿坑涌水严重,受到很大损失而中止。1912 年,凌源药王庙人张鳞书,以资金 15 万吊获得经营开采权,不久亦因矿坑

---

① 《呼伦贝尔志略》"物产·矿物";《呼伦贝尔盟志》(中),第 1145 页。
② 《赤峰市志》(上),第 943 页;《喀喇沁旗志》,第 404 页。
③ 汪国钧《蒙古纪闻》,第 39 页。
④ 《蒙古地志》中卷,第 766—767 页;汪国钧《蒙古纪闻》,第 39 页。
⑤ 《蒙古地志》中卷,第 760—761 页。

涌水而将经营权转让。

民国初期(约 1918 年前后),冰沟煤矿共有 6 个矿区(矿窑),除东沟窑、广东窑当时已停产休山,其他各窑均在生产。

北岭窑 本矿区土地属喀喇沁左旗公爷府人许长春所有,自 1906 年开始,先后有二三名经营者开采。1912 年,药王庙人张鳞书租借矿区,议定每产煤 100 斤,向许长春交纳租金 2 文(制钱)。同年夏,凌源县人华峻与其他 7 人合资组成矿务公司经营开采,华峻以百元一股的 20 股资金担任总办。开采的煤窑坑口共有 8 个。每个坑口小窑有矿工 7 人一组开采,共有矿工 56 人,另有把头 2 人监督管理。每个坑口日产煤 1 000 斤左右。包括块煤和粉(面)煤,年产量约 500 万斤。

上湾子窑 约 19 世纪末,有王品三等 6 人合资投入 2 000 元开始开采。民国初期,开采的坑口有五六个,矿工有 10 组,年产量约 1 000 万斤,每年收益 2 000 元以上。

下湾子窑 约 19 世纪末,由凌源人栾荣玉联合另 5 人合资,设立营业公司开始开采。民国初期,开采的坑口有 6 个,雇佣矿工 40 人,年产量约 500 万斤,每年收益约 4 000 元。

南台子窑 约 19 世纪末,由刘玉有、张连贵二人合资开采。民国初,上湾子窑经营者王品三亦投入资金,与刘玉有、张连贵组成义合成号煤窑,共有资本 1 800 元。本窑开采主要在冬季,雇有矿工 30 组 210 人。春夏两季因雨水多,只雇用 20 名左右矿工开采。年产量约 500 万斤。

冰沟煤矿的租税缴纳办法为:1906 年规定,每年向热河都统署上缴税金 3 000 两(5 400 银元)。后来改为每生产销售 100 斤块煤,征收税金 6 钱,其中 5 钱上缴热河,1 钱交付蒙古王府;每 100 斤粉煤,征收 4 钱,其中 3 钱交热河官署,1 钱交蒙古王府。

该矿煤炭质量优良,块煤约占三分之二,粉煤约占三分之一。民国初期,每年产煤共约 2 500 万斤,即 1.25 万吨,其中 40% 销售本地,60% 销售于附近的凌源、建昌、绥中等地。[①]

[①] 《蒙古地志》中卷,第 769—777 页。

（3）土默特左旗境内的新邱煤田和孙家湾煤矿

卓索图盟土默特左旗境内的新邱煤矿，位于清末新设阜新县城以东，即今辽宁省阜新煤矿。

1898 年，当时在土默特右旗王府属下黑山沟煤窑担任矿工工头的朝阳县人徐某，在新邱一带老君庙下山沟中发现了经山洪冲刷后露出的矿苗。同年 9 月，徐某招雇矿工 100 人，开始在老君庙附近挖掘三个矿洞，开采煤炭。由于矿洞漏水严重，加上矿工佣金较高，造成经济亏空，遂停止开采。

1903 年，新邱煤田的福增、宝成、隆兴、兴顺 4 个煤窑又相继被开采。1905 年 9 月，烟台煤矿的英国技师前来勘察煤田蕴藏状况。1907 年 5 月，京奉（今京沈）铁路公司决定直接经营该矿，着手修造矿井和试采，并拟修筑矿区至京奉线厉家窝铺车站的铁路，以便煤炭外运。经营一年半之后，由于铁路公司与技师之间的意见不一致，亏累损失约 40 万元资金，停止营业。其后，煤田各矿区矿窑遂由各矿商分别经营开采。

民国初期（1918 年前后），新邱煤田共有 9 个矿区，除宝成、福增矿区已停采，大成矿区尚未着手开采，正在产煤的有 6 个矿区 10 个煤窑（大窑）。其经营状况择要分述如下：

阜昌矿区　经营权所有者为朝阳人秦子由。下分大兴、振兴、富顺 3 个大窑。

大兴窑　原名德兴窑，1913 年 8 月开始开采，1915 年 7 月改称大兴窑。具体投资者为新立屯驻军第 28 师的定景山和阜新县人张勤，资本额约 2 万元。有矿工 10 组 120 人，产煤坑口 14 个，坑口井深 5~6.5 丈，所产块煤、粉煤各占一半，年产量 600 万斤，即 3 000 吨。

振兴窑　原名思成窑，1913 年 8 月开始开采，1915 年 8 月改称振兴窑。投资经营者为刘三，资本额 2 万元左右。有矿工 10 组 120 人，产煤坑口 15 个，井深 5~6 丈，年产量 800 万斤即 4 000 吨，块、粉煤各占一半。

富顺窑　1913 年开始开采，投资矿主为当地人赵品三，资金投入 4 000 元左右。有矿工 7 组 84 人，产煤坑口 13 个，井深 5~6 丈，年产量约 800 万斤即 4 000 吨，块、粉煤各半。

隆兴窑矿区福庆窑 1899 年 9 月,由营口人王章封、腾捷田出资开采,投入资金 8 万元。民国初期,经营权所有者为阜新人崔荣,有 3 个斜井、1 个竖井,矿工 130 人,日产煤 2 万斤。年产量约 1 200万斤即 6 000 吨,块、粉煤各占一半。本窑还有最初从营口购进的一台抽水机。

永顺窑矿区永顺窑 投资经营者为阜新人韩计周。1918 年前后有矿工 2 组 24 人,竖井 2 口,日产粉煤仅 5 000 斤,年产粉煤约 100 万斤即 500 吨。

恒元矿区恒元窑 投资经营者为黑山人张大荣。1905 年英国技师前来查勘后开始开采。民国初期有矿井(坑口)6 个,深 5~7丈,有矿工 8 组 96 人,年产煤约 600 万斤即 3 000 吨,块、粉煤各占一半。

兴顺窑矿区兴顺窑 投资经营者为齐文仲。有坑口 17 个,井深 5 丈左右。有矿工 8 组 96 人,年产粉煤约 300 万斤即 1 500 吨。

三义矿区 经营权所有者为朝阳人陪旱陈(?)。矿区有万成、成贵、永增等 3 个大窑,每个大窑各有矿工 8 组,年产量均在 400 万斤即 2 000 吨左右,块、面煤各占一半。

以上总计,新邱煤田民国初期(1918 年前后)的每年总产量约为 2.8 万吨,其中块煤 1.3 万吨,粉煤 1.5 万吨。当时,由于受到抚顺、开平两大煤矿的竞争压迫,其销路受到影响,主要消费市场为邻近的新立屯、广宁、清河门等地。[1]

1925 年,新邱煤田总产量为 10 775 吨,1930 年降至 9 984 吨。[2]

土默特左旗境内,在新邱煤田西南还有孙家湾煤矿(大范围仍属新邱煤田)。1915 年,朝阳人丁元会投资 8 万吊(制钱)开始开采。后来,其采矿权归属东北矿务总局,由同益昌和其他 4 个商号承揽,仍为土法开采。1925 年,该矿年产煤 2.3 万吨,1930 年产量为 2万吨。[3]

---

① 《蒙古地志》中卷,第 783—792 页。
② 《蒙古大观》"各论·满洲国属内蒙古·产业",日本东京改造社,1938 年。
③ 《蒙古地志》中卷,第 768 页;《蒙古大观》"各论·满洲国属内蒙古·产业"。

（4）土默特右旗境内的北票煤田

卓索图盟土默特右旗境内的北票煤田（今属辽宁省），最早开采于清朝末年，民国初期逐步兴盛。其主要煤矿有兴隆沟、大台吉营子、岳家沟、三义栈、尖山子等。

三义栈煤矿　1885 年由山西人王某开始开采。其后，又有桃（姚？）某接手继续开采，后因矿井积水而废弃。民国初期（1918 年前后），由刘某等合资投入 3 000 吊，雇矿工 50 人重新开采，亦因排水困难而中止。

岳家沟煤矿　1905 年开始开采，是当时朝阳县境内最大的煤矿。经营总办为阜新人丛燮，窑口有永聚窑、天兴窑、东兴窑。

兴隆沟煤矿　1912 年开始开采，矿主为董履恒，1918 年前后有 2 个窑口。

大台吉营子煤矿　1914 年 9 月开始开采，矿主为刘九曼。

尖山子煤矿　1914 年 9 月开始开采，由王海章等 4 人合资经营。①

约 1919 年以后，整个北票煤田改由官商合办的北票煤矿公司经营，其规模、产量有了很大发展。1925 年总产量为 406 527 吨，1930 年达到近 57 万吨，1931 年又达到 65.6 万吨。②

（5）卓索图、昭乌达两盟境内的其他煤矿

元宝山煤矿位于翁牛特右旗东部，今赤峰市元宝山区，是卓索图、昭乌达盟地区最早开发的煤炭资源。据传早在 1768 年（乾隆三十三年），有山东铁匠李某，在元宝山龙头山山沟中发现裸露煤层。其后，由当地人王某招雇 50 余农民开始开采。1855 年，李翰臣在元宝山矿区投资开办锦元窑，成为清末卓、昭两盟地区规模最大的煤矿。该矿资金总额 3.1 万银元，最高年产量 2.4 万吨，产值 13.47 万银元。民国初的 1913 年，由民国政府设立合资的煤局掌握开采权。

在元宝山（又称西元宝山）矿区以东，还有东元宝山煤矿（今大风水沟矿区），也是清末较大煤矿之一。民国前期（1918 年前后），

---

① 《蒙古地志》中卷，第 763—765、780 页。
② 《蒙古大观》"各论·满洲国属内蒙古·产业"。

矿主为毛树滋,雇佣矿工 20 余人进行开采。

至 1933 年赤峰沦陷之前,整个元宝山地区有民办煤窑 13 家。①

嘎岔煤矿位于土默特右旗境内,朝阳县城东南凤凰山麓。属新邱(阜新)大煤田的地质延伸部分。清光绪末期,由刘某开始经营开采,下分福增窑、裕德窑、麒麟山等煤窑。

福增窑 于 1914 年正月,由谭文林等二人出资 3 000 吊从刘某手中购得经营权,以 1 万资本合资开采。雇矿工 16 人,开有 3 个坑口。每年秋末至夏初开采,夏秋间休山。其租税额为,每产煤合金额 100 吊,向热河矿务局缴纳 15 吊;外运者一筐(约 100 斤)煤须向矿务局交付税金 6 文。矿区土地所有者,每年每亩(该矿区占地千亩)得"山租"15 吊。

裕德窑 民国初年由徐某经营,1914 年正月改由童修山、谭文林经营。投入资金 1 500 吊,雇矿工 20 人,日产煤约 3 000 斤。开采季节及租税额与福增窑相同。

麒麟山窑 1914 年起由马连山等 2 人经营开采。投入资金 2 000 吊,有坑口 3 个,深 5~7 丈。有矿工 10 人,日出煤 2 000 斤。其他与福增窑相同。②

此外,敖汉旗境内还有小扎兰营子煤矿及其附近的青隆沟煤矿。小扎兰营子煤矿 1910 年开始开采,民国初期的矿主为董某,投入资金 3 万吊。青隆沟煤矿 1914 年由张洪寿出资开采。

翁牛特右旗西南部还有柳条子沟、井子沟和黑山洼等煤矿。井子沟煤矿 1910 年冬由高某、冯某等 7 人合资开采。黑山洼矿 1912 年秋由王俊雇矿工 10 余人开始开采,半年后因资金缺乏而中止。③

(三) 盐碱资源开发

内蒙古高原分布着许多内陆河流、湖泊,有着极为丰富的盐碱资源。盐碱本为人们日常生活的必需品,它的采挖利用早已有之。

---

① 《赤峰市志》(上),第 943 页;《蒙古地志》中卷,第 755、767—768 页。
② 《蒙古地志》中卷,第 777—780 页。
③ 《蒙古地志》中卷,第 763、766、755—757 页。

近代以来,随着国内外局势的演变,内蒙古地区逐渐卷入商品的生产和流通市场,盐碱开采业也有迅速的发展,逐步转变为严格监管下的成规模生产和经营,有的还引进新式机器采用了近代生产方式。

1. 采盐业

（1）乌珠穆沁草原的达布逊诺尔盐池

达布逊诺尔又作大布苏淖尔,蒙古语意为盐湖、盐池,位于清代锡林郭勒盟乌珠穆沁右旗和浩济特左旗交界处（今属东乌珠穆沁旗境）,蒙古人又称为额吉淖尔,即母亲湖。湖泊周长 30 余里,涨水期可达五六十里。湖面西北较宽较深,东南较窄、较浅,所以采盐主要在东南。湖水中的盐分主要靠日光热力曝晒结晶而成盐块、盐粒,盐块大者可达几尺见方。而且盐粒随采随出,今日采捞若干车,明日结成如故,可谓取之不尽。如果终岁不捞,亦不见溢。"盐色明洁,有若水晶,味之鲜美,远胜海盐。"[1]

达布逊诺尔盐池的采盐季节为每年旧历三月至九月。如遇阴雨连绵,则产盐量减少。其采盐方法为,盐工（又称捞户）着皮裤或赤裸,以木斗入池中淘捞盐粒,或以铁铢、簸箕、筐。较大盐层、盐块,则须用斧头、镐头。然后,用木斗、筐,或手抬盐块,装入盐车。一般每人每天可采盐三至五车。运盐牛车,大车可载 8 石（每石 100 斤）,小车可载三五百斤。较大盐块,整装堆垒于车,用绳索固定。装载盐粒,则在车上围以柳条笼,或用皮革袋、毡袋盛装、堆垒。

盐池属乌珠穆沁右旗和浩济特左旗两旗所有,本旗人及寺院喇嘛可随意采挖、贩运,不交任何税课。禁止外旗人采挖,采盐者（捞户）多为本旗缺少或没有牲畜的贫民。每至采盐季节,盐工即在湖边草地搭建蒙古包居住。清末民初,每年多时有六七十户近 200 人,少时有 20 余户。

两旗在盐池均派驻管池收税官员。凡前来拉运的贩盐者,包括外旗蒙古人和后来的汉民,均须缴纳税课。其税额为,清末时每车

---

[1] 姚锡光《筹蒙刍议》"查覆东部内蒙古情形说帖""再上练兵处王大臣笺,光绪三十二年丙午闰四月",光绪戊申（1908 年）自刻本。

盐须交官费银 3 钱(上缴旗札萨克),每 10 车须向管池官员缴纳"车轴"银 1 钱。银钱,也可用布匹、米面、砖茶、烧酒等粮食、日用品价抵缴纳。民国初期,税则约为每车 4 钱(当包括上缴旗札萨克和管池官收纳者);给盐工的报酬约为每车 1 钱,仍多以布匹、粮食等折抵。

其产量,盛时每日进出牛车六七百辆。据清末亲往勘察者估算,每年外销盐约达 20 万车、100 万石。

其销路,除锡林郭勒盟各旗外,北路至外蒙古库伦及其以东地区;东路、南路覆盖整个哲里木、昭乌达、卓索图三盟及其新、旧开垦设治也即汉民涌入地区,及燕北长城口外;西南路覆盖察哈尔地区、口北三厅,并经张家口销入口内。达布逊诺尔蒙盐的贩运销售,成为清代特别是清末,热河、察哈尔地区清朝地方当局厘税征收的重要来源。约至清末的 1906 年,由于关内沿海海盐生产的迅速发展,和近代交通工具(如铁路)的出现,海盐开始涌出口外,内蒙古东南部沿边设治地区的市场多为海盐占据,达布逊诺尔蒙盐的销路也即产量始受到很大影响。[①]

至 1916 年,北京的民国政府为控制该盐池蒙盐的贩运销售,增加盐税收入,诱胁乌珠穆沁右旗和浩济特左旗与财政部盐务署签订了"蒙盐章程"。其要点有,除了蒙古人自采并自销于蒙旗境内,所产蒙盐均须交归口北蒙盐各局收买,不得交售于"他商";两旗蒙古人若运销蒙盐于察哈尔、热河辖区(当指设治汉民地区),须按本章程所定各地盐价,交售于向各地蒙盐局领取执照的盐坊商铺;汉人不得直接从盐池采挖运销,蒙古人也不得在运盐途中转售于汉人;两旗可在蒙盐各分局所在地派驻官员进行监督,并由蒙盐局支付蒙员薪酬、"食费";蒙盐局每年向两旗各交付(租税)银 6 000 两,每年 12 月盐务署交蒙藏院,由蒙藏院转付两旗。"章程"还对各收盐地点、盐价,盐秤度量标准等做了具体规定。

至 1918 年前后,达布逊诺尔盐池蒙盐的外销量,每年仍有约 10

---

① 姚锡光《筹蒙刍议》"查覆东部内蒙古情形说帖""再上练兵处王大臣笺,光绪三十二年丙午闰四月";《蒙古地志》中卷,第 951—963 页。

万车、四五千万斤。①

（2）阿拉善旗的盐业

内蒙古西陲的阿拉善额鲁特旗境内，在广袤的沙地上分布着许多盐池，天然盐资源十分丰富，是西北地区最著名的盐产地之一。清代以来，旗境各大盐池均由当地蒙古人自行采捞消费，或运至邻近汉地换取粮食和日用杂货。近代以来，随着内地局势变化和与内地社会经济交流的日益频繁和密切，池盐私贩入口愈来愈多。由于盐的产销一直是中国封建王朝严格控制监管的"专营"产业，所以各大盐池先后由邻省官设盐务机构承租经营，产销量也随之大增。其销路，除邻近的宁夏、甘肃、陕西、绥远，东至山西北部，东南可至河南、湖北。

阿拉善盐池，一般湖面为盐盖，厚约数寸至一尺，含有碱沙及其他杂质，不宜食用，盐盖下有一层泥土，其下即为厚数尺不等的盐块、盐汁。其开采方法为，用铁钻将上层盐盖打开，凿成一长方形盐畦，清除上部混沙，再用钻将盐层打碎，用耙摆洗后用长柄勺或漏勺捞到池中晾晒，晒干即凝结成纯盐。采捞季节，多在春三月至五月，秋八月至十月。夏季雨水侵入，不便工作，冬季天寒地冻，难以采捞。其运销主要是骆驼驮运，每驮约重二三百斤。其成盐周期，每个盐畦坑洞采完后，池水逐渐重新溢满，几年后即重又成盐。②

近代以来，阿拉善旗各大盐池的产销情况择要如下：

吉兰泰盐池位于旗境东北部，距旗府所在地定远营（今巴彦浩特）200 余里，东距黄河磴口约 240 里。为该旗第一大盐池，属札萨克亲王私有。该池盐盖厚约一尺或七八寸不等，盐层深约七八尺至一丈。③ 其规模化开采最早，1736 年（乾隆元年）的年产量即有7 000 吨以上。1805 年（嘉庆十年）年产量增至 1 万吨，1907 年（光

---

① 《蒙古地志》中卷，第 958—962 页。
② 马成浩《宁夏阿拉善旗各盐池概况》，原载《边疆通讯》1943 年第一卷第八、九期，引自《阿拉善盟史志资料选编》第一辑，阿拉善盟地方志编委会，1986 年。
③ 同上。

绪三十三年）达到 3.5 万吨。①

　　1902 年，曾有包头官盐店与札萨克王府商妥承租开采。1904 年，山西省晋北榷运局派员与王府签订承租合同，盐池改由晋北榷运局承租经营。每年向王府缴纳租银 3 000 两。1913 年，年租银增至 10 000 两。其后，由山西省署投资改为官督商运，因成效不好，几年后又将官本收回。1922 年，商户集股设立吉盐事务所，与旗王府签约运销。盐驼运至磴口，向晋北榷运局驻磴口税局完纳盐税，然后装船水运至包头，转销绥远和山西各地。②

　　民国时期，吉兰泰盐池每年招雇盐工多时 30 余人。盐工除甘肃民勤人和宁夏人，也有少数蒙古人。每人每天可采盐 20 余担（每担约 100 斤）。年产量，30 年代中期为 4 万~5 万担。③

　　察汉布鲁克盐池又简称察汉（罕、汗）池，是阿拉善旗第二大盐池，位于旗境南部，东北距定远营 200 余里，南距宁夏中卫（长城边口）200 余里，距甘肃一条山（长城边口）约 300 里。所产之盐，质佳味美，色微青，故名青盐。1858 年（咸丰八年），为禁止蒙汉私人随意开采贩运，阿拉善旗府将盐池改为官办，雇工采捞，招汉商领帖（清政府颁发的执照）承销，议定每年向旗府缴纳租课银 1.6 万两。当时，年产量可达 20 万担以上。④

　　1906 年旧历七月，甘肃全省厘税总局与阿拉善旗（由札萨克亲王多罗特色楞的"预保"子即预定王位继承人，贝子衔头等台吉塔旺布理甲拉出面代表）签订了承租察汉布鲁克盐池的合同。合同规定，每年须由蒙民驮盐共 6 万驮运交中卫和一条山督销局，厘税总局每年付给旗府租银 1 万两。如不足或超过 6 万驮，则按规定比例折扣或增加租银。旗府在盐池和中卫、一条山盐局均派驻官员督察，

①　《阿拉善左旗志》第 399 页，内蒙古教育出版社，2000 年。
②　陈国钧《西蒙阿拉善旗社会》"第九章盐产"（约成书于 1943—1944 年），引自《阿拉善盟旗志史料》，阿拉善盟政协，1987 年。
③　马成浩《宁夏阿拉善旗各盐池概况》。
④　陈国钧《西蒙阿拉善旗社会》"第九章盐产"；叶祖灏《宁夏纪要》（节录），《阿拉善盟史志资料选编》第三辑，阿拉善盟地方志编委会，1988 年，第 61—62 页。

其"口粮"银依例由盐局付给。如再有蒙民私采私运者，一经查获，督销局即会同蒙旗所派官员将盐没收并处以罚银。合同还对蒙驼运至中卫、一条山的"脚价"银做了明确规定，并称"必须用公平付足色现银，不可以米面布匹等物作价付之；收盐必须用官秤收之，勿须有欺哄蒙人等情。"合同为期3年，期满可续订。① 该盐池所销6万驮，按"中六条四，分冬七春三"驼运，即每年运交中卫局3.6万驮，运交一条山局2.4万驮。按每驮200斤估算，当时的年产销量为12万担即1 200万斤，6 000吨左右。②

入民国以后，该盐池继续由甘肃盐业机构承租经销。据1923年该旗札萨克亲王塔旺布理甲拉与花定榷运局签订的续租察汉布鲁克等盐池（与该旗其他9处盐池一并承租）合同，察汉布鲁克盐池"仍照旧议"以每年运销6万驮为准，年租金在（10处盐池）总额1.9万银两中仍占1万两。其运交办法，仍为"中六条四"和"冬七春三"，其他具体规定亦与清末合同基本一样。只是从合同有关条文中可知，当时允许"汉驼"至盐池承运，但蒙驼有"优先"权，汉驼为"帮运"补充。

1925年，即上述合同尚未到期（1923年订，为期3年），复有甘肃花定盐务收税局与阿拉善旗政务处订立了承租经销池盐的"临时办法"条款。"临时办法"除重申原定合同的基本规定，如察汉池等盐池的年租额与运盐定额仍照旧，等等之外，其变化有：汉驼径赴察汉等盐池运盐不再加以限制（所运驮数，仍计入该旗运销总数之内）；在中卫、一条山之外新增（?）了叶升堡（今宁夏青铜峡境内）盐税局；对蒙旗派驻各盐局的督察职员的职称、员数做了详细规定，将他们作为各盐局聘雇的职员发给"月支薪水"（由原定"口粮""薪炭"费改称?）。③

民国时期，旗府仍规定不准内地人入池采盐，盐工由旗府征派旗民以至各寺喇嘛。但由于应征蒙古人往往不敷定数，而且采盐量

① 《阿拉善盐池租赁合同与图说》，《阿拉善盟史志资料选编》第四辑，阿拉善盟地方志编委会，1989年。
② 叶祖灏《宁夏纪要》（节录）。
③ 《阿拉善盐池租赁合同与图说》，《阿拉善盟史志资料选编》第四辑。

也难以达到定额,遂开始招雇大批内地汉民为盐工。盐工数量,平常约有七八十人,有时多至一百七八十人。①

同湖盐池又作通湖,位于察汉布鲁克盐池以南,南距宁夏中卫约 60 里。池盐色白,故又称白盐。

1908 年,由甘肃全省统捐总局与阿拉善旗札萨克亲王之"预保子"塔旺布理甲拉签订合同,承租经销,年租银 500 两。

民国以后,与察汉布鲁克及其他 8 处(共 10 处)盐池一并由甘肃省花定榷运局承租经销。1925 年,复一同改由花定盐务收税局承租。30 年代,年产销量曾达 5 万担,即 500 万斤、2 500 吨。盐工均为宁夏中卫和甘肃民勤人。唯与该旗其他盐池不同的是,驮运全用毛驴。②

和屯盐池位于定远营西北 200 余里。池盐色青微红,故名红盐。该池产盐颇丰,盐质优美,为阿拉善旗第三大著名盐池。

民国时期,和屯盐池有盐工平常四五十人,多时百余人,除甘肃民勤人和宁夏人外,还有山西人。盐工每人每日约可捞盐 20 余担。

其销路,主要是用骆驼运至宁夏叶升堡。年产量,30 年代约在 3 万~5 万担之间。③

雅布赖盐池位于阿拉善旗西南部(今属阿拉善右旗),南距甘肃民勤 200 余里。该池所产青盐,质味俱佳,产量亦甚丰富,并且全年均可采捞,为阿拉善旗第四著名盐池。

1908 年,甘肃全省统捐总局与该旗塔旺布理甲拉签订合同,将和屯池及雅布赖、昭化寺等共 8 处盐池一并承租经销,年租银合共3 000 两。民国以后,此 8 处盐池复与察汉布鲁克、同湖盐池一起,由甘肃省花定榷运局承租。1925 年,复一同改由花定盐务收税局承租。

民国时期,该池有盐工平时四五十人,多时七八十人,主要是甘肃人。其销路,主要为甘肃凉州(今武威)、兰州,及陇东、汉中地区。年产量,30 年代约六七万担。④

---

① 马成浩《宁夏阿拉善旗各盐池概况》。
② 马成浩《宁夏阿拉善旅各盐池概况》;《阿拉善盐池租赁合同与图说》。
③ 马成浩《宁夏阿拉善旅各盐池概况》;《阿拉善盐池租赁合同与图说》。
④ 同上。

昭化寺盐池又作昭化池,位于察汉布鲁克盐池东南,同湖盐池以北。所产盐色红,故有称红盐池,为阿拉善旗第五大产盐地。

民国时期,该地盐工在采捞时分甲、乙两班,每班各40人,轮流采捞。每人每天可采六七担,30年代年产量二三万担上下。唯其运销工具全用毛驴。①

（3）内蒙古东北部的盐业

珠尔博特盐池,又作绰尔卜特达布苏泊,位于海拉尔西南300余里(约今新巴尔虎左旗境内)。盐湖周长约10里,形似三角。每年春夏之交,微雨初晴后,有风则盐现湖面。至旧历七月末降霜后,即不再见盐。

20世纪初中东铁路通车后,俄人即垂涎该盐池,曾一再提出要"代办"经营。1905年,经呼伦贝尔副都统苏那穆策麟提出,由官府承办。凡采盐者均须"领票交课",并由官署定价收购经销。采盐者每百斤交课税制钱75文;买盐运销者每百斤纳捐税150文,任其外运,不再重征。1906年后,因日俄战争后日俄双方签订协约,海盐遂沿铁路进入呼伦贝尔地区市场。珠尔博特池盐因官府定价及运费过高,无法与海盐竞争,一度停止采捞。1908年,海拉尔汉商张腾甲集资6 000元承包经营,恢复采捞。

因该池产盐粒细色白,俄人"最喜购买"。其盐运至海拉尔城,每百斤售价可至卢布一元二三角。清末,出盐时盐工约有100人左右,每人每日可采捞400斤。按每年春夏采捞4个月估算,年产量可达四五百万斤。入民国后,该池产盐渐趋衰落。②

白音诺尔盐池又作巴彦察干泡。位于珠尔博特盐池以东,北距海拉尔360里。原为蒙古人自采、经销。1920年呼伦贝尔取消"自治(特别区域)"以后,由黑龙江省广信公司(驻海拉尔机构)接管经营。当时年产约4 000余袋,销售2 000余袋。其销路,西至满洲里,东至扎兰屯,即中东铁路所经呼伦贝尔全境。③

---

① 马成浩《宁夏阿拉善旗各盐池概况》;《阿拉善盐池租赁合同与图说》。
② 《东三省政略》卷一《边务·呼伦贝尔篇》;《黑龙江志稿》卷一六《物产志·矿物》。
③ 《呼伦贝尔志略》"物产·盐碱"。

当那屯盐池又作蹈奈屯盐池、安达盐场,位于哲里木盟杜尔伯特旗(今属黑龙江省)东部。该池盐历来由本旗蒙古人自采自用。1906年,在该旗大规模放垦过程中,由垦务局丈量出放,年产量可达三四十万斤。1917年,黑龙江商人王毓文出资10万元成立股份公司,将当那屯盐池与邻近的扎赉特旗大赉西泡子盐池一并承领经营。①

2. 天然碱的开采和加工

(1) 鄂托克旗的天然碱开采

伊克昭盟鄂托克旗境内分布着许多碱水湖,天然碱资源极为丰富,近代以来持续得到开发利用,至今尤为内蒙古著名的化学工业原料生产基地。

察汗诺尔碱湖位于旗札萨克府以东约30里(今该旗察汗淖尔苏木),西北距黄河边磴口约240里。清末光绪年间,宁夏商人郑万福向鄂托克旗承租了察汗淖尔、纳林淖尔碱湖,成立大兴碱业股份有限公司经营开采。其中,察汗淖尔年租金3 000元,年产碱量约50万公斤。后来,大兴公司又从旗府获得哈玛日格太(旗王府以东约15里)碱湖开采权。大兴公司的经营开采额,曾达到年产天然碱175万公斤即1 750吨,碱碗104万公斤即1 040吨,年获销售收入4万余元,纯利润约17 000元。②

纳林淖尔碱湖位于旗府以东约80里,察汗淖尔东北约50里(今察汗淖尔苏木境内)。清末光绪年间,由宁夏商人郑万福的大兴碱业股份有限公司,将纳林淖尔与察汗淖尔碱湖一起承租开采。纳林淖尔年租金1 000元,年产碱约5万公斤。③

巴音淖尔碱湖位于纳林淖尔东北约40里(今巴音淖尔乡)。清末民初,鄂托克旗札萨克常去北京值清廷"年班"或游玩,常住食宿

① 《蒙古地志》中卷,第950—951页。参见《黑龙江志稿》卷一六《物产志·矿物》。

② 刘治邦《察汗淖尔碱矿的开采发展史》,《鄂托克旗文史资料》第一辑,鄂托克旗政协;《鄂托克旗志》,内蒙古人民出版社,1993年,第385页;《伊克昭盟志》第三册,现代出版社,1996年,第108页。

③ 《鄂托克旗志》,第385页。

于山东商人郭祖庭（又作郭永熙）经营的米面庄。年复一年，欠债甚多。为偿还债务，旗札萨克贝勒噶勒藏罗勒玛旺扎勒扎木素于 1919 年立约，将巴音淖尔碱湖承租给郭祖庭，年租 1 000 元，租期 30 年。郭祖庭遂成立天聚泉商号经营开采，年产碱碗约 50 万公斤。①

此外，察汗淖尔、巴音淖尔碱湖，均为盐碱共生矿。民国时期，这些碱湖亦以盛产盐闻名。②

（2）科左中旗的玻璃山碱场

玻璃山碱场位于哲里木盟科尔沁左翼中旗（俗称达尔罕旗）境内，西辽河东岸、玻璃山以西一带低洼地带，东距郑家屯（今吉林省双辽市）约 180 里左右，属该旗闲散温都尔郡王（民国初晋封亲王）领地。碱场内有乃门塔拉、十家子、苏通、波拉嘎吐等大小碱泡数十个，分布在东西 30 余里、南北 140 里的地域内。区域内还有淡水池泡 30 余个，盛产鱼类。

约清末民初，郑家屯鱼碱公司从温都尔王承租了玻璃山碱场的碱泡、淡水池，经营采碱和捕鱼业。其中，碱场年租金 2 000 元。

碱场采碱主要在春秋二季，春季解冻后至雨季之前为前期，秋九月至结冰之前为后期。鱼碱公司在碱场开设 7 个碱锅，前期所采碱制成砖碱，后期所采加工成面碱。1917 年，生产砖碱约 160 万斤即 800 吨，面碱约 300 万斤即 1 500 吨。③

（3）郭尔罗斯前旗的大布苏淖尔碱泡

大布苏淖尔碱泡位于哲里木盟郭尔罗斯前旗西部，东距旗札萨克府（今吉林省前郭尔罗斯自治县哈拉毛都乡）约 200 里，东南距长春 300 里，西北距清末新设洮南府治（今吉林省洮南市）170 里。碱泡南北长 30 里，东西宽 15 里，周长约 80 里。其出碱季节为，阴历十一月至翌年一月严冬结冰期，水中的碱分涌出冰面凝固为结晶体，出碱少时碱层约一寸左右，出碱多时（约五年一次）碱层厚至五六

---

① 张兴斋忆《我所知道的巴彦淖尔碱湖开采史》，《鄂托克旗文史资料》第一辑；《鄂托克旗志》，第 385 页。
② 《伊克昭盟志》（1942 年）"第三章　伊盟地理与物产"，引自《鄂尔多斯史志研究文稿》第三册，伊克昭盟地方志编委会，1985 年。
③ 《蒙古地志》中卷，第 966—967、974—975 页。

寸。毗连碱泡地带,隆冬季节旱地亦结一层冰碱土。当地蒙古人将冰碱土煎熬滤净,即成灰色碱料,以供饮食日用。

1906 年,北京董姓商人以同郭尔罗斯前旗札萨克辅国公齐默特色木丕勒(汉名齐克庄)合资经营名义,筹集巨额资本成立了长春天惠造碱实业公司,上报清朝农工商部注册立案,承租经营大布苏淖尔一带碱的开采加工和土地开发。承租契约规定,每至冰碱出产年(即碱层五六寸厚之年),向王府交纳租金 20 块元宝(约合银 1 000两)。公司开办之初,主要经营土地垦殖。约于 1909—1910 年间,聘请化学专家,于隆冬时雇用工人一千数百名,修建 5 座碱锅,采取碱土,以土法煎熬加工,结成碱料后装袋外运销售。每袋 220 斤,年产约 1 万余袋。

其后,由于土法加工成本高,碱料质量差,难以同当时已入境畅销的英美产品相竞争,天惠公司又购办大小机器,改建近代化工厂,以化学成分用机器制造,使所产碱料由坚硬变为纯净,颜色由灰变白,产量及售价亦随之大为增长。民国时期,盛时每年雇工 2 000人,年产量达到 10 万余袋,即 1.1 万吨以上。[①]

(4) 碱的加工和外销

晚清以降,散布于内蒙古各地的许多碱泡碱湖都得到开采利用和加工、外销。除上列各旗的较大碱泡开发之外,内蒙古东部地区较知名的还有:扎赉特旗境大赉(今吉林省大安)以南的 1 处碱泡,有碱锅 3 座;泰来气(今黑龙江省泰来县)附近的 1 处碱泡,光绪末年有碱锅 3 所。杜尔伯特旗境内有碱泡约 20 处,相应的碱锅亦有20 余处,其中较著名的是萨尔图(今黑龙江大庆市萨尔图区)、小蒿子碱场。

内蒙古地区的天然碱加工,除上述天惠公司等个别使用新式机器的近代性企业,仍是传统"土法"加工。在哲里木盟地区,土法加工又可分为蒙古人砖碱制法、汉人砖碱制法和面碱制法。

蒙古人的砖碱制造方法为,修一个四五尺深的壕渠,上面固定

---

① 彭泽益《中国近代手工业史资料》第二卷,中华书局,1962 年,第 388—389页;《蒙古地志》中卷,第 966、971—973 页。

横放数条木棍,然后将盛碱料(碱土)的柳条制大笊篱置于其上,用水冲涮。随水冲走的碱土,再从壕渠中捞出放进笊篱中冲涮。如此反复冲涮三四次,使其成为浓厚的泥状,然后将其放入类似制造砖瓦的木模中,经晾晒固结成碱块,即砖碱。约100斤碱土,可制成七八块碱砖,每块约重5斤。这种方法制成的砖碱,呈黑褐色,因其主要使用于染房(染缸),也称为缸碱。

汉人制砖碱的方法较为复杂和"先进",其质量也比蒙古人的砖碱优良。其制造作坊称为碱锅。每座(户)碱锅约有工人40~60人。采碱季节,工人们先至碱泡碱场扫集碱土,在碱场旁边堆成一座座约重一二千斤的碱土堆,然后用车运至碱锅旁。每个工人每天一般可采碱土数百斤,碱产(从碱泡中涌出)旺盛时可采1500斤。碱锅的制作场所(设备)和方法为,在露天修建一座长形火灶,其上依序排列置放3口大铁锅,每口铁锅直径4尺,深2尺5寸,厚1寸。火灶旁修建清洗池和贮池。先将碱土放入清洗池中,加水搅拌冲洗后存入贮池,再用长柄勺将贮池中积淀的碱渣捞至铁锅中煎熬。碱渣依序经第一、第二、第三口铁锅的煎熬搅拌,充分溶解至水分完全挥发,成为泥状固体后捞出放入木模中,最后凝结成碱砖。按照这种方法制造碱砖,约30斤原料碱土可制成成品10斤。

制作面碱的也是汉人碱锅。其制造程序首先也是经过清洗池、贮池工序后放入大铁锅煎熬搅拌,只是煎熬次数增加到5~6次,即须5~6个大铁锅,使碱浆更为纯净浓厚。然后,将大铁锅中的碱浆放入数个直径2尺余、深8寸许的小铁锅,将小铁锅倾斜放在干燥池,使碱浆上部的稀薄部分流入干燥池。留在小铁锅中的浓浆,约三天后凝为结晶体,然后用温水将锅壁的黏着部分溶解,将碱坨块从锅中取出,即成为锅状的黄褐色精制面碱块。这种面碱块又称盒碱,将两块半圆球状盒碱扣合在一起,装入草袋中搬运外销。一块盒碱约60~90斤,合在一起的一对即重120~180斤。这种制作方法,每100斤碱土原料可制出盒碱40斤左右。每座碱锅,每日可制出40~50个盒碱,即约2 400~4 500斤面碱。①

---

① 《蒙古地志》中卷,第975—981页。

清末民初,随着商品流通市场的逐步打通,内蒙古各地的碱产品也开始中经商品集散城镇,大批量外销。1917 年,经郑家屯外销的砖碱约 390.5 万斤即 1 952.5 吨,面碱约 154.6 万斤即 773 吨;经赤峰销售的砖碱约 25 万斤即 125 吨,面碱约 80 万斤即 400 吨;经小库伦(今通辽市库伦旗)外销的砖碱约 25 万斤即 125 吨,面碱约 85 万斤即 425 吨;经新民屯(今辽宁新民)外销的面碱约 600 万斤即 3 000吨。以上各城镇售出的碱制品,主要销往东北南部和热河(今河北省东北部)各地。内蒙古中部察哈尔、锡林郭勒盟各旗境内的天然碱产品,主要通过张家口汇集、加工(有大型制碱公司)后外销。1917 年的销售额约 1 000 万斤即 5 000 吨,其中约 90%销往北京、天津,10%销售于张家口附近。[1] 而郭尔罗斯前旗天惠公司的机器精加工产品,则可远销至江苏、浙江和日本。[2]

(四) 城镇手工作坊

至 19 世纪中叶即清代前期以前,生活在内蒙古地区的蒙古人和沿边地区的汉族农民,其经济生产和生活方式,仍主要是自然经济状态。他们日常所需的吃、穿,生产和生活的必备器具,除个别种类须从内地输入,基本上由农牧民自己或农村、牧区的个体手工匠人加工制作(这里也包含蒙古札萨克王府和寺庙的手工匠人)。作为商品制作的畜产品和农产品的成规模加工,主要集中在城镇的各种手工作坊。

近代以来,随着内外商品市场的打通,农畜产商品率的提高,特别是大量汉民涌入之后,这里的市场需求也急剧扩大,使得内蒙古地区的各种商品加工有了迅速的发展。这种加工制造业的发展,"量"的方面主要体现在农畜产加工的数量、规模和集中产地(城镇)的增加和扩大;"质"的方面主要体现在加工技术的复杂和提高,产品种类的增加,专业分工的细化(如出现专门的碾房、烧锅、粉房等等),以及新的生产工具(机器)和经营方式的引进。归纳其特点:

---

① 《蒙古地志》中卷,第 982—985 页。
② 《中国近代手工业史资料》第二卷,第 389 页。

一是由于近代以来内蒙古地区社会经济发展仍较缓慢和落后，直到20世纪20年代末，具有近代意义的采用新式机器和经营方式的企业仍寥寥无几，也即农畜产商品的加工制造业仍主要是手工作坊。二是加工制造业仍主要集中在由军政体制、地方行政管辖建置形成的城镇。这些城镇，在内蒙古西部的绥远城将军统辖区（民国以后的绥远特别区、绥远省），主要是原已形成，近代以来又有很大发展的归化城（这里包括绥远新城）、包头以及丰镇、萨拉齐等；在察哈尔都统辖区（民国以后的察哈尔特别区、察哈尔省），由于最大的行政中心和工商业通衢是邻近的张家口，蒙古草原腹地只有多伦诺尔；在内蒙古东部热河都统所辖的卓索图、昭乌达盟地区（民国以后划属热河特别区、热河省），主要是原已形成的赤峰、朝阳、经棚、平泉等地，和清末形成的林西、小库伦等城；哲里木盟和呼伦贝尔地区，则主要是清末大规模放垦蒙地及中东铁路通车以来形成的洮南、郑家屯、农安、通辽和海拉尔、满洲里等城。

1. 畜产品加工业

近代内蒙古地区的畜产品加工业，主要是畜皮和畜毛的加工，如畜皮经鞣制成皮革，再加工成皮革制品，或将带毛羊皮（白皮）直接加工制作成穿用品；畜毛则主要是加工织作为各种毡、毯、布制品。由于内蒙古东西绵长，各地的社会经济生活特点不尽相同，畜产加工品的贩路和消费用途存在差异，畜产加工业的经营、制作者也来自内地不同的省份，使得内蒙古东、西部各地畜产加工业的制作方法、产品种类及行业称谓也不尽相同、各有特点。

（1）归化城（呼和浩特）的畜产品加工业

皮革业

1893年，俄国著名旅行家、蒙古学学者波兹德涅耶夫来到内蒙古游历，曾详细考察了归化城的工商业状况。据他的记述，除了经销赶往内地的牲畜外，归化城本身每年购买和消费的羊不下20万只，牛近4万头。从这些牛羊身上剥下的皮几乎不往外运，而是就地在呼和浩特城北和城西的皮革厂（作坊）加工。当时，这种大小作坊共约35家。他参观了其中的3家作坊之后称："所有这些工厂的鞣革槽都是在地面挖坑，用砖砌成的。皮上的毛用石灰去除，而不是用灰烬去除；为了使皮子柔软，在鞣制时放少量的面粉和碱（完全不用鞣料），然后把皮革放一段时间，等到碱从皮革里渗出来以后，皮革就变白了。呼和浩特制作的皮革只有白色和棕褐色的，这里根本看不到其他颜色的皮革。"①

按照波兹德涅耶夫的记述推算，当时归化城每年加工鞣制的牛皮，约近 4 万张。由于一些羊皮会被带毛加工成白皮制品，鞣制加工的羊皮则少于 20 万张。

白皮行 归化城的白皮行，早在清乾隆以前即已出现，经营者主要是山西交城、定襄等地人，后来又有山西大同人和河北人。白皮作坊一般于头一年夏秋间收购羊皮，次年春开始加工。按照习惯形成的行规，每年必须在阴历二月初二日开工。首先是洗皮，最初须经过 12 道工序，即濛皮、用鞭杆打、竹板抽，剪刀剪，均反复 3 次，然后用小车推到城西的札达海河洗皮。谷雨节气（公历 4 月 20 日左右）以后，开始"安缸"，把洗好的皮子先用火硝熟 5 天，然后铲除肉渣，再用糜米稀粥泡 10~17 天（根据气候决定）。捞出晒干、濛湿以后，再铲一次，才拿去上案裁缝制作成品。其产品主要是皮裤、皮袄、皮褥子、皮坎肩等。

约 1900 年以后，随着天津等地的洋行来到归化城，畜产销路进一步扩展，这里的白皮行进入了极盛时期。这一时期，归化城立字号的白皮作坊有 80 多家，三五人合伙的小皮坊不下 200 家，从事这一行生产的约有 4 000 多名工人。其中，经营最久、规模最大、资金最盈实的老字号，有山西交城人开设的晋盛显、永和盛，山西定襄人开设的三盛永、元盛祥，河北人开设的春永泰，大同人开设的德和永、聚和昌等。仅永和盛一家，每年购进加工的羊皮，即达 12 000 多张。此外，还有一个由两名河北人开办的"工艺局"，专门给洋行做山羊皮皮褥子，经常有 100 多工人操作。但为时不久，因洋行不再订货而停办。

春永泰、德和永、聚和昌等专做山羊皮的作坊，后来又学会了制

---

① 〔俄〕波兹德涅耶夫《蒙古及蒙古人》第二卷，内蒙古人民出版社汉译本，1983 年，第 99—100 页。

作粉皮，即用化学药品泡制的去毛的山羊皮板子，制成品有粉皮裤、粉皮坎肩等。归化城的粉皮板子，还远销北京、天津、上海等地，成为女式皮大衣的原料。①

黑皮行 归化城的黑皮行最早出现在清乾隆年间，其中又分专做蒙古靴用皮的黑行和专做车马挽具的"皮条杆上"即挽具行。其原料，主要是牛皮、马皮，也有少量用驼皮、驴皮。黑行的产品主要是制靴鞋用的股子皮，装饰蒙古靴的散子皮，也生产制造蒙古靴和股子皮的半成品。这些半成品又运往河北束鹿加工。束鹿县的新集镇是我国北方皮革生产和集散中心，所以归化城的黑皮行多被束鹿人把持，经束鹿新集镇再加工的皮革制品据说誉满全国，远销海外。"皮条杆上"即挽具行，主要生产各种车辆和农具上用的皮带、缰绳。

约至清朝末年，归化城的黑皮行有字号名称的有四五十家，其中设有门市的挽具行约有十几家。最老的黑皮坊是万春长，规模最大的是四合义。由于黑皮行设备简单，容易单干，三五人合伙的作坊数量更多。当时，从事黑皮生产的工人经常有 500 人左右，每年生产的黑皮产品达 6 万多张。②

香皮行 香皮行是从黑皮行分支出来的一个新行业。因为它首先制作的是香皮，所以简称香行。以后又制作红色的花旗底皮，为了与白皮坊、黑皮坊相区别，在皮革行业中又称为红行（红皮坊）。香皮行的"新"，在于学会、引进了利用化学药品和简单机器制作，即用木制带铜辐的压绞机，用栲胶水等鞣制香牛皮。

黑皮行改香行也是从河北束鹿县人开始的。约民国初的 1913 年前后，他们先从海拉尔的俄国人手里学会制香皮的手艺，以后又在天津学会皮鞋用革的手艺。最早开始制造香皮的黑皮行字号是双盛永、义和昌、公义德三家。

香牛皮制成的靴子深受蒙古牧民的欢迎，加上京绥铁路通车后

---

① 刘映元《归化城皮毛行业的兴衰》，《呼和浩特文史资料》第十辑，呼和浩特市政协编印，1995 年。

② 同上。

归化城又出现了一些时新皮鞋店和为军需服务的军衣庄,大大刺激了此地香皮业的发展。香行除了制作香牛皮、红蓝底皮,还能制造皮鞋用的面皮、油皮、黑子皮,以及军衣庄用的军装皮和皮箱皮。因而黑行改香行的买卖作坊日益增多,开始出现放弃黑行专营香行的字号。规模较大的香行有双盛永、双德永、福义德、盛记、义记等,每家经常操作的不下十几个工人。个人单干的、三五成伙的小作坊则不计其数。其中的福义德香行,从1917年开始制作香牛皮,到1925年就成了一个能制作各种新产品的作坊,平均每天下缸20张牛皮,一年能出成品2 000张。①

蒙古靴业

归化城的蒙古靴制作业也久负盛名。蒙古皮靴通常是用牛皮或马皮制成。其原料皮,多从本地黑皮坊、红(蓝)皮坊购进。靴筒料称作花皮,皮面由人工制成花纹,刷上黑煤烟后再用发酵的羊油、牛油、植物油烤搓均匀,花纹、色泽经久不褪,但制作十分复杂。民国初当地开始生产香牛皮后,才多改用香皮作靴筒料。靴底革,则是将皮原料于三伏天用桐油浸泡后纳制,所以经久耐磨。

归化城最早的蒙古靴作坊(字号),是清初康熙年间开业的永德魁。规模较大的元升永,是山西祁县人于道光六年(1826年)前后创办的。到1926年时,已有蒙古靴作坊十几家,从业人员每家多则40来人,少则五六人,共约300人。其中著名的"蒙靴七大号"为永德魁、元升永、义生泰、长义永、兴盛永、泰和德及元和德。元升永当时有从业人员50人左右,年产蒙古靴约5 000双。"七大号"都有门市和柜台,后面是作坊,长年生产、销售。有的字号门市不常开,主要靠雇用驼队成批向外发运,称作"暗房子买卖"。

归化城所产蒙古靴的式样,是按消费地区分类,各不完全相同的。如销往四子王旗一带的产品,男靴称点勒半,女靴叫五步元,童靴称八宝。销往达尔罕旗、茂明安旗一带的产品,男靴称将军式,女式为皂靴,童靴称一码三尖。销往阿拉善、额济纳旗一带的,通称纳

---

① 刘映元《归化城皮毛行业的兴衰》;新计照《呼和浩特民族用品制造业梗概》,《呼和浩特文史资料》第七辑,呼和浩特市政协编印,1989年。

木尔靴，又叫大搬尖。销往外蒙古库伦一带的靴子，肥而且大，也称将军式，又叫哈拉罕靴。各地的蒙古靴，形制虽然各有差异，大体样式毕竟基本相同，但是却并不相互穿用。如将销往四子王旗的蒙靴，拿到达茂旗去，是一双也卖不了的。

由于外蒙古地区是归化城蒙靴的重要销售市场，上述"七大号"均在库伦设有分号（门市部），自己雇用驼队把蒙古靴及其他物品运去销售，回来时再捎回皮张、药材等，扩大业务范围多盈利。其中，元升永派驻库伦的经营人员有十来名，包括掌柜一律不准带家眷，两年回家一次。[①]

毛毡业

归化城毡制品业据传也始于清朝康熙年间。清末，归化城有毡坊30多家，极盛时达到50多家。毡制品的生产作坊可分为两种类型或行当，一种以制作毡帽、毡靴为主，一种以制作毛毡、绒毡等民（家）用毡为主。

生产毡子、毡帽、毡靴所用的原料均系羊毛。有的作坊从本城皮毛店购进，有的则是派人到附近郊区、土默特旗及武川一带收购。春季称抓毛、茬毛、羔毛，秋季称剪秋毛、山羊绒。收购各种羊毛并不实际过秤，而是按成羊、羔羊估计产毛重量后估价，称作"估羊"。

1927年时，归化城有生产毡帽、毡靴（毛靴）的作坊不到10家，从业人员多则每家60来人，少则五六人，共有约200人。主要作坊（字号）有允和成、新和成、泰记、福成元等，其中犹以设在大西街的允和成（又作永和成）最为著名。允和成由山西祁县人（一说太原府人）始建于康熙中叶（一说为嘉庆中叶），1927年时的掌柜为山西忻州人姜礼（又作蒋礼）等人，从业人员有70名左右。除制作一般毡帽、毡靴、咯噔（高腰靴）之外，还制作黄色童子帽、红绿色小礼帽，销往新疆的大帽，以及土耳其式和英式毡帽。每年可生产毡帽约2万~3万顶，毡靴（毛靴）几千至上万双。销往新疆等地的大帽，由骆驼驮运，每峰骆驼一次可载一担即2 000顶。

---

① 新计照《呼和浩特民族用品制造业梗概》。参阅刘映元《归化城皮毛行业的兴衰》。

1925 年时,归化城有以制作民用毡为主的作坊不到 10 家,从业人员每家多则 40 来人,少则 10 来人,共 150 人左右。每年制毡总计约 400 平方丈。主要字号有天元成、天和庆、德盛茂、天和公、福聚成等,尤以坐落在小南街的天元成最为著名。天元成作坊始建于清道光十三年(1833 年)前后,由归化城著名的旅蒙商(又俗称通事行)三大号之一天义德创办,1925 年时有从业人员 40 名左右。天元成每年收购羊毛 8 000 斤左右,春秋毛各占一半。春毛中的约 2 000 斤转售给其他商号、洋行,从中牟利。自用部分,主要制成春毛毡、秋毛毡及山羊绒毡(毯)销售。毛毡规格,从 2 尺宽、4 尺长,到 5.5 尺宽、11 尺长不等,有十几种。此外,还生产保护马脊用的马鞍屉;供牧羊人、牧马人和车倌防雨用的防雨毡(俗称雨簸箕)和毡雨衣(宿称雨马褂),以及毡袜子等。

清代和民初,内蒙古和大西北的交通工具主要靠骆驼和马。归化城的各种旅蒙商号,贩运货物到外蒙古和宁夏、甘肃、新疆等地全靠骆驼驮运。所以,归化城的天元成等毡坊,还制作包毡(每块规格 4.5 尺宽、6.5 尺长)和苫毡(每块 4.3 尺宽、7 尺长),用于驮运怕潮湿物品时遮盖防雨。归化城一些主要驼商、货栈,往往每次就从天元成毡坊定购这种毛毡、苫毡大几百块。①

此外,清朝末期,归化城还出产被称为“马衣”的牛毛毡,主要用于长途驮运货物的包装。据波兹德涅耶夫记述,1893 年的归化城共有制作马衣的家庭式作坊约二三十家,每家有几名至多 10 名帮工。制作马衣用的毛毡,原料是归化城皮革作坊制革时去除的牛毛,有时也掺一些驼毛和羊毛下脚料。马衣毛毡一般分为三等。最差的一种织得相当稀松,幅宽 1 尺 1 寸,制成 5 尺长的马衣,主要是销往张家口,供俄商或旅蒙商包装运往外蒙古和恰克图的茶叶。二等马衣毡幅宽 1 尺 3 寸,因为毡面上有 10 种不同的颜色,叫作十样锦,裁作成各种尺寸,主要供本城的商户和家庭使用。一等马衣毡幅宽也是 1 尺 3 寸,织工最为紧密,全都染成深棕色,称为金相玉。它被裁

① 新计照《呼和浩特民族用品制造业梗概》。参阅刘映元《归化城皮毛行业的兴衰》。

成 6 尺长,缝成 3 幅宽,主要是供包装驮运至西北、新疆地区的货物。一等马衣的产量较少,每年的销售量不超过 1 000 条。①

制作马衣的家庭毡坊,把织好的单幅毛毡整幅出售给专门卖马衣的店铺,再由店铺裁、缝成各种规格出售。1893 年时,归化城出售马衣的店铺主要有四家:义兴魁,年销售量约 9 000 条;德盛长,年销量约 3 000 条;永盛长,年销量约 2 000 条;永长成,年销量也是 2 000 条左右。其中,前三家主要和张家口客商做生意,永长成只在归化城做生意。据波兹德涅耶夫访谈记述,当时的归化城,由于毛的原料不足,加上制作马衣毡的匠人逐年大为减少,已很难制出更多的马衣了。②

地毯业

归化城的地毯业,约始建于清末。据传,编织地毯的技艺源自新疆,是由河北束鹿和宁夏的匠人师傅带来的。

1926 年左右,归化城有地毯作坊十几家,主要有大有恒、隆和泰、永顺祥、同德会、兴兴久等字号。从业人员每家多则 100 人,少则 10 来人,共有 300 人左右。所制地毯,按照用途可分为地、炕(床)两种。当时的年产量,约共 3 000 平方米。③

(2) 包头的畜产加工业

皮革业

白皮房,是以羊皮为主要原料,熟皮和制作皮袄、皮裤、皮褥等成品的作坊,还制作少量的狐、狼、狗皮的皮衣或褥子。一般是春天泡皮,夏天制作,冬天出售。

包头的白皮房清前期已出现,乾隆年间就有了同行业社会组织(同业公会)威镇社,每年旧历三月十八日在关帝庙集会。1930 年代初,包头的大小白皮房有 19 家,至 30 年代中期已有 60 多家,从业人员 400 人左右(其中三分之一为季节工),年营业额 14 万元左右。据 1936 年的统计,每年约制成绵羊皮衣、山羊皮褥子五六千件,皆销

---

① 〔俄〕波兹德涅耶夫《蒙古及蒙古人》第二卷,第 100 页。
② 〔俄〕波兹德涅耶夫《蒙古及蒙古人》第二卷,第 100—101 页。
③ 新计照《呼和浩特民族用品制造业梗概》。

售于本地;制作羔羊皮衣 2 000 余件,多销往北平、天津。①

黑皮房,主要是以"大皮"即牛、马、驴、骆驼等畜皮为原料,鞣制加工为皮革的手工业作坊。包头最早的黑皮房,是清咸丰年间由山西祁县人张禄创办的。据 1928 年的调查统计,包头的黑皮房共有 37 家,资金总额约 16 万元,从业工匠约 140 人。其中,资本额在 1 000 元以上的有 4 家。按操作人员数来说,有 10 名以上工人的有 4 家,5~10 名工人的有 5 家,而只有一个工人(皮匠)的个体作坊有 13 家,即占总数的 40%。这些作坊的生产工具、设备,多数只拥有橡木架子、桨床之类极为粗杂的器具,或者以瓷缸代替灰窑。至于铜推板、玻璃推板,以及价值在 300 元以上的压皮器,则只有极少数经营者才能配备得起。其原料,牛皮约占 80%,其次是驴皮和马皮。进货途径,主要从城内皮庄或皮贩子那里购买,也有个别经营者直接到城外寻购。其产品市场,主要是包头附近及大青山、阴山以北地区。

1928 年至 30 年代,包头规模较大的黑皮房是德和公、德义隆、双盛德,以及万聚合、双义恒、和合公等。其中最大的皮坊德义隆,还兼营鞋靴铺;德和公兼营着鞍鞯铺,制作并经销皮制鞋靴和车马用挽具。②

制毡业

包头的制毡业也分为制毛毡(炕毡、蒙古包用毡等)的一般毡房和制作毡鞋(靴)、毡帽的作坊。据传,早在嘉庆年间,毡房即已有了自己的同业公会组织。咸丰四年(1854 年),包头本地的永盛旺、天庆西、锦和瑞、广盛源、三义和等 5 家毡房,还同山西的三家毡房(每年派专人来包头采办羊毛原料)合组成立了同业公会绒毛社。

至 1930 年代,包头有制作毛毡的毡房 25 家,从业人员约 450

---

① 何乔生、贾曦《包头——我国西北皮毛集散重镇》,《包头史料荟要》第七辑,包头市地方史志编修办公室、包头市档案馆编印,1982 年;刘逸民《旧包头城市经济发展概况》,《东河文史》第八辑,包头市东河区政协编印,1992 年。

② 安斋库治《包头的黑皮房》,汉译引自《包头史料荟要》第五辑,1981 年;何乔生、贾曦《包头——我国西北皮毛集散重镇》。

人,其中半数为季节工。1934 年时产毡 300 方丈,产品半数西运销售。制作毡帽、毡鞋的作坊,1934 年时年产毡帽 3 000 余顶,毡鞋 10 000 余双,毡帽还曾远销西藏。①

毯子房,是专门制作地毯或毛单的作坊。用羊毛织成的二龙戏珠地毯,专供召庙使用。用牛毛纺制的毛单,供蒙古牧民遮雨和长途行路时包行李使用。包头城曾有毯子房二十二三家,1915 年营业额最高时达到 8 万元。1934 年时,年产地毯 25 000 平方尺,产品十之七八运销北平、天津。②

口袋房,是以青、白、黑各色山羊毛(又名咀子毛)为原料,纺制成毛口袋和粮袋的作坊。此业兴盛时有大小作坊十余家,工人百余名,纺车 50 台左右,使用原料二三十万斤,年营业额 7 万多元。1934 年时,年产口袋、粮袋约 6 500 条,均销于本地。③

（3）萨拉齐的畜产加工业

萨拉齐镇,今包头市土默特右旗政府所在地。早在清初的 1760 年(乾隆二十五年),即在这里设立了归化城以西的第一个厅治。直到包头城及其工商业兴起以前,以至 1923 年京绥铁路通车至包头之前,萨拉齐一直是内蒙古西部重要的工商业中心。

皮革业

萨拉齐的皮革业也主要分为两类,即以牛皮为主要原料制作皮靴和车马挽具的黑皮房,和以羊皮为主要原料制作皮衣、皮褥的白皮房。

萨拉齐最早的皮革业是开张于清道光末年的黑皮房聚义兴。除制作车马挽具、鞭梢绳套及其他农用小皮件之外,还附设靴铺。靴铺的产品主要是皮靴,分为头号水靴、二号水靴、三号旱靴,水靴均腰高至成人膝头,旱靴为半高腰。此外,还不定型的制作一些浅

---

① 《绥远通志稿》卷一九《工业·包头县》;何乔生、贾曦《包头——我国西北皮毛集散重镇》;小川久男《包头的皮毛店和皮庄(下)》,汉译引自《包头史料荟要》第十四辑,1985 年。

② 《绥远通志稿》卷一九《工业·包头县》;何乔生、贾曦《包头——我国西北皮毛集散重镇》。

③ 同上。

腰、无腰皮靴。咸丰年间,又出现了由崔姓兄弟分别经营的黑皮房双胜昌和双胜,其经营方法和制成品与聚义兴相同。光绪初年,白皮房福和顺开始崛起,购进羊皮进行鞣制,制成品有皮衣、皮裤、皮褥和皮大领、皮耳套等。

萨拉齐的黑皮房,原料以牛皮为主,占作坊全年收购量的70%以上,其次是驴、马、骆驼皮。白皮房的原料以羊皮为主,占全年收购量的90%,间或也有少量其他畜(兽)皮。原料进货途径,主要从本镇皮庄或皮贩子手中购买,有的也自己派人外出收购。其各种制成品,主要销售于本地和附近地区。

民国初期,是萨拉齐皮革业的兴盛时期。有黑、白皮房近20家,旺季时从业人员近200人。黑皮房有聚义兴、双胜、双德昌、双胜昌、三义全等几家大户,还有五六家小户。白皮房有福和顺、天恒、天德昌、永和义等大户,以及四五家小户。聚义兴、双胜、福和顺等大字号,各有资金四五千元,每年除留足自己加工用的皮张外,还把三四千张牛皮、一万多张山羊皮和一万多张绵羊皮运往宣化、张家口、天津等地销售。

1923年左右,黑皮房双德昌因经营不善而倒闭。随后又兴起一个由5名匠人合资组成的五福堂,经营制作车马挽具、鞭梢绳套,也附设皮靴铺。经1929年的大旱灾荒之后,萨拉齐的皮革业逐渐走向衰落。1930年代前期,6家主要的白皮房和黑皮房,每年分别制作和销售各种绵羊皮衣裤、山羊皮褥及羔羊皮大衣2 000余件;制作大小皮革600余张的各种皮制品。[①]

毡毯业

萨拉齐的栽绒毛毯制造技艺,是清末由境内天主教堂延聘匠师学得宁夏织法后传入的。民国初期,栽绒毛毯制造业逐渐兴盛。1930年代前期,萨拉齐约有5家织毯作坊,资金每家二三百元至数千元不等,工匠共50余人。所用原料为山羊绒,均从本地及内蒙古各地收购,每年可产大小地毯、床毯一千五六百块,营业额多时可达

---

① 阎建国《萨拉齐的皮革工业》《土默特右旗史料》第三辑,土默特右旗志编委会编印,1983年;《绥远通志稿》卷一九《工业·萨拉齐县》。

7 000 元左右。

1930 年代前期,萨拉齐有毡房四家,工匠 30 余人,制造白、黑两种毛毡。制作方法较为粗陋简单,将竹帘铺在地上,上面放上羊毛,摊匀后洒浆,将帘卷起往返搓之,使毛黏结即成。每年可产毛毡 2 000 余块,主要销售于本地。

同一时期,萨拉齐还有专织毛袋的三家毯房,工匠只有 10 余人。所用原料为杂色山羊毛,均从本地或大青山后购进,制成品有口袋、粮袋及草包等,每年可产 1 000 余条,均销售于本地。①

（4）多伦诺尔的畜产加工业

多伦诺尔,今多伦县政府所在地,位处内蒙古中部高原腹地,是联结外蒙古东部和长城边口、内蒙古东部和西部的重要交通枢纽。清初的雍正十年(1732 年),即在这里设有张家口边外唯一的厅治。

清朝还斥巨资修建许多宏大寺庙,使其成为整个内蒙古地区地位最高的喇嘛教活佛章嘉呼图克图的驻地。所以,整个清近代,多伦诺尔一直是内蒙古中部最大的商业和手工业中心。

多伦诺尔城内出售皮、毛、手工业制品的店铺主要集中在福胜街。由于这些店铺往往附设作坊,也即手工作坊同时设有门市部出售产品,所以这条街也称为作坊街。②

皮革业

多伦诺尔的皮革业也分为白皮行(铺)、黑皮行(铺),白皮行也是主要以羊皮为原料,加工制作皮衣等物,黑皮行有的只做鞣皮加工,有的兼制皮靴等成品。

清末的 1893 年,多伦诺尔的皮革作坊有 20 余家。民国初期,黑白皮铺约有 40 余家。其中专门鞣制牛皮的黑皮铺有 3 家,向其他制作皮靴等成品的当地作坊提供原料,或向张家口输出。生产皮靴的皮铺,其原料除了当地畜皮,还从张家口购进俄国皮革。每 10 张畜(牛)皮,可制作皮靴(蒙古长靴)40 双,年产量约 15 000 双以至 2 万双以上,均销售给草地蒙古人。白皮铺每年加工衣料羊皮约 1 万张

---

① 《绥远通志稿》卷一九《工业·萨拉齐县》。
② 〔俄〕波兹德涅耶夫《蒙古及蒙古人》第二卷,第 338 页。

以上,主要销售于附近地区的蒙古牧民和汉人。①

毛毡业

多伦诺尔的制毡业主要制作毛毡和用于包装长途驮运货物的马衣,后来也制作毡帽。其原料,主要来自当地皮铺制作皮革时去除的畜毛。1893年时,有制作毛毡的铺子20家左右。据民国初年的资料,则只有5家。民国初期,著名的毡房有德兴元、永成玉等字号。当时,以羊绒为原料的毛毡是当地名产,每年可产五六百张。年产毡帽可达17万顶,主要销往北京、天津等内地。②

(5)内蒙古东部的畜产品加工业

这里的内蒙古东部,指的是清代内蒙古的哲里木、卓索图、昭乌达三盟地区。其手工业集中的城镇,除了清中叶即已形成的赤峰(乌兰哈达)、朝阳(三座塔)、平泉(八沟)、建昌(塔子沟,后改称凌源)及昌图等地之外,主要是清末大规模放垦蒙地后形成的洮南、郑家屯(辽源州,今双辽)、(小)库伦、林西、通辽等地。其畜产品加工业,也主要是皮革业和毡毯业,但其原料、加工方法和制成品,与内蒙古西部有不少明显差异,更多地反映了农业社会经济的特点。

皮革业

内蒙古东部的皮革业作坊,总称为皮铺,按照原料和加工品的不同,又分为细皮铺、熏皮铺、黑皮铺和白皮铺。

细皮铺主要是鞣(熟)制带毛皮,原料除了羊皮,还有狗皮、猫皮、狼皮、狐皮、水獭皮等等。鞣制方法为,用稀释的米面粉糊(小麦粉、糯米粉或粳米粉)和硝石粉混浆,将毛皮浸泡于大缸内,时间为一周至三周。然后用铲刀铲削皮面的肉质、脂肪,用清水洗涤,再用铁算将毛部梳理清净。

熏皮铺以牛皮为主原料,鞣制后为制作乌拉靴提供原料。其方法为首先用石灰水浸泡,使毛和脂肪容易脱落。然后用刃器去除牛

---

① 〔俄〕波兹德涅耶夫《蒙古及蒙古人》第二卷,第338页;《蒙古地志》下卷,第1176页;日本满铁调查课《东部内蒙古调查报告》第二卷,第100页,1914年。

② 〔俄〕波兹德涅耶夫《蒙古及蒙古人》第二卷,第338页;《蒙古地志》下卷,第1173、1176页;日本关东都督府《东部蒙古志》中卷,1914年,第434页。

毛,用谷秸或杂草点燃后熏,再用刀器刮削皮面的肉质和脂肪。

黑皮铺主要鞣制马皮、驴骡皮及羊皮皮革,染成黑色、绿色,为制作皮靴及其他皮制品提供原料。其方法,刮去毛和脂肪之后,在水中浸泡二三日,然后用硝石水在大锅里煮(约 1 小时余),煮完晾干后再涂以黑松脂、牛油等油脂。

白皮铺鞣制各种畜皮,加以漂白后为制作车马挽具等提供原料。其鞣制原料也主要是硝石。

除了鞣制毛皮、皮革的皮铺,还有专门加工制作乌拉鞋的乌拉铺,加工鞍鞯和马具的鞍鞯铺等手工作坊。鞍鞯铺用皮革制作的马具有皮鞭、皮笞、皮笼头、皮镜绳、皮肚带、皮花等等。[①]

民国初期内蒙古东部各主要城镇的皮革加工业状况大略如下:

赤峰,有皮革作坊 50 余家,其中黑皮铺 20 家,白皮铺 30 家,鞍鞯铺 3 家,主要字号有广兴店、德发店、中兴店等。

乌丹,有皮铺 2 家,鞍鞯铺 3 家。

林西,有熟皮铺 3 家。

经棚(今克什克腾旗所在地),有皮铺 3 家。

平泉,有皮铺 8 家。

凌源,有皮铺 4 家。

洮南,有皮铺 15 家。

郑家屯,有大小皮铺 80 余家,其中规模较大的有 4 家。

通辽,有皮铺 8 家,鞍鞯铺 6 家。[②]

毡毯业

内蒙古东部制作毡毯的手工作坊,一般称为毡子局或毯子局。

毡子局的原料,主要是羊毛、羊绒及杂羊毛、牛毛。制成品毛毡主要分为作为寝具铺盖的条毡和作为底褥的炕床毡。寝具用的一般是长约 5 尺 5 寸,幅宽 2 尺 5 寸,又称一条毡。炕床用毡多为 5 尺 5 寸,幅宽 1 丈。条毡的原料主要是羊毛、羊绒,多为纯白色,质地较

---

① 《蒙古地志》中卷,第 1084—1092 页。
② 《蒙古地志》下卷,第 1109、1111、1124、1130、1138、1081、1048、925、916、944 页。

好。炕床毡则混加牛毛,呈深色,亦用作暖门帘,质地较差。此外,毡子局还用毛毡制作毡帽、毡靴等成品。

毯子局主要以皮铺制革时去除的牛毛为原料,经较细加工,先纺成丝线,然后用专门的织机制成毯子。织机主要有两种,其成品分为织工较细的绒子毯和一般毛毯。细毛毯一般幅宽 2 尺 5 寸至 3 尺,长 1 丈至 1 丈 1 尺,上面还可织上用各种染色丝绒织成的花草、禽兽以至人物图案。其中的白色线条,还多以原色白羊毛丝线织成。将整幅细毛毯裁断,可用于桌椅等器具的敷垫。一般毛毯则以原色牛毛丝线织成。成品一般幅宽 1 尺,长 5 尺;将其 3 条横缀在一起,称为一副,每个织工一天可织成 2 副。其用途,多为旅行者用于包裹行李,就寝时铺垫在褥子下面。①

民国初期,内蒙古东部各主要城镇的毡毯业状况大略如下:

赤峰,较大的毡毯局有 6 家,每年织成毡毯大小共约 1 万张,大部分销售于赤峰以北地区。

乌丹,是历史悠久的著名毛毡产地。主要生产纯游牧地区蒙古包上的围毡,以及马鞍衬垫(毡鞯)。民国初期有 8 家毡毯局。

林西,有毡子局 3 家。

经棚,有毡子局 3 家(兴盛元、利盛长等字号),毯子局 1 家。

平泉,有毡子局 5 家。

洮南,有毡子局(铺)10 余家。

郑家屯,有毡子局 7 家,毯子局 3 家。

通辽,有毡子铺 1 家。

库伦,有毡子局 8 家、毯子局 2 家。②

(6)海拉尔的屠宰业和洗毛业

整个清代,海拉尔一直是呼伦贝尔地区(当时不包括西布特哈,即兴安岭以东地区)的政治中心,驻有呼伦贝尔副都统(初为副都统衔总管)。但直到 19 世纪末,由于这一地区人口稀少,而且城内没

---

① 《蒙古地志》中卷,第 1103—1110 页。
② 《蒙古地志》下卷,第 1118、1124—1127、1130、1138—1139、1081.932、916、944、1094 页。

有大型喇嘛教寺院,所以其商业、手工业还形不成规模。

1903 年中东铁路通车后,内地的行商和匠人进入海拉尔的逐渐增多。一些行商和匠人开始建立手工作坊,从事皮毛、制毡、鞍具等畜产品加工制作。作坊多为前店后厂的"连家铺子",产品自产自销。1903 年,第一家皮袄铺已太兴开业,有工匠 3 人,加工皮袄、皮裤,产品销往海拉尔及附近牧区。翌年 5 月,硝皮(鞣皮)铺万玉成开业,生产鞍具配套皮条。①

与此同时,也有日益增多的俄国商民来到海拉尔,经营畜产品加工等工商业。呼伦贝尔在俄国支持下宣布"自治"以后,这里的工商业更多地控制在俄商手里。至俄国资本开办的近代化畜产加工企业出现之前,海拉尔规模较大的畜产品加工业主要是牲畜屠宰业和羊毛洗涤业。

屠宰业

屠宰场主要设在俄国铁路局控制的"路界"区内铁路以南的商住区。场内附设检疫所,每年冬季集中屠宰,产品(冻肉)主要销往俄国的西伯利亚和远东地区。其屠宰量,牛、羊、猪合计 1910 年为 44 210 头只,1911 年 36 670 头只,1912 年 30 313 头只,1913 年 29 941 头只,1914 年 29 683 头只。其中羊的数量最大,如 1914 年的总数中,羊为 24 915 只,牛 4 557 头。

羊毛洗涤业

主要利用海拉尔城东伊敏河的湍急水流洗涤。河边开设有 5 个较大的洗涤场。其洗涤设备,除了悬挂晾晒羊毛的架空绳索,主要是在河沿放置木筏,筏上置放大桶,筏前造设两列底部结网的木槽(以便河水流通)。洗涤方法为,将羊毛次第放入大桶和木槽反复洗涤、冲刷,期间再经洗工反复足踏,最后再用筛状容器在流水中冲净,然后晾晒。晾干后的羊毛,复按其质地分类,用专门的压榨器压成大块,捆包后运销。洗羊毛季节性很强,一般从 6 月中旬至 9 月末。期间各洗涤场共有洗工 100 人以上,其中多数是中国人(汉人)和朝鲜人,其次是俄国人。其年产量,1915 年的输出额为羊毛

---

① 《蒙古地志》下卷,第 1181—1185 页。

28 000普特,小(羔?)羊毛1 457普特,骆驼毛302普特。其销路,主要是经大连等口岸销往欧洲、美国。[①]

2. 农产品加工业

这里所说近代内蒙古的农产品加工业,主要指的是粮食作物和油料作物的手工加工业。其加工作坊(多兼销售门市,即店铺),按具体行业分类,主要有加工米面的碾房、磨房;加工成品油的油房;加工淀粉粉条的粉房;酿制烧酒的,内蒙古东部称为烧锅,内蒙古西部称为缸房。缸房还多兼酿黄酒,附设制作糖或糖稀(浆)的糖房,制作酱、酱油、醋的酱园。由于同属农产品加工业,一些较大的作坊、店铺(字号),多以碾磨房兼设油房、缸房、粉房,或油房、缸房、粉房兼有碾房、磨房。

由于内蒙古西部(绥远地区)的粮油加工业主要是由山西人创始经营,受到山西省传统工商业的行业分类影响,也统称为"六(陆)陈行"。"六陈行"的名称来历,一个说法是源自旧《三字经》上的"稻粱菽,麦黍稷,此六谷,人所食",即6种主要粮食作物;另一个说法,是对6种粮油加工业即酿酒、榨油、碾米、磨面、熬糖、制粉的合称。[②]

(1)归绥的六陈行

归化城(呼和浩特旧城)的六陈行,是康熙中叶随着汉民增多与小型集市的出现而产生的。乾隆年间,碾房、磨房与面铺(专营出售粮食)统称为面行。碾房、磨房附带的缸房、油房,也酿榨白酒和葫(麻)油。至嘉庆年间,因商务的发展,碾、磨房与面铺分为两行,并专门组成了同业行会青龙社。道光年间,缸房、油房又从碾磨行(青龙社)分出,单独组成了油酒社,但仍多由碾、磨房附带经营。清朝末期(光绪以后),随着内外市场开通,洋商西来,米面业迅速发展,新开张的碾磨房、缸房、油房及面铺达100余家。民国以后,至1929年绥远大旱灾之前,是归化城米面业的极盛时期。除部分老字号停

---

① 《蒙古地志》下卷,第1181—1185页。
② 贾汉卿《归化城的六陈行》、李晋湘《丰镇县城六陈行营业状况》,《内蒙古工商史料》(《内蒙古文史资料》第三十九辑),内蒙古政协,1990年。

业,陆续开张的六陈行字号(包括面铺)达140余家。其中,最以经济实力雄厚著称的"六大号"为天义公、复盛元、天裕亨、万盛兴、丰盛魁、德和兴。当时一般的六陈行,平均每家约有骡马二三十匹。

其中,磨房和碾房一般都是终年昼夜加工。磨坊每班约可加工原料(如莜麦)1石1斗(每石约原粮300斤),碾房每班约可推谷子15石。据统计,清末宣统时期(1909—1911年),归化城的六陈行每年加工的面粉约250万斤左右。

缸房多为六陈行附带经营。酿酒每烧锅一次,用高粱或豌豆及缸曲共约1石2斗,可得白酒100斤左右。

油房也多为碾磨房字号附带经营,其生产加工则有明显的季节性。每年秋季新粮(油料作物)上市之后,油房才昼夜开榨。其加工过程,分为炒、蒸、仓、榨几道工序。每开一榨,需用原料2石5斗,一榨可得植物油200余斤。一般至夏季即停业。

绥远城(呼和浩特新城)的六陈行,除专门的碾、磨房,多称缸房,也即以缸房立字号,(附)设有碾房、磨房、油房、烧锅及加工酿造醋、酱油、酱的作坊。有的酱园(制作和销售酱油、醋等副食品)字号,也附设碾房、磨房。①

清末至民国时期,绥远城的主要六陈行字号,按其位置分布,南街有义盛泉京酱园(后改称永盛泉,附设磨房、醋房等,酿制醋、酱、酱油)、敦义永缸房(兼设磨房、油房,制作加工米、面、油、酒)、碾子房(专门加工米面)、三义长缸房(兼设碾、磨、油、糖、酒、粉房)、福顺泰油酒缸房。北街有乾泰泉缸房(兼设碾、磨、油、酒房)、福义泉缸房、时兴昌缸房、聚裕永碾磨坊。东街有福盛永缸房、义盛永缸房、福义泉缸房、老缸房(绥远城内最大)及一家专门制作加工粉面(淀粉)和粉条的粉房。西街有西聚合堂缸房(兼油房、酒房、磨房)、聚龙昌缸房、日盛茂缸房。②

其中,较有特点和代表性的聚裕永碾磨房,初建于清末光绪年间。民国前期(二三十年代),其铺面后院作坊有房100余间,有石

---

① 贾汉卿《归化城的六陈行》,《内蒙古工商史料》。
② 同田《绥远城的老字号》,《呼和浩特文史资料》第十辑。

磨 2 盘、石碾 1 盘,师徒店伙 30 余人,流动资金约在四五千大洋上下。附(兼)设有酒房、糖房、醋房等,加工酿制酒、醋、酱、酱油、饴糖(糖稀)等。其加工米面,每天是三班制,每套马磨(三班)每天可出面粉 700 多斤,每套碾每天出米 1 000 多斤。该字号还饲养马匹 100 多,除了碾、磨用役畜,还用加工酒、醋、酱油之后的糟渣喂养食用马,提供给专门的马肉铺。[①]

约至 1933 年前后,也即绥远电灯公司附设机器面粉厂投产(1934 年)之前,归绥新旧两城的磨房共有 70 余家,年出白面约 100 万斤左右,产量较大的还有莜麦面,以及部分荞面、豆面(豌豆、小麦混合磨成)和炒面(莜麦与黄豆混合磨、炒而成)。[②]

(2)包头的六陈行

包头的六陈行,大约起始于清乾隆初期。由山西祁县乔家创设的经营粮油副食加工和销售(为主)的复盛公(初称广盛公),是被称为"先有复盛公,后有包头城"的最著名老字号。嘉庆年间广盛公改组为复盛公时(共投资白银 3 万两),仍以经营油、粮、米、面的六陈行为主。它后来又分衍出复盛全、复盛西、复盛油房等字号,均为乔家开设,统称为"复字号"。其业务经营面逐步扩大到包括各类手工、商业和金融(钱庄),但粮油副食加工一直是其主要经营业务。[③]

大约道光年间,随着包头传统工商业的逐渐繁荣,手工、商业经营者联合组成了各行业总的公会"大行"(清末和民初先后改称公行和商会)。"大行"之下,按照各字号(工商企业单位)的主要业务经营范围,又将各商业店铺(实多兼设加工作坊)按类别分为九行;将手工作坊(实多兼经销)按类别分为十六社。九行中,六陈行(又称粮油行)一般名列首位。十六社中,粉房、豆腐坊等属于清水社,糖坊(房)属于仙翁合义社。[④]

---

① 蒋滋印《新城聚裕永碾磨房》,《呼和浩特文史资料》第七辑,呼和浩特市政协,1989 年。

② 贾汉卿《归化城的六陈行》,《内蒙古工商史料》。

③ 高瑞新、刘静山《包头的复字号》,《内蒙古文史资料》第一辑。

④ 文史办整理《包头工商业的九行十六社》,《包头文史资料选编》第四辑,包头市政协,1983 年。

民国前期（1920 年代），包头的粮油加工业即六陈行的大体状况为：碾房业约有 45 家，主要有通和店、复盛西、大有魁、复兴久等。其设备，一般每家为大石碾 1 盘，木制风扇车 1 台。加工工序，通常一套用人工 2 人，役畜 2 头。加工的粮食以糜子、谷子为大宗，次为黍子、炒米。每一套（每日）加工糜子 4 石，谷子 5 石。以每家（作坊、店铺）每日平均加工用粮 4.5 石估算，45 家每日共用粮 202.5 石，每月用粮 6 000 余石。以全年 7 个月加工估算，每年用粮约 42 525 石。

磨房业约有 43 家。因多为碾、磨房兼营，主要字号与碾坊业相同。其设备，每家有 1 盘或几盘石磨，以及箩面柜、淘粮锅、扇车等。加工原料，以小麦为主，也时有莞（豌）豆、扁豆、大豆、大麦之类。一盘磨每日加工 2 套，有的一家每日加工 4 套，最多者有一日 8 套。加工用粮，一般平均每套 7 斗，由一人自淘自磨，需畜力两头（从淘洗、清砂至入磨需两日完成）。43 家磨房中，每日加工 4 套的约 15 家，每家日用原料 2.8 石；其余 28 家皆为日加工 1 套，即日用原料粮 1.4 石（资料原文如此——作者注）。全年以加工 11 个月（节日除外）计算，加上饲养役畜用粮，每年共约需用粮 26 400 多石。此外，还有 22 家专门加工莜面、荞面和豆面的小碾（磨）房（因这几种粮食不宜在大石磨加工）。其设备，每家只有一小盘石碾、石磨。每家平均每日加工两套，每套用粮 6 斗、畜力 2 头。以全年加工 11 个月推算，22 家小碾坊共加工用粮约 8 700 余石。

油坊共有 35 家，主要字号有大有魁、广恒茂、复盛油房、义成永、复巨（聚）成等，每家有榨（加工设备）一至两套。其原料，有胡麻、麻籽、黄芥籽、杂芥籽、大烟（罂粟）籽等。每斗（约原粮 30 斤）出油率，胡麻为 8 斤，麻籽 3.5 斤，黄芥籽 6 斤，杂芥籽 6 斤，大烟籽 5.5 斤，平均每斗 6 斤。其生产加工，每套榨（每日）用人工 3 人，（石磨）畜力 2 头，加工原料 1.5 石，出油 90 斤。按照全年加工 10 个月估算，35 家油坊每年共需原料 2 万余石，出油 120 万余斤。

缸房（酒坊）主要有复盛西、通和店、恒兴长、公合兴等 22 家，有的是两套（设备）生产，有的是一套生产。其原料，为高粱、豌豆、糜子、谷子及制曲用大麦等。每斗原料的出酒率，高粱为 8 斤，豌豆 7.5

斤,糜子 5 斤,谷子 11 斤。其生产加工,每套需 4 人,其中技工 1 人,辅助工 1 人;每套(每日)用料 2 石,出酒平均 166 斤。按照全年生产 9 个月估算,22 家缸房每年共需原粮 2 万余石,产酒 138 万余斤。

糖粉房约有 15 家,主要有兴隆泉、德裕泉、傅盛明、德义永等。其加工原料和制成品,用莞豆、扁豆、绿豆、高粱、糜米等分别制作粉条、粉面(淀粉)和麻糖、黑稀糖(专供做糕点等的原料)。15 家糖粉房,每家以每日(一套)需用原料粮平均 1.5 石估算,全年加工 10 个月,共需用粮 7 420 余石。

其他粮食制成品副食加工业约有 17 家(豆腐房、酱房等)。主要是用黄豆、黑豆、小麦、大麦、豌豆及糜糠、谷糠等分别制作豆腐、豆腐干、豆腐皮、各种豆芽,及酱油、醋、酱等。每家日用粮 3~5 斗不等。以每家 5 斗估算,每日需用原料粮约 8.5 石,全年(以 11 个月计算)共需用粮 2 900 余石。①

至 1930 年代初期,包头的主要六陈行业大体状况为:

制糖业,共 10 家,资本约数百元。每年可产糖 14 万余斤,均销于本地。

制粉业,共 10 余家,资本约数百元。每年约制粉(粉条、粉面)18 万斤,均销于本地。

酿酒业,共 17 家,资本大者六七千元,小者一二千元。每年约制酒(白酒、黄酒两种)50 余万斤。其中十分之五六销于本地,其余销往附近蒙旗。

榨油业,共 30 余家。资本多者数千元,小者数百元,共有工人 300 余名。原料为胡麻、麻籽,十分之六七购自后套,其余均购自本地。每年可榨油 36 万余斤,其中胡麻油占十分之三,麻油占十分之七。胡麻油的约 30% 销售至五原、临河及宁夏,其余均销于本地。②

(3)丰镇和萨拉齐的六陈行

丰镇,是清代内蒙古西部农业化最早的地区之一,乾隆十五年(1750 年)即在这里设立了厅治。因为它邻近山西长城边关,并地处

① 武生荣《昔日的包头六陈行》,《包头史料荟要》第六辑,1982 年。
② 《绥远通志稿》卷一九《工业·包头县》。

山西至外蒙古的通商大道上，所以直到民国中期（1920年代京绥铁路全线通车后）集宁的工商业兴起之前，一直是旧绥远东部最大的传统工商业城镇。其制成品销路很广，北至外蒙古，东至北京、天津，南至太原，以及邻近的晋北大同各地，均有丰镇的米、面、油、酒等出售。加工粮油制成品的六陈行，是其传统工商业的最主要部门之一。

民国初（1913年）京绥铁路修通至山西阳高（距丰镇只有100余里）以后，丰镇的六陈行进入了全盛时期。当时全城共有六陈行40多家。从业人员计约1 100多人，平均每家铺坊（字号）20余人。规模较大的一般有资金四五千元，各类从业人员常年不下30人。按照粮油加工各业的专、兼营情况，丰镇的六陈行可分为5类：

一是以制酒的缸房为主，兼营油、碾、磨房。这种经营形式的铺坊字号，约占全六陈行的十之五六，如东西广和德、宗和德、崇和德、天裕源等。其大部分人力、财力集中在烧酒上，其他的碾米、磨面、榨油，只是与酿酒配套或兼营性业务。制酒所出酒糟，除饲养本店的役用骡马和食用牛外，还大量出售给城内的车行、驮行和养猪民户作为饲料。

二是以油房为主，兼设碾房、磨房。这种经营形式的约有十几家，如天盛长、天合成、天元永等字号。榨油原料主要是胡麻。因为加工技艺精细讲究，油的味道纯正，所以被称为"口油"（即口外所产油），闻名、销售于晋北许多地区。

三是专门磨面的磨房，有纯兴昌、敬义长、世诚昌等七八家。其制作加工，每一套磨配有1名工人、3匹骡马，可磨小麦7斗，出面170斤，麸皮40斤。其产品除了小麦面粉，还有莜面、荞麦面及豆面、米面等。这些专营磨房比其他兼营的磨房加工制作更为细致，产品也更为精细、白净。

四是专门熬糖、制粉的糖房兼粉房，有天保长、天意成、德兴永等六七家。除制作糖稀浆、粉条、淀粉等之外，还以糖糟、粉浆等作为饲料喂猪。每家铺房经常养猪上百口，作为配套业务赚取利润。

五是专门的碾房，有义记碾房等四五家。一般一盘大碾配4匹骡马，两个人日夜二班加工，可碾出小米2 000斤。这种碾房在本城内不零售,专门批发销售给外地粮商。铁路通车后,北京、天津两地的粮商不断来丰镇购米,一笔生意往往就是二三十万斤。[1]

萨拉齐的六陈行也由来已久,较为繁盛。其 1930 年代初期的大体状况为:榨油业,共有 8 家。以制作加工胡麻油和麻(籽)油为主,年产量约 10 余万斤。过去由于这一带油料作物产量大,所产麻油曾经由黄河水路远销山西曲沃等地。后来因原料产量减少,成油加工量也随之减少,已主要供本地消费。一般食用多为葫油,燃灯多为麻油。

酿酒业,共有 5 家。主要以本地糜黍加工酿制白酒,每年可产六七万斤。除销售本地外,还销往大青山后一带。

制糖业,共有 12 家。均以谷米熬制糖块、糖饴(即糖稀)。每年可出块糖、饴糖一万数千斤。

此外,萨拉齐以南的银匠窑子村天主教堂,还设有瑞士式风磨,制作加工面粉。因其功效大,产品精细洁白,远近知名。[2]

（4）内蒙古东部的粮油加工业

烧锅(酿酒业)

清末至民国初期,酿酒业在整个内蒙古东部的农牧产品加工业中位居首位。不仅如此,就其投资数额、经营规模和产值,在所有传统工商业中也可称为"霸主"。在内蒙古东部,烧锅之所以成为酿酒业的代名词,固然是由于其传统加工方法是用大锅蒸馏制作酒精度高的白烧酒,更是由于酿酒作坊所需整个配套工序、设备及人力、畜力较多,占地面积较大,而且其经营者(字号、店铺)往往是以酿酒为主,兼营其他加工业和销售业务。晚清以来内蒙古东部酿酒业极为发达的原因,一方面是由于边外气候、环境寒苦,不仅蒙古族牧民,急剧增加的汉族农民也多以喝酒为嗜好,拥有广大的烧酒消费人口(市场)。更主要是晚清大规模放垦蒙旗,境内多属沿河流域的膏腴土地,使粮食产量大增,用于商品加工的余地很大,为酿酒业提供了丰富、充足的原料。

---

[1] 李晋湘《丰镇县城六陈行营业状况》,《内蒙古工商史料》。
[2] 《绥远通志稿》卷一九《工业·萨拉齐县》。

内蒙古东部酿酒业的另一个特点是，不仅集中在城镇，也分布于广阔的新开辟农业村屯。由于其占地面积、经营规模较大，再加上大规模放垦以来各种社会矛盾的加剧，政治局势动荡和社会秩序不安定，匪盗烽起，使农区资金盈实的烧锅经营者为了生产和生活的安全，往往在烧锅周围筑起高大坚实的围墙，在围墙四角垒筑炮台，配备"炮手"武装，自成独立的村屯。许多以烧锅命名的村屯、地名，成为近代内蒙古东部人文地图上的独特景观。

内蒙古东部成规模的烧锅，其配套建筑、场所一般都有店铺、从业人员的炊房、食堂（经营者和工役分设），酿造工场（发酵室、蒸馏室等），制曲场（制曲室、酵菌培殖室、贮曲场等），碾磨房、驴马厩、水井（2~3 口），贮糟槽和库房。每个烧锅的各种仓库，小则七八个，多可至20 余个。其蒸馏用锅，一般直径 4 尺，深 1~2 尺。每口生铁锅，可用一两个月以至四五个月。用熟铁制成的质量较好的锅，可用四五年。①

酿酒业的规模大小，以拥有蒸馏锅的多少为准。用一个蒸馏锅制作，称为一班，一般的烧锅店以二、三班为常见。以三班经营的烧锅，其固定资产约需 2 万多元。②

酿酒原料，主要是高粱，有的地方也掺以玉米。制曲原料，主要是大麦和小豆。在赤峰地区，由于高粱价格较高，往往并用谷子、玉米等；其制曲原料，也多掺用荞麦、豆、玉米。③

日本调查者于民国初期（1914 年之前）的估算，内蒙古东部一年的酿酒产量为：大抵一个烧锅店有 2~6 个蒸馏锅，每户（家）平均 4 个锅，一年约为 300 个工作日。一个锅每天可酿酒 250~300 斤，一户一年可酿酒 30 万~36 万斤。按照共有 150 个烧锅计算，一年可产酒 4 500 万~5 400 万斤。折算为钱，若时价 1 斤平均 10 钱，合计可达 450 万~540 万元。这些烧酒不但供给当地和邻近各蒙旗，还运销东北各地及关内直隶（河北）、山东、河南等地。④

---

① 《蒙古地志》中卷，第 1035—1038、1048 页。
② 同上。
③ 同上。
④ 《东部蒙古志》中卷，关东都督府编，1914 年，第 157—163 页；《东部内蒙古调查报告》第二卷，满铁调查科，1927 年，第 38—39 页。

据日本《蒙古地志》的记述,民国初期(1919 年以前)内蒙古东部各主要城镇酿酒业的大体状况为:

赤峰,有烧锅 18 家,主要有复兴泉、裕德隆、泰普福等字号。年产烧酒共约 300 万斤,大部分销售于其以北地区。

平泉,有烧锅 8 家,主要有义源长、协义长、义源和等字号。年产烧酒约 180 万斤以上。据说平泉所产八沟烧酒远近闻名,清前期热河北部地区的市场一直主要靠八沟烧酒。

林西,有烧锅 4 家。

凌源,有烧锅 8 家,主要有广泉隆、庆溥泉、魁盛号等。

朝阳,有烧锅 7 家,多兼营粮米杂货加工、销售。主要字号有信成店、公义店、成兴店等。每年用于酿酒的高粱约需七八千石。

洮南,有烧锅 3 家,即豫贞庆、庆升号、德兴合。其中有两家各有三班(即 3 个蒸馏锅),一家只有一班。豫贞庆兼设油房,德兴合兼售布匹、杂货。庆升号烧锅店主,还曾任洮南商会会长。

郑家屯,只有益源涌一家烧锅,年产量约 50 万斤。据说其烧锅少的原因,是水质差和缺少所需燃料。

昌图,有烧锅两家,即广泉成和富兴泉。每年外销烧酒约 80 万斤。

通辽,有烧锅 3 家,即庆源涌、天庆东、太古元,多兼营杂货铺和糖店。

农安,主要有两家烧锅。鸿盛源又称西烧锅,义顺合又称南烧锅,均兼设油房、磨房和杂货铺。年产烧酒中,约有 20 万斤销往伯都讷。①

油房(榨油业)

内蒙古东部榨油业(油房)的主要原料是大(黄)豆,其次是青豆,黑豆最次,产品称为豆油。其工序、设备为加工豆碴的碾(磨)房、蒸豆渣的锅房和榨子房。每套设备的加工作业称为一班,每班

---

① 《蒙古地志》下卷,第 1108—1117、1080—1084、1020、1050、1038—1040、925—926、916、891—893、944、979—981 页。参阅《东部内蒙古调查报告》第二卷,第 160、201—203、272 页;星武雄《东蒙游记》,东亚图书株式会社,1915 年,第 320—322 页。

从业者7人，即班头1人，看碾1人、烧火（锅房）1人、打槌（榨房）2人、打杂工2人，配有骡马4匹（2匹一组轮班）。每班作业，均需原料（大豆）4石，可出油145斤。

内蒙古东部的榨油业，规模仅次于烧锅。较大的油房可拥有10个以至20个作业班，一般油房多为四五班、三四十人。而且专门的油房很少，多为各类商家（如烧锅、商铺）兼营。除了加工制作豆油，有的油房也以麻子、蓖麻子或芝麻为原料，榨制麻籽油和香油，一般每100斤原料可出油40斤左右。[1]

民国初期（1919年之前），内蒙古东部主要城镇的榨油业状况大致如下：

赤峰，有油房7家。主要以麻籽等为原料。年产大麻油约80万斤，小磨油约40万斤。产品除当地消费，主要销往北部地区，以至远销北京等地。

凌源，有油房3家。

昌图，有油房12家，主要有日新升、永昌和、福和泰等字号。每年产量，除当地消费，外销豆油约150万斤。

洮南，有油房11家，其中较大的有5家，即东兴福、德庆永、豫贞庆（以烧锅为主，兼营）、巨兴昌和广远庆。

郑家屯，共有油房约近20家，多为杂货铺、粮栈等兼营。如主兼营当铺、杂货的巨盛泰，主兼营当铺、杂货、大车店的丰聚栈，主营粮栈的议合兴、广德源等。其中豆油房有7家，年产豆油约35万斤；麻油房10余家，年产量约100万斤。

通辽，有油房5家，主要有茂盛兴、四合油房，多兼营杂货或粮店等。

农安，其油房多为其他商行兼营。如以粮栈、杂货为主的广巨永、主营烧锅兼营杂货的鸿盛源，均兼设油房。年产豆油约90万斤，其中本地消费60万斤，销往长春的30万斤；销往长春的还有豆粕饼约10万块。[2]

---

[1] 《蒙古地志》中卷，第1075—1081页。
[2] 《蒙古地志》下卷，第1108、1117、1048、891—893、925—926、908—909、916、943—944、978—981页。

面粉加工业（磨房）

内蒙古东部比较成规模的粮米商品加工业,除了烧锅配设的碾、磨坊,主要是加工小麦粉和荞麦粉的磨房,而且也多由粮石铺、杂货铺等商行兼营。其制作加工分为班,每班一般由两名工人、1匹骡马(或2头驴)组成,加工原粮约5斗(即近150斤)。较大的磨房可拥有十几班的设备和人力、畜力,一般的磨房多由2~4班组成。[①]

民国初期(1919年之前)内蒙古东部主要城镇的面粉加工业状况大体如下:

赤峰,有大小磨房100余家,主要有永兴成、三庆成、宝元享等商号。除小麦、荞麦面粉,也加工莜麦面。年产约450万斤,其中一半销往外地。

林西,有大小磨房25家。年产小麦粉约100万斤,主要供应当地驻军。

经棚,有专门的磨房11家,以杂货铺兼营磨房的13家。前者主要有恒庆成等磨房,后者主要有合盛亿、复兴源、永泰盈等杂货铺。

凌源,有磨房25家。

洮南,有磨房40家。

农安,主要有以粮栈、杂货兼磨房的广巨永和以烧锅兼磨房的鸿盛源等字号。年产小麦粉约130万斤,除90万斤本地消费外,其余40万斤销往各蒙旗。[②]

粉房

内蒙古东部的粉房,主要是以豆类及高粱、玉米为原料加工成粉条,不仅在汉民聚居区,在蒙古人中也已有很大的消费市场。以绿豆、小豆加工的粉条为上等品,以高粱和玉米加工的质量较差。一般每100斤原料可出淀粉80斤。加工制作亦分为班,一般每班4人,3天可制成淀粉140余斤,然后再加工成粉条。[③]

---

① 《蒙古地志》中卷,第1082—1084页。

② 《蒙古地志》下卷,第1108—1117、1130—1133、1138—1139、1148、925、978—981页;《满蒙交界地方经济调查资料》(三),满铁总务部事务局调查课,日本大正年间(约1910年代),第24页。

③ 《蒙古地志》中卷,第1116—1119页。

民国初期(1919年之前)，内蒙古东部的粉房业多集中于清末放垦以来形成的城镇，并且多由粮栈、烧锅和杂货店等兼营。如洮南有10余家粉坊，都由粮栈、烧锅店兼营。农安的大粮栈广巨永、广升栈、广和成和大烧锅店鸿盛源、大杂货店万成福等都兼营粉坊。当时农安各粉房年产粉条可达60万斤，除本地消费35万斤外，其余25万斤均销售于邻近各蒙旗。此外，在刚刚兴起的城镇通辽也已有粉房15家。①

（五）清末工艺局与近代工业的出现

1. 清末工艺局

1901年，经历"庚子之变"的清政府，开始全面推行改制新政，倡办近代工商各业，是其主要内容之一。而由各级官府出面，兴办或倡办各种工艺局，则是其重要的具体措施之一。所谓工艺，指的是(城镇)社会各业中除官、商、兵之外的两种谋生之道，"一曰食力，西人所谓工也"，也即各种佚役、粗工(小工)；"一曰食技，西人所谓艺也"，也即各种手艺匠人。所谓工艺局，也就是从事各类商品加工制造的工厂(场)企业、公司。其资金来源和经营，可分官办、商办、官助商办三大类。具体名称，除工艺局之外，还有工场、制造所、传习所等名目，或径称工厂、公司。在清末新政的具体背景下，各种形式的工艺局(主要是轻纺工业和手工工艺制造业)曾一度广泛兴办于内地各省。② 由于内蒙古地区的社会经济发展相对落后，加上地方行政管辖体制的特殊性，这种具有一定近代资本主义性质的工艺局，还属"凤毛麟角"，但毕竟具有明显的进步意义。

（1）归化城毛纺工艺局

1905年，科举进士出身、思想比较开化的胡孚宸(湖北江夏人)出任归绥道(台)。他看到绥远地区绒毛资源丰富，就分别从绥远将军署、归化城副都统署和归绥道署各筹资1 000银两，在归化城创办

---

① 《满蒙交界地方经济调查资料》(三)，第216、20页；《蒙古地志》下卷，第916、925、978—981、943页。
② 《中国近代手工业史资料》第二卷，第505—516等页。

了官商合办的工艺局。工艺局由道、厅官员任督办委员,招募、训练工徒 50 多人,专门从事织毛布(以牛毛或掺混羊毛、棉纺织加工)和染色等生产。由于它的产品比传统手工作坊的质量好、价格低,深受市场欢迎,销路很好,曾以"所制尤精"享誉山西全省。进入民国以后,由于历任督办委员经营不得法,使这家工厂日益衰落,至 1918 年终于停业。①

(2) 建昌、多伦等地的工艺局

据清末直隶省的有关资料汇编,内蒙古中东部的热河、察哈尔都统辖区(地方府县均隶属直隶)的工艺局(传习工场)还有以下几家:建昌县工织有限公司:1907 年 6 月创办。由公款及绅商创办,招收自费或官费生徒。投入(开办)资金 1 800 银两,常年经费每年800 银两。有艺徒 20 人,从事织、染等加工制造。多伦(诺尔)厅工艺局:1904 年 10 月创办。投入资金 6 612 两。有工徒 18 人,从事毛毡生产。②

(3) 喀喇沁右旗的综合工厂

清末新政期间,锐意改革图强、振兴民族的喀喇沁右旗札萨克郡王贡桑诺尔布,还出资在本旗兴办了综合工厂。为创办该厂,贡桑诺尔布曾选送恩和布林(汉名吴恩和)、特木(睦)格图(汉名汪睿昌)等 4 名本旗青年学子赴天津,在北洋工艺局的实习工厂(场)学习织布、染色,制造肥皂、洋蜡、粉笔以及电镀、照相等技术。这批青年学子学成归来后,即成为办厂的技术人员,招收许多本旗青年为学徒工,又专门聘请一位天津工匠为织地毯的老师傅。厂址设在王府以东的坯厂子村,内分织布、染色、造绒毡,制造肥皂、蜡烛、染料等诸多作坊。与此同时,贡王还筹资开设了名为"三义洋行"的百货商店,专门经销综合工厂的各种产品,兼售从京津等地进货的其他各种"洋广杂货"。综合工厂和百货商店的开办,使远至百里以外和邻近各旗、县的采购者络绎不绝于途,使当时的喀喇沁右旗王府有

---

① 市纺织局党史办《呼和浩特毛纺织工业历史概况(上)》,《呼和浩特史料》第二集,呼和浩特市党史办、地方志办编印,1983 年;《中国近代手工业史资料》第二卷,第 553 页。

② 《中国近代手工业史资料》第二卷,第 528—530 页。

了远近闻名的"小北京"之称。①

2. 近代工业的出现

20 世纪初,内蒙古地区开始出现了使用近代新式机器的加工制造业。但直到 20 年代末,这种近代新型企业仍寥寥无几,而且多为进行经济侵略和掠夺的日俄等外商经营企业。

(1) 赤峰的机器面粉厂

内蒙古首家近代新式民族工业,是赤峰的涌源隆机器面粉厂。该厂开办于 1908 年,又称直隶涌源隆面粉厂,创办人是时任当地税官的李宝源(字子佳),经理人是其兄弟,人称李四老爷。投入资金额 28 000 元,雇用工人 20 多名,厂址在赤峰老城三道街以东。面粉厂的动力设备是一台五公斤压力的英国产"康士堡"(康尼许)牌卧式锅炉,由锅炉蒸汽带动制粉机器(俗称"机器磨")磨制面粉。锅炉部件购自天津,由卖方派人来赤峰安装而成。

由于"机器磨"生产面粉速度快、质量好、数量大,所以销路好,获利甚丰。但为时不久,因为周围地区小麦产量有限,当地商家开设的烧锅和手工磨坊不断增多,纷纷与涌源隆竞争抢购原料(小麦)。而机器磨原料需求量大,支出成本高(工人工资和设备维护等)。原料短缺,使机器磨时常停产,终致严重亏损,于 1916 年或 1917 年被迫停业。该厂的锅炉,则转卖给了日商在赤峰开办的大和洋行。②

(2) 赤峰大和洋行的甘草加工

赤峰地区盛产可作药材的甘草(又作甜草)。民国初期经赤峰外销的甘草,每年可达 200 万斤。③ 如早在 1916 年之前,就有大连的日商派人来赤峰收购甘草,其经办代理人为大连人朱锡九。约 1916 年,大连日商中川三七,在赤峰开设了大和洋行,修建厂房,专门收购并将甘草熬制加工成膏,运回日本。其具体经理人即朱锡

---

① 吴恩和、邢复礼《贡桑诺尔布》,《内蒙古文史资料》第一辑。参阅《中国近代手工业史资料》第二卷,第 520—521 页。

② 谷正光《赤峰民族工业的发端——涌源隆机器面粉厂的创办》,《红山文史》第一集,赤峰市红山区政协编印,1986 年。

③ 《蒙古地志》下卷,第 1115 页。

九,主要制作工人也是由朱锡九从大连招雇的。其加工动力,就是从倒闭的涌源隆面粉厂买来的卧式锅炉。后来,大和洋行又修建了麻黄车间,熬制麻黄素的半成品(运往外地再加工)。其动力来源,主要也是这台五公斤压力的锅炉(带动"电碾子")。1933 年日本侵占赤峰之后,大和洋行改称为满蒙兴业公司。①

另据日本方面的资料,日商在赤峰开办的甘草加工企业,是日本人安井开办的甘草公司。其锅炉及各种机器设备,都是从日本运来的。该公司年产甘草膏 150 万斤,全部经大连运回日本。②

(3)俄商在海拉尔开办的畜产加工企业

中东铁路通车后,涌入海拉尔的俄商资本,不仅兴办以手工业为主的洗毛业和屠宰业,也逐渐开办使用近代动力和机器设备的屠宰场、灌肠厂、洗毛厂等,从事畜产和农产品加工业。

1912 年,俄商伍不兰洗毛厂建立。1919 年俄商阿库洛夫实业公司建立,机械加工已开始代替手工操作。该公司下设制革、靴鞋、地毡、洗毛、制粉 5 个工厂。各工厂设备完备,单独经营。制革厂有 12 马力蒸汽机 5 台,有击碎机、压扁台、煮皮机、制革桶等 300 件。皮货(靴鞋)厂有大量的缝纫机。制毡厂有梳刷机 3 台。旺季用工 350 人,年加工能力 2.5 万张。1920 年出口精洗羊毛 746 吨。

同一时期,俄商卧伦错夫兄弟在海拉尔设立制酒厂,其技术设备在远近地区最为优良。

1923 年,俄(苏)属中东(东省)铁路洗毛厂建立。该厂除人力洗毛外,还有水压机 2 台,用以压制兽皮和兽毛。压毛机每次可压制羊毛 900~1 000 公斤,年产量达 1 300 吨,旺季用工 300~400 人。

俄商企业在海拉尔加工生产的产品中,酒类多运销满洲里、博克图及外蒙古一带,精洗羊毛、冻肉、灌肠及皮革制品多运销俄境或哈尔滨等地。优质精洗羊毛(如东省铁路洗毛厂产品)还远销

---

① 李在洲、王海峰《我们所知道的大和洋行》、谷正光《赤峰民族工业的发端——涌源隆机器面粉厂的创办》,《红山文史》第一集。

② 《满洲国各县事情》,满洲事情案内所报告(50),第 142—144 页。转据乌云格日勒《近代内蒙古东部地区的城镇》,博士论文(未刊稿),2000 年。

欧美市场。①

（4）其他

除上述之外,民国时期一些主要城镇的较大手工作坊、商号,也开始有使用近代机器加工制作的。限于资料掌握情况,难以更多胪列。如20年代初期,包头的平和洋行和八福工厂,就开始用机器制作地毯和提花毛毯。但这类的机械化毛织工业,在包头始终未能有较大发展。②

而对内蒙古地区(城镇)社会经济生活的近代化起到很大作用的发电业及其连带的机器面粉加工业等等,都是1928年民国中期以后的事。如归绥的绥远电灯股份有限公司,是1929年11月投产运营的。其附设机器面粉厂,是1934年才投产的。包头的电灯面粉股份有限公司,是1930年夏投产运营的。1930年10月,芬兰商人还在包头独资创办了拥有14台锅炉的永茂源甘草公司,但次年即因未经正式批准立案,而被地方当局查封并出资接收。③

三、近代交通通讯事业的出现与发展

中国古代的交通和信息传递事业,主要是官办的、直接为各级官府的军政事务服务的驿路台站,还有就是官、民"共用"的河流通航的水道。在内蒙古地区,有清以来还有商旅客货驮运的驼道。

产生于西方先进资本主义国家的邮电通讯和铁路、公路(汽车)交通,是一个社会步入近代文明的基本标志之一。它们不仅关系到国计民生的发展繁荣,也直接有利于军政统治的加强。所以,早在晚清光绪前期,在一些洋务派官员的主持操办下,电报、邮政、铁路已陆续创设于内地、沿海的主要都会通衢。内蒙古地区地处偏远,属于以沿海、内地都会为中心的近代化演变"辐射圈"的边缘。所

---

① 邹尚友、朱枕薪《呼伦贝尔概要》,东北文化社,1930年,第70—72页;《海拉尔市志》,第360页。

② 向乔生、贾曦《包头——我国西北皮毛集散重镇》,《包头史料荟要》第七辑。

③ 参阅《绥远通志稿》卷一九《工业》。

以,这里的近代交通通讯事业出现得较晚,而且除了俄办中东铁路之外,主要是京城、邻省交通通讯中心网点的延伸。

(一) 铁路

清末,清政府于新政时期拟议的北部边疆的铁路建设计划多流于奏议筹划而未实施。除中东铁路之外,内蒙古地区的铁路主要是民国前期修筑的。由于内蒙古地域狭长,其铁道线路多属邻省铁路线的延伸,而相互并不贯通。按照分布地域,大体有呼伦贝尔和哲里木盟东北部的中东铁路滨洲线、内蒙古西部的京绥铁路,哲里木盟腹地的属于奉天省铁路网的四(平)洮(南)线和大(虎山)通(辽)线,以及部分铁路支线。

1. 清末铁路计划

沙皇俄国以中俄合办名义修筑经营纵横贯通整个东北(包括内蒙古东部)的中东铁路之后,日本又通过日俄战争的胜利,将中东铁路长春以南的“南满”线路攫为己有,整个东北的交通命脉尽为俄日控制。在清政府全面推行改制新政、筹划“经略”边疆、蒙古地区的背景下,为了维护国家主权和东北地区的政治经济权益,与日俄的侵略势力相抗衡,东北的军政大员遂开始筹划自建国有铁路。

1906年,署黑龙江将军程德全首先上奏清廷,提议修筑自伯都讷(今吉林省扶余)“经行蒙地”至盛京(奉天,今沈阳)以西的新民,以与国有的京奉铁路接通。1907年初,程德全又奏请修筑黑龙江省境内各条铁路,其中包括由哈尔滨以北的呼兰,西南经(跨)中东铁路对青山车站,经过郭尔罗斯后旗地至伯都讷的线路。同年,经清政府与新任东三省总督徐世昌等初步议定,决意修筑南起京奉线新民,北至齐齐哈尔(黑龙江省会),旨在贯通南北,并“专注蒙地”“横穿哲里木中心”的干线铁路。为此,清政府还派出铁路工程师,以新民至法库为第一段,法库经辽源(今吉林省双辽,即郑家屯)至洮南为第二段,洮南经哲里木盟北部各旗至齐齐哈尔为第三段,进行了实地勘测。不久,新任东三省蒙务(局)督办朱启钤在实地考察各蒙旗之后,又提出改修锦齐铁路的计划。其南起点从新民改为邻近葫芦岛出海口的锦州。其线路,将仅经过哲里木一盟改为“开通全蒙"，"由昭乌达、卓索图以至哲里木，环绕三盟"，即由锦州取道朝阳、（小）库伦，而至洮南、齐齐哈尔。至锡良出任东三省总督（1909年）之后，又制订了从齐齐哈尔向北修至瑷珲的计划，与原拟线路连接，总称为锦瑷铁路计划。锦瑷铁路计划可谓宏大，但由于修路经费难筹（曾接洽从英美贷款）和日本的极力干预阻挠，一直未能实施。①

清末新政时期的倡修铁路高潮中，中国政府自主修筑的第一条干线铁路就是修通至内蒙古边塞关口的京张铁路。1905年，经直隶总督兼北洋大臣袁世凯奏准清廷，由著名铁路工程师詹天佑任京张铁路局会办（相当于副局长）兼总工程师，开始修筑自北京至张家口的铁路。1909年9月，京张铁路建成，同年10月正式通车。

在京张铁路开工修建不久的1906年，即有袁世凯及清朝御前大臣、内蒙古科尔沁辅国公博迪苏，奏请将京张铁路展修，纵贯察哈尔、锡林郭勒草原延伸至外蒙古库伦（今蒙古国乌兰巴托）。1907年，又有清朝驻库伦办事大臣延祉，也奏请修筑张库铁路。由于张家口至库伦线路较长，且沿途均为人烟稀少的荒漠、草地，经济价值很小，所以从1907年起，又有陕甘总督及清朝邮传部等筹议将京张铁路展修至绥远（即今呼和浩特）、包头，以至进一步延伸，修筑远抵甘肃兰州、凉州（今武威）及乌鲁木齐、伊犁的西北铁路干线。按照这一计划，京张铁路通车后即继续修筑张家口至绥远的铁路。1911年初（旧历庚戌年十二月），清朝资政院还议决修筑"蒙古铁路"三条，即张恰（克图）路、张锦（州）路和库（伦）伊（犁）路。其张锦路的计划线路为由张家口经多伦诺尔、赤峰、朝阳至锦州。1911年11月，张绥铁路已修成并通车至山西境内的阳高，即因武昌起义爆发而停工。②

---

① 《东三省政略》卷二《蒙务下·筹蒙篇》"纪铁路计划"；徐曦《东三省纪略》卷九《铁路纪略下》，商务印书馆，1915年。

② 《东方杂志》第三卷（1916年）第五号"杂俎·中国大事记"、同卷第十三号"杂俎·中国大事记"；《清实录·附宣统政纪》卷七"宣统元年正月戊申"、卷四五"宣统二年十一月戊午"、卷四六"宣统二年十二月辛巳"；金士宣、徐文述《中国铁路发展史》，中国铁道出版社，1986年，第256—261页。

迄于清朝灭亡,邻接内蒙古地区的国有铁路,已修通的只有京奉、京张(延至阳高)两线。这两条铁路线上的新民、锦州、张家口、阳高等站,均为内蒙古与东北腹地和关内之间的重要商路交通孔道。两条铁路的通车运营,为边塞内外的社会经济交流起到了明显的促进作用。

2. 中东铁路滨洲线

1896 年 6 月,沙俄诱使清朝代表李鸿章签订了《中俄密约》,规定中俄合办修筑与俄国西伯利亚铁路相衔接的中国东省铁路(即中东铁路,又称东清铁路),并指定由中俄合办的华俄(道胜)银行具体承办经营。同年 9 月,中俄两国又签订《合办东省铁路公司合同章程》(简称《公司合同》)及合办华俄道胜银行合同。同年 12 月,俄国又以华俄道胜银行经办的铁路公司名义公布了《东省铁路公司章程》(简称《公司章程》)。据公司合同和公司章程的规定,实由俄国经营的铁路公司,取得了划占铁路沿线土地,随意开采矿产、林木资源,建造经营房屋建筑、工商企业和电线等特权,并实际攫取了铁路沿线地区的警察、司法、驻军以至地方行政管辖等特权,所谓铁路附属地实际成为俄国的租界地。①

中东铁路西起满洲里,中经齐齐哈尔(铁路站名昂昂溪,位于齐城以南)、哈尔滨,东至绥芬河;后来又增修从哈尔滨经长春、奉天(沈阳),南抵大连、旅顺的"南满"支线。其由满洲里至哈尔滨的西段,又称滨洲线,全长约 935 公里。铁路经过地区,除哈尔滨、齐齐哈尔两城附近,均为内蒙古的呼伦贝尔、西布特哈和哲里木盟北部杜尔伯特旗、郭尔罗斯后旗属境。其由西至东的满洲里、扎赉诺尔、嵯岗、完工、海拉尔、哈克、扎罗木得、牙克石、免渡河、伊列克得等站点,在呼伦贝尔境内;博克图、雅鲁、巴林、扎兰屯、成吉思汗等站点,在西布特哈境内;齐齐哈尔(昂昂溪)以东的烟筒屯、喇嘛甸、萨尔图(今大庆)、安达、宋站、满沟(今肇东)等站点,在杜尔伯特旗和郭尔罗斯后旗境内。

1899 年春,中东铁路滨洲线从满洲里和哈尔滨两端同时开工修

---

① 《中国铁路发展史》,第 35—42、48—54 页。

筑,1901 年 1 月在海拉尔接轨,1902 年 1 月正式通车。1903 年 7 月,中东铁路及其南满支路全线正式通车。但直到这时,由意大利人承包修建的博克图车站以西长达 3 000 余米的大兴安岭隧道尚未完工,列车须经由盘山便线通过。①

在滨洲线修筑和通车以后,俄国官商通过铁路公司,不仅夺占了呼伦贝尔地区的扎赉诺尔煤矿等自然资源,大批俄商拥入沿线城镇经营农畜产加工等工商企业,还在各主要城镇的铁路附属地形成了不受中国政府管辖的独占城区。如在海拉尔老城以北,有以火车站为中心的铁道附属地(又称站界、路界),自成一个人口超过老城区的街区。铁道附属地内,除铁路工区、住宿区和商业区之外,设有俄国领事馆、华俄道胜银行支行、俄商屠宰场,实际行使地方行政管辖权的"自治会",以及铁路守备队(护路军)兵营等,常住定居俄国人即达上千户、数千人。满洲里的铁道附属地,也设有"自治会"等机构和企事业;有人口上万人,其中以俄国人为主的欧洲人多达5 000 人。②

3. 京绥铁路

张绥铁路从张家口展修至阳高后,因辛亥革命停工。1912 年 12 月恢复施工,1914 年 1 月阳高至大同段完工。同年 3 月,开始修筑大同至丰镇段,次年 9 月完工通车。后因战乱影响,停工达 4 年之久。1916 年 1 月,京张、张绥两铁路合并,改称京绥铁路。1919 年 8 月,丰镇至绥远(归绥,即呼和浩特)段(全长 240 公里)开工,1921 年 4 月完工,5 月 1 日正式通车。同年 10 月,开始续修绥远至包头段(全长 150 公里),至 1923 年 1 月 1 日正式完工通车。③

京绥铁路自北京(丰台站)至包头,全长 818 公里,自丰镇以南越长城进入内蒙古,丰镇至包头约 390 公里。其中由丰镇向北经红砂坝、土贵乌拉、苏集至集宁(南站),再折向西经十八台、马盖图、卓

① 马里千等《中国铁路建筑编年简史》,中国铁道出版社,1983 年,第 7、10 页;《中国铁路发展史》,第 46 页。
② 《蒙古地志》下卷,第 1179—1186 页。
③ 《中国铁路建筑编年简史》,第 29、30、32、35、38、40 页;《中国铁路发展史》,第 326 页。

资山、福生庄、三道营至旗下营车站,路经、贯通的是旗县交叉的察哈尔右翼四旗境和丰镇、集宁(1922年新设)、陶林县境;自旗下营向西经陶卜齐、白塔、归绥、台阁牧、毕克齐、察素齐、陶思浩、美岱召、萨拉齐、公积坂、磴口(今名东兴)至包头(东站),路经、贯通的是归绥、萨拉齐、包头(1923年设设治局,1926年改县)县境和旗县交叉的(归化城)土默特旗境。

京绥铁路的通车,对于内蒙古西部与内地之间的社会经济交流,物资转运、贯通市场,起到了重要作用,大大促进了内蒙古西部地区工商各业和交通、通讯事业的发展。如1911年张绥铁路通车至阳高之后,明显刺激了相距仅100里的丰镇的商品物资集散规模和农畜产品加工业的迅速发展。[①] 1914年通车到大同后,大同一带的煤炭外销运路畅通、快捷,使刚局部通车的铁路营运,已获盈余。[②]铁路线在集宁向西折为90度角,很快使集宁(平地泉)从一个偏僻的普通农区村庄,发展为察哈尔右翼四旗地区,也即绥东(绥远东部)各县地区的交通枢纽、政治经济中心和最大城镇,并且成为归化城(归绥)和张家口两个传统通往蒙古商旅大道之间的又一个向北通商的要衢。京绥铁路的终点包头,地处黄河沿岸,是黄河中上游通航的重要枢纽。包头通车后,京绥铁路与黄河航道相连接。凡青海西宁的羊毛、甘肃的水烟、宁夏的药材,后套(五原、临河)的粮食等产品,都可经水路运至包头,然后转由铁路运至大同(山西)、张家口(直隶,即河北)、北京和天津,销售于国内外各地市场。[③] 借助于铁路和水运的联通,包头的商贸、物资集散中心地位迅速提高,甚至已逐渐取代了归化城的传统商贸中心地位。京绥铁路对于开发西北各省区的经济起到了重要作用,其1925年的营业收入(进款)已达1 174万元。[④]

1926年6月,张作霖、吴佩孚两军阀与冯玉祥国民军大战于南口,国民军西撤时又遭到阎锡山晋军的截击,京绥铁路因此而停止

---

① 李晋湘《丰镇县六陈行营业状况》,《内蒙古工商史料》。
② 《中国铁路发展史》,第326页。
③ 同上。
④ 同上。

运行达 3 个月之久。其后，在各路军阀割据混战中，京绥铁路沿线被分割为几个军阀的管辖区，使得铁路营业不振，收入减少，职工工资积欠达 13 个月之多。京绥铁路陷于严重亏损、濒临破产状态，是当时全国的国有铁路中受战乱影响和经营亏累最为严重的线路。①

4. 四洮铁路与洮昂铁路

进入民国以后，北京民国中央政府和东北当局仍想按照清末的锦瑷铁路计划，修筑国有的东北西线干线铁路。日本帝国主义则乘民国初期袁世凯政权的统治尚未稳固和国势衰弱之际，胁迫北京政府于 1913 年 10 月同它签订了《铁路借款预约办法大纲》，获得了由日商出资（贷款）修建 5 条铁路的特权，简称满蒙五路权。5 条铁路线分别为四平至洮南（四洮）、开原至海龙、吉林至海龙、长春至洮南、洮南至热河（承德），其中的四洮、长洮、洮热三线，均将通过于内蒙古东部地区。

1915 年 12 月，北京政府与日本横滨正金银行签订四郑（四平至郑家屯）铁路借款合同，规定须由日本人（实即日本的南满铁道株式会社——简称"满铁"）主持修筑和经营管理。四郑铁路于 1917 年 4 月动工修筑，同年 11 月底完工，次年 1 月 1 日正式通车。②

1918 年 9 月，南满铁道株式会社又提出将四郑铁路向西延长至白音太来（即通辽），向北延长至洮南，并同北京政府签订了借款合同。1921 年 7 月，郑通铁路动工修筑，当年 11 月完工，全线长 114.5 公里。1923 年 4 月，四洮线郑洮（南）段动工修筑，同年 10 月完工，全长 224 公里。③

四洮铁路的四郑段与郑通支线、郑洮段全线接轨通车后，定名为中华民国国有四洮铁路。但它名义上是中国国有铁路，实际上则是日本经营的南满铁路的支线。如四郑路自通车之日起，就与南满铁道办理货物联运和旅客、行李、包裹联运，所需机车和客货车辆都

---

① 《中国铁路发展史》，第 326 页。
② 《中国铁路发展史》，第 305—306 页。另据《中国铁路建筑编年简史》（第 37、40 页），郑通铁路为 1921 年 4 月动工，同年 10 月完工；郑洮段为 1923 年 10 月动工，次年 10 月完工并全线通车。
③ 《中国铁路发展史》，第 305—306 页。

由南满铁道统一调拨使用,在日本人车务处长指挥下具体办理。四洮铁路全线通车后,全路竟然没有一辆自己的机车和客货车,同南满铁道办理客货联运所需的机车、客货车,以至覆盖敞篷货车的篷布等,都是由南满铁道调拨的。直至 1929 年,才自购机车 12 辆。①

四洮铁路通车后,日本为了将其势力扩展到原来与俄国划分的南北满势力范围(以洮儿河为界)界限以北,又提出给予预垫款并承包修筑国有洮昂(昂溪)铁路。1924 年 9 月,东北张作霖当局与日本满铁签订了《承办建造洮昂铁路合同》。1925 年 5 月,洮昂铁路(至昂昂溪附近的三间房车站)动工修筑,次年 7 月建成通车,全长 220 公里。

洮昂铁路虽为由日本垫款包工承建,但预先已赋予日方代管该路的所有收支各款的大权,并且同意该路与南满铁道联运,也即很大程度上仍在日本的控制之下。此外,还在该路筹划时期,继旧俄之后经营中东铁路的苏联方面,就以其将影响中东铁路运营而表示反对,后来又拒绝与中东铁路接轨,同昂昂溪通往齐齐哈尔的轻便铁路办理联运。直到洮昂铁路通车后,经过中东铁路的中方督办的通融,才使洮昂线以立体交叉桥越过中东铁路,与齐昂轻便铁路办理联送。②

四洮铁路和洮昂铁路,及其郑通支线,纵贯哲里木盟中东部,清末以来大规模放垦之后形成的农业区、汉民聚居区,包括郭尔罗斯前旗南部、科左中旗(达尔罕旗)大部,科右中前后三旗(土谢图、札萨克图、镇国公三旗)中东部及扎赉特旗中部,并且将清末以来新设的地方治所辽源州(郑家屯,民国后改县)、开通县、洮南府(民国后改县)、靖安县(今白城)、镇东(今镇赉)县、泰来县,以及 1918 年新设的通辽县连缀在一起。这条铁路线的贯通,使这一新兴农业地区的农副产品很快纳入了更大范围的市场,促进了物资和社会文化交流,同时也更便于对这一地区及有关蒙旗的军政统治和控制、镇慑的加强。当然另一方面,也使日本的政治经济势力进一步伸进了内蒙古东部的腹地。主要由于四洮及郑通铁路的修筑,加上同一时期

---

① 《中国铁路发展史》,第 305—306 页。
② 《中国铁路发展史》,第 332—333 页;《中国铁路建筑编年简史》,第 42 页。

修通的大(虎山)通(辽)铁路,使科尔沁草原腹地的通辽,迅速发展为哲里木盟南部地区最重要的政治、经济中心。

5. 大通线及其他铁路支线

(1)大通线

为了使国有铁路伸向哲里木盟腹地,联通商贸市场,将哲里木新兴农业区的大豆等粮食产品外运销售,国有京奉铁路于1921年开始从大虎山车站向北修筑通往通辽的支线,即大(虎山)通线。

1921年10月,首先动工修建通往大虎山以北八道壕煤矿的线路,次年12月完工通车。1923年8月,自八道壕继续向北展修,1924年12月修通至粮食聚集地新立屯。这时,日本方面为阻止大通线同由日本实际控制经营的四洮铁路相竞争,即援引清末清政府曾承诺中国不修建与南满铁路相平行铁路的协议,向东北张作霖当局提出强烈抗议。张作霖对日方的抗议置之不理,同时下令尽快赶工修路。1925年9月,新立屯至通辽段铁路开工修建,至1927年10月完工通车。①

大通铁路全线长251.7公里,其中由新立屯原柳条边口进入内蒙古境内,至通辽约长195公里。在内蒙古境内,路经设立于清代养息牧官牧厂(原科左前旗地,由蒙古牧丁承牧)的彰武县(1903年设)和科左后旗(博王旗)境,至科左中旗境内的通辽。

大通线的终点站俗称(通辽)南站,四洮路郑通线终点站俗称(通辽)东站。大通线通车后,名为国有的四洮铁路在其日人车务处长和工务处长把持下,却不准该线与大通线接轨。于是,通辽的两个车站分属两个铁路局,互无业务联系,客货中转两站也互不办理。后来由东北当局向四洮铁路局下命令,才使两条线路接轨。至此,京奉、四洮、洮昂以及于1928年开始修筑的齐(齐齐哈尔)克(山)等四条铁路相互联通,可以办理货物联运,遂使哲里木盟新兴农业区以至黑龙江省境内所产的大豆等粮食产品,均可直接通过国有铁路运至营口和秦皇岛出口外销了。②

---

① 《中国铁路发展史》,第334页;《中国铁路建筑编年简史》,第38、43、46页。
② 《中国铁路发展史》,第334页;《哲里木盟志》(上),方志出版社,2000年,第575页。

（2）其他铁路支线

锦朝线

1921 年,京奉铁路局为发展营业,利用本路余利修建自锦州经义县至朝阳县的支线,称为锦朝支线。该线 1921 年动工修筑,当年12 月修至金岭寺(距北票 18 公里),1927 年 12 月修通至北票煤矿区,全长 113 公里。而原计划中的从金岭寺折向西至朝阳的 40 公里,再未动工修建。该线自义县以西的九宫台门附近出柳条边进入卓索图盟土默特右旗境内,将清末以来逐步被开采的北票煤田各矿所产优质煤,由铁路运至营口,经海路转销上海。①

博林线

1925 年,为便利中东路滨洲线博克图站以南火燎沟各林场所采木材外运,中东铁路从博克图以东的沟口站向西南修筑支线,深入火燎沟内,沿绰尔河右(西)岸修通至 125 公里处的松岭(今塔尔气镇)。②

（二）公路（汽车）运输

1. 张库路—大成汽车公司

早在清末新政时期,官、商各阶层就开始筹划开辟张家口至外蒙古库伦(今乌兰巴托)的汽车运输业。1908 年,据《东方杂志》报道,有蒙地商绅拟开张库汽车运输,又打算从新任清朝驻库伦办事大臣三多那里求得资助后,就着手试办。1910 年,阿穆尔灵圭等驻京蒙古王公在北京创办的蒙古实业公司,也筹划开办张家口至库伦的汽车运输。但事隔不久,三多也出面筹划开设张库蒙古汽车公司,还提出了先从国外购进 4 辆汽车分别承担客货运输,以及有关沿途路线、起迄站点等相当具体的计划。③ 后因辛亥革命爆发,外蒙古宣布"独立"而未果。

1918 年 4 月,由商人景学铃、陈祖荫等人集资 10 万元(银元),

---

① 《中国铁路发展史》,第 333—334 页。
② 《中国铁路建筑编年简史》,第 43 页。参阅《黑龙江志稿》卷二二《财赋志·森林》。
③ 汪炳明《"蒙古实业公司"始末》,《内蒙古社会科学》1985 年第 3 期。

经北京政府交通部批准成立大成张库汽车股份有限公司,购车设站,开办了张家口至库伦的客货汽车运输。张库汽车路线大体沿用清代形成的张库驿路、商道,基本上都是自然路。该线全长965公里,行程须5日到达,沿途设有兴化(张北)、滂江(今苏尼特右旗布图莫吉苏木境内),和外蒙古境内的乌得、叨林等4个食宿大站。自张家口出发,途经民国初期新设张北(1913年设)县境进入内蒙古察哈尔(镶黄旗)和锡林郭勒(苏尼特右旗)草原,在今内蒙古境内全长约360公里。滂江是当时内蒙古境内汽车运输车站,设置蒙古包作为站房,供旅客食宿和补充燃料。

大成公司之后,又有其他汽车公司及车行相继成立,参加张库运输。仅张家口就有民营车行44家,汽车88辆,其中90%以上行使于张库路。北京政府交通部于1918年10月筹设西北汽车处,也办理张库路汽车运输,并在沿途主要站点设立了站长。

1921年外蒙古革命独立,于1924年正式成立蒙古人民共和国之后,将交通运输业收归国营,并禁止中国商旅、车行入境。张库路汽车运输从此日渐衰落。有的车行为了维持营业,转而开行张家口至贝子庙(今锡林浩特)路线,还不定期行驶百灵庙、多伦等地。由张家口开行贝子庙的营运商车,沿张库路到滂江站,再折向东驶往贝子庙。①

2. 绥远西北汽车公司

1915年,京绥铁路修至丰镇后,因工款不足被迫停止修路工程。绥远境内大盛魁等各大商号,在铁路受阻于丰镇(时属察哈尔特别区)时,曾申请筹办绥远(归绥,即呼和浩特)至丰镇的汽车运输,以便与铁路衔接,但未能实现。

1917年蔡成勋出任绥远特别区都统之后,绥远各商再次请求办理绥丰汽车运输。1918年初,包头漠南公司经理王用舟、归化城著名旅蒙商大盛魁经理段履新,在归绥经商的新疆帮,绥远其他实业、

---

① 《内蒙古公路交通史》第一册,人民交通出版社,1993年,第52—53页;《内蒙古自治区志·公路、水运交通志》,内蒙古人民出版社,2001年,第374页。

厂矿及银行、钱庄的经理等共15人,联名呈报都统署,要求开办西北汽车运输公司。同年8月,经都统转报北京政府交通部获得批准。西北汽车公司创办时的各项计划有:开办路线起自丰镇,经过归绥、包头、五原、宁夏,迄于新疆;整修道路工程,计划分为三段,第一段丰镇至包头,第二段包头至宁夏,第三段抵新疆。开办时有各创办人投资10万元,拟逐步召集商股至50万元。

1919年初,西北汽车公司开始运营。先后购置汽车10余辆,租用房屋作为站房办理业务。首先开办的是归绥至丰镇,然后是归绥至包头线路。至丰镇的行车路线,基本沿原有车马大道,从归绥出发,向东北经过羊群窑子、陶卜齐、土城子、召山沟,转向东南经卓资山、沙滩坝、苏集、麦胡图、天成村,再向东至丰镇共14站,线路全长约210公里。为汽车顺利通行,曾在麦胡图以北择要整修最难行坝路2处。归绥至包头的路线为经过台阁牧、毕克齐、察素齐、讨思浩、萨拉齐、沙尔沁至包头,共12站,全程约160公里。

西北汽车公司是内蒙古西部地区开设最早的民(商)营长途汽车运输企业。当时,在内蒙古西部定居人口聚集的乡村和城镇间"定期开驶,旅客称便"。但该公司开办后,营业情况并不兴旺,运输效果也不明显,连年出现亏损。京绥铁路通车至归绥后,线路改为(只)由绥远至包头。1923年铁路通至包头后,由于业务量更为减少,已无运营价值,随即于当年停业。至于从包头向西开辟新路的计划,已非公司财力所能承担,未能实现。[①]

1928年,由于归绥至大青山后的蜈蚣坝险段已经过国民军兵工整修,遂有归绥商人张克昌开设克利汽车行,购置一辆载重一吨的道济(又作道齐,俗称三角道济)汽车,开办了归绥经武川至百灵庙的汽车运输。[②]

3. 包头至宁夏的汽车军运

京绥铁路通车至包头以后,包头的工商业急剧发展,人口猛增,

---

① 《内蒙古公路交通史》,第一册,第56—58页;《内蒙古自治区志·公路、水运交通志》,第374—376页。

② 《内蒙古公路交通史》,第一册,第135—136页。

刺激了交通运输业的相应发展,汽车运输业应运而生。包头最早兼营汽车运输的是专门承包官方盐业的专卖商日升盐店。1925 年,日升盐店购置道济(载重 0.75 吨)汽车一辆,来往运行于包头、五原之间,从事原盐、邮件、百货和旅客的运输。①

1925 年 1 月,冯玉祥出任西北边防督办,其部将李鸣钟任绥远特别区都统,所属各部分驻归绥、包头至后套一带。冯玉祥等对西北地区的交通事业十分重视,从维护国家主权和保障国防出发,同时也为了控制交通命脉,提出西北国道汽车运输收归国有、国营,一律不准中外汽车公司私自运营,并曾通令西北地区各公司一体遵照。1925 年 6 月,冯玉祥特邀北京政府交通部外籍顾问贝克和华洋义赈会工程师塔德到绥远考察,提出了绥远公路建设方案。同年夏,冯玉祥委派旅长石友三率部修筑包头至宁夏的汽车路,以供军运需要。经几个月努力整修,粗略修成,初具路形,但只是在自然路的基础上铲高垫低,展宽填平,只能叫做勉强可以通过汽车的简易公路。同一时期,绥远都统署警务处长吉鸿昌,还督率兵工整修了归绥经蜈蚣坝越大青山至武川县的道路,使历称艰险的蜈蚣坝路也可以通行汽车。

包宁路整修后,西北边防督办署即在包头设立包宁汽车路局,开始办理军运业务。该局当时有征用旧车 19 辆,新道济车 7 辆。运行线路全长约 648 公里,沿线共设兵站 20 站,五原、临河、磴口等站为食宿大站。从包头出发,两天到磴口,第三天到宁夏(银川)。

该路汽车运输开办以后,在汽车管理和使用方面一度出现混乱现象,如各部队强占、乱派等强迫行车,私售客票私运货物,假借军运名义私揽客货运输;以及汽车燃料、部件耗损严重等等。1926 年 7 月,包宁汽车路局经西北边防督办批准,制定颁行了新的管理办法,规定各军事机关因公用车一律收费,私事用车运费自付;禁止私揽客货、私运货物;不得装载超重,不得苛待车运人员等等。但为时不久,国民军(也称西北军)就在与奉系军阀的战争中失利西撤。1926年 9 月,冯玉祥在五原誓师参加国民革命,率国民军西下宁夏、陕甘,

---

① 马廷诰《包头交通运输业梗概》,《包头文史资料选编》第五辑。

包宁汽车军运随即停办。①

1927年以后,包头地区的民营汽车运输业再度兴起。1928年,有公记、荣达、仁记、包商等汽车商行先后成立,开办由包头至五原(隆兴长旧城)的汽车运输,成为包头至河套地区最早的商办汽车运输。迄1937年"七七"事变,先后成立的汽车行有27家,累计营运汽车达50辆。经常保持开业的车行少则6家,多时13家,营运汽车少时十来辆,多时20辆。②

4. 呼伦贝尔地区的汽车运输业

(1)海拉尔为中心的汽车运输

呼伦贝尔、海拉尔地区最早出现汽车,约在1903年以后,当属由俄国人引入。约1920年,位于呼伦贝尔南部的阿尔山温泉的疗效经新闻报道后,声誉远扬。每年夏季慕名而至的疗养者逐年增多,来自东三省及北京、天津、上海的中外浴客经由海拉尔前往阿尔山的数以千计。犹太人罗沽司凯经营的汽车行,投入12座客车5辆,2吨货车1辆,开辟了哈尔滨—海拉尔—阿尔山之间的客货营运,每周往返两次。

1920年代初,海拉尔开始出现私营汽车运输业,其经营者和驾驶员多为俄国"十月革命"后流亡而来的俄侨(俗称白俄)。陆续开辟的营运线路有5条:海拉尔至外蒙古库伦,全程1 350公里,行程3天;海拉尔至呼伦贝尔北部的室韦(吉拉林),全程350公里,行程10小时;海拉尔至乌洛夫河口(地望待详),全程600公里,行程18小时;海拉尔至阿尔山温泉,全程350公里,行程10小时;海拉尔至甘珠尔庙,全程180公里,行程6小时。其中,海拉尔至阿尔山和甘珠尔庙的运行季节性很强,前者自春至秋,后者主要集中在每年秋初(旧历八月初一)的甘珠尔庙会集市期间。

海拉尔至吉拉林的线路,则是由于民国以来该地区中俄移民开拓者(包括采金、伐木和农耕)的涌入,并且与额尔古纳河对岸俄

---

① 《内蒙古公路交通史》第一册,第59—60页;《内蒙古自治区志·公路、水运交通志》,第89、382页;马廷诰《包头交通运输业梗概》。

② 马廷诰《包头交通运输业梗概》;《内蒙公路交通史》第一册,第132页。

(苏)境的贸易日盛,而成为汽车运输的重要路线。海拉尔商户洪顺利等集资经营的合同汽车公司,首先在这条线上开办客、货汽车运输。合同公司资金1万元,置备汽车3辆,其中12座客车2辆,载重2吨货车1辆,雇佣的驾驶员均为俄侨,每月运送旅客80~100人。

据1926年呼伦县的调查统计,当时海拉尔登记在册的汽车有16辆,车主为14个(户)。车主中,俄侨和外国洋行为11个,中国人或公司仅有3个。16辆汽车中,属于自用的4辆,属于营业运输的12辆。而且除了洪顺利的合同公司(有车3辆),均为每户车主1辆汽车。另据同年日本"满铁"驻哈尔滨机构的调查报道,当时海拉尔有汽车25辆(去年是28辆),车主由8个增至12个;在营运汽车中,客运为10辆,货运为3辆。

1927年,专管呼伦贝尔各蒙旗的呼伦贝尔副都统公署为经营阿尔山疗养院和旅游地,由官钱局拨款3万元作为资金,创办了阿尔山公司。该公司成立后,首先改善、整修海拉尔至阿尔山的道路,在途经的辉河等河流交汇处修建了4座简支梁木桥,平整了险阻路段,在部分沼泽地路面铺上树枝,达到旱季期间全线畅通,并且在阿尔山修建了3家旅馆。然后购置投入客车3辆,开始官办汽车客运,每日早7时从海拉尔或阿尔山开出,途中运行7~8小时左右抵达终点。①

(2) 满洲里的汽车运输业

至1925年,满洲里的汽车运输业已有相当规模。当时,已有汽车50余辆,其中载客用占60%,载货用占40%。多数为外国人经营的洋行、公司或工厂所有,自用于对外蒙古的贸易和羊毛运输,也不时捎运乘客和货物。同时,还陆续出现几家专营汽车运输的车行。专营车行及其营运线路大致如下:

1925年,第一家由中国人合资经营的振东汽车行开业,以14座客车3辆,运营于满洲里至扎赉诺尔矿区,每日往返运行两次。此路与铁路平行,道路大致平坦,全程29公里。

---

① 《内蒙古公路交通史》第一册,第60—63页;《海拉尔市志》,内蒙古人民出版社,1997年,第461—463页。

同年,黑龙江省立银行所属广信公司,为将其开办的察汉敖拉煤矿所产煤炭运至满洲里,置备 3 吨载货汽车 4 辆,开始专项物资运输。

1926 年,苏联和蒙古人民共和国合资开办名为索夫托尔古夫罗淘的汽车运输机构,拥有 2 吨载货汽车 6 辆,主要在满洲里至外蒙古东部的桑贝子(旗)(今乔巴山市)之间运行。全程 320 公里,路况较好,当天即可抵达,每周往返两次。

1927 年,又有一家中国人合资经营的永兴汽车行,也以 14 座客车 2 辆,开办满洲里至扎赉诺尔的客运。由于经常与振东汽车行相竞争,汽车乘客时多时少。

在每年的甘珠尔庙会集市期间,满洲里也有往返于甘珠尔庙的客货汽车运输。至甘珠尔庙全程 268 公里,比海拉尔远 88 公里,仅当地商民取此道前往。

此外,满洲里还有专门经销从哈尔滨输入的进口汽车配件、燃润油料的商店。市立电业公司所属的一家工厂,还承揽社会各种汽车的维修业务。[1]

5. 哲里木盟地区的汽车运输业

(1)洮南地区

哲里木盟北部以洮南为中心的汽车运输业,约开始于 1920 年,其营运路线主要是洮南至突泉和科尔沁右翼三旗。1926 年以后,洮南先后开设 7 家汽车公司,主要办理客运。[2]

(2)通辽地区的汽车运输业

1921 年四洮铁路通至通辽以后,它的交通枢纽和商贸中心地位迅速提高,汽车运输业随之逐渐兴起。

1924 年,驻防开鲁的东北军 17 旅,在开鲁创办了兴隆汽车公司,拥有资金东北(奉天)大洋 1.1 万元。置备 6 座客车 5 辆,每日发定期班车,经营通辽至开鲁的客运。该公司也承揽前往林东、林西及鲁北(今扎鲁特旗所在地)等地的客运,但只限包车,不定期运行。

---

① 《内蒙古公路交通史》第一册,第 63—64 页。
② 《内蒙古公路交通史》第一册,第 67 页。

同年,兴隆汽车公司还开始在通辽和郑家屯等地运行客货混装汽车运输。该公司经营约一年半之后,因故停业。

1926 年以后,通辽城内相继办起云龙、通开、公益 3 家商营汽车公司。云龙汽车公司由 3 人合资经营,投资 2 万奉天大洋。代表人黄静轩,经理高旭东,有 12 座箱形客车 2 辆,设有营业所和汽车库。通开公司代表人穆春,经理王西兰,资金 8 000 元,有 4 座客车 1 辆。公益公司集股资金达 6 万元,代表人郭连捷,经理张树堂,有 6 座及8 座客车各 1 辆。这三家公司的所有车辆均为旧车,只在秋后至初春 6 个月内,办理通辽至开鲁间不定期客运,乘客中商人约占 7 成,其余以军人占多数。

1927 年,又有前热河都统的亲属来通辽开办永安汽车公司,资金 2 000 元,有 6 座客车 2 辆,经营通辽至开鲁的客运。

1928 年,云龙、通开、公益等公司停办。随后又开设有三玉、飞云两家汽车公司,前者资金 2 000 元,后者资金 1 600 元,各有 6 座汽车 2 辆,均在通辽至开鲁线上运营。

1928 年,哲里木盟东部还开始有大客车运行,往返于保康(今科尔沁左翼中旗所在地)和长岭(今属吉林省)之间。①

6. 赤峰、卓索图盟地区的汽车运输业

1925 年第二次直奉大战之后,由于北京经热河(承德)至北票的军运需要,热河特别区境内始有汽车运输,曾由部队对通行道路进行局部整修。当时热河境内有汽车 70 辆左右,其中约 50 辆属于驻军交通队,其余为民间所有。驻军交通队在赤峰和卓索图盟(旗县交错)境内的平泉、凌源、朝阳等地设立分队,在执行军运的同时,兼营地方客货捎脚运输。主要运行路线为承德至北京、围场、北票、赤峰等地,其余线路视客货多寡而定。因为军车收费标准较低,沿途且可免受匪盗之害,所以一般商旅无不争搭军车。

赤峰地区开始有商办汽车公司,是 1929 年以后的事。②

---

① 《内蒙古公路交通史》第一册,第 64—65 页;《哲里木盟志》(上),第 541 页。
② 《内蒙古公路交通史》第一册,第 68—69 页;《内蒙古自治区志·公路、水运交通志》,第 89、384 页。

（三）水运交通

1. 黄河水运交通

（1）通航概况

"黄河上起兰州,下迄山西之河曲,均有舟楫之利。"即流经内蒙古境内的河段均可通航。黄河自宁夏石嘴山以北入境,蜿蜒至山西河曲出境,总长约 830 余公里。其中,从旧磴口(今阿拉善左旗巴彦木仁苏木)至托克托县河口全长约 595 公里(旧磴口至包头南海子949 华里,南海子至托县河口 240 华里),均为沙质河底(称为沙河),河面较宽,船行无阻。从磴口上溯(至石嘴山 90 公里)及从河口以下(至河曲约 153 公里),均为石质河道,两岸多山,河面较窄,水深流急,船行常有险阻。①

内蒙古境内的黄河通航由来已久,汉代以降即史载不绝。清代以来,早在康熙年间,康熙皇帝在亲征准噶尔战争中,曾从"宁夏横城(堡)坐船,计二十一日,至湖滩河朔",湖滩河朔即托克托县的河口。②

清中叶以后,随着归化城土默特地区的大规模垦殖和汉民的涌入,及河套地区农耕、水利的开始出现,黄河水运逐渐兴盛起来。当时,托克托县(厅)河口是内蒙古境内黄河沿岸的重要水陆码头。从黄河上游宁夏、阿拉善旗、鄂托克旗、河套等地运来的皮毛、盐碱、甘草、粮食等物品,从下游晋西北各县牵拉而上运来的木炭、石器、粗瓷、松柏木料及各种农副、土特产品,以及驮载车拉而来的张家口、京津地区的砖茶、绸缎、细瓷、洋广杂货等商品,均以河口为交易集散市场。至道光年间,河口已是盐、碱、甘草等大宗货物的囤积地。盐、碱的每年(集散)运量为百余船,价值白银 10 万余两,甘草的年运量四五百万斤,值银四五十万两。此外如来自清水河的粗瓷,河

---

① 《绥远概况》第二编"交通·河运",绥远省政府编印,1933 年。参阅石蕴琮等《内蒙古自治区地理》,内蒙古人民出版社,1989 年,第 116 页;《内蒙古自治区志·公路、水运交通志》,第 446—449 页。
② 王龙耿《包头黄河水运小史》,《包头史料荟要》第八辑,1983 年。

套的芨、红柳、鞭杆等特产,年运量亦约值5万银两。①

1850年(道光三十年)夏,河口镇码头被黄河大水淹没。其后,其黄河水运商贸集散中心的地位逐渐被包头南海子码头(包括南海子、二里半、王大汉营子三个码头)所取代。特别是自京绥铁路延伸至包头以后,黄河航运船筏的停泊装卸,全部移至包头码头,成为黄河中上游水运的著名吞吐港。大约西路进货的70%,由这里经铁路转运到关内、京津地区。②

京绥铁路全程通车后,内蒙古地区的黄河航运逐渐进入鼎盛时期。黄河航行期,为每年清明节解冻后到立冬节结冰前,约6个月至200天左右。从包头至宁夏全程500多公里,上行船主要靠人工拉纤,日行四五十里,至少得一个月时间,最长五六十天。下行则顺流而下,日行约80里,夏季涨水时可达130里。每年的舟楫往来至多不过三次,皮筏往来,至多不过两次。上行船大多装运内地、京津等地的棉布、丝绸、煤油、砖茶、糖、五金等各种百货杂物。下行船装运甘肃、宁夏等地的羊皮、牛皮、驼毛、杂粮、甘草、麻、食盐等地方产品。航行的船舶数量变动较大,各种民船少则800只(艘),多则1 200只(艘)。最兴盛时,可达1 500只(艘)以上。每年的货物运输量,上行约300余万担(每担300斤),下行约400余万担。航行到包头的羊皮筏子,每年约有300只,运载量达1 000余万斤。下行货物中,粮食主要在五原、临河一带上船,每年进入包头的约20万担以上。天然碱和吉兰太池盐主要在磴口一带上船,每年可达500万斤。宁夏的滩羊皮、西宁的羊羔皮很多是用皮筏运来,每年约2万余张。每年用木船运至包头的西宁毛1 000万斤,宁夏毛500余万斤,以及宁夏枸杞100万斤,西宁大黄10万斤,兰州水烟2万余箱。③

直到抗日战争爆发,以包头为枢纽的黄河中游航运才被迫中止。

---

① 杨立中《河口古镇之兴衰史迹》,《呼和浩特文史资料》第七辑。
② 马廷诰《包头交通运输业梗概》。
③ 《绥远概况》第二编"交通·河运";马廷诰《包头交通运输业梗概》;王龙耿《包头黄河水运小史》。

（2）主要航运工具

民国前期，也即黄河中流航运业最兴盛时期，主要航行工具可分为各种木船、皮筏、木筏（排）及一度出现的汽船。兹简略分述如下：

高帮木船　船长4丈左右，宽约1丈5尺，深3尺。一般都用白杨木制成。这种船容易漂浮，吃水浅，适合黄河低水位的特点。高帮船主要往来于河口、包头（南海子）和宁夏之间。上水每日行40~50里，5人拖缆（拉纤），1人掌舵，遇急流则合数船人伕，轮流拖缆，至宁夏约需一个月。下水每日行约80里，至包头约需十八九天。其载重量，上水可装洋广杂货20担（每担240斤），下水可装粮食80担或皮毛70担（一说上水可载重2万余斤，下水可载重三四万斤）。每年约有100只（艘）运行。①

七站板船　亦多用白杨木制作。船长4丈，宽约1丈8尺~2丈，深5尺，载重3万余斤。也主要航行于宁夏、包头、河口之间。行船日期及装运货物，与高帮船相同。下水用船夫5人，上水用7人。上水载重，水小时可装45担，水大可装30担。下水时，皮毛可装90担，粮食可载100担（一说上水可载重2万斤，下水可载重三四万斤）。每年约有1 000只（艘）运行。

另有一种船长5丈，基本构造与七站板船一样的盐碱船。专运盐碱，可载货300余担。这种船数量不多。②

小五站船　亦多用白杨木制成，但构造极简单，木料也较脆弱。船形与高帮船相同，船大小不等，多长约2丈左右。也运行于河口、包头、宁夏之间。载重量约8 000斤上下。这种船据说数量可达五六千艘。③

牛皮筏　制作方法为，将整张牛皮密密缝合，浸入青油和盐水中，经数天后取出，吹气使鼓，将羊毛或驼毛塞人其中，形成皮囊，扎紧放入水中。每个皮囊，可装毛200余斤。然后将120个皮囊联为

① 《绥远概况》第二编"交通·河运"；王龙耿《包头黄河水运小史》；马廷诰《包头交通运输业梗概》。
② 同上。
③ 《绥远概况》第二编"交通·河运"；马廷诰《包头交通运输业梗概》。

一筏,由 6 个人坐在上面驾驭,并可盛载少量其他货物,在河中任其自流。这种皮筏自西宁行至兰州以后,由于河道渐宽,改为合并 4 筏为 1 筏,也即几百个皮囊连成一筏,然后直行抵达包头。如果装载其他货物,则将缝合的皮囊吹成汽球状,然后编联成筏,将货物载于筏上。

这种黄河中上游河道上特有的牛皮筏,都是单程下行航运的。每年约有 300 只从甘肃行抵包头。筏主将所载货物卸于包头之后,有的将牛皮在市场上出售,有的将空皮筏驮运西返。①

羊皮筏 用制作牛皮筏囊的方法将整羊皮加工成皮囊,吹成气球状,然后在其上用木材编制成筏,将货物载于筏上航行。因载重量的不同,每筏的羊皮气球数量也不等,多以 8 个或 12 个气球编为一筏。这种皮筏皮质脆薄,多用于短途运输或渡河使用。②

木排筏 黄河上游的青海、甘肃一带盛产黄松、白松。运货者将木料编成木排,放流至兰州,然后在木排上承载货物或旅客,下行运抵包头。货物卸载出售,木排亦拆开出售。这也成为包头地区木材的一个货源。③

轮船 1918 年,宁夏护军使马福祥和甘肃省长张广建联合创办甘绥轮船公司,先后从上海购进 2 艘小型钢质汽油发动机轮船(配件),运至包头南海子装配成船。一艘名为"飞龙"号,船长 18 米,宽 4 米,(空船)吃水 0.8 米,载重 10 吨,可载客 20 人。一艘名为"探源"号,长 15 米,宽 3 米,吃水 0.7 米,设官舱 1 间,客舱设 20 人座,无货舱,下行航速每小时 25 公里。汽船装成下水后,曾在包头至石嘴山及包头至河口间成功往返试航 2 次。但由于黄河水浅,只能乘客而无法载货,无何经营价值。1920 年年末,马福祥和张广建同时离任他调,甘绥轮船公司随之停办。④

---

① 《绥远概况》第二编"交通·河运";马廷谐《包头交通运输业梗概》;王龙耿《包头黄河水运小史》。

② 《绥远概况》第二编"交通·河运";马廷谐《包头交通运输业梗概》。

③ 《绥远概况》第二编"交通·河运";王龙耿《包头黄河水运小史》。

④ 马廷谐《包头交通运输业梗概》;王龙耿《包头黄河水运小史》;《内蒙古自治区志·公路、水运交通志》,第 463、484 页。

（3）主要码头、渡口

河口位于托克托县（厅）境内的河口，又名湖滩河朔（硕），不仅是黄河航运的重要码头，也是两岸摆渡通行的重要官渡口。

河口作为黄河中游航运枢纽和货物集散中心的地位，也促进了这里船运业的兴起。在其航运业兴盛的清代中后期，河口镇上仅双和店商号就拥有大船 10 只（艘），河口以南喇嘛湾的四和德商号拥有大船多达 70 余只（艘）。当时，沿河两岸各种船户共有大木船 200 余只（艘），河运工人 1 000 余人。

清嘉庆十二年（1807 年），清政府即在河口设有征税所，每年征课税银约六七万两。

河口官渡　由归化城土默特旗设官管辖，与上游的毛岱（后移至南海子）渡口并称内蒙古境内的两大官渡。官渡始设于康熙三十五年（1696 年），由土默特旗委派防御一员，骁骑校一员，旗兵十五名，并置备官船两只，负责管理和摆渡。其职责为，负责递送公文折报，巡缉贼盗，盘查奸宄，稽查违禁货物等。对于过渡的商民及其牲畜、货物，收取一定数量的船费，以维持官渡官兵的薪俸和各项开支。如有结余之款，则须上交旗署。①

南海子官渡　1696 年，清政府始设黄河中游官渡时，与河口官渡同时设立的是位于河口上游约 80 里的毛岱（今属土默特右旗）。1874 年（同治十三年），托克托至包头河段的黄河干流改道，毛岱渡口脱离河道，遂将渡口改设于包头南部的南海子。其土默特旗常设官兵员额、渡船及职责，与河口官渡相同。1907 年，南海子泊船岸口被河水冲刷坍塌，一度将官渡移至南海子以西 10 余里的王大汉营子。南海子渡口修复后，复迁回南海子。

清末民初，随着南海子码头在黄河航运中地位的提高，商贾、货物聚集，社会治安也随着政局动荡而混乱不靖。私渡纷纷出现，官渡管理也难以尽责。至 1926 年，土默特旗署重行整顿官渡事务，特设南海子官渡巡查事务所，制定了具体章程及渡资征收办法，整饬、

---

① 杨立中《河口古镇之兴衰史迹》；巴靖远《南海子官渡的来历和演变》《包头文史资料选编》第四辑，包头市政协编印，1983 年。

加强了渡口管理。对沿岸原有的私人渡口,有的裁撤,将其伕役水手收编改为官渡的巡员、伕役;有的迫令领取票证,照章纳费,接受监管。①

其他主要码头　1920年代黄河水运兴盛时期,内蒙古境内的主要货物集散码头,除前述河口、南海子之外,还有原阿拉善旗境内的旧磴口、三盛公(今磴口县城以南)和河套套内的马道桥、天吉太桥、园子渠、义和渠桥等。其中,旧磴口和三盛公码头的进出商品,上水(行)物资主要是砖茶、布匹、百货、粮食,下水(行)物资主要是盐、羊绒毛、驼毛、畜皮、甘草、苁蓉等;马道桥等其他4个码头的进出商品,上水物资主要是各种百货和工业品,下水物资主要是木料、皮毛和农区土特产品。②

2. 呼伦贝尔地区的水运交通

(1)额尔古纳河航运

呼伦贝尔西北部与俄国交界的额尔古纳河,自上游阿巴该图至汇入黑龙江的额勒和哈达(今名恩和哈达)河口,全长约900公里。阿巴该图至黑山头的215公里为上游,因河道宽、水浅,水流分散,无法通航。黑山头至吉拉林(室韦)的257公里为中游段,可通行小型船筏。吉拉林至河口的428公里为下游,可通行较大木船及汽船。其中,由黑山头至吉拉林以北的毕拉尔河卡伦每年夏秋间可通航4个月,毕拉尔河卡伦至河口每年可通航5个月左右。③

清代以来见于记载的最早航行记录,是1851年,呼伦贝尔蒙旗佐领敖拉·昌兴率兵巡防时,曾乘船从黑山头入额尔古纳河,航行至额勒和哈达河口入黑龙江,然后航抵瑷珲城。敖拉·昌兴一行21人,乘坐的是长6丈余、宽1丈余的桦皮船,还载有许多布匹、粮食、糖茶等物品。这种桦皮船是以大张的桦树皮用鳔胶粘合缝制而成,船底还套以轻木筏,是呼伦贝尔地区由来已久的航运工具。④

19世纪末、20世纪初,随着额尔古纳河沿岸采金业的兴起,开

---

① 巴靖远《南海子官渡的来历和演变》;《土默特志》上卷,第652页。
② 《内蒙古自治区志·公路、水运交通志》,第479页。
③ 《呼伦贝尔志略》"交通、水陆航桥";《呼伦贝尔盟志》(中),第1587页。
④ 《呼伦贝尔盟志》(中),第1587—1588、1591页。

始有木帆船往来于吉拉林、奇乾及额勒和哈达河口以东的尼古河
(距漠河金矿区仅100余里)之间。①

1920年代初期,每年在黑山头至河口的额尔古纳河道航行的大
帆船有2只(艘),小帆船有十六七只,汽船有八九艘。其载重量,大
帆船可载450石(一说27吨);小帆船大小不等,每只可载70~220
石(一说4吨);汽船载重量最大吨位为130吨。所载货物,主要是
煤油、面粉、酒类及其他日用杂货。②

(2)其他河流航运

1908年,呼伦贝尔副都统宋小濂主持制造两只木船,装载粮食
等货物,从海拉尔城北的海拉尔河出发,顺流而下,经阿巴该图驶入
额尔古纳河,给沿岸各边防卡伦官兵运送给养。因河流湍急,木船
逆流而上十分困难,以后再未照此航行。

1920年代,伊敏河、海拉尔河成为呼伦贝尔水路运输的重要航
道之一。海拉尔城北几公里的河上,有小汽艇4艘,在两河之间运送
木材等物资。

同一时期,位于海拉尔河各条支流上游的一些林场(伐木企
业),还利用河道流放木排(筏)。如距海拉尔160多公里的牙多尔
斯喀牙林场,每年在河流解冻后,利用伊敏河等4条河流放木排。乌
尔克其罕河林场(前卧伦错夫林场),利用海拉尔河等5条河流放木
排。1926年,经海拉尔河流放的枕木约40万根,大木5万根;经伊
敏河流放的枕木29万根,大木1.2万根。③

(3)呼伦贝尔地区的主要渡口

清朝末期,呼伦贝尔地区设有官渡10处。其中,设于海拉尔河
上游支流特尼(克)河1处,海拉尔城南伊敏河1处,海拉尔城西北
海拉尔河上3处(各间隔数十里、百余里),城北海拉尔河支流莫尔
哈勒(又作莫勒格尔、墨尔根)河1处,从贝尔湖流出、汇入呼伦池
(达赉湖)的乌尔逊河1处,从呼伦池流出、汇入额尔古纳河源的达

---

① 《呼伦贝尔盟志》(中),第1591、1593页。
② 《呼伦贝尔志略》"交通、水陆航桥";《呼伦贝尔盟志》(中),第1591页。
③ 《呼伦贝尔盟志》(中),第1591、1593页。

兰鄂罗木河1处,额尔古纳河上游支流根河和特勒布(古?)尔河(又作得尔布尔河)各1处。这10处官渡均由呼伦贝尔副都统署派员管理,每个渡口设小渡船1只。民国初期,奇乾县境内(当时不属呼伦贝尔"自治"政府管辖)设立渡口5处,分别设于额尔古纳河下游支流莫里勒克河、牛尔河、珠尔干河、乌玛河、额勒河上,每个渡口有摆渡用独木舟1只。

1920年呼伦贝尔取消"自治"以后,原来的10处渡口均改归呼伦、胪滨等县管理,每个渡口的摆渡船也增至两只。①

海拉尔城西北5公里处的海拉尔河官渡,是出海拉尔城北行必经的重要通道。1900年俄军大举入侵占据海拉尔以后,这里由俄国人经营摆渡。1908年末,呼伦贝尔地方当局将俄人的两只渡船作价,收回官渡,改租给当地船户(汉民)经营。1915年左右,渡口上架设了铁索。1920年代初,这里的渡船是由3只木船紧固、拼装而成的宽约10米的平台船。平台船可载重5吨,过渡时由人力在铁索上牵动往返。当时渡口处河宽约80~100米,行人车马过渡一次约需15分钟。②

此外,在西布特哈地区东部嫩江边上的尼尔基(清代称伊倭齐,今莫力达瓦旗所在地)附近还有一处重要渡口,又称布西渡口(布西即西布特哈)。尼尔基渡口位于诺敏河与嫩江合流的腹地,三面环水,一面靠山。出入尼尔基以西地区的人员、货物大部分要经渡口过嫩江。

1912年初,有人在尼尔基渡口处间断地从事摆渡。1922年初,船民高成林开始在此专营摆渡。摆渡用船称为"槽子船",因其形似喂牛槽而得名。槽子船用粗圆木凿刻而成,船体两侧分别绑有两根木头,使船保持平衡并可增加浮力。这种船使用划桨和篙杆作工具,每次可载7~8人,以渡人为主,兼渡少量货物,每天可往返12~13次。遇牛、马等大牲畜过河时,可将缰绳拴在船帮上,由渡船带其

---

① 《呼伦贝尔志略》"交通、水陆航桥"。参阅《呼伦贝尔盟志》(中),第1588、1591页。
② 《呼伦贝尔盟志》(中),第1589页。

浮水过江。其后不久,尼尔基渡口的槽子船被木制航板船取代。航板船可载重 4 吨,还可以搭载大牲畜及牛车、马车,靠人力撑杆摆渡。[①]

3. 西辽河的航运交通

清朝末期,西辽河开始有船只航行。主航道为从西辽河的辽源(即郑家屯)南下,经东、西辽河汇合处(以下为辽河干流)行抵营口。当时,在哲里木盟境内的主要码头有辽源、三江口(今辽宁、吉林、内蒙古三省区交界处)、通江口(今辽宁昌图、法库二县交界处)。航运旺季为每年的 5~9 月。

民国初期,西辽河、辽河主航道上有民船 2 万多只(艘)。其中大船俗称牛船,可载重 2 万斤;小船俗称艍船,可载重 1 万多斤。辽河下行货物以粮食和土畜产品为主,1927 年以前年运粮可达 100 万石。上行货物以生产资料和生活资料为主,1931 年以前运货量在 1 万件左右。

1927 年大通线铁路通车后,西辽河航运开始衰减。到 1931 年,民船只剩 3 000 余只,运粮量减至原来的一半以下。[②]

(四)邮政

中国历史上,古代的驿路和近代的邮政都是官办的。驿路是官办官用—官方军政设施,邮政则是官办"公用"—兼办军政业务的公共设施(事业)。由于近代内蒙古地方行政区划的特殊性,内蒙古各地的邮政设施、线路,主要是由各邻接(蒙汉分治下跨境)省级当局主持兴办,并且是与相关各省联为网络的。

近代中国全国性邮政的创设,始于 1896 年。经过清政府专管部门和各省当局的逐步兴办,至辛亥革命之前,分布于全国各地的邮政网点已联为一体,"自是遍通全国,上下交受其利"。[③] 由于内蒙古地处僻远,其邮政网点的设立,主要是清末新政时期才分别开始

---

① 《呼伦贝尔盟志》(中),第 1591、1593 页。
② 《哲里木盟志》(上),第 587—588 页。
③ 《清史稿》卷一五二《交通志四·邮政》。

的。民国以后，随着政权的更迭和各种体制的变化，邮政的管理和网点的联接，也随之有所变化和发展。

在内蒙古地区，还在国有邮政兴办之前，即已出现了由俄国人（利用不平等条约中规定的侵犯主权性条款）创办经营的近代邮政。同时直到清末，内蒙古的部分地区不定期存在着传统商办民信局，以及由驿路台站改建的官办文报局。

1. 俄国人经办的邮政事业

（1）张库邮路

第二次鸦片战争期间，俄国先后诱胁清政府签订了《天津条约》（1858 年）、《北京条约》（1860 年）等不平等条约。根据《天津条约》，俄国获得了役使蒙古地区驿路台站的特殊权利。随着俄政府与驻华公使、俄中之间联系交往的日益增多，俄方经常超程和超负荷役使驿站交通，日渐成为蒙古驿丁伕役的沉重负担，也不断引起中俄双方的纠纷、交涉。① 于是《北京条约》签订不久，俄国方面又根据条约中允许俄商自雇伕役"另立行规"运送书信、货箱的规定，提出俄商要"自备资斧，以便建立台站"的要求。清政府虽然坚持认为条约中并无允许建立台站的规定，但却允许了俄商可以自雇驼马伕役、自由往来商路，事实上还是等于同意了俄方要求。②

1863 年 6 月，恰克图的俄国商人开始建立了中经库伦、张家口至北京、天津的定期邮政传送，并免费代递官方函件。其后，经俄东西伯利亚总督呈请沙皇政府批准，从 1865 年 10 月起改由官办，由国库每年补贴 19 300 卢布。1870 年 3 月，蒙古地区的俄办邮政又"被宣布为只是受到俄国政府保护的民办商业性企业"，但政府仍每年资助 17 600 卢布，作为邮务人员和委托承办人的薪金、报酬。③

在这条邮路上，俄国在库伦、张家口和北京、天津设立了 4 个邮

① 《蒙古民族通史》第五卷（上），内蒙古大学出版社，2002 年，第 21—22 页。
② 《清代中俄关系档案史料选编》第三编，中华书局，1979 年，下册，第 1102—1106、1118—1127 页。
③ 〔俄〕波兹德涅耶夫《蒙古及蒙古人》第 1 卷，内蒙古人民出版社，1989 年汉译本，第 637—643 页。参阅〔俄〕普尔热瓦尔斯基《蒙古与青海》，内蒙古教育出版社，1990 年蒙译本，第 2—3 页。

政局。恰克图至库伦,主要委托(雇请)蒙古人承办递运;库伦至张家口,雇佣蒙古人承担运递;张家口至天津则以汉人为伕役。邮件按轻重分别定期运递,重邮件用骆驼和骡车等(口里),并有两名哥萨克护送,轻邮件用马和驴骡。①

这条邮路,途经张库大道上的内蒙古察哈尔和锡林郭勒草原。最初,每月定期一次,单程 15 天,后来增加到每月 4 次,其中 3 次发轻件,1 次发重包裹。夏季发轻件每班行 8 天,冬季 9 天半,重件则须 20~25 天,沿原驿路行驶。轻件由两名蒙古人骑马兼程,每 20 英里一站换马。②

(2)中东铁路邮政

铁路是邮政业务最为便捷快速的传递工具之一。俄国自 1897 年开始修筑中东铁路,即同时开始在铁路沿线各站点、城镇设立邮局,经办邮政传递业务。在横贯内蒙古东北部的滨洲线上,最早设立邮局的是满洲里(1897 年设)。迄 1907 年,海拉尔、博克图、扎兰屯等主要站点均已先后设立。至 1914 年,中东铁路全线的所有车站,无论大小均已设立邮局(邮政业务点)。其邮政业务,由铁路局及其员工经营管理。

1900 年俄军大举入侵东北之后,为战争需要又在东北各地设立了许多军用战地邮局。战争结束后,各地的战地邮局于 1903 年均改设为民用邮局。1904 年日俄战争爆发以后,俄重又在东北各地设立战地邮局和随军流动邮局。战争结束以后,至 1907 年,各战地邮局复改并为民用邮局。这期间,俄军在呼伦贝尔、西布特哈地区先后设立过满洲里、海拉尔、博克图、扎兰屯等战地邮局。

由俄国人经办的中东铁路沿线各邮局,当时又称为"客邮局",主要服务对象是各类在华俄国侨民,承办俄人的信函、包裹、汇款等邮政业务。

1920 年 10 月,俄国在中东铁路沿线的客邮局一律撤销,其邮政

---

① 〔俄〕波兹德涅耶夫《蒙古及蒙古人》第 1 卷,内蒙古人民出版社,1989 年汉译本,第 637—643 页。参阅〔俄〕普尔热瓦尔斯基《蒙古与青海》,内蒙古教育出版社,1990 年蒙译本,第 2—3 页。
② 《内蒙古自治区志·邮电志》,内蒙古人民出版社,2000 年,第 125—126 页。

业务、火车运递,均由中国方面承接经营。①

2. 清末民信局、文报局

（1）民信局

大约从明代开始,出现了专为民间递送信函的民信局。至清后期,这种民办传信机构逐渐从内地扩展到边远地区。当时,归化城设有三盛、三顺、永利三家民信局。三盛、三顺民信总局设在天津。三盛民信局还在内蒙古境内的多伦诺尔、丰镇、包头设有分店,包头同时还设有三顺民信局分号。

民信局在店内详列递送各地的具体地点,主要业务有寄递信函、包裹、承办汇款、银信(信票),出售《京报》印本等。其寄递信件种类,还包括加急、快递的火烧信、羽毛信等。其传送方法,主要是徒步脚夫。天津三顺民信局发往归化城的邮件,普通的 13 日到达,加急的 7 日可达。发递包头的徒步脚夫,普通须 15 日,急行可 8 日到达。

清末归化城、包头等地开始出现新式邮政之后,要求各地民信局须到邮局挂号登记,领取执据,被视为邮政代理机构而继续存在。如归化城、包头、丰镇、多伦的三盛民信局,即已至当地邮局挂号登记,领取执据,继续承办邮递业务。

1911 年,清朝邮传部颁令,未经邮局承认的民信局一律勒令关闭。民国以后,北京政府公布《邮政条例》,邮政事业专由国家经营。

至 1920 年,归化城和包头的最后两家民信局,也停止关闭。②

（2）文报局

由于传统驿路台站已不适应时代需求,清政府于光绪初期,在内地各主要都市通衢设立了专门递送官方军政函件的文报局。1906 年,东三省的奉天、吉林、齐齐哈尔也设立文报局,以取代原有驿路台站。1908 年,黑龙江省正式裁撤驿站交通(将站丁改归民籍),除铁路沿线由火车传递文报之外,在全省各地普遍设立了文报

---

① 《内蒙古自治区志·邮电志》,第 81—82 页。参阅《呼伦贝尔盟志》(中),第 1598、1600、1614 页。

② 《内蒙古自治区志·邮电志》,第 69—70 页。

局。其中,奉天省设在哲里木盟或其邻接地区的有辽源、昌图、新民等文报分局。这些文报分局均兼理接递卓索图、昭乌达、哲里木三盟及锡埒图库伦喇嘛旗(即小库伦)等各旗之间往来的蒙文函件。黑龙江省设在内蒙古哲里木盟北部及西布特哈地区的文报分局有茂兴(杜尔伯特旗境内)、肇州(郭尔罗斯后旗境内)、大赉(扎赉特旗境内)、布特哈等处。

民国初年,由于黑龙江省的邮政网点尚未普遍设立,文报局继续存在,并且在部分城镇出现了新设邮局与文报局并存的情况。1914 年 6 月,北京民国政府公布了军政函件统由邮政局寄递的章程。至 1915 年,黑龙江省各地包括西布特哈、哲里木盟北部境内的文报局,才逐步由邮政局取代(交接)完毕。①

3. 绥远地区(附阿拉善旗)的邮政

(1)清末邮政事业的初兴

1902 年,山西省邮政机构(太原副邮务总局)在绥远地区首先开辟了从大同经左云、右玉出杀虎口,沿原有驿道抵达归绥的邮路,在归化城和绥远城分别设立了邮寄代办所。1903 年秋,大同邮政分局开辟北出得胜口至丰镇的邮路,在丰镇设立了邮寄代办所。同年,归化城的邮寄代办所升级为邮政分局,成为内蒙古地区第一个邮政局。1905 年,清朝邮传部开通北京往张家口、大同至归化城的干线邮路,使内蒙古西部的邮务传递,与直隶、北京直接连接起来。1906年,北京至归化城的邮路延伸至包头,全长 685 公里。徒步邮差自北京昼夜兼程,接办传递,至包头约需 7 天左右。

从 1904 年开始,绥远地区(包括当时属山西省辖境的察哈尔右翼地区)又陆续设立了萨拉齐、包头、宁远(1906 年)、和林格尔(1906 年)、托克托(1906 年)、隆盛庄(丰镇属境,1908 年)、二道河(兴和县治,1908 年)、陶林(今察右中旗所在地,1909 年)、大佘太(1911 年)等邮寄代办所。其中,随着北京干线邮路延伸至包头,包头的邮寄代办所于 1905 年升级为邮政分局,萨拉齐邮寄代办所也于

---

① 《东三省政略》卷一一《实业·附东三省文报》;《黑龙江志稿》卷四二《交通志·邮政》;《内蒙古自治区志·邮电志》,第 68—69 页。

1909 年升级为邮政分局。邮政线路,也随着邮政分局、代办所的分布,延伸到大青山以北、河套地区,形成以归绥为中心的网络。

当时,一般邮寄代办所只承办函件业务,包括各种信函、报刊印刷品、商业契据等,只有邮(分)局才承办包裹业务。①

（2）民国前期的发展

民国初,北京政府对全国的邮政管理系统和邮路网络,逐步进行了全面调整,绥远地区的邮政事业,也不断有新的发展。如在大青山后地区,陆续新设了可可以力更(即武川,1912 年)、固阳(1920年)、广义奎(固阳县境内,1920 年)、三原井(四子王旗境内,1923年)等邮寄代办所。在河套地区,陆续新设了隆兴长(即五原,1912年)、乌兰脑包(乌拉特前旗境内,1920 年)、扒子补隆(1923 年)等邮寄代办所。随着京绥铁路延伸至绥远境内和全线通车,在沿线主要站点也先后设立了集宁(1919 年)、察素齐(1920 年)、美岱召(1922年)、三道营(今卓资县境,1925 年)、官村(即土贵乌拉,1925 年)等邮寄代办所。1920 年,在达拉特旗境内设立小淖邮寄代办所,使邮政线路伸进了伊克昭盟境内。

1914 年,包头以西邮路延伸至隆兴长(五原)。同年,开辟了宁夏(银川)至五原的每日发班邮路,中经石嘴山、磴口,与五原至包头邮路衔接,沟通了西北—北京及太原、蒲州邮路。

1914 年,北京政府交通部及各地邮务管理局按业务繁简划定邮局等级。归化城、包头邮政分局改为二等邮局,丰镇、绥远城、隆盛庄邮寄代办所改设为二等邮局,二道河代办所改设为三等邮局。其后,由邮寄代办所升级改设为邮局的还有隆兴长(三等,1917 年)、萨拉齐(1917 年改为三等,1920 年改为二等)、宁远(凉城,三等,1920年)、可可以力更(三等,1920 年)、河口(三等,1920 年)等。

1919 年,归绥(归化城)邮局升为一等邮局,成为绥远地区各邮政局所的统管领导局。至 1925 年底,绥远地区有一等邮局归绥,二等邮局包头、丰镇,三等邮局有萨拉齐、隆盛庄、隆兴长、宁远、可可

---

① 《绥远通志稿》卷七七《邮电》;《内蒙古自治区志·邮电志》,第 71—72、125—126、176—179、196 页。

以力更、河口镇、陶林、二道河、集宁,(归绥)邮务支局有绥远(新城)和归绥火车站。1926年1月,由于京绥铁路全线通车后邮政网络管理的便利,绥远境内各邮政局由太原(山西)邮区划归北京邮区管理。1926—1927年,河套地区还新设了临河、陕坝邮寄代办所。

1919年,绥远商界创办西北汽车公司,运行于丰镇—归绥—包头之间,同时也载运邮件。1923年,京绥铁路全线通车后,汽车邮路及铁路沿线各地的"旱班"邮路均由铁道邮路取代。此外的绥远地区大部分分支邮路,仍为"旱班"徒步运递。

民国前期,由于绥远地区的各系军阀统治者更迭频繁,政局动荡,治安不靖,匪盗蜂起,使邮务传递往往受到耽搁、影响。如1916年绥远匪患严重,邮差往往舍正路绕行,以避盗匪。萨拉齐及东胜邮路,曾发生邮件全部被抢劫和部分被焚毁事件。从山西发出的包裹邮件,一度须由西安至兰州绕行运递。1925年1月,包头发往宁夏的邮件在河套地区大佘太被抢,一度使宁夏发往绥包的邮件改由太原绕行。①

(3)阿拉善旗境内的邮政

清朝时期,内蒙古西陲的阿拉善、额济纳两旗,归陕甘总督兼摄统辖。民国初,阿拉善旗改由宁夏护军使统辖,其邮政事业则属甘肃统辖。

1914年,包头至宁夏(银川)的邮路开通以后,经阿拉善旗所请,北京政府交通部批准,自行开办了邮政代办所,开通了银川至旗府所在地定远营的步班邮路,配备邮差二人对行,每4日一班,沿旗民驮粮踏拓的苏岭口小道行走,全长77.5公里。1918年,甘肃邮务管理局在定远营始设邮寄代办所。次年,又在磴口设立邮寄代办所,并于1920年升格为二等邮局。1926年,又在磴口以北的三盛公增设了邮寄代办所。

1923年开始,磴口至包头常利用水运载邮。1927年磴口设为县治后,输出的药材、皮毛等商品使邮包增多,磴口邮局经常托水运船

---

① 《绥远通志稿》卷七七《邮电》;《内蒙古自治区志·邮电志》,第72—74、126—127、133页。

主将邮包运至下游的陕坝、包头。①

4. 察哈尔地区的邮政

1906 年,北京邮务总局开辟了宣化经龙门、赤城出独石口进入察哈尔草原抵多伦诺尔的步班邮路。1908 年,这条步班邮路改为马班邮路,并在多伦诺尔设立了邮寄代办所。

1909 年,清政府为开辟北京—张家口—库伦—承化寺(今新疆阿勒泰)—迪化(即乌鲁木齐)之间的万里边疆邮路,首先开通了张家口至库伦的马班邮路,并在途经的嘉卜寺(即化德)设立了邮寄代办所。这条邮路沿着原有张库驿路,全长 1 350 公里。轻件差马按 9 站更换,9 天内到达。重件每班有骆驼 12 峰,其中 8 峰驮邮件,2 峰邮差乘用,2 峰由护兵乘用。

1912 年,北京民国政府将宣化—多伦的邮路与林西—赤峰的邮路连通,使察哈尔与热河地区,锡林郭勒、察哈尔蒙旗与东部的昭乌达盟的通信连接起来。同年,将多伦的邮寄代办所升级改建为三等邮局,1915 年又升为二等邮局。

1913 年,外蒙古("独立"政府)派兵进犯内蒙古,伸入锡林郭勒、察哈尔草原,张库邮路和宣化—多伦—林西邮路均受到影响。外蒙古改为"自治"以后,北京中央政府于 1918 年按照清末计划全线开通了张家口—库伦—乌里雅苏台—科布多—承化寺—迪化的大西北万里(实万余公里)邮路。当时,库伦—张家口之间的平信,夏季最快可于 9 天内到达。1918 年,张家口大成公司开辟张库汽车运输之后,也承运邮件,但班期不定。1921 年外蒙古革命独立以后,这条邮路随之中断。

1919 年以后,察哈尔草原上又陆续新设了商都(1919 年)、二号镇(隶多伦邮局,1921 年)和宝昌(1922 年)邮寄代办所。

1921 年,又开辟了张家口经宝昌至多伦的昼夜兼程邮路,使察哈尔与昭乌达地区的邮政联系更为快捷。②

---

① 《内蒙古自治区志·邮电志》,第 73—74、126、154 页;《阿拉善左旗志》,第 466、469 页。
② 《内蒙古自治区志·邮电志》,第 72—73、125—127、133 页。

5. 热河(昭乌达、卓索图盟)地区的邮政

热河北部蒙旗地区最早出现的近代邮政事业,是喀喇沁右旗札萨克郡王贡桑诺尔布在本旗创办的邮政。贡王从旗内选派精壮蒙古人3名,分为3班,徒步往返于北京和喀喇沁之间,递送邮件,并设邮政代办所等机构,派干员专司其事。其开办时间,当在1906年之前。1906年旧历四月,清朝练兵处官员姚锡光随肃亲王善耆视察内蒙古东四盟,行至锡林郭勒盟乌珠穆沁右旗后写信给北京,即是雇蒙古人从驻地"专送喀喇沁,由其旗下邮局递京"的。① 同时可知,当时赤峰地区尚无其他邮政机构。

1906年,直隶(省)邮区开辟围场至赤峰的邮路,在赤峰设立邮局,使赤峰的邮务递送可西经围场、南下承德抵达北京。1908年,在喀喇沁(王府?)、美林沟(王府西南)等地设立邮寄代办所,使赤峰与喀喇沁右旗的自办邮政连接起来。同年,赤峰邮路向东南延伸至建平、朝阳,与热河东南部的邮政网络相联结。1909年,赤峰邮路又向北延伸至乌丹,先后在全宁(即乌丹)、林西(1910年)和开鲁(1910年)设立邮寄代办所,使昭乌达盟北部两个新开垦地区也汇入邮政网络。

1912年,多伦—林西—赤峰邮路开通时,林西代办所升级为三等邮局,并在林西至多伦之间的经棚设立了邮寄代办所。其后,在库伦喇嘛旗(1913年)和喀喇沁中旗境内的大名(明)城(1914年)、八里罕(1914年)等地设立了邮寄代办所;开鲁的代办所升级为三等邮局(1914年);赤峰邮局(1914年)升为二等邮局,成为热河北部地区的中心局。1916年,为提高递送速度,赤峰经围场至承德的干线邮路改为日夜兼程班。1918年,经棚的代办所升级为三等邮局,同时在库伦旗境内的绥东设立了三等邮局。

1919年,开鲁至通辽的邮路接通,使昭乌达盟和哲里木盟的邮路联为网络;绥东至哈尔套(属奉天彰武县)的邮路接通,使热河东

---

① 吴恩和、邢复礼《贡桑诺尔布》,《内蒙古文史资料》第一辑;姚锡光《筹蒙刍议》卷下"再上练兵处王大臣笺·附笺,光绪三十二年丙午四月",1908年刻本。

部的邮路与奉天省的邮路连接起来。同年,开鲁至通辽的汽车运输,也开始载运邮件。1920 年,开通开鲁至鲁北(今扎鲁特旗所在地)、林西至林东邮路。1921 年,巴林右旗境内的大板也设立了邮寄代办所,使以赤峰为中心的热河北部邮政线路,进一步向昭乌达盟草原腹地延伸。①

6. 奉天省辖哲里木盟地区的邮政

清代原属盛京将军兼摄统辖的哲里木盟科尔沁六旗,经过清末大规模放垦之后,其东南部已成为广设府县的汉民聚居区。清末新政时期,奉天当局(1907 年改为省制)大力推广邮政事业,除在偏远地区将驿路台站改为文报局以通各蒙旗官署文报,邮政网点已基本遍布于哲里木盟东南部新垦、设治地区。如 1906 年,昌图始设邮政支局,次年改为二等邮政局,下辖 1 个二等局、3 个三等局、6 个邮寄代办所。1908 年,怀德设立二等邮政局,下辖 2 个三等局、6 个代办所。辽源(郑家屯)设二等邮政局,下辖 3 个三等局、3 个代办所。洮南设二等邮政局,下辖 2 个代办所。洮安(原称靖安,今白城市)设二等邮政局,下辖 3 个代办所。同年,梨树县、郭家店(南满铁路车站,四平以北)设立二等邮政局,下辖 1 个二等局、2 个支局,2 个三等局、2 个代办所,从而与吉林省及南满铁道邮路接通。②

民国初,邮政网点开始伸入哲里木盟中部腹地。1914 年,科右中旗境内的醴泉(今突泉)始设邮寄代办所。1915 年,科右前旗西北腹地的索伦(又作哈海)设立邮寄代办所,并开通王爷庙至索伦的邮路。1917 年,通辽始设邮寄代办所。1919 年,洮南至醴泉邮路开通。同年,通辽至热河属昭乌达盟的开鲁的邮路开通,通辽代办所也升级为二等邮局。是年,黑龙江省开辟了齐齐哈尔经景星(扎赉特旗境)至索伦的邮路,使哲里木盟西北部腹地的邮路与邻省直接连接。至 1926 年,通辽附近的大林、钱家店、余粮堡等处,也有了三等邮局(大林)或邮寄代办所。

---

① 《内蒙古自治区志·邮电志》,第 72—73、125—127、133 页;《赤峰市志》(中),第 1178、1183 页。参阅汪炳明《清末新政与北部边疆开发》,载马汝珩、马大正主编《清代边疆开发研究》,中国社会科学出版社,1990 年。

② 《哲里木盟志》(上),第 591 页。

1919 年,开鲁至通辽始通汽车运输,也附载递送邮件。1921 年,郑(家屯)通(辽)铁路正式运营后,这条邮路改为火车运递。1927 年,大虎山至通辽铁路通车,通辽邮路遂通过铁路与大虎山、京奉线沟帮子及营口出海口直接联为网络。①

7. 黑龙江省辖境的邮政

清末,黑龙江省开始推广近代邮政之后,在内蒙古境内,首先于 1909 年在海拉尔和胪滨(满洲里)设立了与俄办中东铁路邮路并存的邮政局,邮件由中东铁路载运,中国邮政人员押送。海拉尔邮局还接收承办附近各蒙旗邮件,用马车载运。②

1914 年,黑龙江省裁撤原有文报局,并入或设立邮政局所、线路予以取代。在黑龙江省南部也即哲里木盟东北部,先后设立的邮政局所有肇州邮局(1914 年)及其所辖头台站、二台站、三台站(均 1916 年)、永乐镇(1918 年)等邮寄代办所;大赉邮局(1914 年)及其所辖新站(1915 年)、古鲁(1915 年)、茂兴(1915 年)、多耐站(1915 年)、二龙梭口(1918 年)等代办所。1914 年,海拉尔、满洲里邮局均定为二等邮局,后来先后均升为一等邮局。从 1914 年开始,中东铁路沿线的博克图、扎兰屯、安达、肇东等大站先后设立邮政局所。1920 年中国方面接收俄国在中东铁路的"客邮"业务之后,滨洲铁路沿线较大站点免渡河、伊列克都、牙克石、兴安岭等地,均先后设立了邮政局所。③

1916 年(一说 1919 年),黑龙江省在奇乾(不属当时呼伦贝尔"自治"政府管辖)设立邮寄代办所,开通了奇乾北经漠河至瑷珲邮路,与黑龙江省北部干线邮路相衔接。1920 年呼伦贝尔取消"自治"之后,奇乾代办所升为三等邮局,又陆续在额尔古纳河沿岸的室韦(吉拉林,1925 年升为三等邮局)、毕拉尔河、珠尔干河等处增设邮寄代办所,并与海拉尔接通邮路。④

---

① 《内蒙古自治区志·邮电志》,第 72—74、126—127、133、147 页。
② 《呼伦贝尔志略》"交通·邮电";《呼伦贝尔盟志》(中),第 1598—1599、1614—1615 页。
③ 《内蒙古自治区志·邮电志》,第 72—74、126—127 页。
④ 《呼伦贝尔盟志》(中),第 1598—1601、1614—1615 页;《内蒙古自治区志·邮电志》,第 72—74、126—127 页。

1916 年,布西(今莫力达瓦旗)设立邮寄代办所,并与嫩江对岸的讷河邮局接通邮路。[①]

1920 年代初,海拉尔邮局通过火车接发邮件(火车邮班)每日一次。陆路邮班每隔 6 日一次,邮差有信差 4 名、马差 4 名。邮件包括各类函件、印刷品、报刊、包裹等,全年收发约 19 万件。满洲里邮局通过火车发送邮件每日一次,有邮差 7 名,全年收发各类函件、印刷品、报刊等 22.4 万余件,包裹近 9 000 件。[②]

1926 年,黑龙江省属内蒙古境内有:一等邮局海拉尔、满洲里,二等邮局有扎赉诺尔、博克图、扎兰屯、泰来、安达站,三等邮局有珠尔干河、室韦(原奇乾邮局撤销,并入)、安达、肇州、丰乐等处。[③] 除蒙旗腹地之外,清末民初新设县治、农业区和金矿区主要集镇,均已连通于邮政网络。

(五) 电信

1. 清末有线电报

内蒙古最早出现的有线电报线路,是全国性边疆干线电路。

1889 年,清政府架设开通了吉林省城(吉林将军驻地,今吉林市)经茂兴、齐齐哈尔、布特哈、墨尔根(今嫩江)、黑龙江城(瑷珲)北达黑河镇的有线电报,并且南经奉天、天津,与北京接通。其中,中继站茂兴,时属哲里木盟杜尔伯特旗境,布特哈即今莫力达瓦旗所在地。1900 年俄军大举入侵东北,1904—1905 年的日俄战争,曾使这条线路遭到毁坏,"电报杆线荡然无存",1907 年以后又重新整修、恢复。[④]

1897 年,清政府耗资 60 余万银两,历经二三年施工,架设开通了张家口至外蒙古库伦的有线电报,1899 年又延长至(当时)中俄边

---

① 《内蒙古自治区志·邮电志》,第 72—74、126—127 页。
② 《呼伦贝尔志略》"交通·邮电"。
③ 《黑龙江志稿》卷四二《交通志·邮政》;《内蒙古自治区志·邮电志》,第 72—74、126—127 页。
④ 《清史稿》卷一五一《交通三·电报》;《东三省政略》卷一一《实业·附东三省电政》;《黑龙江志稿》卷四二《交通志·电政》。

界俄国一侧的恰克图,从而使内外蒙古地区中经张家口与北京建立了电报联系。其在锡林郭勒草原上的中继站滂江,设有电报子局,有局长 1 人、电务员 3 人。①

1898 年,俄国在修筑中东铁路的同时,沿线架设电报杆线。同年,在满洲里设立电报局,可与哈尔滨通报。1900 年在海拉尔设立战地邮电局,可与满洲里、哈尔滨通报。1904 年,因日俄战争爆发,俄国又紧急开通了胪滨(满洲里)至旅顺的电报。同年,海拉尔车站与海拉尔城内接通了电报线路。②

清末新政时期,各地方当局开始普遍兴办有线电报。在奉天省(1907 年之前为盛京将军辖区)所辖哲里木盟地区,1906 年在昌图设立电报局;1908 年在洮南设立电报局,在辽源设立报房,开通了洮南—辽源—昌图至奉天(今沈阳)的电报联系。③ 在热河所辖昭乌达盟地区,1907 年在赤峰设立官电分局,开通了赤峰经围场至承德的电路。1909 年,这条电路又延伸至开鲁,在开鲁设立了官电子局。在绥远地区,1910 年架设开通了太原经大同至归化城的有线电报,在归化城设立了电报分局。④

同一时期,内蒙古喀喇沁右旗札萨克郡王贡桑诺尔布,还筹资自主创办了有线电报事业。他派人至围场接洽获准后,亲自督工,采伐附近各山松树,架设自本旗王府至围场县克勒沟长达 90 里的电杆线路,在王府设立电报受理处,开通了经围场至承德、北京的电报联系,"不复使人有边塞荒漠内外隔绝之叹"。⑤

2. 民国前期的有线电报

民国初,北京政府将清末邮传部改为交通部,重新调整全国的电政管理系统。其中,内蒙古绥远地区的电政隶属晋豫电政管理

① 《清史稿》卷一五一《交通三·电报》;《内蒙古自治区志·邮电志》,第 82、303 页。
② 《内蒙古自治区志·邮电志》,第 303 页;《呼伦贝尔盟志》(中),第 1600、1608 页。
③ 《东三省政略》卷一一《实业·附东三省电政》;《哲里木盟志》(上),第 592 页。
④ 《内蒙古自治区志·邮电志》,第 82、303 页。
⑤ 吴恩和、邢复礼《贡桑诺尔布》,《内蒙古文史资料》第一辑。

局,阿拉善等地区隶属陕甘电政管理局,热河、察哈尔地区隶属直(直隶)鲁(山东)电政管理局(1916 年改设直蒙电政监督处),哲里木盟、呼伦贝尔地区隶属奉吉黑电政监督处。现将民国前期各个地区有线电报事业的发展分别略述于下。

（1）绥远及阿拉善地区

1913 年,北京交通部按照业务繁忙程度,将各地报局分为一、二、三等,每等又分为甲、乙两级。归绥电报局定为二等甲级,包头电报局定为三等。

同年,兰州至宁夏的有线电报向北延伸至磴口,磴口设三等报局。

1914 年,包头至磴口开通电路,沿途分设萨拉齐、大佘太、五原 3 个三等乙级报局。

其后,绥东(察哈尔右翼)地区又陆续开通、增设丰镇(1922 年)、平地泉(即集宁,1926 年)、二道河(即兴和,1926 年)有线电报局,均为三等乙级。

1926 年末,绥远地区的电报局共有 8 处,即归绥、包头、萨拉齐、安北(即大佘太)、五原、丰镇、平地泉、二道河。

民国前期,归绥电报局为绥远地区的中心局。全局职工 20 人左右,其中报务员四五人,有莫尔斯发报机 5 台。其电报通信线路分东西两干线,各有线路 3 条。东路第一线经张家口达北京;第二线经丰镇、大同达太原;第三线经集宁、丰镇、兴和达张家口。西路第一线直达宁夏(银川),第二线经萨拉齐达五原;第三线经萨拉齐、包头、安北、五原达临河。其中东路和西路第三线,1926 年均改为长途电话线路。①

（2）热河、察哈尔地区

1912 年,从察哈尔张家口向北,开通了至闪电河(今正蓝旗境内)电路,设立闪电河报局(1913 年定为三等乙级)。同年,从热河围场向西,开通了至多伦的电路,设立多伦电报局(次年定为三等乙级)。

1913 年,开通了赤峰—乌丹—林西—经棚—多伦电报线路,其

① 《绥远概况》第一编"交通·电政";《绥远通志稿》卷七七《邮电》;《内蒙古自治区志·邮电志》第 82—83、304 页;《呼和浩特市志》(下),第 175—183 页,内蒙古人民出版社,2002 年。

西路经多伦可达张家口,其东路经围场可达承德,在乌丹、林西、经棚分设三等乙级电局。同年,又开通开鲁至库伦(喇嘛旗)电路,在开鲁设立三等乙级电局。是年,赤峰电报局定为三等甲级,开鲁电报局定为三等乙级。

1918 年,开通了开鲁至通辽电路,使昭乌达盟和哲里木盟,也即奉天省和热河特别区北路,有了直接的电报联系。①

(3)奉天省辖哲里木盟地区

1918 年,设立通辽电报局,同时开通了西至开鲁、东至辽源、四平的电报线路,使哲里木盟腹地的电报线路与昭乌达盟(热河)、奉天省及南满铁路的电报线路相连接。

1925 年,设立突泉电报局,东与洮南的电报线路相连接。至此,奉天省辖哲里木盟地区所有农业区的设治城镇均已开通电报联系。②

(4)黑龙江省辖境

1916 年,奇乾设立电报局,北经漠河、瑷珲,与黑龙江省北部电报干线相连接。

1916 年,扎兰屯设立电报局,1918 年海拉尔始设报房(1920 年升为电报局),均东与省城齐齐哈尔通电报。

1919 年,北京政府与中东铁路局签订协议,在满洲里经哈尔滨至绥芬河全线的铁路通信电杆上加挂军用电报线,在满洲里、扎赉诺尔、海拉尔、免渡河(1921 年)、兴安岭等处设立电报局,均通达齐齐哈尔。1920 年,中国政府接收中东铁路沿线的各种通信权利。1921 年后,铁路沿线的军用电报线路撤销,均改为民用。

同一时期,哲里木盟东北部三旗(扎赉特、杜尔伯特、郭尔罗斯后旗)境内已设治的泰来、大赉、肇州、安达等城镇,均先后设立电报局或报房,开通了电报联系。③

① 《内蒙古自治区志·邮电志》,第 82—83、303—304 页;《哲里木盟志》(上),第 615 页。
② 《内蒙古自治区志·邮电志》,第 82—83,304 页;《哲里木盟志》(上),第 592、615 页。
③ 《呼伦贝尔志略》"交通·邮电";《黑龙江志稿》卷四二《交通志·电政》;《内蒙古自治区志·邮电志》,第 82—83、304 页。

3. 无线电报、长途电话、市内电话

（1）无线电报

1918 年,通辽设无线电台,开通至四平的无线电报。

1924 年,奉天电政监督处在东三省要地设立无线电台,开辟无线电报。在黑龙江省辖内蒙古境内设立的无线电报局有海拉尔(一等局)、满洲里(二等局)、索伦山、大赉、肇东、肇州等,无线电报可分别通往齐齐哈尔、奉天、哈尔滨等地。

1926 年,包头设立无线电报局,电路可通张家口、北京等处。①

（2）长途电话

早在清末,内蒙古地区已出现长途电话,即随着中东铁路的修建、通车,路局内部各站点之间已开通了内部专用长途电话。② 而中国自办的长途电话,均为民国以后设立。

内蒙古西部、绥远地区

1913 年,包头电报局利用有线电报线路,开办了经归绥通往山西太原的长途电话。同年,绥远将军(次年改称都统)开设了归绥至武川的军用长途电话。

1918 年,绥远都统开设了归绥至托克托、和林格尔、清水河的长途电话。

1919 年,萨拉齐电报局利用电报线,附设长途电话,东通归绥、丰镇、大同,西通包头、大佘太、五原。

1922 年,丰镇电报局也利用电报线,开通了南至大同、西至归绥的有线电话。同年,包头开设了至固阳的长途电话。

1923 年,京包铁路全线通车,铁路通信线路亦随之建成。1925年,借用铁路沿线电杆加挂铜线,开通了归绥至北京的长途电话(这是今内蒙古境内第一条铜线线路)。

1926 年,北京政府交通部指令所有有线电报线路、电局,均附设、开通长途电话。此后,绥远地区有线电报线路、电局,均已开通

---

① 《哲里木盟志》(上),第 616 页;《黑龙江志稿》卷四二《交通志·电政》;《内蒙古自治区志·邮电志》。
② 《呼伦贝尔盟志》(中),第 1622 页;《内蒙古自治区志·邮电志》,第 320 页。

长途电话。①

内蒙古东部地区

1912(1913?)年,在开鲁至库伦开通有线电报的同时,开通了报话合用线路的长途电话。

1915 年开始,在哲里木盟东部已普遍开垦设治地区先后设立电话局(或由电报局附设),开通长途电话的城镇有梨树(1915 年)、昌图(1916 年)、辽源(1918 年)、洮南(1920 年)、怀德(1921 年)、开通(1921 年)、瞻榆(1924 年)、太平川(1924 年)、肇东(1925 年)等处。

1919 年,通辽电报局利用电报线路附设长途电话,开通了西至开鲁、东至郑家屯、四平的长话联系。

1925 年,扎兰屯开通了直达哈尔滨的长途电话。

1926 年,开通了洮南至突泉的长途电话。

1927 年,中苏两国签订协议,修建、开通了哈尔滨—满洲里—赤塔之间的国际长途电话线路。②

(3) 市内电话

内蒙古地区最早出现的市内电话,也是由中东铁路公司兴办。如 1903 年以后,海拉尔、满洲里、免渡河、博克图、扎兰屯等主要车站均设置电话交换机,供铁路公司内部及一般民户使用。1916 年,扎兰屯电报电话局也开设市内电话,专供各军政机关之间利用。③

民国前期,内蒙古各主要城镇陆续出现了公(民)用市内电话,分别简述如下。

归绥

1913 年 10 月,由绥远城将军召集各商号,官商集资 1 万余元(银元),合办成立了绥远电话局,经理沈文炳。至 1920 年,因营业

---

① 《绥远概况》第二编"交通・电政";《绥远通志稿》卷七七《邮电》;《旧中国包头的邮电通讯事业》,《包头史料荟要》第七辑;《内蒙古自治区志・邮电志》,第 86、322—324、352 页。
② 《黑龙江志稿》卷四二《交通志・电政》;《内蒙古自治区志・邮电志》,第 86、320、352 页;《哲里木盟志》(上),第 592、620 页;《呼伦贝尔盟志》(中),第 1622 页。
③ 《内蒙古自治区志・邮电志》,第 85、289 页;《呼伦贝尔盟志》(中),第 1625 页。

不振(8 年间用户仅由 70 户增加到 100 户)，改建为商办电话股份有限公司，添募新股 4.63 万元，重新购置设备、话机，架设杆线，于次年 8 月呈准交通部开始营业。经理仍为沈文炳。①

赤峰

1914 年，赤峰县知事召集商号集资兴办了商办电话局，架设线路 10 公里左右，有交换机 1 台，电话 30 部。②

通辽

1922 年，通辽设立商办"王家"电话局，有 30 多用户，主要为官、商服务。③

包头

1924 年，山东商人南汉山(三?)筹资 3 万银元，向北京政府交通部呈准立案，成立了包头电话股份有限公司，自任董事长。1925 年正式营业。有交换机 4 台，备电话机 135 部。兴办之初，用户约达 100 户。④

丰镇

1925 年，归绥电话公司经理沈文炳呈准交通部，在丰镇成立了电话公司试办处，自兼试办处主任。有交换机 1 台，用户话机 50 余部。⑤

海拉尔

1925 年，商人潘遇春自筹资金在海拉尔城内开设呼伦电话局，有交换机 1 台，架设线路 7.25 公里。⑥

---

① 《绥远概况》第二编"交通·电政"；《绥远通志稿》卷七七《邮电》；《内蒙古自治区志·邮电志》，第 85、388—389 页。
② 《内蒙古自治区志·邮电志》，第 85、389 页；《赤峰市志》(中)，第 1188 页。
③ 《哲里木盟志》(上)，第 622、624 页；《内蒙古自治区志·邮电志》，第 86、389 页。
④ 《绥远概况》第一编"交通·电政"；《绥远通志稿》卷七七《邮电》；《旧中国包头的邮电通讯事业》，《包头史料荟要》第七辑；《内蒙古自治区志·邮电志》，第 85、389 页。
⑤ 《内蒙古自治区志·邮电志》，第 85、38 页。
⑥ 《内蒙古自治区志·邮电志》，第 85、38 页；《呼伦贝尔盟志》(中)，第 1625 页。

近代喀喇沁右旗经济与社会变革

　　清代的喀喇沁右旗,是内札萨克蒙古(即内蒙古)卓索图盟5旗之一。清初编设盟旗,卓索图盟本有4旗,即喀喇沁左右二旗、土默特左右二旗。康熙四十四年(1705年),从喀喇沁右旗析分、新设喀喇沁中旗,卓索图盟变为5旗。卓索图盟的地域呈西南—东北狭长形,东南以辽西柳条边为界,西南以长城为界,东邻哲里木盟和锡埒图库伦喇嘛旗,北邻昭乌达盟翁牛特、敖汉等旗。喀喇沁右旗位于卓索图盟西北部,清初即将旗境西部大片领地"奉赠"给了皇帝,作为承德避暑山庄及其属地和木兰围场。

　　在内蒙古六盟49旗中,卓索图盟各旗距内地和清朝统治中心北京、承德、盛京最近,所以内地汉民流入并垦种定居,以及随之而来的设立厅县地方治所也最早。雍正七年(1729年)开始,清朝在卓索图盟及昭乌达盟南部汉民聚居地陆续设立厅治,八沟厅(后改为平泉州)即设在喀喇沁右旗南部。同时期设立的乌兰哈达厅(后改赤峰州),位于昭乌达盟翁牛特右旗境内;塔子沟厅(后改建昌县)位于喀喇沁左、中二旗境内;三座塔厅(后改朝阳县)位于土默特右旗境内。除了后来划入热河、河北的平泉州治周围地区(今河北平泉县等地),清代的喀喇沁右旗大体相当于今之赤峰市喀喇沁旗。

　　喀喇沁右旗的世袭札萨克,是成吉思汗时代的功臣驸马济拉玛(者勒蔑)的后裔(与喀喇沁左、中旗及土默特左旗相同)。其世袭爵位是郡王,在卓索图盟5旗札萨克中最高,而且世代与清朝皇室通婚,得到清帝的格外恩宠,多出任盟的正副盟长并兼任备兵札萨克。经过清代近280年的历史变迁,喀喇沁右旗地区的整个经济和社会文化面貌发生了巨大变化。其最主要变化就是,经济结构由游牧业变成了几乎是纯农业;民族成分由几乎是纯蒙古人变成了汉族人口已占压倒多数;文化习俗等方面,则是明显的"汉化"。进入20世纪以后，由于清末的改制新政、各业开发，特别是本旗札萨克郡王贡桑诺尔布兴办的各项图强事业，使本旗的社会文化生活中也出现了近代因素和成分。

一、民族人口构成

早在明代及其之前的辽、元时期，喀喇沁地区已有许多来自内地山东、山西的汉民定居在这里。明朝末期，这些汉民多已成为蒙古喀喇沁部属民，编入旗（部）籍，融合为喀喇沁蒙古人。直到清中叶的乾隆、嘉庆年间，仍有来自内地的汉民，经旗札萨克王爷"赏妻赐宅，指予地土"，编入旗（蒙古）籍。也即清代的喀喇沁蒙古人中，已融有许多汉族血统的成分。①

据清初（天聪九年，即 1635 年）的统计数字，喀喇沁右旗有 5 286 户（蒙古人），以每户 5 口估算，加上（不入丁户的）鳏寡、喇嘛，全旗约有（蒙古人）33 000 人。② 另据析分出中旗以后的右旗佐领数（44 佐③，一说 40 佐）估算，当时（康熙四十四年，即 1705 年）约有六七千户、三四万人。又据汪国钧著《蒙古纪闻》记述，喀喇沁右旗额定箭丁为 6 000 户，正与该旗有 44 佐或 40 佐大致吻合，即一佐由 150 户箭丁构成。④

自康、雍、乾三朝汉民大量流入，据日本人河原操子于 20 世纪初记述，当时该旗蒙古人约有 5 000 户、50 000 人，汉人已达 6 万户、40 万人⑤（当包括已设治的平泉州、建平县地区汉族人口）。而由于逐渐人多地狭，尤其是历经"金丹道"之乱（1891 年）以后，旗内蒙古人大量迁出。《蒙古纪闻》称，其成书（1918 年）前的近 20 年间，本旗

---

① 汪国钧原著，马希、徐世明校注《校注蒙古纪闻》（《赤峰市文史资料选辑》第七辑，以下简称汪国钧《蒙古纪闻》），赤峰市政协编印，1994 年，第 2 页。
② 《喀喇沁旗志》，内蒙古人民出版社，1998 年，第 175 页。
③ 《清史稿》卷五一八《藩部一·喀喇沁部》。
④ 汪国钧《蒙古纪闻》，第 37 页。同书（第 5 页）又载，该旗有王府家丁户 4 个佐领。因家丁不属一般箭丁，若不计此 4 佐，40 佐正合 6 000 丁户。
⑤ 〔日〕河原（一宫）操子《（新版）蒙古土产》，日本大阪靖文社，1944 年，第137 页。

蒙古人外逃(迁往)北部各盟旗的不下 6 000 户,旗内只剩下 2 500 户蒙古人。①

二、经 济 结 构

自康熙时开始招民垦种,雍正初推行"借地养民",至乾隆时喀喇沁右旗的农耕业已大为发展。乾隆后期的 1781 年(乾隆四十六年),有内地士人来到该旗,在王府附近的锡伯河两岸平川,仍可看到"牛羊遍野"的景况。② 而到了 20 世纪初,已是"居民的生计主要靠农业,畜牧只占副业地位"。蒙古人也早已以粮食为生,以至小米(谷子)被视为"蒙古人的宝贝",并且是"若在蒙古没有小米就不能生活"。③

喀喇沁蒙古人何时完成由牧转农,即由游牧业变为以牧业为主,再变为以农为主,再变为只以少量猪、羊为家庭副业,已难以稽考。据清朝理藩院资料,康熙、雍正、乾隆时期,蒙古各部王公贵族的贡物,除了喀尔喀汗的"九白",均为马匹、汤羊、乳酒,即都是游牧业产品。至嘉庆朝,则出现了"喀喇沁各旗台吉[当指塔布囊——引者注]亦有贡豕(猪)者"的记载。④ 而在光绪朝的《理藩院(部)则例》中,某年"增纂"的"酌收贡进汤羊等物定额"项下,记有"熏猪共收二十口"。⑤ 这里的 20 口熏猪,当包括喀喇沁右旗的贡物,并且说明它早已成为定例。

从该旗两位近代闻人的身世和早年经历中,也可看出当地蒙古人早已农耕化的事实。清末曾官至旗府梅林,后来又积极参与外蒙古"独立"的海山(1857—1917),是喀喇沁右旗东部岗岗营子(又作哈达兰乌兰岗)村人。他父亲白音特木尔,是当地有名的士绅,拥有

---

① 汪国钧《蒙古纪闻》,第 37 页。
② 阎桂芳《王爷府府第》,《赤峰市文史资料选辑》第四辑(喀喇沁专辑),赤峰市政协编印,1986 年。
③ 〔日〕河原操子《(新版)蒙古土产》,第 138、181 页。
④ 《嘉庆朝〈大清会典〉中的理藩院资料》"王会清吏司·岁贡",《清代理藩院资料辑录》,全国图书馆文献缩微中心,1988 年。
⑤ 《(光绪)钦定理藩部则例》卷一七《贡输》,全国图书馆文献缩微复制中心,1992 年影印本,第 250 页。

土地 70 顷。① 清末北京测绘学堂毕业,民初曾任北京蒙藏学校事务主任的吴尧忱,是该旗王府以东杨树林村人。他的出身,则是"贫无立锥之地的雇农家庭",父母均给某蒙古大户充当榜青(长工)。他自幼(八、九岁)开始放牧猪羊,13 岁即开始参加农田劳动。由于他的父亲(吴全才,蒙古名那森巴图)吃苦耐劳,并擅于田间管理,因而得到雇主的青睐,被提拔为伙房的"把头",即佃户、长工的头目。②

《蒙古纪闻》记述了该旗蒙古族各阶级、阶层的社会经济地位和状况。所提到的,除了杂役、差徭,就是田地、耕作、租粮,全不见牧地、草场、牲畜,及与游牧业有关的税课。如贵族塔布囊,"除置到他人之田地,照数纳租外,只有吃租享福,并无纳租之事,终身不耕不作"。一般旗丁,除承担兵役、差徭,"其种地,除恩赏养瞻者[即旗札萨克划拨]外,一概纳粮交租"。喇嘛,"无当兵纳差之义务,除施舍者外,租地纳租、地方门面、杂差义务项,概不交纳"。《蒙古纪闻》中还称,该旗"蒙古民族之田地,皆由旗主赏予,为之养瞻。嗣后人口繁生,门户众多,生计不足时,须各自据情恳求增给地土。"③这里的记述,除了清代蒙古社会特有的人身隶属关系特征之外,已全然是农业经济社会的图景。

随着农耕化的进展,不仅在早已设治的平泉州,旗境的公爷府等地也形成了较大的工商业集镇,出现了标志着商品交换、社会分工已相当发达的具有一定金融业性质的典当业(当铺),及专事粮油产品加工的烧锅、油坊等等。境内的金、银、煤等矿产,也次第被开采。而这些工商业店铺、作坊、矿场的经营者、务工者,几乎全是汉族人。如早在乾隆初期,公爷府村镇即已出现汉人开设的当铺通兴当。通兴当后来又开设烧锅(造酒作坊),经营土地和粮米加工,成为公爷府最大商号。④ 又如在马蹄营乡大三家村,道光时(1821—1850 年)就出现了郭姓汉人开设的烧锅。1880 年(光绪六年)左右,

---

① 白玉崑《海山》、吴紫云《海山简历》,《内蒙古文史资料》第十四辑,1984 年。
② 吴尧忱《我的一生简略实录》,《赤峰市文史资料选辑》第四辑。
③ 汪国钧《蒙古纪闻》,第 3—5 页。
④ 郑瑞丰《通兴当》,《喀喇沁旗文史资料》第二辑,喀喇沁旗政协编印,1987 年。

这个烧锅改由李贵经营,称大德源。大德源很快发展到拥有土地 1 500 多亩,佃民 20 多户,至 19 世纪末(光绪中期),甚至有了防备 匪患的土围子、兵营和几十条枪。①

从清末喀喇沁右旗王府(包括旗署的旗仓和札萨克郡王私属的 东大仓)的各项财政收入中,也可以明显看出社会经济结构早已农 耕化的状况。据《蒙古纪闻》的记述粗略统计,王府东大仓(不含俸 禄)、旗仓每年总收入约为制钱 8.3 万余吊。其中,各种地租合计 5 万余吊,占大头;收取集市等商贸捐税 1 万余吊;收取包括开采煤矿、 银矿、石灰、石材、火硝、烧炭、砖瓦窑,及管山处罚金等"山分",合计 约近万吊。而主要从蒙古箭丁、家丁(随丁、家奴)收取的差钱(以钱 顶差徭),合共只有 1 万余吊。② 由于蒙古旗丁的"养赡"地(实即户 口地)并不缴纳租税,以上各项收入中,除差钱之外,几乎都收缴自 旗境各业汉民。

清末新政时期,该旗札萨克郡王贡桑诺尔布曾多次上奏清廷,提 出种种变革图强主张。在其"应斟酌变通""各蒙旗办事定章"的奏议 中提出,应改变原有以佐领隶系人口的制度,"按照地方远近编定(佐 领),以地段分管",即主张将蒙古有史以来的"属入主义"制度改为 "属地主义"。他同时还提出,应免除普通箭丁与贵族台吉塔布囊之间 的人身隶属关系,以"一视同仁","俾其向上"。③ 这些主张,都明显反 映了喀喇沁蒙古人早已农耕、定居化,并且多以银钱代役从而削弱了原 有人身隶属关系的现实状况。喀喇沁地区民族人口构成和社会经济结 构的变化,同时也使当地蒙古人传统的社会生产关系发生了质的变化。

三、文 化 教 育

随着汉民迁入,汉语文化、教育开始在喀喇沁右旗境内发展起

---

① 于成龙《李贵和"大德源"》,《喀喇沁旗文史资料》第三辑,喀喇沁旗政协编 印,1987 年。
② 汪国钧《蒙古纪闻》,第 37—40 页。
③ 朱启钤《东三省蒙务公牍汇编》卷五"喀喇沁郡王贡桑诺尔布奏请变通蒙 旗办事章程片",1909 年排印本。

来。大约从雍正时期，就出现了汉民私塾。后来，汉族学子还可升入承德等府县的官学就读，参加科举考试。至清末，该旗境内已出了1名拔贡、5名举人、13名秀才。① 如当地有名的郭拔贡，本名郭春早，原籍河北省玉田县。乾隆年间，河北遭荒旱，其父来到喀喇沁右旗北部今牛营子镇老土城子村落脚，种地谋生。郭春早于1800年（嘉庆五年）出生后，10岁左右开始在当地私塾求学。1825年（道光五年）进京赶考，取得"拔贡"功名，回乡经营土地，家境逐渐富裕。他40多岁时，已拥有土地40来顷。50多岁时，又在四十家子乡购置大片土地，佃户耕作这些土地而形成的村屯，就叫作拔贡地。经过其子孙的几代经营，至清末民初，郭拔贡家族的产业，已拥有土地300多顷，每年可收成粮食1 200多石。还在赤峰、乌丹和本旗公爷府镇开过6处烧锅，在赤峰开设了当铺、粮行、杂货店等六七家，成为富甲一方的乡绅大户。②

汉族传统的中医中药也传入旗境，清中叶以后已普遍出现于较大乡镇。受到中医中药的冲击和影响，甚至一些传统蒙医，开出药方后也多从中药房抓药。③

清代前、中期，已有汉族儒学传统的四书五经，以及东周列国、两汉三国、隋唐两宋等历史演义、话本，被译成蒙古文，流传于喀喇沁地区的蒙古族社会。受其影响，一些蒙古人的历史传说、民间谚语中，也掺杂、附会进了汉族史话的内容、成分。如传说唐代喀喇沁地方的蒙古人曾帮助唐朝打败黄巢农民起义，宋将岳飞曾打到蒙古地方、如何大战，以及熊瞎子掰苞米的寓言等等，都变成了蒙古人的传说和故事。④

约从乾隆时期，喀喇沁旗的蒙古官塾、私塾，即开始兼授汉文。清朝制定的不准蒙古人学习、使用汉语文等禁令，在蒙汉混居的喀喇沁地区早已形同具文。至19世纪中叶，蒙古贵族官员、文化人，已

---

① 《喀喇沁旗志》，第951页。
② 王书平《郭拔贡》，《喀喇沁旗文史资料》第二辑。
③ 罗布桑却丹《蒙古风俗鉴》，辽宁民族出版社汉译本，1988年，第152页。
④ 罗布桑却丹《蒙古风俗鉴》，第68—70、118—122页；汪国钧《蒙古纪闻》，第77—87、103页。

普遍熟通汉语文。从贡桑诺尔布的祖父色伯克多尔济(1836—1867年在札萨克郡王位)开始,就受到驻京生活影响,在本旗王府开戏班唱戏。贡王的父亲旺都特那木济勒(1868—1898年在位)不仅嗜好京戏,还著有汉文诗集。贡王本人更是擅诗词、书画,也著有诗集传世。①

由于早在明代后期就有成批汉人融入喀喇沁部,喀喇沁蒙古人起用汉姓汉名大概早已出现。到清后期,具有汉文化的贵族官员、青年学子,不仅使用汉姓名(不同场合蒙汉名并用),还有了汉文字、号。如旺都特那木济勒寓号"如许斋",贡桑诺尔布别号乐亭,又号夔庵,寓号"竹友斋";旗官希里萨拉字光甫,邢致祥字宜庭,海山字瀛洲;当时(清末)的青年学子恩和布林汉名吴恩和、字冠卿,特睦格图汉名汪睿昌、字印侯,卜彦毕勒格图汉名汪国钧、字翔斋,等等。地主大户出身的海山,其父祖修建的宅第堂号(大门正中悬挂)"永裕堂",并挂楹联书汉文"永对青山春有色,裕迎紫气瑞无涯"。据说他自幼熟读诗书,颇有雄心。由于清朝的制度是"蒙不点元",即外藩蒙古人不得参加科举考试,为求科举仕途,他特意娶汉族人为妻,欲改报汉族(入汉籍)参加科考。②

四、社 会 习 俗

随着汉民的涌入和人口上愈来愈占多数,蒙古人逐渐放弃游牧业转务农耕,内地汉民的各种社会习俗也日益浸染、渗透进了蒙古族社会。如口碑传说、民间谚语、禁忌和神祇崇拜等等,多已融入汉化、定居农耕化的内容和色彩。虽然在婚丧嫁娶等礼仪上仍保留着传统特点,但也与蒙古原有游牧社会的传统有了明显的变异。至于日常服饰,当日本女教师河原操子于1903年应聘来到喀喇沁右旗时,从男子的服饰上已分不出汉人和蒙古人(蒙古妇女多为满族人

---

① 汪国钧《蒙古纪闻》,第28页;吴恩和、邢复礼《育桑诺尔布》,《内蒙古文史资料》第一辑。
② 吴恩和、邢复礼《贡桑诺尔布》;白玉崑《海山》。

服饰）。①

在民间神祇信仰方面，早在康熙末期，本旗蒙古人村落已建起了龙王庙。据说有的龙王庙还是按照喇嘛教活佛的旨意修建的。例如，公爷府以东的龙王庙，相传为康熙五十五年（1716 年）喀喇沁王迁至公爷府新邸时所建。嘉庆年间修建于四十家子村的龙王庙，据说是在藏传佛教土观呼图克图的"指点"下修建的。蒙古各村如有二百年以上的老树，即尊为树神。而凡有老树，树下必修山神庙、土地庙，并将栖居庙宇的狐狸、蛇、黄鼠狼等均称为"仙"。这些民间迷信，本来源自汉地。而传入喀喇沁地区之后，竟至"凡龙王为祟，皆系蒙古。而蒙古信之故，加祸甚烈；汉人不信，故汉人永无冒犯龙王"之说。② 说明在当时当地，蒙古人对龙王的迷信，竟然已比汉人还严重。

随汉民到来而传入蒙地的，不仅有各种神祇崇拜和迷信，还有来自内地社会底层的种种陋习、恶俗。如 1896 年，喀喇沁右旗王府戏班的优伶（演员）与本旗练军马队人员发生纠葛冲突，某优伶被马队士兵捉住痛殴，复将其按住，把蜡烛头插入优伶的肛门，以泄愤和污辱。记述此事者特意说明："按蒙古地方，向来无此恶俗，皆因各矿场地面之山东窑户，互相争嘲，多用此法复仇。故该兵丁痛恨之余，用此毒辣手段也。"③

传统游牧社会的蒙古包，在喀喇沁地区早已看不到。转农、定居后的蒙古人，不仅住瓦房、草房，许多贫苦者还住上了汉民初来时搭建的"马（麻）架子"式简陋房屋["以木叉构成架子，复（覆盖）以榛柴，以泥抹之为屋"]。④

蒙古传统的敖包（鄂博）祭祀，敖包一般垒建在远离民居的高阜、山头之上。而喀喇沁右旗的全旗性传统祭敖包盛会，也早已改在了王府大门前面。王府门前的敖包，一字排列共有 13 座，中间一座高九尺九寸、圆径九尺九寸，两侧的小敖包高约 5 尺左右。每年旧

---

① 〔日〕河原操子《（新版）蒙古土产》，第 139—140 页。
② 汪国钧《蒙古纪闻》，第 93—101 页。
③ 汪国钧《蒙古纪闻》，第 28—30 页。
④ 汪国钧《蒙古纪闻》，第 59 页；笔者据该旗耆老忆述。

历七月(初一至初三)祭祀时,须将敖包上的石头摆放整齐,插上杨柳树枝,再按照五行(金木水火土)方位插上彩旗;还要制作一些乌鸦、喜鹊的木制模型放在敖包上,挂上藏(梵)文写的经文旗幡,把敖包装点得既色彩缤纷,又庄严肃穆。敖包前面两侧,置放插有刀、枪、剑、戟等兵器的若干木架,当中摆放长供桌三张,上面分别置放宰杀的5头猪、5只羊、两头牛,及干鲜果品等供品。祭祀时,要诵念祭祀经、藏经(《甘珠尔》)和祭文。祭祀完毕,札萨克王爷还举行盛大野宴,仿照清廷的宫廷筵席,以烧整猪招待宾客和民众。整个祭祀期间,还进行阅兵仪式,举行赛马、射箭、摔跤比赛,召开旗政会议,同时举办盛大的商业贸易集市活动。① 这样的祭敖包盛会,已经将游牧社会的传统,转变为融汇了蒙、满、汉,萨满、喇嘛,游牧与农耕等多元文化要素,并兼有审办、检阅军政事务,开展传统体育活动和商品交易等多重功能的节庆。

蒙古人自古本有忌讳和不重视生日的习俗。直到近代,像僧格林沁、德穆楚克栋鲁普(德王)及贡桑诺尔布等人的生日以至生年,也往往并不为亲近者所确知。② 但贡王的父亲旺都特那木济勒,却在六十本年正寿(1896 年)时,广召各旗王公贵族和厅县官绅,连日演戏、筵宴庆贺。③ 而在同属卓索图盟,比喀喇沁右旗距离内(汉)地更近、受汉化影响更深的土默特右旗,贵族官员和文化人中已更早地有了明确记忆并记录出生年月日的习惯。如清代著名蒙古族文学家尹湛纳希(1837—1892)及其父亲旺钦巴拉(1795—1847),出生日期以至时辰,均已有文字记载留传下来。④

由于游牧经济生活的粗放和简朴,蒙古人历来时间观念较为淡薄,日常生活少有严格精确守时的习惯。而喀喇沁右旗王府和札萨克衙署的常年执事、办公,却早已有了相当严格的时间规定。如执事人员"每日到府以早九时为准,晚四时回家"。内侍则须早七点到

---

① 阎桂芳《喀喇沁王府祭敖包的片断》,《喀喇沁旗文史资料》第二辑。
② 参阅白拉都格其《僧格林沁等蒙古王公的出生日期问题》,《中央民族大学学报》2003 年第 5 期。
③ 汪国钧《蒙古纪闻》,第 30 页。
④ 扎拉嘎《尹湛纳希年谱》,内蒙古大学出版社,1991 年,第 17—20 页。

府,晚十时方归,且风雨无阻。王府内有专门的司时辰者,每天的早九时、晚(下午)四时,以及札萨克每早十时到寺庙拜佛等时辰,均敲钟数声不等。执事人员每日到府、离府,均须逐一点名报到,在回事处翻挂指定木牌,内侍则须"先至回事处取自己之牌,携进内院,面交旗主(札萨克)";"或有误点迟到者,……如迟到一次或二次,不议;如常常迟误者,必严加处罚也"。① 或许同时受到北京(进京值年班)宫廷政治生活严格守时的影响,贡桑诺尔布的日常生活也极有时间规律。据河原操子记述,贡王"对时间非常重视。夏天是六点,冬天是七点,准时起床不误"。接着是净手洗漱、拜佛、谒见太福晋(母亲),然后处理政务。正午到后宫进午餐,餐后办公、读书。下午五点离开后宫,六点进晚餐,八时开始在后宫学习新知识(数学和日语),十点就寝。"以上的行事,一年三百六十五天一点不差严格执行。"②

五、近代新事物的出现

清代末任喀喇沁右旗札萨克郡王贡桑诺尔布(1872—1931),在内蒙古近代史上堪称改革家和政治活动家。他作为世袭王公之子,自幼受到较好的文化教育,通晓蒙、满、汉等多种文字,并且好吟咏、擅书画,著有《竹友斋诗集》传世。1898 年贡桑诺尔布袭任札萨克郡王之后,即着手改革旗府原有种种弊政,减免了旗民的部分赋役负担。③ 还在清政府开始推行新政之前,他就曾奏请自办招商开采旗境各矿、筹饷练兵,并提出改革吏治、兵事方面的旧章。④ 新政推行之初,又率先响应,从北京聘请教官、购置枪械,把本旗原有武装编练为新式军队,继而又仿照内地省县组建了本旗警察队。⑤

① 汪国钧《蒙古纪闻》,第 6—7 页。
② 〔日〕河原操子《(新版)蒙古土产》,第 147—148 页。
③ 吴恩和、邢复礼《贡桑诺尔布》,《内蒙古文史资料》第一辑。
④ 朱寿朋《光绪朝东华录》第四册,中华书局,1958 年排印本,第 4529 页;《清德宗实录》卷四六九。
⑤ 吴恩和、邢复礼《贡桑诺尔布》。

在贡桑诺尔布举办的各项新政中,最突出并最有历史影响的,是以新式学校为主的文化教育事业。1902 年初冬,贡桑诺尔布聘请内地著名文人陆君略、钱桐为总教习,在本旗创办了整个蒙古族社会第一所近代新式学校——崇正学堂。次年,他偕同清室肃亲王善耆之子和驻京喀尔喀亲王那彦图之子祺诚武,亲赴日本游历参观。回旗后,又从日本和内地聘请教师,办起了毓正女子学堂和守正武备学堂。在他的悉心经营下,这些学校不久就按照清政府颁布的学堂章程,或仿照日本学制,备齐了各门新式课程。同时,他还先后在崇正学堂开设图书室、附设师范班,并创办了石印蒙文报纸《婴报》。为了给《婴报》撰写新闻、搜集素材,还在北京、奉天等地设立过总分各馆。此外,贡桑诺尔布还通过各种途径选送本旗初学子弟分赴北京、天津、上海、保定、奉天及日本,学习师范、军事、工艺制造、测绘等等,为造就人才可谓殚精竭虑。①

崇正学堂 1902 年旧历十月初一日(公历 11 月 19 日)正式开学,最初有 2 个班 40 名学生,开设的课程有蒙、汉语文,算术、地理、历史、习字(书法)、体操(体育)、唱歌(音乐),据说还有日文和俄文。1903 年以后,学堂还逐步增员扩生,从日本和内地聘请来鸟居龙藏(日本著名考古学家)等 10 余名教师。学生陆续增加到 400 名,班级最多时发展到 10 个班,其中包括师范和实业(专学养蚕、纺织技术)各 1 个班。至 1912 年,毕业生累计已达 600 余名。②

守正武备学堂成立于 1903 年夏,从日本延聘陆军大尉伊藤柳太郎和陆军中尉吉田四郎为正副教官,选拔旗府官员子弟等约 30 人入学,按照日本操典进行初级军事教育。1910 年以后,因经费不足停办,学员均整编为旗府军队。③

毓正女子学堂于 1903 年末正式开学,主要教师为聘自日本的河

---

① 吴恩和、邢复礼《贡桑诺尔布》;贾荫生整理《崇正学堂》,《赤峰市文史资料选辑》第四辑;《东方杂志》第一年第四期、第一年第十二期、第二年第一期、第四年第九期"教育·各省教育(学堂)汇志"。

② 贾荫生整理《崇正学堂》。

③ 吴恩和、邢复礼《贡桑诺尔布》;〔日〕河原操子《(新版)蒙古土产》,第 155 页;汪国钧《蒙古纪闻》,第 25 页。

原操子。该学堂开学不久即有学生 60 名,开设的课程有蒙、汉、日语文,算术、地理、历史、图画、编织、唱歌、体操等。由于河原操子的尽力主持,该校学生还组成学习团体,开展游园会等课余活动,学习和文化气氛十分活跃。河原操子聘期结束返回日本后,又有鸟居龙藏的夫人前来接任教职。约至 1909 年,该校因经费不足和贡王夫妇晋京常住、监管不力而停办。①

除了新式学校,贡桑诺尔布还在本旗兴办了邮政、电报,综合工厂和百货商店等等,②使本旗的社会文化状况有了明显改观。

1908 年,贡桑诺尔布开始进京常住。其后,尤其是经过辛亥革命、政权更迭等变故,贡王在本旗进行的各种改革新政,兴办的各种近代新事物,多数都中途夭折,或逐渐销声匿迹。只有崇正学堂(学校),得以与民国相始终,为喀喇沁培养了几代文化人。而这些青年学子,也纷纷出走内地以至国外,主要是在外从政、投身革命或从事各种社会和文化事业,很少"返哺"喀喇沁地区的社会文化发展。

由于地处偏远,交通不便,加上蒙古盟旗之间的相对封闭、隔绝,尤其是民国以后内外局势的演变,使得清末即已出现的各种近代新事物,未能在喀喇沁右旗及其周围地区的社会文化发展变迁中起到更大的历史作用和影响。

---

① 〔日〕河原操子《(新版)蒙古土产》,第 152—195 页;吴恩和、邢复礼《贡桑诺尔布》;汪国钧《蒙古纪闻》,第 24—25 页。
② 参阅本书前文《近代内蒙古各业开发与社会经济变迁》各相应章节。

近代额尔古纳地区的
多元经济文化

一、清近代历史沿革

（一）清朝东北边防重地

满洲爱新国（后金）兴起以后，在与明朝征战的同时，也将统治势力逐步扩展到黑龙江上游及呼伦贝尔地区。清顺治初年（1644年），索伦、虎尔哈等部终被征服，这一地区并入清朝统治版图。

同一时期，越过西伯利亚向东侵略扩张的沙皇俄国哥萨克武装，也开始来到黑龙江及其上游流域。当地的索伦部族不堪俄兵侵扰，东渡额尔古纳河迁至嫩江流域。1681年，哥萨克武装越过额尔古纳河，在东岸莫里勒克河口修筑堡寨，命名为额尔古纳堡。

为抵御和反击俄国侵略，清朝于1683年（康熙二十二年）增设黑龙江将军，驻瑷珲城（两年后移驻墨尔根，即今黑龙江省嫩江县；1699年复移驻齐齐哈尔）。1685和1686年，清军大举反击，两度攻克雅克萨城（史称雅克萨之战），迫使俄方停战议和举行边界谈判。1689年中俄签订《尼布楚条约》，确定了两国的东段边界。南至海拉尔河汇流处的整个额尔古纳河成为中俄两国界河。①

此后，黑龙江将军每年派协领1员率兵240名，前往额尔古纳河沿岸巡查一次。

1727年（雍正五年），清朝在中俄边界设置卡伦，沿额尔古纳河共设卡伦12座，其中的库克多博、珠尔特依等6座在今额尔古纳市境内。

---

① 《呼伦贝尔志略》（1923年）"方舆沿革""边务""外交"，内蒙古文化出版社影印本，2003年；《沙俄侵华史》第一卷，人民出版社，1976年，第80—185页。

1732—1734 年（雍正十至十二年），清朝为充实呼伦贝尔地区边防，从布特哈等地迁来索伦、巴尔虎、额鲁特等部人，编为八旗体制、列入内属蒙古游牧驻防，亦泛称蒙旗。与此同时，又在呼伦贝尔地区增设内卡伦，有库里多尔、特尼克等 4 座设在今额市境内。呼伦贝尔地区的内外卡伦，均由各蒙旗派兵驻守。

1884 年（光绪十年），为防俄人越界采金，黑龙江将军又在额尔古纳河下游沿岸增设 5 个边境卡伦，由呼伦贝尔派兵驻守，归驻瑷珲的黑龙江副都统统辖。这 5 个卡伦自南至北分别是：莫里勒克（今莫尔道嘎河口附近）、牛尔河（今激流河口）、温河、伊穆（木）河、额尔和哈达（今恩和哈达镇）。

1900 年，俄国在八国联军侵华战争时大举入侵东北，占领东北和呼伦贝尔各要地，额尔古纳沿边卡伦俱被焚毁。

1907 年，呼伦贝尔副都统苏那穆策麟，从满洲里以西的察罕敖拉至额尔古纳河中游的珠尔特依（今室韦镇附近），重设卡伦 10 所。1908 年，继任呼伦贝尔副都统宋小濂，又在额尔古纳河下游沿岸增设毕拉尔河、长甸、奇雅河、永安山等卡伦。同年，宋小濂重新整顿呼伦贝尔地区沿边卡伦，共设卡伦 21 所。每 5 卡设卡官 1 名，每 10 卡设总卡官 1 名，其北路总卡官驻珠尔干河（今奇乾乡附近）。并且撤换蒙兵，从吉林、奉天等地招募汉民充卡兵屯垦驻守。[①]

（二）军政建置沿革

清朝时期，额尔古纳地区一直属黑龙江将军辖下的呼伦贝尔副都统（初设呼伦贝尔统领，后改为副都统衔总管，光绪七年即 1881 年改为副都统）辖区，是索伦左翼总管属下主要由（陈）巴尔虎人组成的镶白、正蓝两旗各佐领的所属游牧地域。副都统及各翼（旗）、佐均为军政合一体制。[②]

清末新政时期，清政府于 1907 年（光绪三十三年）将东北八旗

---

① 《呼伦贝尔副都统衙门册报志稿》，呼伦贝尔盟历史研究会编印，1986 年，第 14—20 页；《呼伦贝尔志略》"边务""建置·卡伦"；《黑龙江志稿》（1933 年）卷三一《武备志·兵事》，黑龙江人民出版社，1993 年。
② 《呼伦贝尔副都统衙门册报志稿》，第 36 页；《呼伦贝尔志略》"官制"。

体制改为行省制,黑龙江将军辖区改为黑龙江省,主官将军改为巡抚。1908 年,裁撤呼伦贝尔副都统,改设行省体制的呼伦贝尔兵备道(简称呼伦道,驻海拉尔),及其辖下的胪滨府(治满洲里)、呼伦直隶厅(治海拉尔),以及为筹设室韦直隶厅而设立的吉拉林设治局(治今室韦镇)。额尔古纳地区的民户及地方政务,遂属吉拉林设治局辖治。

但是,这时的索伦、巴尔虎、额鲁特等五翼总管及辖下各部、旗、佐领仍沿旧制,即新设道、府(厅)体制与原有内属蒙古的游牧八旗体制同时并存,只是各翼(旗)须受黑龙江巡抚、呼伦道监督统辖。①

1912 年 1 月,乘中国内地爆发辛亥革命之机,在外蒙古"独立"的影响和俄国的支持援助下,以额鲁特总管胜福为首的民族上层,也率领呼伦贝尔各蒙旗宣布"独立"。2 月,蒙旗武装武力驱逐了各道、府、厅、局官员和清朝驻防军,控制了呼伦贝尔全境。不过,蒙旗武装在进攻吉拉林时,遭到驻珠尔干河总卡官赵春芳率部抵抗和阻止。后经双方谈判达成协议,以莫里勒克河为界,额尔古纳河上游各卡归"蒙官"管辖,下游各卡归"汉官"管辖(隶属黑龙江省黑河道)。

1915 年 11 月,中俄签订《关于呼伦贝尔之协定》,"独立"的呼伦贝尔改为直属北京中央政府的"特别区域",同时受黑龙江省的监督,但中央政府和黑龙江省不得(无权)在呼伦贝尔派官、驻兵、移民和征税。其民族政权首脑改称呼伦贝尔副都统,由民国大总统任命。其下设机构和旗(翼)佐组织未变。这一"特别区域"体制,当时又称"自治"。②

1919 年,从索伦左翼中分出陈巴尔虎部,设陈巴尔虎旗,旗设总管辖治。额尔古纳地区实际成为该旗辖属区域。

1920 年 1 月,呼伦贝尔副都统贵福等民族上层呈请取消"特别区域",并获批准。呼伦贝尔重归黑龙江省辖治,成为旗县分治、并存体制。呼伦贝尔副都统(仍由民国大总统任命)及其辖属机构、各旗不变,只是职权缩小为专管蒙旗事务。黑龙江省派设呼伦贝尔善

---

① 《呼伦贝尔志略》"官制"。
② 《呼伦贝尔志略》"官制""兵务""外交"。

后督办兼交涉员,新(重)设呼伦、胪滨、室韦三县和奇乾设治局。善后督办兼交涉员管辖三县一局、重设的沿边卡伦及对外交涉事务,与副都统及其辖下蒙旗互不统属。此后,额尔古纳地区的地方(汉、回)民政,分属室韦县(治今室韦镇)和奇乾设治局(治今奇乾乡)辖治。

1921 年,奇乾设治局撤局正式改县。同时,室韦、奇乾二县知事均兼任总卡官,各辖官兵 230 人。①

1925 年 5 月,呼伦贝尔督办改设为呼伦贝尔道,正式成为黑龙江省辖下一级地方行政建置,但仍与副都统、蒙旗体制并存。

张学良于 1928 年末宣布东北"易帜"后,循全国统一地方行政建置,呼伦贝尔道亦于 1929 年撤销,各县直隶于省署。但原呼伦贝尔道尹改任新设呼伦贝尔市政筹备处处长,仍兼管呼伦、胪滨、室韦、奇乾四县蒙务(民蒙交涉事务)。同年,沿边卡伦体制亦改组,由各县保安中队分驻管理。

1930 年,室韦县署由吉拉林迁至河埠(今苏沁乡)。② 东北"九一八"事变后,呼伦贝尔地区于 1932 年沦陷。

二、民族变迁

(一)蒙古、索伦等族

清初,原住额尔古纳地区的蒙古、索伦(当时泛称鄂温克、雅库特等族人,有时也涵盖鄂伦春人、达斡尔人)各部先后流徙、迁出,只有一支鄂温克人居住在奇乾一带的原始森林里,以驯鹿、渔猎为生。

1732 年(雍正十年),清朝将兴安岭以东布特哈地区的鄂温克、达斡尔等族和巴尔虎蒙古人迁入呼伦贝尔地区,编为索伦等八旗游牧驻防。额尔古纳地区成为索伦左翼镶白、正蓝两旗各佐领驻牧

① 《呼伦贝尔志略》"官制""蒙旗复治始末""善后年事纪略"。
② 《黑龙江志稿》卷四七《职官志·表·行政》;《额尔古纳右旗志》,内蒙古文化出版社,1993 年,第 8 页。

地,时有编入该两旗的巴尔虎蒙古人在这一地区的草原上游牧。此后,额尔古纳中下游先后设立的20多个内外卡伦,均由呼伦贝尔各翼(旗)派兵驻守。每卡驻兵,初期10~20人,后来增至30名。也就是说,常年有数百名蒙古、索伦等族官兵在这里居住生活。①

1908年,宋小濂整顿呼伦贝尔卡伦,撤换蒙兵,改从东北腹地招卡兵驻守。此后,除有一支(托河路)鄂伦春人仍在山林深处游猎,额尔古纳地区已很少有蒙古、索伦等族人驻牧、生活。②

据1923年调查报告,奇乾县牛尔河一带有鄂伦春猎民30余户。③

(二) 俄罗斯人

早在17世纪中叶,俄国哥萨克武装侵扰黑龙江上游流域时,就开始出入额尔古纳地区。中俄签订《尼布楚条约》之前,俄使曾两次从尼布楚过额尔古纳河入境,与清朝代表谈判。1681年,哥萨克武装还在河东岸修筑过额尔古纳堡。④

1689年《中俄尼布楚条约》签订后,尼布楚成为两国通商贸易和使节往来通道,仍不时有俄国官民进入额尔古纳地区,但为数很少。1727年中俄签订《恰克图条约》,开辟恰克图(经外蒙古)为通商通使口岸以后,尼布楚一带的口岸通道作用基本丧失,额尔古纳地区已罕见俄罗斯人的踪迹。

19世纪中叶,随着俄国向西伯利亚、远东移民的增多,额尔古纳河西岸俄境已出现许多村屯。经过中英鸦片战争之后,清朝统治虚弱外露。沙皇俄国乘机向中国北部边疆大举侵略扩张和渗透,额尔古纳河西岸的俄人也开始不断越境进入东岸地区。

据记载,早在1861年,就有关于许多俄人越额尔古纳河入境,偷割羊草、偷挖地窖的报告上奏清廷。其后,由于额尔古纳河东岸盛产砂金,俄人越界淘采者愈来愈多。至1884年,越界淘金的俄人竟已多达数千或万余人。经清政府出面与俄交涉,大部分俄人被召回

---

① 《呼伦贝尔副都统衙门册报志稿》,第12—20页。
② 《呼伦贝尔志略》"边务""建置·卡伦"。
③ 《额尔古纳右旗志》,第104—105页。
④ 《沙俄侵华史》第一卷,第146—147、160—167页。

或驱逐。①

　　1900 年俄军大举入侵占据呼伦贝尔各要地后,俄国商民遂大批涌入额尔古纳地区,居住下来垦种、割草、放牧,经营和淘采金矿。1907 年时,这里的俄国移民已有一千余户、四五千人。在库克多博卡伦以东,有俄人垦田 30 余垧;小泉山沟中,有俄人垦田 10 余垧;珠尔干河卡伦以北,有俄人垦田数十垧。②

　　1906 年,经黑龙江署将军程德全与俄国交涉,收回奇乾河、吉拉林等金矿经营主权,俄国商工多被遣返。1908 年宋小濂重新整顿呼伦贝尔沿边卡伦以后,俄人越界垦种现象也被阻止。③

　　1912 年俄国支持呼伦贝尔民族上层宣布"独立"之后,俄国商民再度大批涌入额尔古纳地区,经商、采金、种田、放牧。据粗略统计,这一时期,室韦县即吉拉林地区的俄人垦田约有 115 垧,奇乾地区的俄人垦田约达 587 垧。④

　　俄国"十月革命"以后,其远东地区亦连年战乱,有更多俄人越界进入额尔古纳地区,并逐渐定居下来。据 1922 年的统计,在今额尔古纳市境内定居的俄罗斯人已达 1 855 户、9 279 人,竟占当时室韦、奇乾二县总人口的 83.71%。⑤

　　1920 年代和日伪时期,根据当时的法令,先后有数百名与中国人通婚的俄侨妇女加入了中国籍。⑥

　　随着俄罗斯人在额尔古纳地区的长期流徙、定居,与这里的中国各族人密切交往和通婚,又开始出现许多"华俄后裔"即其混血人口。

（三）汉族

　　清朝时期,最早来到额尔古纳地区的汉族人,大概是内地商贩。

---

① 《清穆宗实录》卷一六"同治元年正月丙申";《黑龙江志稿》卷二三《财赋志·矿产》。
② 《东三省政略》(1909 年排印本)卷一《边务·呼伦贝尔篇·附宋小濂呼伦贝尔边务调查报告书》、卷三《交涉·界务交涉篇》。
③ 同上。
④ 《呼伦贝尔志略》"垦殖"。
⑤ 《呼伦贝尔志略》"户口"。
⑥ 《呼伦贝尔志略》"民族""户口";《额尔古纳右旗志》,第 121—123 页。

1689 年《中俄尼布楚条约》签订后，允许两国人过境贸易互市，开始有内地商旅出入。清政府在这里陆续设立边卡之后，也有内地小商贩前来活动。但由于地处僻远、人烟稀少，所以尚无汉族人移居这里。

清后期开始有汉民移入，大多与额尔古纳地区的黄金开发开采有关。俄罗斯人越界淘采吉拉林、奇乾河等处金矿以后，随着采金业的兴盛，开始招雇大批华工。一些内地闯关东的贫苦农民，也来到这里淘金。1884 年清政府驱逐遣返越境淘金俄人之后，额尔古纳地区的采金业复经几度盛衰周折，但一直有许多汉族人在这里淘金谋生。清末民初各金矿繁盛时期，这里以汉族人为主的淘金工曾达到 1 万人左右。

1908 年宋小濂整顿卡伦，裁撤蒙兵，改募汉兵屯垦驻守。每卡驻兵 22 人，其中一半巡边，一半垦耕。额尔古纳地区的 10 余个卡伦，遂有几百名卡兵常年居住。

1920 年呼伦贝尔撤销"特别区域"后，黑龙江省在这里设立奇乾、室韦两个县治，职事军政及农商各业的定居汉族人逐渐增多。不过，汉族在总人口中所占比例，仍远不及"客居"的俄罗斯人。据 1922 年统计，今额尔古纳市境内共有汉人 574 户，1 899 人，只占总人口的百分之十几。①

整个民国时期，额尔古纳地区居民的民族成分中，汉族人只占少数，蒙古、索伦等族人更少，最多的是俄罗斯人和华俄后裔。

三、近代经济开发

古代额尔古纳地区的经济生活，主要是蒙古人及其先祖，以及泛称蒙古、索伦的各部族人从事游牧养畜和狩猎业。1840 年以后，随着俄、汉等族人陆续迁入，这里逐渐出现了淘金业、定居农牧业，以及具有近代意义的加工业、交通邮电等企事业。

---

① 《呼伦贝尔志略》"民族""户口"；《额尔古纳右旗志》，第 121—123 页。

（一）畜牧业

整个清代，额尔古纳地区已很少有游牧、狩猎业。1918 年前后，在今额尔古纳市境内从事传统放牧狩猎活动的蒙古人和鄂伦春、鄂温克等族人只有 90 余户。

清末民初，已有不少越境俄国人断续在这里从事畜牧业。1918 年以后，大批俄罗斯农牧民带着土畜种和改良牛马越境移居，来到室韦、三河、上库力等地区，很快发展起这里的畜牧业。俄国侨民从此成为额尔古纳地区畜牧业的主要经营者，并且逐步培养出著名的三河牛、三河马等优良畜种。俄罗斯人的定居畜牧，一般不种植饲料作物，而是充分利用野生植物放牧，成本较为经济。放牧劳动多雇佣鄂温克等族人，一般大的村屯雇用 10 人左右，小的村屯雇用 2 至 3 人。以村屯为中心，半径 5 公里左右为奶牛、役马放牧地带，外围为采草地带。此外，俄人还使用钐刀、畜力打草机、搂草机等牧业机具。使用俄式钐刀，一个强劳力平均日打草 50 公斤左右。畜力打草机，每台日打草 250 公斤左右。畜力搂草机又称"笆子"，日搂草 2 600 公斤左右。随着定居农牧业的发展，这里也出现了猪和鸡、鸭等家畜家禽。

据 1925 年统计，额尔古纳地区的牲畜已发展到 49 178 头。其中，大畜 19 949 头，占 40.6%。牛为 14 352 头，占大畜的 71.9%；马 5 597 匹，占大畜的 28.1%。小畜 25 842 只，占牲畜总数的 52.5%。猪 3 387 头，占总数的 6.9%。[①]

（二）农业

整个清代，除了越境俄人短期从事少量农垦，额尔古纳地区还没有成规模的农业生产。这里的农耕业，也主要是 1918 年以后由俄罗斯移民经营、发展起来的。他们来到根河、哈乌尔河、得耳布尔河流域也即三河地区垦耕定居，并逐步使用拖拉机和机引耙、犁从事机械化生产，主要作物为小麦、燕麦等。约在七八年的时间里，就把

---

① 《额尔古纳右旗志》，第 210—221 页。

原来几乎没有人烟的三河地区变成了整个呼伦贝尔地区的"谷仓",同时也是当时唯一的农业区。据统计,1934 年额尔克(古)纳左旗境内的粮食种植面积为 6 068 公顷。

大批俄侨开拓农业之后,也开始有汉族人来到这里,或受雇于俄人,或自行垦耕,并开始出现汉族地主。日伪时期最大的汉族地主阎振邦,已拥有耕地 3 200 亩,常年雇佣长工 30 余人,农忙时还雇佣短工。①

(三) 狩猎、渔业、采集

整个清、近代,额尔古纳地区的大兴安岭深山老林中,一直有部分鄂温克人以狩猎为生。他们的传统猎具是弓箭、扎枪,猎物有驼鹿(犴达犴)、水獭、貂、狐狸、狼、野猪、熊等等。

清俄雅克萨战争之后,鄂温克人学会了使用火枪狩猎。乾隆时,清廷下令禁止鄂温克猎民用火枪狩猎,并作价收缴。1900 年以后,由俄人传入的近代步枪逐渐取代了扎枪和弓箭,后来又逐步更新为"七九"式步枪、日制"三八"式步枪等。

俄罗斯人大批移居这里以后,也多有喜好狩猎者。他们一般猎取狐狸、黄鼠狼、灰鼠等取其毛皮,偶有猎鹿以获取鹿角、鹿胎、鹿茸者。

额尔古纳地区河流众多,渔业资源丰富。鄂温克等游猎民族,也一直以捕鱼为主要辅业。民国时期,在根河与额尔古纳河汇合处,曾有 10 余户(外来)人家在此捕鱼为生。

此外,1930 年代开始,室韦、恩和、三河、上库力等地居民也采挖黄芪,晒干后运往海拉尔卖给中药房,但数量有限。②

(四) 采金业

额尔古纳地区的采金业,始于 1860 年后俄人的越界淘采,初时产量很少。1882 年以后,发现奇乾河至漠河沿岸丰富矿苗,遂有大

---

① 《额尔古纳右旗志》,第 161—163、158 页。
② 《额尔古纳右旗志》,第 139、242、246—247 页。

批俄人涌入淘采，很快达到万余人，仅 4 年即采砂金 32 万两。

1884 至 1886 年，清政府将越境俄人全部驱逐。1888 年，由北洋大臣（李鸿章）设立漠河金矿局招民工淘采，下辖奇乾河等金场，后来又增加吉拉林、乌玛河等金场。至 1892 年，各矿采金工已达 8 000 多人。奇乾河一带金场采金面积达 80 多平方公里，吉拉林开采面积也有 10 余平方公里。

1900 年俄国出兵侵占东北后，额尔古纳河东岸金矿俱被俄人占据。俄政府投资成立采金公司，进行大规模勘探，并在吉拉林河新发现大面积砂金矿。至 1907 年，仅吉拉林金矿即连续 7 年年产黄金 4 000 两左右，其余各矿年产共计 1.3 万余两。

1907 年，清政府收回各矿，奇乾河、吉拉林等矿场改由黑龙江省派官经管。奇乾河金矿又逐年发展，到 1911 年已达拥有 8 500 矿工的规模，年产砂金 12 300 两，人均采金 1.56 两。吉拉林金矿也有矿工约 150 人，年产金约 3 000 两。

1912 年，奇乾河金矿（当时又称西口子金矿）改由黑龙江省广信公司承包经营。适逢该矿鼎盛时期，当年即产金 1.6 万两，次年复达到 1.98 万两。吉拉林金矿在呼伦贝尔"独立"和"特别区域"时期，再度被俄人占据。1920 年收回后，也转归广信公司经营，当年产砂金近 1 300 两。①

采金业是近代额尔古纳地区从业劳动力最多、产值最高的基本产业，只是呈兴衰更替频繁，从业人口流徙无常状态。

（五）工商各业

额尔古纳地区的早期物产、商品交易活动，主要由内地汉族流动商贩进行，被鄂温克、鄂伦春人称为"安达克"和"供俺子"，恒以不等价交换牟取厚利。

近代以来，随着定居村屯和城镇的出现，也开始有了汉族人、俄罗斯人开设的商铺。据 1931 年统计，室韦县境内共有商铺 19 个，均以经营日用杂货为主，资本额均在大洋 200～500 元之间，其中至少

① 《呼伦贝尔志略》"物产·矿物"；《黑龙江志稿》卷二三《财赋志·矿产》。

有 4 个是由俄侨经营。

1921 年,黑龙江省广信公司在奇乾、室韦均设有支公司,主要经办金矿的金融业务,收购所产砂金。1929 至 1931 年间,金融业统由室韦县捐税征收局经管,时有储蓄贷款、典当等业务活动。

1930 年,侨居海拉尔的两位美籍和俄籍犹太人,合资 12 万元在三河镇开办了面粉公司。三河面粉公司建起一座五层面粉加工楼,有 1 台 52 马力蒸汽机(烧木桦子),6 盘钢磨,日生产能力 25 600 斤,产品的 70%运往海拉尔。①

(六) 交通、邮电

清代,额尔古纳地区的陆路交通,主要是连接各边境卡伦的驿道,交通工具主要是马、骆驼和各种畜力车。民国前期,开始出现主要是由俄罗斯人带来的拖拉机和汽车,但尚无专营运输。

额尔古纳河中下游全程均可通航。古代人烟稀少,只偶有各族渔猎民乘独木舟、桦皮船航行。近代以后,随着采金业兴起、沿岸人口聚集,航运业也应运而生。1921 年,沿江重要码头有室韦、奇乾、黑山头。室韦县有大小帆船 4 艘,奇乾县有汽船 8 艘、帆船 15 艘。汽船最大吨位 130 吨,帆船载重量在 20～100 吨之间。水运大宗货物有煤油、面粉和白酒等。② 此外,随着根河地区伐木业的发展,额尔古纳河也成为顺流排放木材的通道,一般运抵瑷珲、黑河始靠岸改为陆运。

清朝末年,额尔古纳地区尚无近代邮电通讯。1916 年,奇乾县始设三等电报局,与漠河、嫩江等地通达电报,年收发电报千余份。1923 年,奇乾县电报局改为邮局。1925 年,室韦县亦设立邮局。经办业务有国内汇兑、电报汇兑及代收货价等,兑付货价金额以 800 元为限。同一时期,伊穆河、毕拉尔河、珠尔干河等处也设立了邮务代办所。③

---

① 《额尔古纳右旗志》,第 303、378—379 等页。
② 《呼伦贝尔志略》"交通·水陆航桥"。
③ 《呼伦贝尔志略》"交通·邮电";《黑龙江志稿》卷四二"交通志·邮政""交通志·电政"。

四、社会文化变迁

近代以前,额尔古纳地区的社会文化,一直是蒙古、索伦等族及其先祖的游牧、渔猎文化。近代以来,进入这里的居民及其民族构成,复杂而流徙不定;政治局势风云变幻,执政者及其民族成分频繁更迭;社会经济生活的主要产业结构,也是此长彼消,盛衰交替无常。历经近百年的时代变迁,这里逐步从罕无人烟发展到拥有较稳定的一万多常居人口。其社会文化特征,呈现着纷纭的多元色彩,可一言譬之为"移民文化",并且主要是外来俄罗斯文化与中国各族文化的交融混合。

晚清时期,随着淘金业的兴起,越境俄人和内地流民大批涌入,但多为春来秋去,并且随着"矿主"更迭、矿业盛衰,矿工群体也聚散频仍,未能也难以形成较稳定的区域性社会文化。清末民初,政局变化频繁,当政者虽几经设治和整顿、充实边卡,淘金业也有所复兴,但仍无多少常住居民。

1920年代大批俄罗斯人涌入并定居以后,其人口一直占大多数,所经营的农牧业成为这一地区的主要、基本产业,同时也占据了社会文化的实际主流地位。他们的牧业,是定居畜养,并且使用效益高、较先进的搂草机、打草机等畜力机械,畜种也多为经过优化交配的改良、优质品种,如三河牛、三河马等。他们的农业,多为已使用拖拉机和机引耙、犁的机械化生产,所产粮食的商品率很高。这里能够兴办拥有五层楼高厂房,年加工能力三千多吨的面粉企业,盖缘于此。与此同时,他们的住房,多为圆木搭建的尖顶俄式"木刻楞";饮食习惯上,使用刀叉,食用面包("列巴")、西米丹(稀奶油)、果酱、苏巴汤(俄式大菜汤)等;宗教生活方面,信仰西方东正教,施洗礼,祈祷、礼拜,并为此而兴建许多西式教堂;以及语言、服饰,节庆、婚丧仪礼习俗等等,均成为额尔古纳与其他地区明显相异的独具社会文化特色。

另一方面,俄罗斯人在这里毕竟是"客民",长期生活在中国的政治体制管辖和社会地理环境中,他们社会生活各个方面的文化特征中,也逐渐浸染、融入了汉文化和索伦、蒙古等族文化的成分。加上与当地各族人通婚而出现许多"华俄后裔",社会文化中的俄罗斯特色又逐渐演化为俄中混合特色。这种多元融合特色,不仅反映在人们的物质生活、语言习俗上,还体现在许多人口的体貌肤色上。而在这里逐渐定居下来的汉族(包括少数满、回等族)移民,一则分别、断续来自东北和内地的许多不同省份,方言和生活习俗不尽相同;二则所从事的主要劳动职业、地域场所,如淘金业、伐木业、农耕业及城镇工商饮服业,相互之间并无日常的直接、密切接触和联系。而且,他们的人口及其基础定居农业,在这一地区一直不占多数地位。所以,很难形成较为相同一致的区域性社会文化,而或可称之为泛义的东北移民文化。在中国以汉文化为主的政治、地方行政体制和社会经济生活大环境下,这种汉族移民文化占据着近代额尔古纳地区社会文化的主导、支配性地位,但在各族居民的实际日常生活中却不占主流、多数地位。

与此同时,近代以来生活在额尔古纳地区的蒙古、索伦各族人虽然为数很少,但作为世居、原住民族,其民族文化在这里的社会文化中也留下了很深的印迹。不仅许多山川地理和动植物名称均为沿用、音译,适应这里独特自然地理环境的蒙古、索伦人的服装、住屋、交通工具以至饮食习惯,也被各族外来移民程度不同地采用、吸收,并延承下来。

晚清内外战争对蒙古的
冲击和影响

一、19世纪中叶的内外战争与蒙古

（一）第一次鸦片战争与蒙古

1840年鸦片战争爆发后不久,英军舰队即驶抵天津海口,震动了清廷。1841年以后,战争规模不断扩大。清政府急调各地八旗、绿营增防广东、福建和江浙沿海,英国侵略军也逐步沿海路北犯,并扬言调集舰船、兵力进攻天津。在东南沿海连吃败仗的清朝统治者,遂又想起了曾为满洲贵族打天下立过汗马功劳的蒙古骑兵。1841年10月,清廷命时任御前大臣、八旗都统的科尔沁左翼后旗札萨克郡王僧格林沁等巡视天津海口防务。① 1842年夏,战争形势愈趋危急,清廷急令察哈尔都统"预备察哈尔蒙古精兵二千名","驻扎口上游牧听候调遣",旋即"着饬令迅速启程,前赴天津";并委派僧格林沁和署领侍卫内大臣、喀尔喀三音诺颜部札萨克亲王车登巴咱尔,传旨申谕察哈尔骑兵"务各奉法在途行走,速抵天津"。② 与此同时,又征调内蒙古东部哲里木、卓索图、昭乌达三盟"蒙古精兵三千名","在于各该盟近口地方驻扎,听候调遣"。③ 由于清政府不久即战败求和,签订屈辱的《南京条约》,这些征调备战的各路蒙古骑兵,随即被遣返回籍。

这次全国性规模的反侵略战争,虽然战火远未烧到蒙古地区,但仍然对承平已久的蒙古族社会造成了很大影响。除上述奉命出

---

① 《清实录·宣宗》卷三五九。
② 《清实录·宣宗》卷三七一、三七三。
③ 《清实录·宣宗》卷三七三。

征的 5 000 名蒙古骑兵,蒙古各阶层还捐献大量马匹以供军需。当察哈尔骑兵奉调出征时,清廷还从察哈尔地区的商都、太仆寺等牧群,即由蒙古牧丁承担牧养的官马厂征调了 4 000 匹战马。由于部分察哈尔兵丁、跟役"无力自备骑乘",有 3 位察哈尔佐领、骁骑校等各捐献乘马 100 匹。此外,还有"察哈尔蒙古官员兵丁共捐马二千五百五十匹",察哈尔"军台扎兰章京旺楚克等共捐输马一千零五十匹",以及太仆寺、商都等牧群蒙古官员的捐输马匹,后来因战争结束而未被"赏收"的卓索图盟副盟长、喀喇沁中旗札萨克头等塔布囊克星额的"进马一百五十匹"。①

由于远离战场,内蒙古骑兵没有直接参加这场战争,但他们的奉调出征保卫家国,却得到了蒙古各阶层的支持和鼓励。卓索图盟土默特右旗(今辽宁朝阳、北票一带)协理台吉旺钦巴勒率本旗兵丁出征后,其子古拉兰萨曾赋诗《祝灭寇班师还》。诗中写道:"英寇狂暴侵海边,敕令我父扫狼烟。将士云集晓恩义,旗丁纷聚效忠贤。……旌旗空凌蔽日月,剑戟挥舞天地炫。"并祝愿"捷报平虏北还时,叩迎父师共狂欢"。② 这首"颂辞"表达了蒙古族官兵为维护多民族统一国家利益而坚决抵御外侮的爱国精神,同时也反映出在清朝统治者长期推行封王联姻政策的羁縻笼络之下,蒙古贵族上层对"博克多汗"清朝皇帝的效忠、崇奉意识。

此外,在清代八旗军体制下,常驻京师和全国各地的蒙古八旗和满洲八旗中的蒙古族官兵,则直接参加了这场战争。如镇海、镇江等地保卫战和浙东反攻战役中,都会有许多八旗军中的蒙古人参战。战争中以身殉国的清朝最高职级官员两江总督裕谦,就是八旗蒙古显赫功臣之后。③

先以直隶总督奉旨在天津海口接待英军使者,后接替林则徐以钦差大臣在广州对英交涉的琦善,是满洲八旗中的蒙古贵族,成吉

---

① 《清实录·宣宗》卷三七六、三七七、三八〇。
② 引自《蒙古族历代文学作品选》,胡尔查、赵永铣汉译,内蒙古人民出版社,1980 年,第 352—353 页。参阅扎拉嘎《尹湛纳希年谱》,内蒙古大学出版社,1991 年,第 248—253 页。
③ 《清史稿》卷三七二《裕谦传》。

思汗黄金家族后裔博尔济吉特氏。他虽然不像林则徐、裕谦那样以抵抗派闻名，但在职权范围内仍然尽力维护了国家主权和利益。①

（二）第二次鸦片战争中的蒙古马队

第二次鸦片战争中，京津地区是主要决战战场，不仅有许多蒙古马队直接参战，清军的最高前敌统帅就是外藩蒙古的僧格林沁。

科尔沁左翼后旗札萨克郡王僧格林沁（1811—1865），是嘉庆朝和硕额驸索特纳木多布斋嗣子。他自幼眷养宫廷，长成后常年驻京，道光、咸丰、同治三朝历（连）任御前大臣、领侍卫内大臣、八旗都统及钦差大臣等显赫职位，因镇压太平天国北伐军有功（参见后文），晋封世袭博多勒噶台亲王，是外藩蒙古王公在皇帝身边的主要代表之一，倍受三朝皇帝宠信的满蒙亲贵之一。面对外来侵略，他又是清廷内部坚决主战的重要代表之一。第二次鸦片战争爆发后，他曾激愤地"泣血上奏"，揭露"外夷"的侵略罪行，痛斥朝中的"误国庸臣"，并直言无忌地指责道光帝曾"一时误信谗言"，"孰知皇上（指咸丰）复信谗言，隐忧社稷，贻误子孙，有何面目见先王（皇）耶？"②

1858 年春，英法联军攻陷广州后扬言北犯天津。清廷仓促调兵加强渤海沿岸防务，有察哈尔马队 2 000 人奉调山海关。同年 5 月，英法联军攻陷大沽海口，清廷又急命僧格林沁赴京东通州负责防务，并从直隶、东北、内蒙古等地调兵 15 000 人归其指挥。其中，有哲里木、昭乌达两盟马队各 1 000 人，新调察哈尔马队 1 000 人。加上从山海关转调的察哈尔马队 2 000 人，蒙古骑兵（不含八旗）总数已占征调总兵力的二分之一。③

---

① 《清史稿》卷三七〇《琦善传》。参阅蒋廷黻《中国近代史大纲》，"琦善与鸦片战争"，东方出版社，1996 年；茅海建《天朝的崩溃》，生活·读书·新知三联书店，1995 年。

② 胡世芸《第二次鸦片战争时期的一篇主战奏疏——〈僧王奏稿〉》，《内蒙古师大学报》1985 年第 2 期。

③ 参阅茅海建《第二次鸦片战争中清军与英法军兵力考》，《近代史研究》1985 年第 1 期。

大沽口失陷不久,僧格林沁被正式任命为钦差大臣"督办军务",负责整个京津、沿海防务。《天津条约》签订后英法联军南撤,僧格林沁即前赴海口整修炮台,征调兵力继续备战。从各地重新抽调的兵力中,有哲、昭两盟马队各1 000人,察哈尔马队1 000人,占当时大沽口一带清军总兵力四分之一以上。① 另有察哈尔马队100人、归化城土默特官兵500人被集中备调。② 僧格林沁亲临勘查沿海各地,整顿训练原驻和新调各路清军,大规模整修、新筑各口炮台,添设大炮,在海口层层修设木桩、铁栅。③ 他"昼夜辛勤,殚诚竭虑","与士卒同甘苦,风雨无间","督率各营官兵,排列队伍,演放炮位,严密设防",④使整个防务整饬一新。

1859年6月25日,英法联军舰队再次北犯,第二次大沽口之战爆发。联军先用炮艇、工兵强行冲撞、拆毁木桩、铁栅,然后开炮轰击海口炮台。亲临指挥的僧格林沁立即下令开炮还击,英法舰艇多被击沉击伤。当晚,1 000余英法步兵涉海进攻炮台,僧格林沁增派哲、昭两盟蒙古马队及抬枪队、鸟枪队进行反击,并令两盟马队"拨改步队数百名以护营垒"。"两盟马队于枪炮如雨之中往来驰突,连环枪炮,轰毙极多",被同在前线的直隶总督恒福誉为"实属奋勇图功,不避锋镝,洵为勇敢得力之军"。经一昼夜激战,英法联军遭到惨败,被迫退出海口南撤。参战的13艘舰艇中,被击毁击沉4艘、重伤6艘,官兵死伤近600人。⑤

此次战斗,是1840年以来中外大小数十战中唯一一次较大胜仗,而且是有2 000多蒙古骑兵参战,由蒙古族统帅指挥的。哲、昭两盟马队中,因受到清廷嘉奖而载入史册的即有扎赉特旗札萨克郡王衔贝勒拉木棍布扎布及台吉琦兴额、诺林丕勒、崇格林沁,护卫图

---

① 参阅茅海建《第二次鸦片战争中清军与英法军兵力考》。
② 《清实录·文宗》卷二七四;《筹办夷务始末(咸丰朝)》第4册,中华书局,1979年,第1284—1286页。
③ 参阅《中国近代战争史》第1册,军事科学出版社,1984年,第183—185页。
④ 中国近代史资料丛刊《第二次鸦片战争》第4册,上海人民出版社,1978年,第109、41页。
⑤ 《第二次鸦片战争》第4册,第101—103页;《筹办夷务始末(咸丰朝)》第4册,第1444—1476页。参阅《中国近代战争史》第1册,第187—190页。

博特巴雅尔、阿勒坦桑等多人。①

第二次大沽口之战后，僧格林沁继续增兵备防，包括新征调的察哈尔马队2 000人，卓索图盟马队1 000人，归化城土默特兵500人。② 另有锡林郭勒盟马队1 000人集中于张家口北，乌兰察布、伊克昭二盟骑兵各500人集中于绥远城备调。③ 1860年第三次大沽口之战前后，又有归化城及绥远城（驻防八旗）兵1 000余人，察哈尔马队两批3 000人，卓、昭、哲三盟马队各1 000人奉调增援京津战场。④

1860年夏，英法联军大举增兵再次北上，从未设防的北塘海口登陆。8月3日，联军数千人向塘沽方向进兵，遭到清军哲、昭两盟和归化城土默特等部骑兵拦截痛击后败退。8月12日，联军集中步骑万余人和几十辆炮车进攻新河，各路清军马队激战抵抗后败退塘沽。此后，英法又集中优势兵力并在舰队重炮配合下接连攻占塘沽和石缝等炮台，直隶提督乐善（八旗蒙古人）战殁。坐镇白河南岸炮台指挥的僧格林沁，曾决心"寄身命于炮台"与阵地共存亡，经咸丰帝再三严词谕令，才率军退往天津、通州。9月18日，从海口集结北上的侵略军在通州以南张家湾与僧格林沁所部遭遇。"敌马步各队进前扑犯，经我兵枪炮齐施，毙贼无数。"清军马队转而发起进攻，但遭到联军先进枪炮齐射，"马匹惊骇回奔，冲动步队"，败退下来。⑤21日，联军向通州以西八里桥一线清军阵地发起全线进攻，引发了第二次鸦片战争的最后决战。

驻守八里桥的清军分由僧格林沁和瑞麟、胜保指挥。僧部2万人多数是八旗和内蒙古骑兵，瑞麟8 000人、胜保6 000人主要由八旗和绿营步兵组成。当联军分路展开进攻时，僧格林沁首先亲督马队向敌发起全线冲击。据参战敌军忆述，"从四面八方正对着我们就出现了无数用长矛和弓箭武装起来的骑兵，又整齐又迅速地向前

---

① 《筹办夷务始末（咸丰朝）》第4册，第1476、1466页；《清实录·文宗》卷二八五、二九三、三〇五。
② 参阅茅海建《第二次鸦片战争中清军与英法军兵力考》。
③ 《清实录·文宗》卷三〇六、三一四。
④ 参阅茅海建《第二次鸦片战争中清军与英法军兵力考》。
⑤ 《第二次鸦片战争》第4册，第450—501页；第5册，第83—84页。

冲来。……鞑靼骑兵的人数每时每刻都在不断地增加,很快我们整个战线都遭到迂回和包抄。"勇猛的各族骑兵前仆后继,反复、迂回冲锋,一度使联军西路被迫后撤,但最终被联军密集的枪弹和霰弹炮火击退。僧部骑兵冲击受阻后,瑞麟、胜保二部也开始与敌接火,奋勇抵抗。浴血鏖战从清晨打到中午。胜保不幸中弹落马,所部遂失斗志纷纷溃散,瑞麟部也受到牵动而败退。联军分兵抄袭与敌相持的僧部侧后,经哲里木盟马队"奋力冲突,复又毙贼多名"阻止,僧格林沁才"一面抵敌,一面缓缓撤退"。①

　　这场极为惨烈悲壮的反侵略战争,终因清政府的昏庸腐败和清军装备的落后而失败。蒙古族官兵(不含八旗蒙古)在这次大沽海口保卫战中占清军总兵力的三分之一以上,占八里桥决战总兵力(3.4 万人)的四分之一以上(近万人)。② 据史书记载,从天津海口到八里桥一直参战的 1 000 名昭乌达盟骑兵,战后只剩下 100 余名。③ 除此之外,蒙古各阶层还为这场战争捐献了大量马匹、俸银以供军需。仅 1857 年夏,察哈尔都统一次接收的捐马即达 6 700 匹。④蒙古民族为这次全国性反侵略战争作出了很大贡献和牺牲。

(三)僧格林沁镇压太平军、捻军及其败亡

　　第二次鸦片战争前后,南方爆发了大规模太平天国起义。受其影响,中原也爆发了捻军等反清起义。蒙古骑兵作为清朝统治者倚重的武装力量之一,也被征调参加了镇压、围剿这些起义军的战争。僧格林沁等蒙古王公贵族,还成为清军的主要统帅和将领。

　　对于蒙古王公上层来说,国内起义和外来侵略都是清王朝的祸患,而且以颠覆和取代清朝为目标的太平天国祸害更大。所以,他们为表示效忠和维护清朝统治而要"捐献"的军需银两和马匹,比两次鸦片战争时更多。如外蒙古喀尔喀四部僧俗上层一次呈请捐输

① 《第二次鸦片战争》第 5 册,第 99—108 页;第 6 册,第 287—294 页。
② 参阅茅海建《第二次鸦片战争中清军与英法军兵力考》
③ 《清实录·文宗》卷三三二。
④ 《清实录·文宗》卷二二九。

的银两就合计达 4.8 万两。① 出自羁縻笼络的既定政策,清廷对外藩蒙古上层的捐银一般均以"轸恤蒙古世仆"为由未予"赏收",只接受了部分军需马匹,以及一些兼任"公职"或驻京当差王公大臣的捐银,如库伦办事大臣德勒克多尔济的捐银 2 000 两、驻京科尔沁镇国公棍楚克林沁的捐银 1 000 两等。②

　　1853 年夏,已定都南京的太平天国派北伐军远征京畿,一路过关斩将,并于 9 月底在临洺关击溃了钦差大臣、直隶总督讷尔经额的重兵堵截。同年 4 月,已有归化城土默特蒙古官兵 1 000 人,由绥远城将军率领南下中原,镇压、堵剿太平军。6 月,清廷又命僧格林沁等督办京城巡防。临洺关失守前后,又急调察哈尔马队 2 000 名,哲里木、卓索图、昭乌达三盟骑兵 3 000 人进京备防,分交驻京当差的护军统领、喀尔喀土谢图汗部二等台吉多尔济那木凯和理藩院额外侍郎、扎赉特旗札萨克贝勒拉木棍布扎布,八旗都统、土默特右旗札萨克贝子德勒克色楞等统带。同时还征调了察哈尔马 5 000 匹、锡林郭勒盟捐马 3 000 匹。10 月,咸丰帝命宗室惠亲王为奉命大将军、僧格林沁为参赞大臣督办军务,由僧格林沁率京营八旗和东三盟、察哈尔马队出京堵剿太平天国北伐军。北伐军屯驻天津以南独流、静海之后,由南方尾追而来的钦差大臣胜保,率包括归化城土默特马队在内的各路清军前往围攻。清廷还派土默特贝子德勒克色楞"帮办胜保军务",驻京科尔沁镇国公棍楚克林沁赴僧格林沁军营。胜保久攻不下,僧格林沁奉旨率所部与胜保会攻,终于次年 2 月初攻陷独流、静海。③

　　太平天国北伐军突围南下,一路遭到僧格林沁、胜保两部清军的围追堵截。北伐军主将林凤祥率部踞守连镇,被僧军围困;另一主将李开芳率一部由连镇突围南下,被胜保、德勒克色楞部马队追

① 《清实录·文宗》卷七七、七九。
② 《清实录·文宗》卷七七、七九、八二、八五、九一、九二、九四、一〇三、一〇六至一〇八等。
③ 参阅《清实录·文宗》卷八七至八九、九三至一二〇;《中国近代战争史》第 1 册,第 104—112 页;刘毅政《太平军北伐与僧王督办军务纪略》,内蒙古社会科学院历史研究所《蒙古史研究通讯》第 2 辑,1985 年。

至高唐包围。1855 年 3 月,僧格林沁攻破连镇,生俘林凤祥。胜保因久攻高唐不下被清廷撤职,改令僧格林沁指挥围攻。同年 5 月底,僧军终于在高唐以南的冯官屯全歼北伐军残部,李开芳亦被生俘。①

由于为清廷立下"显赫"战功,僧格林沁晋封世袭博多勒噶台亲王,拉木棍布扎布加郡王衔、德勒克色楞加贝勒衔、棍楚克林沁"赏戴"双眼花翎并在乾清门行走。其他参战的台吉、塔布囊等也受到种种封赏,其中包括僧格林沁的胞兄琅布林沁晋封辅国公,胞弟崇格林沁"赏给二品顶带并赏戴花翎"。② 清朝自 1840 年以来在内外战争中几无胜绩可言,僧格林沁此役使清廷极为"振奋",所以他才会在第二次鸦片战争中成为职权最重的军事统帅。

1860 年,僧格林沁在八里桥之战失败后,爵、职均被褫夺,参战的察哈尔、东三盟马队也奉命遣返。但时隔仅 1 个多月,由于山东、河南和直隶南部捻军等"贼匪蜂起",清廷又重新启用僧格林沁,复其郡王爵,仍任钦差大臣率兵征讨。同时还将拟遣返的 1 200 名哲、昭二盟马队仍归僧军,后来又陆续征调归化城土默特官兵 1 000 人、察哈尔马队 1 250 人等南下征剿。另有已奉调南征的哲、昭两盟兵 1 300 人,中途为镇压东北各族反清起义而被截留。③

自 1860 年冬起,僧格林沁率八旗、绿营和蒙古骑兵等清军追剿捻军和太平军、宋景诗黑旗军等反清义军,辗转征战于直隶、山东、河南、淮北、鄂北各地,并于 1863 年 3 月攻陷捻军重要据点亳州雉河集,全歼著名首领张乐行部。期间,因战功先后复世袭博多勒噶台亲王爵,御前大臣、领侍卫内大臣、八旗都统等职,加封其子伯彦讷谟祜世袭贝勒,并受命"统辖山东、河南军务,并直隶、山西四省督、抚、提、镇统兵大员均归节制"。由于所部有许多蒙古官兵,清廷曾

① 《清实录·文宗》卷一二五至一二七、一五七、一五九、一六五至一六七。参阅《中国近代战争史》第 1 册,第 112—118 页;刘毅政《太平军北伐与僧王督办军务纪略》。
② 《清实录·文宗》卷一五七、一五九、一六五、一六六。
③ 《清实录·文宗》卷三三一、三四三、三四四;《清实录·穆宗》卷一六、四〇、五七、一三八。

一再谕令将上谕译成蒙古文"宣示"。① 至 1865 年 5 月,僧格林沁所部因长途追剿兵马疲惫,终于在山东曹州(今菏泽)高楼寨被捻军设伏全歼,僧亦战死。僧死后,清廷予以配享太庙、谥号"忠",同治幼帝亲临僧宅祭奠,又加封一孙为辅国公等殊荣。先后在僧部从征战殁的还有八旗都统、齐齐哈尔达斡尔人舒通额,护军统领、海拉尔达斡尔人恒龄,察哈尔总管伊什旺布等各族将领。② 僧格林沁死后,余部交曾国藩等接管。所余蒙古军队,奉旨分别遣返,其中有哲、昭两盟兵 380 余人,察哈尔官兵 480 余人,归化城土默特100 余人。③

(四) 内外战争对蒙古族社会的影响

两次鸦片战争和太平天国、捻军战争主要发生在内地,但仍然对蒙古族社会造成很大影响。从参战兵员来看,内属的察哈尔额定兵丁 8 000 余人,④先后出兵参战已逾万人(次);归化城土默特常年"操演"兵丁 1 000 人,⑤三次战争(太平天国北伐军、英法联军、捻军)均全数出征;内札萨克东三盟也各出兵 3 000 人以上。这还不包括属东北驻防八旗体制的呼伦贝尔巴尔虎等部蒙古兵(被列入黑龙江马队)。这三次战争,英法联军之役历时近 2 年(蒙古兵参战),北伐军之役历时 2 年,捻军之役更长达近 5 年。蒙古骑兵在战争中的伤亡情况尚难统计,但从战争的长期、连续(如太平军、捻军之役)和战况的激烈、残酷,以及零散记载的战后遣返人数,可以推断伤亡率至少在一半以上。与清代常备正规军八旗和绿营不同,无论外藩、内属蒙古都是兵民合一的。有这样高比例的青壮男丁在几千里之外连年征战,并且只有少部分人健全生还,它对所在盟旗的社会生产和生活显然造成了极大的损害和影响。

---

① 《清实录·穆宗》卷一〇八、一三七。
② 参阅《清史稿》卷四〇四《僧格林沁传》及《舒通额传》《恒龄传》;《中国近代战争史》第 1 册,第 328—346 页。
③ 《清实录·穆宗》卷一四一、一五二、一五九、一六四。
④ 《清实录·宣宗》卷三七六。
⑤ 《清实录·文宗》卷八九。

　　按照清代制度,蒙古兵丁奉调出征,乘骑马匹、武器装备、粮秣军装均须自备,而且外藩蒙古并无军饷,内属蒙古的额定饷银也远低于八旗官兵。长期远途征战,虽有马匹、武器和饷费方面的配备、补贴,但仍属"无偿"兵役。在游牧社会,马既是生活资料,更是基本生产资料。断续十几年的战争,从蒙古各地征调(含"捐献")的马匹数量很大,具体数字虽难统计,总在几万匹之谱,其中仅察哈尔八旗即有 1 万匹以上。特别是 1856 年清廷开始推行蒙古"捐输"①之后,对王公上层捐献的驼马银两,不再"婉拒",实质上等于变相搜括。在仍然存在着严格人身隶属关系的蒙古族社会,王公上层的贡奉捐献,最终会直接间接地转嫁负担到阿勒巴图即普通牧民身上。征发"无偿"兵役和变相征敛驼马银两,使蒙古在物质财富方面也付出了极大代价。

　　对于"自军兴以来,或捐输经费,或呈进马匹"给蒙古造成的种种"苦果",清廷也十分清楚。所以早在 1853 年,咸丰帝即曾谕令,由于"费用浩繁,恐增苦累","所有本年内外札萨克蒙古王公、台吉、额驸年班,均着暂行停止一年"。次年,咸丰再次谕令除在御前行走和乾清门行走者之外,其他王公上层"俱着停班一年"。1857 年,清廷又为减轻捐输驼马银两带来的"劳苦",停止内札萨克王公贵族年班晋京,"以示朕轸念蒙古世仆之意"。1858 年,更一度谕令"除御前行走之内札萨克蒙古王、贝勒等照常来京外",停止了其他所有王公贵族的年班。② 这既折射出内外战争给清王朝造成的窘迫境况,也反映了它对蒙古社会的深重影响。而且,在前述战争尚未结束时,另一场战争(西北回民反清起义)的烽火就蔓延到蒙古地区,对蒙古族社会经济的摧残和损害,更为直接,更加严重。

---

① 蒙古"捐输"制度,即对捐奉银两、驼马的王公贵族,依照其数量多少分别给予"记录"、"加级"、添带翎支、加封爵衔等奖叙。参见光绪朝《钦定理藩部则例》卷六四《捐输》,据 1908 年排印本缩印,全国图书馆文献缩微复制中心,1992 年。

② 《清实录·文宗》卷一〇五、一二五、二三三、二五七。

二、西北回民起义对蒙古的冲击和影响

（一）陕甘（宁）回民起义对内蒙古西部的冲击和影响

当清朝统治者面临两次鸦片战争和太平天国反清起义的严重内忧外患之际，清朝反动统治下长期积蓄于各地的阶级矛盾、民族矛盾也接连显露、激化，武装反抗、起义接踵爆发。

1862年（同治元年）夏秋间，在进入陕西的太平军和四川农民军的直接影响下，陕西渭南，甘肃平凉、固原，宁夏（当时属甘肃省）金积堡（今宁夏吴忠县境）等地回民接连起义反清。是年9月，据率兵入陕"剿匪"的钦差大臣胜保奏报，"回匪"已有"图窜归化城"的迹象。12月初，又有回民军已进迫内蒙古边境花马池（今宁夏盐池）的急报。清廷急命绥远城将军、喀尔喀蒙古土谢图汗部札萨克贝子德勒克多尔济等调集乌兰察布、伊克昭两盟蒙兵及归化、绥远二城和大同镇各路清军布防。德勒克多尔济遂命伊盟副盟长、准格尔旗札萨克贝子扎那噶（济）尔迪为伊盟蒙兵统带，乌盟副盟长、乌拉特中旗札萨克辅国公拉旺哩克锦（勒旺仁钦）为乌盟各旗兵统带，率兵驻防沿边地区；绥远城、大同镇旗、绿各营驻防托克托、萨拉齐、清水河等沿河一带。至是年末，扎那噶尔迪率伊盟各旗500蒙兵分别驻守花马池等沿边各口，负责安边至横城口（堡）600里防务，另有达拉特旗协理台吉率各旗蒙兵300名协同鄂托克旗驻防横城口至磴口400里黄河沿岸。①

1863年初，宁夏、平凉回民起义大盛。先是金积堡回军围攻宁夏（今银川）、灵州（今灵武）、平罗，清廷急令理藩院和宁夏将军传谕伊克昭盟和阿拉善旗，"迅速调派阿拉善、鄂尔多斯各盟精兵数千，即日率领由贺兰山口径趋平罗、宁夏，与内地兵、练觇贼所在，合力

---

① 《清实录·穆宗》卷三八、四〇、四六；苏德毕力格《陕甘回民起义期间的内蒙古伊克昭盟》，《内蒙古师大学报》1998年第5期。

剿办"。① 2月,平凉府回军攻克固原,清廷又谕令征调阿拉善、伊克昭蒙兵3 000人、归化城土默特蒙兵2 000人"星驰赴固"会剿。但此前归化城蒙古兵1 000人"已全数调往(内地)僧格林沁军营",绥远城将军德勒克多尔济只好再"檄催"伊克昭盟盟长乌审旗札萨克贝子巴达尔瑚"选派精兵克日赴甘"。新征调的1 500名伊盟蒙古兵在札萨克旗札萨克头等台吉扎那巴尔嘎查(扎那巴兰札)率领下奉命集中定边后,由于其中"年老体弱者,手中无兵器者,骑乘之驼马瘦弱者甚多",被陕甘总督裁汰遣回1 000人,选留500人入关参加"剿回"。② 期间,札萨克郡王额尔奇木毕哩克还因"托病迁延"未能按期征调本旗兵,被清廷责令"交理藩院议处"。③ 奉调入关"会剿"的约1 000名阿拉善旗蒙兵,行抵平罗边口时遭到数千回军伏击,官兵伤亡200余人,"遗失驼马、军械甚多"。所余800多阿拉善兵绕道渡黄河行抵伊克昭盟沿边草地后,也以"远来疲乏"、恐"不得力",被陕甘总督咨令遣返回旗。期间,又一度被宁夏将军截留于宁夏边口"听调"。④

1863年末,以伊斯兰教新派首领马化龙为首的金积堡回军攻破灵州和宁夏府城,围困八旗军驻守的宁夏满城,内蒙古西部沿边均受威胁。清廷急令从直隶、山东调兵4 000人,由署直隶提督率领沿北路即内蒙古境内西援征剿,并命德勒克多尔济等先期严密布防以待西调大军,遂又有新征调的伊盟兵500人、乌兰察布盟兵600人被分布于沿边、沿河增防。⑤ 紧邻宁夏的阿拉善旗因更为地广人稀,札萨克亲王贡桑珠尔默特即奏请"饬邻近旗分领兵赴援,并恳赏赐大炮、火器,以资防剿"。而与此同时,因前方奏报马化龙回军在沿边设立集市,与阿拉善蒙古兵民交易、"勾串",清廷还曾饬令贡桑珠尔

---

① 《清实录·穆宗》卷五〇、五二。
② 《清实录·穆宗》卷五七、六二、七三、七六;苏德毕力格《陕甘回民起义期间的内蒙古伊克昭盟》。
③ 《清实录·穆宗》卷五九。
④ 《清实录·穆宗》卷六七、七〇、七三、七六、八三。
⑤ 《清实录·穆宗》卷八六、八七、八九、九二、九三。参阅苏德毕力格《陕甘回民起义期间的内蒙古伊克昭盟》。

默特严申禁止。①

　　1864 年,陕甘各地回民起义烽火更加蔓延、炽烈,受其影响,新疆各地也爆发回民②反清起义,清朝西北边疆地区全面震动、危急。陕甘驿路被阻,清朝通往新疆的军政文报,正式改行张家口出边经漠北西达的外蒙古驿路台站。又在内蒙古西部增设台站,由绥远城将军等督饬各盟旗备办驼马转运、护送北路清军所需粮秣军饷。伊克昭盟统兵贝子扎那噶尔迪,即因"拨运宁夏粮饷出力",被清廷赏加贝勒衔。③

　　1865 年以后,陕甘各路回军开始进扰内蒙古西部沿边地区。1865 年夏,宁夏回军欲出边口截断清军粮饷运道,被驻军磨石口的阿拉善蒙兵击退,阿拉善亲王贡桑珠尔默特获清廷"传旨嘉奖"。甘肃陇东回军企图由花马池、定边一带进扰伊克昭盟,亦被守边伊盟蒙兵击退。同年末,归化城副都统桂成率乌兰察布盟蒙兵增防花马池一带,2 个月内数次击退出边回军。④ 1866 年,新疆回军攻破伊犁、塔城等重镇,全疆"危急"。清廷急令征调内地及内外蒙古各路军队由北路西援,其中包括察哈尔 500 人,乌、伊两盟 300 人,锡林郭勒盟 250 人;并将"年逾七旬"的乌里雅苏台将军明谊免职,改派时任绥远城将军的喀尔喀贝子德勒克多尔济继任,负责外蒙古西部军务。⑤ 同年冬,由于宁夏回军进扰阿拉善旗并"窜至包头",清廷改令拟西调的察哈尔和乌、伊两盟蒙兵 700 人留驻包头,加强防务。⑥ 1867 年秋,有万余陕北回军一度进占伊盟南部沿边宁条梁一带。同年冬,又有"蒙古官兵击退越边窜匪"及进入陕西的捻军"势渐北趋"的警讯。清廷又先后调集土默特蒙兵 500 人、察哈尔右翼四旗蒙兵 1 000 人及大同、太原绿营兵 2 000 人驻防归绥、包头一带,并再次起

①　《清实录·穆宗》卷九四、九一。
②　一般史书所称新疆回族,包括维吾尔等有相当数量民众信仰伊斯兰教的各族。本书为行文概略,仍用此旧泛称。
③　《清实录·穆宗》卷九五至九八、一一一、一二〇、一二四、一四六;《清史稿》卷五二〇《藩部三·阿拉善厄鲁特部传》。
④　《清实录·穆宗》卷一二七、一四三、一五五、一五六、一六二。
⑤　《清实录·穆宗》卷一七二、一七七至一七九、一八四。
⑥　《清实录·穆宗》卷一九〇、一九一。

用已因病卸职回旗的外蒙古王公德勒克多尔济"驰赴"绥远城会同"办理防务",旋即署任绥远城将军。①

由于连年"剿回"师久无功,清政府改派镇压太平军、捻军起家的湘军主将左宗棠为钦差大臣、陕甘总督"督办陕甘军务"。1868年,左宗棠率军入陕,逐步将南路各地回军击败,向北挤压。退聚陕西北部的回军开始突破蒙边,大批进入内蒙古西部。是年春,已有万余回军占据宁条梁;夏秋间,有几支回军马队深入伊盟腹地,盘踞准格尔境内古城、十里长滩等地四出袭扰郡王、达拉特、杭锦、札萨克旗境。同年冬,回军还向北突破河防"分扑包头镇、昭君坟",进扰后套地区。至1869年,各路回军已遍布伊盟各旗、后套地区,并围困阿拉善旗定远营城一个多月,整个内蒙古西部均成为陕甘回民反清起义的主要战场。原来分散驻防沿边沿河地区的乌、伊两盟和阿拉善旗蒙兵,无力抗击蜂拥而入的各路回军,纷纷溃散。清政府为确保黄河河防、归绥包头等边地重镇和北路军运通道,从1868年后期又陆续抽调大批内地清军进入内蒙古西部,由北路重兵围剿陕甘回民军。其中包括京旗神机营、天津洋枪队,察哈尔马队,吉林、黑龙江马队,新受命带兵赴任的宁夏副都统金顺所部,以及宋庆所部毅军、张曜所部嵩武军等等,总计当不下数万人。仅1869年夏间留驻分防"沿河地面"的"满蒙旗绿等营"防兵,即达6 000余人。直到1870年,在各路清军重兵围剿下,陕西回军才纷纷败溃,陆续退出内蒙古西部。②

1870年春,由河西走廊北上进扰外蒙古的回民军首次"焚掠"了察哈尔北部军台。同年冬,经额济纳旗大举攻入漠北、一度攻占乌里雅苏台城的河西肃州回民军,在返回途中又进扰乌兰察布盟乌拉特中旗一带。1871年夏,进入漠北的回民军在北路清军围剿下再次退入乌兰察布盟北部边境,与乌盟、察哈尔蒙兵及其他清军交战。为防止回民军继续"东窜",清廷还征集热河八旗兵1 000人、昭乌

① 《清实录·穆宗》卷二一〇、二一五、二一六、二二二。
② 综合归纳《清实录·穆宗》卷二二四、二三〇、二三一、二四六至二六九、二七六、二七八至二八〇、二八三等有关记载,并参阅苏德毕力格《陕甘回民起义期间的内蒙古伊克昭盟》。

达、卓索图二盟蒙兵 2000 人备调增防多伦等地。1872 年和 1873
年,又有陕西和肃州回军余部两度进扰阿拉善旗境内。①

延续 10 年之久的陕甘回民起义和清朝镇压回军的战争,特别是
1868 至 1870 年蔓延蒙旗腹地的战乱,给内蒙古西部各盟旗造成了
有清以来最为严重的灾祸和劫难。连年的战火夺走了许多蒙古丁
壮(士兵)的生命。战争初期,奉调入关“剿回”的 500 名伊盟蒙兵在
频繁的战斗中“伤亡甚多”。驻守沿边一带的千余伊盟蒙兵也因“身
无御寒之衣”“腹无充饥之食”而“生病倒毙者不少”。战火蔓延蒙
旗境内之后,仅同治七年(1868 年)六至十月间,驻防沿边沿河地区
的乌、伊两盟 2000 名官兵即阵亡 216 人。至 1870 年底,两盟出征
官兵已阵亡 467 人、受伤 177 人。②

战争期间,盟旗出征官兵“应需军器、驼马、帐房均自行筹备。
所有倒毙驼马、损坏兵器、破烂皮衣,亦须随时摊办补齐”。为驮运
清军粮饷和武器装备,清政府还从各盟旗征调大批驼马。在内蒙古
西部增设、新辟驿路台站之后,各蒙旗承担了更为繁重的运递任务。
1863 年,仅为从归绥将一批清军火器运往陕西定边,就从伊盟各旗
征调了 200 多峰骆驼。1865 年,从归化城至磴口新设 13 个粮饷转
运台站,每站所需几十名站丁和上百峰骆驼均由各盟旗分摊。从包
头经鄂尔多斯至花马池新设 12 个临时驿站,所需马匹、兵丁亦由伊
盟各旗承担。③ 1870 年末,乌里雅苏台失守后清朝调大军进入漠
北,曾要求锡林郭勒盟十旗每旗提供 300 峰骆驼。④

除了军需征调,战乱兵灾尤使蒙古族人民的牲畜、财产损失惨
重。如 1868 年春,由宁条梁进扰乌审旗的一股回民马队,即“烧毁
房舍五百余间,掳掠蒙汉人之牧畜六千余只”。察哈尔马队一次在
郡王旗和达拉特旗之间击溃回民军后夺回被劫的大量牲畜,即有

---

① 《清实录·穆宗》卷二八〇、二九九、三〇一、三一一至三一五、三三七、
三五一。
② 苏德毕力格《陕甘回民起义期间的内蒙古伊克昭盟》。
③ 苏德毕力格《陕甘回民起义期间的内蒙古伊克昭盟》。
④ 《清实录·穆宗》卷二九五。

100 余匹马、数万只羊、几千头牛和几百头驴。① 1869 年夏,当清政府再次谕令乌、伊等盟备齐 3 000 峰军需骆驼时,绥远城将军等复奏说:"伊克昭盟连年被匪滋扰,牲畜一空。乌兰察布盟所属屡奉征调,且乌喇特旗境被贼窜扰,穷苦难堪,驼只均难筹备。"使清廷不得不"着暂缓筹办,以示体恤"。②

蒙古民族的宗教文化活动中心和金银财物集中地喇嘛教寺庙亦遭严重劫难。1867 年冬,乌审旗的班禅庙首先被回民军烧毁。其后,较著名的乌审旗甘珠尔庙(乌审召)、杭锦旗浩特勒伊波勒图庙、郡王旗的察干苏卜日移庙等亦遭劫掠、焚毁。据确切记载,仅郡王旗就有大小 27 座寺庙被损毁。③

除了由于民族隔阂、冲突导致的仇杀劫掠,清军官兵也是战乱兵灾的祸源之一。如 1867 年夏,有甘肃清军副将刘锡海所部官兵,"在河西蒙古地方殴兵抢马""肆行讹索"和"沿途抢夺"。1870 年春,阿拉善旗又发生了清军参领尚玉"抢夺驼只","提督金运昌委员郑瑞品,在该旗采买粮石,拷打市民,纵勇抢掠粮草、驼只,旗民惊慌"等事件。④

在遭受战乱影响最早、时间最长的鄂托克旗,生命财产损失尤为惊人。为了躲避战乱,署理旗务的协理台吉携未成年的札萨克贝勒察克都尔扎布及部分旗民先期逃避到阿拉善旗。当他们乱后返旗时发现,"八十三个苏木之台吉、章京、阿勒巴图人等,或出征打仗、受伤致死,或遇回匪被害致死,或无处藏身、冻饿致死,以至各苏木之一半人口损失殆尽"。在杭锦、乌审等旗,"年老体弱者藏匿于沟壑,年富力强者远走他乡",但仍有不少人因冻饿死于旷野。⑤ 1871 年夏目睹了战后鄂尔多斯悲惨情景的俄国旅行家普尔热瓦尔斯基写道:"东干人(指回民)自西方攻入此地,并摧毁一切所碰到的。当时,许多蒙古人为了保住性命,只好放弃家中的所有东西和

---

① 苏德毕力格《陕甘回民起义期间的内蒙古伊克昭盟》。
② 《清实录·穆宗》卷二五七。
③ 苏德毕力格《陕甘回民起义期间的内蒙古伊克昭盟》。
④ 《清实录·穆宗》卷二〇九、二七六、二八〇。
⑤ 苏德毕力格《陕甘回民起义期间的内蒙古伊克昭盟》。

牲畜,四处逃奔。所以现在到处可以看到被丢失的、并且已野性化的牲畜。"①出现因长期失去主人而重新"野性化的牲畜",成为当时悲惨战祸的逼真写照。

紧邻宁夏马化龙回民起义中心的阿拉善旗,战祸也十分严重。1863 年,奉调入关的阿拉善蒙兵在平罗口遇伏,一次就死伤 200 多人,已如前述。清政府增设驿路台站也大为增加了阿拉善旗的负担。1864 年春,该旗仅一次就奉命用 500 峰骆驼向被围的宁夏满城运送小麦 3 000 石。至 1865 年秋,该旗已"捐输垫办防堵蒙兵饷需,并换运军粮、火药等项",花费"共银二万余两、驼马四百匹之多。军务一日不竣,则台站一日不撤,该亲王力难为继"。1869 年夏,回军七八千人大举攻入阿拉善旗,围困定远营城长达月余,"并将城外寺院、房屋焚烧,抢掠街市,贡桑珠尔默特祖茔及西园府第亦被焚毁"。②

青海西宁地区,也是陕甘回民起义的主要中心之一,青海蒙古盟旗也受到这场战火的冲击和影响。1863 年,西宁回民发生变乱,围攻丹噶尔厅城(今湟源)和西宁,西宁办事大臣征调蒙古和藏族武装将其击退。次年,回民军再次围攻西宁,蒙古各旗又奉命派兵协同清军"会剿"。由于中外战争使清政府财政困窘,加上边吏拖欠,自同治元年(1862 年)至五年,一直未发青海蒙古王公俸银。几年的"西宁回匪滋事",使"该蒙古等被抢穷蹙,养赡无赀","贫民生计维艰"。③

（二）新疆回民起义在西北蒙古地区的战争和影响

在陕甘回民起义影响下,1864 年(同治三年)春,新疆回民反清起义首先在库车地区爆发。是年夏,回民军先后攻破库车、库尔勒、喀喇沙尔;秋,起义烽火很快蔓延古城、奇台、吐鲁番、乌鲁木齐、库尔喀喇乌苏,并逼近伊犁、塔尔巴哈台,新疆蒙古盟旗已大部分陷于

①〔俄〕普尔热瓦尔斯基《蒙古与青海》,内蒙古教育出版社蒙文译本,1990年,第 208 页。
②《清实录·穆宗》卷九八、一五六、二六一。
③《清实录·穆宗》卷六八、七七、一一五、一二三、一四一、一六九。

战乱之中。库车初陷时,清喀喇沙尔办事大臣即征调附近土尔扈特、和硕特蒙古骑兵 2 000 人参加"剿回"。古城、吐鲁番"回乱"爆发,清廷又急令征调漠北西部科布多属蒙兵 2 000 人(后实调 1 000 余人)、喀尔喀西二盟(札萨克图汗、赛音诺颜)兵 1 500 人驰援该地清军。伊犁、乌鲁木齐、库尔喀喇乌苏接连告急,又有土尔扈特蒙兵 3 000 人、喀尔喀东二盟(土谢图汗、车臣汗)500 人被征调驰援。1864 年冬,乌里雅苏台(西二盟)、科布多二城蒙兵行抵古城附近济木萨(尔),但"未曾接仗,先自溃散",纷纷逃回本旗。蒙兵虽"纪律毫无"、极不"得力",但"关外除蒙古以外再无可调之兵",清廷只好仍一再谕令各边臣继续转饬蒙古各部挑选"精壮官兵"集中备调,并严斥"借词逗留、迁延不进"的喀尔喀东二盟蒙兵克日起程"前赴古城援剿"。①

1865 年旧历正月初一(1 月 27 日),塔尔巴哈台发生"回众变乱"。其后,塔城、伊犁接连被围困攻打。伊塔所属旧土尔扈特(北路三旗)、厄鲁特(总管制)、察哈尔(总管制)等部蒙兵均参加激烈战争。因作战失利,"私行潜逃",察哈尔右、左翼总管和土尔扈特亲王策林喇普坦先后被革职、革爵,唯有"转世喇嘛"(呼图克图)棍噶扎勒参所率蒙兵"转战无前","异常奋勇"。为解伊塔之围,清廷先令乌科二城各调 1 000 蒙兵驰援,后又明令乌里雅苏台将军明谊亲率 6 000 蒙古马队前往救援。②

1866 年春,伊犁、塔尔巴哈台先后失守。清廷急令调直隶、吉林、黑龙江清军及内蒙古察哈尔、锡林郭勒、乌兰察布、伊克昭等部蒙兵数千人由北路(漠北)西征,并将已"年逾七旬""剿回"不力的乌里雅苏台将军明谊"因病解职",改派绥远城将军、喀尔喀贝子德勒克多尔济前往接任。为输送西征大军,清廷又令札萨克图汗、赛音诺颜二部征调大批驼马、食羊"以备支应"。但西征大军备齐军需辎重尚需时日,路途遥远,缓不济急,而先期奉命增援巴里坤孤城的

---

① 《清实录·穆宗》卷一〇六、一〇九至一一五、一一八、一二四、一二九。
② 《清实录·穆宗》卷一三四、一四四、一四七、一五一、一五四、一六三、一六八。

1 800 名札萨克图汗、赛音诺颜兵，由乌里雅苏台启程不远即因发生抢掠事件而溃乱逃散。当时，整个西北蒙古各部中只有活佛棍噶扎勒参所率厄鲁特、察哈尔等部 3 000 蒙兵较有战斗力，在"剿回"战争中屡立"战功"。①

伊犁、塔尔巴哈台失守后，整个新疆几乎全部为穆斯林各族反清义军或割据势力所控制。为躲避战乱，蒙、满、索伦、汉等各族难民大量逃入漠北西部。1867 年 8 月，由棍噶扎勒参和策林喇普坦亲王等率领的伊塔地区蒙古厄鲁特、察哈尔、土尔扈特等部难民，被安置在科布多属额尔齐斯河上游一带。9 月，由土尔扈特汗布彦乌勒哲依图带领的旧土尔扈特南路"五十苏木余众"，亦从喀喇沙尔地区辗转迁徙到这里。11 月，清廷在此增设布伦托海（今新疆福海县）办事大臣督率、辖制。1870 年，由于棍噶扎勒参率众"抗回"有功，清廷还批准为他在阿尔泰山中奇兰河畔修建寺庙，划定所部僧俗驻牧之地，并赐庙名"承化寺"（今新疆阿勒泰）。②

1868 年 4 月，布伦托海难民变乱，"抢劫官营财物军械"和土尔扈特蒙古牲畜，"杀害蒙古人众甚多"，占据布伦托海一带。清廷急令棍噶扎勒参、布彦乌勒哲依图等率各部蒙兵围剿。经过一年多的"剿""抚"并用，才将变乱平复。③

1870 年开始，又有河西走廊肃州（今酒泉）等地回民军北越戈壁进入外蒙古。肃州地区也是陕甘回民反清起义的主要中心之一。在左宗棠大军的攻剿下，陕甘腹地回军纷纷西退肃州，并为获取资财军需四出"窜扰"。1870 年春，回民军"由甘州（今张掖）草地沿边北窜"，"窜入图谢图汗部落到处滋扰复在赛因诺颜部落肆行焚抢，蒙古人众闻警逃散。并探另有大股匪徒图犯库伦"，还一度进入察

---

① 《清实录·穆宗》卷一四四、一五四、一六三、一七七、一八〇、一九五、二二一。

② 《清实录·穆宗》卷一九五、二一一、二一六、二一八；《清史稿》卷五二三《藩部六新土尔扈特部》。参阅王宗维《承化寺——抗俄斗争的英雄城堡》，西北大学《西北历史资料》1980 年第 1 期。

③ 《清实录·穆宗》卷二三三、二三五、二三六、二三九、二四〇、二四九、二五二、二五三、二六〇、二六二、二六三、二六五。

哈尔北部焚掠军台。同年夏,回民军又进入赛音诺颜部南部,焚掠额尔德尼呼图克图召和驿路军台。该部蒙兵"与贼接仗败溃",盟长、札萨克贝子察克都尔扎勒也因"玩懈军务"被革职。①

是年 10 月初,万余河西回民军经额济纳旗再次进入漠北,并于 10 月 19 日攻占军事重镇乌里雅苏台城,整个外蒙古为之震动、危急。清廷急令外蒙古各部"蒙古官兵奋力进剿,迅图克复"乌城,并调察哈尔马队 1 000 名,吉林、黑龙江马队 2 000 名,宣化、大同二镇绿营兵 2 000 名"克期"北征,命京营八旗抽调马队、抬枪队、枪炮队 1 700 余名"前赴察哈尔等处扼守"。为支应大军西进、转运粮物,还令内外蒙古调拨大批驮马牛羊,并在外蒙古、察哈尔增设粮台及驿路供应。同时,清廷还将此前奉命率察哈尔马队 1 000 名驰赴乌城未及的察哈尔总管达尔济"暂行摘去顶翎,以示薄惩";并予"堵御"不力的乌里雅苏台将军福济、参赞大臣荣全和蒙古参赞大臣、赛音诺颜部札萨克贝勒锦丕勒多尔济"均着革职留任,以观后效"。②

1871 年春夏间,万余肃州回军再次进扰外蒙古南部。"因北路大兵云集,又无粮食可掠",遂向东南沿内外蒙古交界处窜扰,与察哈尔马队及各盟旗蒙兵多次交战。旧历八月,被清军追剿的回军北上进扰翁金河、哲(遮)林等军台,台站官兵"闻警溃散",台路中断,库伦亦受威胁。月余之后,才败退出境。1872 年,肃州回军又几度进扰外蒙古西南部,并曾于十月中旬攻入科布多买卖城内,几天后"放火烧毁房屋,向南远扬"。1873 年,仍有甘肃回军经额济纳或阿拉善旗进扰外蒙古的警讯。额济纳旗札萨克贝勒达什车凌"以防堵回匪阵亡"。同年十月,又有古城、吐鲁番地区回军突破外蒙古交界处的察汉通古军台"窜扰"科布多属境南部一带,"劫掠"(新)和硕特和(新)土尔扈特等旗。③

---

① 《清实录·穆宗》卷二八〇、二八四、二八五、二八八、二九〇。

② 《清实录·穆宗》卷二九四、二九五、二九七、三〇一。

③ 《清实录·穆宗》卷三〇九至三二一、三四五、三五〇、三五一、三五八、三五九;《清史稿》卷五二〇《藩部三·额济纳》、卷五二一《藩部四·喀尔喀土谢图汗部、喀尔喀赛音诺颜部、喀尔喀扎萨克图汗部》、卷五二三《藩部六·杜尔伯特、新土尔扈特》。

　　1873年，肃州回军战败降清，余部西退新疆，历时12年的陕甘回民反清起义失败。1865年，中亚浩罕国封建主阿古柏乘乱进入南疆，1873年逐步兼并、控制了新疆大部分地区。1875年，左宗棠大军进入新疆，并于1877年攻灭了阿古柏政权，恢复了清朝在新疆的有效统治。波及西北蒙古地区长达14年的新疆回民起义和阿古柏之乱终告结束。

　　历时14年的战乱，使西北蒙古各部的生命财产遭到惨重损失，社会经济受到严重破坏。为保卫家园或奉命"剿回"，各部蒙古族丁壮被成千成千地卷入战场（还包括进入漠北征战的至少1000名察哈尔马队）。参战蒙古官兵及伤亡人员的总数尚难以综合统计，但对于人口稀少、兵民合一的游牧民族来说肯定占有很高的比例。许多奉调出征的蒙古官兵或"迁延不前"，"毫无纪律"，或一触即溃以至中途逃散，既反映了传统蒙古骑兵的锐气和战斗力已大为衰减，也反映了蒙古民族对这场战争的消极态度。

　　生息之地沦为战场、被迫四处逃亡的新疆蒙古各部，生命财产损失最为严重。随棍噶扎勒参流亡额尔齐斯河流域的新疆厄鲁特、察哈尔部众"情形困苦"，由漠北各部和附近哈萨克族拨予牧畜牛羊，才得以维持生计。由南疆喀喇沙尔地区北逃的土尔扈特汗"属下土尔扈特、厄鲁特游牧人众，糊口无资"，尤为"困苦"。沦为战场的新疆旧土尔扈特西路旗更是"屡次被贼蹂躏，财物一空，糊口无策"。① 直到1878年，旧土尔扈特南路各旗方辗转迁回家园，并收集四处逃散的部众1万余人。②

　　对于直接经历战火较少的外蒙古各盟旗来说，除了提供自备驼马装备的兵丁，战争负担和影响最大的就是为清朝大军和战地奏报通讯提供驮驼、乘马、食羊和驿路台站支应。1866年伊、塔二城失守后，清廷调大军由北路西征，命札萨克图汗、赛音诺颜二部"凑备马一千七百匹、驼八百五十只、向导兵三百四十名"及"应备廪羊"等

---

① 《清实录·穆宗》卷一九五、二一一一、二二六；《清实录·德宗》卷四一；王宗维《承化寺——抗俄斗争的英雄城堡》。

② 《清实录·德宗》卷六六、八三；《清史稿》卷五二三《藩部六·旧土尔扈特、和硕特》。

"派赴西南两路三十四台站,以备支应。"这年从漠北各部派征"议捐"的羊,计为科布多属各部 3 万只,札萨克图汗部 3.5 万只,赛音诺颜部 2 万只,土谢图汗、车臣汗两部 8 万只,其中 5.5 万只调拨给新疆厄鲁特等部蒙古难民,其余都供给了各路清军。1870 年肃州回军肆扰漠北攻陷乌里雅苏台之后,清廷再次调大军北征,要求喀尔喀部"速拨膘壮马三千匹"以备马队乘骑,并"赶办大毡房八百顶、骟驼四千只、骟马八千匹,限于三月内备齐。并令豫备骟牛六千头、羯羊十万只,自本年(同治十年,即 1871 年)正月起每月解交牛六百头、羊一万只,以资应用"。其后不久,因"解到"部分马匹"均皆疲瘦不堪乘骑,原骑骆驼亦已大半疲伤",又命从漠北各官牧厂(本从喀尔喀各部中划拨,并由蒙古人牧养)和各盟"捐"马中调拨 1 500 匹,再从喀尔喀四部征调骟马 1 500 匹、骆驼 1 500 峰解交军营。①

繁重的军需负担,加上清军官兵的恣意勒索,使漠北蒙古各部特别是驿路台站困苦不堪。1869 年即有过路官员奏称,蒙古台站"差役繁多","驰驿官兵人等竟至夹带客商,包驮客货,苛求规礼。多索廪羊,劳扰追呼,动加鞭笞"。1872 年,更有"吉林赴伊(犁)官兵道经乌、科台站,借端需索,并有殴伤台站兵丁及扎毙驼只讹换马匹等事"。但清廷闻奏,仍要求边疆大员"务当晓谕蒙古部落,照旧豫备驼只等项,支应台站,毋误军行"。1871 年,过路官兵一再奏报,"驰抵哈尔尼敦台站,惟马匹疲瘦,水草缺乏,蒙古生计维艰,需用各物皆难应手"。"本年调防乌、库(伦)官兵已有五千余人,沿途台站苦累已极,驼只倒毙甚多,雇募帮运实属不敷周转。"外蒙古东部"图、车两盟,供应已极苦累"。清廷承认所奏"亦系实在情形",却转令由西二盟"未经被扰各旗,设法办理",或从喀尔喀各官牧厂中"调用",并严申"不得稍有贻误"。其后,仍不断有"科布多所属台站差使繁重,驼马倒毙甚多","察哈尔所属台站,现在驼马倒毙,各台力难支持"的奏报。直到 1877 年,还曾有"骑马回匪"滋扰科布多属鄂隆布拉克台站,"将差员浓精阿等杀伤,抢去军装二十九驮。该台驼

---

① 《清实录·穆宗》卷一八一、一八八、一九五、二九五、三〇二、三〇六。

马、毡房等项亦复被抢"。①

1873年回军大举进扰外蒙古境内，不仅抢夺牲畜、财物，还大批掳掠人口。赛音诺颜部南部的阿毕尔米特（左翼右）旗，札萨克图汗部南部的左翼后、右翼前、右翼后末等4旗均被迫举旗北迁以避战祸。在同年十月札萨克图汗部境内两次"获胜"的"剿回"战斗中，就先后救出"蒙古男妇子女一百九十余名"和"被胁蒙民男妇三四百名"。②

由清朝统治者的民族压迫和阶级压迫所激发的西北回民反清战争，给蒙古民族的社会经济生活造成了全面的、极为严重的后果。仅以土谢图汗部左翼末旗为例，据俄国著名蒙古学家波兹德涅耶夫的亲历见闻："这个本来就很狭小贫穷的旗益发凋敝不堪了。""他们旗在回民之乱后就每况愈下。回回人侵袭了墨尔根王（左翼中）旗之后，在向西回窜途中从车贝克札萨克（即左翼末）旗也劫走了大批牲畜；紧接着发生的军事行动以及中国政府所加于他们的军需负担进一步把这个旗压垮了。"③

（《蒙古民族通史》第五卷第一章第二节，内蒙古大学出版社，2002年）

①　《清实录·穆宗》卷二六七、三三二、三〇九、三二三、三三八；《清实录·德宗》卷九、四九。
②　《清史稿》卷五二一《藩部四·喀尔喀赛因诺颜部、喀尔喀札萨克图汗部》。
③　〔俄〕波兹德涅耶夫：《蒙古及蒙古人》第一卷，内蒙古人民出版社汉译本，1986年，第660—661页。

清末新政与清朝对蒙政策的
彻底转变

一、清朝转变对蒙政策的历史
原因及其渐进阶段

晚清以来的中国,继应付了两次鸦片战争和镇压了大规模人民起义之后,又平定了新疆阿古柏之乱,收复了伊犁。借助于具有明显历史进步意义的洋务运动,清朝的统治曾有过一段被称为"同治中兴"或"同光新政"的相对稳定时期。然而,继未败求和的中法战争之后,又有被迫以割地赔款结束的中日甲午战争。洋务运动终告失败之后,清廷内部顽固势力又扼杀了戊戌维新。而与此同时的短短几年里,则是侵华列强竞相瓜分势力范围,八国联军大举侵华和俄军强占东北。清朝统治机器尤显锈腐不堪,中国的民族危机愈加深重。为了继续维持濒临崩溃的专制统治,重振"国势",清朝最高统治集团被迫从 1901 年开始在全国范围内推行"新政"改革。

清末新政时期,清政府也在蒙古地区推行和采取了种种具有明显民族特点和地区特点的政策措施。这些对蒙新政中,对蒙古民族的历史命运影响最大,给蒙古民族的政治、经济、社会面貌带来剧烈变化的,就是强行放垦蒙地、强化(清朝)军政统治,彻底改变对蒙政策、全面削夺蒙古原有权益。

清朝既定对蒙政策最基本的特征就是羁縻抚绥、因俗而治。羁縻抚绥,就是以"封王联姻"等手段笼络蒙古王公贵族,给予优厚的地位和待遇,使蒙古民族成为多民族封建国家的准统治民族(即所谓"满蒙联合统治")。因俗而治,主要体现为保留蒙古原有贵族领属体制,由王公扎萨克世袭统治的盟旗制度。实行严格禁止和限制汉民移居、进入蒙地的"蒙禁"政策,也有维护蒙古传统自主自治体制的作用。清王朝推行这种对蒙政策,一方面因为蒙古贵族领主及其剽悍武力曾为满洲贵族统一中国立下汗马功劳，另一方面也须继续借助蒙古的力量保持其边疆的稳固和后方的安全，维持以少数民族君临全国的有效统治。在清朝前期，尽管这些政策本身具有很大历史局限性以至反动性（如不使蒙古凝聚一体的分割统治政策和隔断蒙汉正常交流往来的民族隔离即"蒙禁"政策），它的实施确实收到了预期效果。鸦片战争以后，蒙古民族的社会状况和内外形势也同全国一样发生了重大变化。长期的羁縻抚绥、分割统治和喇嘛教盛行，加上旅蒙汉商的高利盘剥，侵华列强的经济掠夺，导致王公腐朽、人民穷困，坚毅勇武的民族精神日趋颓萎，政治、经济、文化和传统强悍武力全面衰颓。

　　19 世纪中叶的全国性内外战争中，奉调参战的蒙古骑兵与八旗军一样不复当年的骁勇。满洲亲贵统帅及其麾下的八旗军接连败绩、衰相毕露之际，"忠勇"的科尔沁亲王僧格林沁"剿灭"太平天国北伐军和第二次大沽口之战击败英法联军的"殊勋"，就像清廷病体的一针强心剂，一度被倚为"长城"和"柱石"。① 但接踵而来的八里桥惨败和僧格林沁殁于捻军之役，最终证明了满蒙贵族和清朝旧军的无力回天。当关内、邻区的大规模战火蔓延蒙古之后，从科尔沁、鄂尔多斯到伊、塔、乌、科，几乎到处都是蒙兵军备不整、士气低靡、战力不逮，一触即溃以至未战先溃，"蒙兵不足恃"的惊呼慨叹屡屡见于边疆大员、清军将领的奏报和清廷谕旨。② 直接发生于蒙地的金丹道之乱，更显出蒙古兵民的羸弱，几近引颈待毙而毫无还手之力。西北回民起义的战火延及内外蒙古时，清廷一度破例任用外蒙古扎萨克贝子德勒克多尔济为边疆重臣绥远城将军、乌里雅苏台将军，但他也同僧格林沁一样，虽疲于奔命仍于事无补。僧格林沁死后，麾下内蒙古骑兵均被遣散；而且继僧格林沁（包括在胜保军营帮

① 《清史稿》卷四〇四《僧格林沁传》。
② 参阅《清实录·穆宗》卷一二一，科布多参赞大臣广凤奏报；卷一二四，谕旨；卷一四四，谕旨；卷二〇一，署塔尔巴哈台参赞大臣李云鳞奏报；卷二三一，署绥远城将军德勒克多尔济等奏报；卷二三九，布伦托海清军将领锡伦奏报；卷二四九，布伦托海办事大臣福济等奏报；卷二九四，库伦办事大臣张廷岳奏报；卷三〇五，谕旨；卷三一二，谕旨。

办军务的德勒克色楞)、德勒克多尔济之后,再无蒙古王公在全国性战争中统领清军或镇守一方之事,明显标志着蒙古民族的武力已不再是清朝统治全国的暴力工具、全国性国家机器的组成部分。而战火蔓延蒙古或蒙地发生动乱,却需要清政府调重兵平息镇压。以勇武强悍称雄于世的蒙古民族,连自己的家园都无力保护了。

再一方面,沙皇俄国的种种侵略渗透,使其政治经济势力和影响在蒙古地区愈来愈强;面对虎视眈眈的近代化俄国军队,蒙古的边防早已几同虚设。蒙古民族不但失去了为清王朝"屏藩朔漠"的作用,清朝统治蒙古的忠实代理人王公上层反倒成为外国侵略者拉拢收买的对象。

这一系列重大历史变化,使蒙古地区不再是清王朝安定的后方和稳固的边疆。蒙古民族的武装力量既不能抵御外国侵略者的洋枪洋炮,也无力镇压国内起义、平定蒙地变乱,甚至部分王公上层已产生明显的离心倾向。原本虚饰的"满蒙联合统治","蒙"的地位和作用愈益减弱。代之而起的则是以镇压国内起义和兴办洋务起家的汉族实力派官僚,跻入统治中枢,愈来愈多地参与决策、左右政局。如果说,蒙古地区内外形势的变化,蒙古民族历史作用和地位的弱化,是清朝转变对蒙政策的客观原因,清朝最高统治集团内部民族成分的变化则直接促成了这一政策的转变。

19 世纪下半叶,清朝对蒙政策的转变还是个缓慢的渐进过程。在统治体制方面,乾隆朝征服准噶尔、奠定王朝版图之后,监临统摄于各蒙古盟旗之上的各地将军、都统、大臣,均"定制"为驻防八旗体制的"满缺"。庶几成为赛音诺颜部亲王策棱家族世袭职务的定边左副将军即乌里雅苏台将军,也被乾隆削夺,改为"满缺"流官。但与此同时,驻库伦的办事大臣虽额设满、蒙二缺,事实上整个清中叶一直是由蒙古大臣掌印主事,满洲大员反成佐贰。① 清廷虽然将外

① 参阅〔日〕冈洋树《定边左副将军的权限回收问题》,日本早稻田大学《史观》第 119 册,1988 年;同作者《清朝对喀尔喀统治的强化与桑斋多尔济》,《东洋学报》第 69 卷第 3、4 号,1988 年;同作者《关于"库伦办事大臣"的一些考察》,《清朝与东亚》,山川出版社,1992 年;白拉都格其《1840 年之前蒙古在中俄关系中的地位和作用》,《中国边疆史地研究》1996 年第 1 期。

蒙古地区的最高军政职位乌里雅苏台将军"攫为己有"，却仍然把坐镇外蒙古宗教和经济文化中心库伦，专负北部边境对俄交涉、边境贸易之责，并兼管哲布尊丹巴呼图克图事务的大权交付给了蒙古王公。道光中叶，还在蒙（掌印）满二库伦办事大臣之下，一度增设了由喀尔喀王公贵族担任的帮办大臣。而时任帮办大臣的二等台吉多尔济那木凯，又正是蒙古大臣、土谢图汗部扎萨克郡王多尔济喇布丹的幼弟，遂出现了奏文办事，由长兄、满洲大臣、幼弟会衔联署的"微妙"现象。① 但是时至 1859 年（咸丰九年），库伦蒙古办事大臣德勒克多尔济卸任时即奉旨将印信交付满洲大臣，同时新任了名列满洲大臣之后的蒙古帮办大臣。② 由于并没有同时任命新的蒙古办事大臣，帮办大臣实际上接替了这个职位。自此之后，再无蒙古大臣名列满洲大臣之前掌印主事之例。也就是说，这一重要边疆大臣权位也被清廷从蒙古王公手中收（夺）回。

清朝既定的种种"蒙禁"政策，也逐步松弛。随着外国商业势力大量进入蒙地经商，清政府也逐渐放松了对内地旅蒙商的各种限制。俄国迫使清政府取消在天津向外商征收子口税的规定之后，清政府也于 1873 年相应取消了国内旅蒙商在天津应纳的关税。③

蒙地矿禁也逐步松弛。1852 年，清朝为镇压太平天国筹措军饷的需要，开始在全国范围内开采矿藏，同时也试办开采过蒙旗辖境部分矿产。如陕甘总督奏请招商开采阿拉善旗哈勒津库察山银矿，阿拉善札萨克亲王亦予响应，呈请自备资金支持开采；热河都统筹划开采喀喇沁、翁牛特等旗金银各矿，喀喇沁中旗札萨克塔布囊德勒格尔遂将"该旗长杭沟、察巴奇拉所产金银矿苗，炼得金银并铅赍送到京"，请予查验开采。同一时期弛禁开采的还有翁牛特右旗境内的红花沟金矿、喀喇沁右旗境内的土槽子银矿以及外蒙古赛音诺颜部达拉图、噶顺金矿等等。据清政府分别制订的蒙古金矿、银矿

---

① 《清实录·宣宗》卷一九一、二一六、二五二。
② 《清实录·文宗》卷三〇〇、三一五、三二一、三三一；《清代中俄关系档案史料选编》第三编，中华书局，1979 年，下册，第 943、1087、1102 页。
③ 姚贤镐《中国近代对外贸易史资料》，中华书局，1962 年，第二册，第 1309、1310 页。

章程,所采矿产除上缴国课、商股分成,一般是蒙旗分成 1/10。① 光绪初期,在全国性洋务运动中又有一些内蒙古东部的金银矿次第开采。1896 年,清政府再次谕令开采各地矿藏,遂有更多的蒙地矿产被开采,②蒙地矿禁事实上已全面解除。

近代以来,由于内地战乱频繁、民不聊生,有更多的汉族流民进入蒙地垦种谋生,蒙旗王公贵族也往往乐于容留、坐吃荒价地租。对这种禁而难止的现象,清政府也多取默认态度,并且为加强直接统治和管辖,在垦户集中的地区增设地方官府,蒙旗原有权益随之受到削夺。如 1877 年将原辖哲里木盟科左后旗汉族农民的昌图厅升为府,增设怀德、奉化(今梨树)、康平三县,隶于昌图府,统管科尔沁左翼三旗汉民垦区。③ 1888 年,又将原长春厅(郭尔罗斯前旗属境)升为府,并于其下新设农安县。④ 对于不属外藩盟旗的地区,则已明显弛禁以至下令放垦。早在 1854 年,清政府即弛禁察哈尔地区的官马厂,招民垦种。1879 年和 1882 年,又先后开始官办招垦察哈尔左翼口北三厅(张家口、独石口、多伦诺尔)辖境官马厂和设立丰(镇)宁(远)(今凉城)押荒局招垦察哈尔右翼四旗境内牧场。⑤

1881 年,经直隶总督李鸿章奏请,因"地方重要",将张家口、独石口、多伦诺尔三厅的理事同知改为抚民同知,并添设"捕盗兵弁,以资控扼",加强了统治管辖。⑥ 1896 年,经盛京将军奏请,开始设局招垦养息牧官牧厂(又称苏鲁克旗,今辽宁彰武一带)。⑦

---

① 《清实录·文宗》卷一三一、一五九、一六七、一六九、一七一、一七八、一八四、二一六;《清史稿》卷一二四《食货志·矿政》。

② 汪敬虞《中国近代工业史资料》,科学出版社,1957 年,第一辑下册,第 1171—1173 页;第二辑下册,第 668、1137—1141 页。《清史稿》卷一二四《食货志·矿政》。

③ 吴廷燮《奉天郡邑志》,徐世昌《东三省政略》所附,1909 年排印本;《清史稿》卷五五《地理志·昌图府》。

④ 《清史稿》卷五六《地理志·长春府》。

⑤ 参阅《清实录·文宗》卷一二四;《清实录·德宗》卷一一〇、一四三、一四九、一五〇;邢亦尘《清末察哈尔垦务探述》、王艳萍《清末察哈尔八旗蒙地的放垦》,均载《内蒙古垦务研究》,内蒙古人民出版社,1990 年。

⑥ 《清实录·德宗》卷一三〇、一三八。

⑦ 参阅《清实录·德宗》卷四一二、四一三、四一五、四一七。

　　对于制同"古之封建"①的外藩盟旗，清朝疆吏大臣也开始有开禁放垦的奏议。如 1880 年，时任司经局洗马的张之洞，上奏《详筹边计折》，提出放垦蒙旗土地以筹饷练兵、加强边防。② 1886 年，山西巡抚刚毅呈奏《筹议晋省口外屯垦情形折》，提出了在内蒙古西部后套缠金地区兴办屯田（包括"兵屯"和"商屯"）的具体建议。③ 1895 年，署（护理）黑龙江将军增祺在奏请放垦属境官地、旗地时，提出将哲里木盟杜尔伯特等蒙旗土地一并放垦，清廷以"事涉藩部"未予批准。④

　　1897 年，国子监司业黄思永进一步提出"民多私垦，不如官为经营"，奏请全面官放伊克昭、乌兰察布二盟牧地。清廷览奏，批给内蒙古各沿边督抚"阅看"，要求"体察情形，详细筹画，妥议具奏"。遂有山西巡抚胡聘之的"议开晋边蒙地以兴屯利，而固边防"的《屯垦晋边折》。清廷对此奏议颇为赏识，拟"均着照所请办理"。只是考虑到"惟兴办屯田，固所以裕税课而重边防，亦须无碍蒙民生计"，谕令胡聘之派员赴伊乌两盟，"晓譬"劝谕各盟长札萨克，征求意见。不料此举却遭到以伊克昭盟盟长、准格尔旗札萨克贝子扎那噶尔迪为代表的蒙古王公札萨克的坚决反对，提出"开垦牧地实于蒙古生计有碍"，并举出"东三盟自行收租之例"（即荒价租银均归蒙旗），认为所拟由地方官府征收（即分成）垦地租税的做法，也使蒙旗"未免向隅"。清廷鉴于"蒙古一旦失业，难免滋生事端"，遂转而指责胡聘之的"力持此议"。胡聘之也只好复奏"请免开办，以顺蒙情"。⑤由于蒙古王公的坚决反对，胡聘之的奏议终被否决。但清朝统治者对此的重视和筹议过程，却清楚地表明对弛禁放垦蒙地的态度已发生了显著变化。

---

① 清末督办蒙旗垦务大臣贻谷公牍中语，见李克仁《清将军衙署公文选注》，内蒙古人民出版社，1995 年，第 77 页。
② 《张文襄公全集》卷二《奏议》。
③ 参阅《清实录·德宗》卷二三二；黄时鉴《论清末清政府对内蒙古的"移民实边"政策》，《内蒙古近代史论丛》第一辑，内蒙古人民出版社，1982 年。
④ 《清实录·德宗》卷三七三。
⑤ 《清实录·德宗》卷四〇四、四〇六、四一五。

1898 年,黑龙江将军恩泽在奏请继续放垦属境土地时,再次筹划放垦所辖扎赉特、后郭尔罗斯、杜尔伯特三旗土地。据恩泽的呈奏,放垦三蒙旗土地一是"借实边围",以防止中东铁路"横出旁溢",一"系为国家筹款"以补"帑项奇绌"。次年,恩泽派员先赴扎赉特旗"剀切劝商"得到同意,遂据此呈奏清廷并终获批准。① 由于发生庚子之变、俄军强占东北,扎赉特旗的放垦未能即时开始,但清廷的准奏已经说明其原有禁垦蒙地政策终于发生了质的变化,实际上成为辛丑条约后大规模放垦蒙地的先声、序幕。

二、全面推行放垦蒙地政策

庚子事变后,几遭倾覆的清朝最高统治集团也痛感"国势至此,断非苟且补苴所能挽回厄运",②遂于 1901 年 1 月正式发布"变法"上谕,开始在全国推行所谓新政改革。迄于武昌起义爆发,清末新政大体可分为两个阶段,即 1901 年开始的第一阶段和 1906 年宣布"仿行宪政"以后的第二阶段,第二阶段又通常被称为预备立宪时期。在新政的第一阶段,清政府也在蒙古地区推行过练兵筹饷等各项新政,但是还没有拟订出针对蒙古的新政规划,只有以政令形式强行放垦蒙旗土地,是专门实施于蒙古的,并且是最主要的一项新政。

清廷推行"放垦蒙地"③政策的直接动机是筹措庚子赔款和兵饷。④ 新政之初,陷于严重财政危机的清政府,几次将赔款、兵费摊派各地,并严令限期筹缴。受命分摊沉重赔款的山西巡抚岑春煊即以"竭泽而渔亦难筹此巨款",接连奏请放垦晋边即内蒙古西部蒙旗

---

① 张伯英等《黑龙江志稿》卷八《经政·垦丈》,1933 年北京排印本;《清实录·德宗》卷四五七。
② 慈禧太后"懿旨",见《义和团档案史料》,中华书局,1978 年,下册,第 1327—1328 页。
③ 清廷上谕中语,《清实录·德宗》卷五八九;朱寿朋《光绪朝东华录》,中华书局,1958 年,第五册,总第 5888 页。
④ 慈禧谕贻谷,见贻谷《垦务奏议》"谢赏理藩院尚书衔折",清末京华印书局排印本。

土地,用国家与蒙旗分成押荒银(地价)和升科地租的办法聚敛资金。因库款支绌而百般焦虑的清廷,遂于 1902 年 1 月正式批准岑春煊的奏请,特派兵部左侍郎贻谷为督办蒙旗垦务大臣,赴绥远督办放垦包括察哈尔在内的内蒙古西部蒙旗土地。① 随后,东北三将军和热河都统也陆续在所辖内蒙古东部各盟旗全面开始了官放蒙地。

清末放垦蒙地与此前的蒙旗土地开垦明显不同在于,此前除了一部分由清政府放垦的内属蒙古即归化城土默特、察哈尔及官牧厂土地之外,多数是流民私垦或蒙古王公札萨克私自招垦的。凡属札萨克制盟旗境内的垦地,荒价地租悉归蒙旗。而清末新政时期则是在专任的垦务大臣或各地将军都统直接主持下派员设局丈放招垦,并且与蒙旗劈分押荒银和升科地租。劈分比例,内蒙古东西部各盟旗不尽相同,一般是对半或官四蒙六,但加上荒价银中酌留的办垦经费,官府所得实际总在一半或一半以上。蒙旗所得,又按比例分给王公札萨克、寺庙和贵族台吉、普通箭丁。其官府所得升科地租,实质上是国家按地亩征收的常年(农业)赋税。

内蒙古西部的放垦,是由督办垦务大臣贻谷及其继任者统筹进行的。② 贻谷所负职责除了放垦乌、伊两盟各旗土地,还有清丈整理和继续放垦归化城土默特、察哈尔及这一地区其他官有牧厂、台站属地。1902 年 4 月,贻谷先赴太原与山西巡抚岑春煊商订实施垦务的具体计划。然后抵绥远城设立了垦务大臣行辕和督办蒙旗垦务总局,又陆续于丰镇、张家口、包头分设察哈尔右翼的丰宁垦务局、察哈尔左翼垦务总局和西盟垦务总局。

贻谷原计划从乌、伊两盟开始放垦,但其垦务"晓谕"发布之后,却遭到两盟盟长札萨克的联名或分别具文反对,只好改从察哈尔开始实施。在贻谷亲赴张家口等地督饬下,察哈尔右、左翼的清丈(清理旧垦、升科征租)和放垦分别从 1902 年 6 月和 10 月开始。至

① 《义和团档案史料》下册,第 1151、1314 页;《清实录·德宗》卷四八三、四九〇。

② 以下内蒙古西部垦务内容,除注明出处者外,均据宝玉长文《清末绥远垦务》,载内蒙古地方志编委会编印《内蒙古史志资料选编》第一辑,下册,1984 年。

1905 年末,在一些原有旗群、牧群成批北移,给各旗酌付少量"补贴"(分成少量押荒银),给旗丁划留定额随缺地、牧场之后,察哈尔八旗及其境内官私牧厂土地,无论旧垦新丈已大体丈放完毕。①

为了顺利推行西盟垦务,清廷先后授贻谷以理藩院尚书衔和兼任绥远城将军,赋予他直接统驭辖制乌、伊两盟的权力。同时,清廷还一再谕令理藩院严饬两盟王公札萨克迅速报垦,并且应贻谷的奏请撤销了带头"抗不遵垦"的杭锦旗札萨克贝子阿尔宾巴雅尔的伊克昭盟盟长职务。② 1905 年开始,贻谷更抽调各地清军武力镇压伊盟各旗的武装抗垦,并于次年捕杀了准噶尔旗抗垦首领、协理台吉丹丕尔。

在清政府软硬兼施、文武并用的高压下,伊克昭盟各旗被迫从 1903 年开始陆续报垦。至 1908 年,除了"独贵龙"抗垦斗争最为激烈的乌审旗尚未丈放之外,其他各旗报垦的土地已基本丈放完竣。1906 年夏,乌兰察布盟六旗也开始联衔报垦。迄于 1908 年 4 月,亦已大部分丈放完毕。

此外,贻谷还从 1902 年开始设局放垦了大青山后的绥远城八旗牧厂,从 1906 年开始设局放垦了被称为"杀虎口站地"的归化城土默特和伊克昭盟境内驿站属地,并先后清丈整理了土默特及和林格尔县一带原右卫八旗牧厂旧垦地亩。

由于贻谷督办垦务遭到蒙旗上下的普遍抵制和反抗,以及办垦过程中的种种弊端,被属下归化城副都统文哲珲以"败坏边局、欺蒙巧取、蒙民怨恨"参奏。1908 年 4 月,经清廷派大员查办后覆奏,贻谷终以"贪残相济、扰害蒙民、败坏垦局"的"二误四罪",被革职拿问。③

贻谷被撤职的同时,清廷又委派浙江布政使信勤接任督办垦务大臣并兼署绥远城将军,命他"痛除积弊",继续"振兴垦务"。1910

---

① 参阅邢亦尘《清末察哈尔垦务探述》;王艳萍《清末察哈尔八旗蒙地的放垦》;李克仁《清将军衙署公文选注》,第 77 页。所谓"私"牧厂,指察哈尔地区满洲(包括个别蒙古)亲贵王公的私属牧场、庄园。

② 《清实录·德宗》卷五〇四、五一四、五二三。

③ 《清实录·德宗》卷五八九。

年9月,信勤因病解职,清廷调乌里雅苏台将军堃岫为绥远城将军,"并督办垦务事宜",同时明确谕令:"绥远城等处垦务紧要,所有沿边道厅以下各官,遇有应办开垦事宜,均著归堃岫节制。"贻谷垦案发生后,内蒙古西部的垦务已转入低潮,但并未终止。如继续丈放乌兰察布盟四子王旗和乌拉特三旗的部分已报未放地,丈放伊克昭盟乌审旗报垦数年的土地,还在伊盟的鄂托克旗和王爱召香火地(寺院属地)新放垦了少量土地。

综合各种基本史料记载,在贻谷督垦的6年里,先后放垦了察哈尔左翼四旗土地2万余顷,察哈尔右翼四旗土地24 800余顷,绥远城八旗牧厂地3 700余顷,杀虎口站地7 900余顷,伊盟各旗土地18 800余顷,乌盟各旗土地7 900余顷。乌伊两盟放垦土地中包括:杭锦旗4 000余顷,达拉特旗(赔教地①)2 600余顷,郡王旗9 600余顷,鄂托克旗170顷,札萨克旗2 200顷,准噶尔旗近1 600顷,王爱召香火地1 200余顷;四子王旗约3 900顷(含赔教地830顷),达尔罕(即喀尔喀右翼)旗1 000顷,茂明安旗680余顷,乌拉特前(西公)旗2 000顷,乌拉特中(中公)旗约70顷,乌拉特后(东公)旗190余顷。② 不包括纯属清丈、整理已垦熟地的达拉特旗后套永租地、渠地和归化城土默特旗垦地,贻谷在任期间共放垦土地约8.4万余顷。贻谷革职之后,乌、伊两盟又新放、续放垦地3 300余顷,其中主要有乌审旗2 000顷,乌拉特中旗860余顷,乌拉特后旗270余顷。总计在清末新政的10年里,清政府在内蒙古西部新放垦土地共约8.7万余顷。

内蒙古东部的官放蒙地,如前所述,其(局部)得到清廷批准是在1900年之前,但其大规模推行也是从1902年开始的。与西部不同的是,东蒙各旗垦务是由各负兼辖统摄之责的将军(改省后为巡抚)、都统分别督办推行的。其间虽曾有姚锡光呈请派大员专办内蒙古(东部)垦务,但只是以新任的东三省总督予以一定的统筹督

① 指抵偿庚子教案赔款的土地。因教会不肯接受蒙旗以地抵银,遂由贻谷主持的"垦务公司"代付赔款并放垦抵银土地。故此项放垦仍属官放蒙地。
② 参见贻谷《垦务奏议》《蒙垦续供》《蒙垦陈诉供状》(均清末京华印书局排印本)及宝玉《清末绥远垦务》。

饬,一直未设专任的督垦大臣和统管的垦务机构。① 其放垦进程,是从直接受到中东铁路蚕食侵占土地影响的哲里木盟北部各旗开始,逐步向南推进的。另一方面,由于主要放垦的哲盟各旗一直分受东北三将军(省)节制,难于形成统一的意志,而且有不少王公扎萨克苦于债务缠累,急求另辟财源解脱。所以,内蒙古东部的放垦除了引起部分中下层的激烈反抗,王公上层的抵制阻挠不像西部那样明显。

在黑龙江将军辖区,庚子事变之前已获批准的扎赉特旗垦务,1902 年才开始进行。至 1905 年,共丈放该旗东南部土地 45 万余垧。加上后来续放的"余荒",清末该旗共放垦土地 47 万余垧。郭尔罗斯后旗的放垦始于 1903 年。由于发生"三喇嘛债案"招致俄国方面染指,及垦务官员滥肆收价放地,②经署黑龙江将军程德全等督饬查办和对俄交涉,才使垦务得以逐步实施。至 1908 年,该旗先后丈放了铁路沿线地 29 万余垧,铁路以西地 21 万余垧,沿(松花)江及中部三道岗子一带 13 万余垧,合计共放垦土地 63 万余垧。杜尔伯特旗从 1904 年开始放垦,至 1908 年报竣。不包括旗省接界、后划入省境的新放地 13 万余垧,该旗共放垦铁路沿线及嫩江沿岸土地 25 万余垧。在以上三旗垦务畅行时,齐齐哈尔以东不属哲里木盟的蒙古依克明安公也将属地报垦。除酌留牧场约 10 万垧外,共丈放土地 30 万余垧。③ 此外,程德全还于 1905 年弛解西布特哈总管所属绰尔河上游一带山林采伐之禁,并于 1907 年派员进山勘办垦务,共丈放毛荒 4.3 万垧。④

---

① 参阅徐世昌《东三省政略》卷二《蒙务下·筹蒙篇》篇首所附各奏折、文牍。
② 详见《东三省政略》卷二《蒙务上·蒙旗篇》"纪郭尔罗斯后旗三喇嘛债案始末"。
③ 以上三旗一公放垦大致始末及地亩数字,分见参酌《东三省政略》卷二《蒙务下·筹蒙篇》"纪开放荒地";张伯英等《黑龙江志稿》卷八至卷一〇《经政·垦丈》,1931 年铅印本;程德全《程将军守江奏稿》,文海出版社"中国近代史料丛刊"影印本;柏原孝久、滨田纯一《蒙古地志》中卷,日本东京富山房,1919 年,第 5 编第 2 章"开垦沿革"。
④ 徐世昌《退耕堂政书》,文海出版社影印"中国近代史料丛刊"本,第 13 卷"黑龙江绰勒河荒务招垦片";张伯英等《黑龙江志稿》第 8 卷《经政·垦丈》。

　　吉林兼辖的郭尔罗斯前旗，其南部清中叶以来已垦辟殆尽。1902年，札萨克辅国公齐默特色木丕勒因积欠债款请吉林将军长顺设法代还。长顺即提出放垦位于奉吉黑三省交通要道的塔户一带，以荒银偿债。齐默特色木丕勒因塔户一带"业经蒙众开垦成熟"，及遭到旗民反对，遂改放该旗西南部长岭子地区。迄于清亡，在约30万垧土地中已丈放21万余垧。①

　　盛京将军（奉天省）辖下哲里木盟各旗中，最先放垦的是札萨克郡王乌泰所在的科尔沁右翼前旗。1902年，乌泰因争讼缠身被传至奉天，查办大臣、兵部尚书裕德因乌泰负债累累令其放垦旗地偿债。乌泰即以该旗洮儿河以南大面积土地报垦，至1904年共丈放62.5万余垧（含已垦熟地4万余垧）。乌泰私借俄债案事发之后，清政府再次令其放垦旗地，又陆续放垦约30万余垧。该旗总计共放垦土地约90万余垧。②

　　科尔沁右翼后旗的官垦从1904年开始，陆续丈放、展放洮儿河以南40余万垧，洮儿河以北约20万垧。科尔沁右翼中旗从1905至1908年，先后放垦东南部及王府以北土地8.7万余垧。③

　　科尔沁左翼中旗的放垦主要分两部分。一是由于前任署札萨克、卓里克图亲王"售荒得财抗不拨地"，被清政府责令丈放采哈、新甸一带土地8.6万余垧；一是清政府为开辟新设洮南府与辽源州（今吉林双辽）之间的大道而放垦的"洮辽站荒"8.3万余垧。自1908至1911年，两处共丈放生荒16.9万余垧。④

---

①　《东三省政略》卷二《蒙务上·蒙旗篇》"纪郭尔罗斯前旗债务及开放余荒始末"；柏原孝久、滨田纯一《蒙古地志》中卷，第50—54页。

②　《办理扎萨克图蒙荒案卷》，张文喜等整理《蒙荒案卷》，吉林文史出版社，1990年，第1—8页；《东三省政略》卷二《蒙务下·筹蒙篇》"附哲里木盟蒙旗官局丈放荒地一览表"；内蒙古历史研究所编印《原扎萨克图旗清末土地放垦及其演变情况调查报告》，1965年铅印本。

③　《东三省政略》卷二《蒙务下·筹蒙篇》"附哲里木盟蒙旗官局丈放荒地一览表"、卷七《财政·附奉天省垦务》"附奉天全省垦务一览表"；柏原孝久、滨田纯一《蒙古地志》中卷第63—65、81—87页，下卷第503页。

④　《东三省政略》卷二《蒙务上·蒙旗篇》"纪科尔沁达尔罕王旗荒债控案始末"；《锡良遗稿·奏稿》，中华书局，1959年，第7卷第900—904、1017—1019、1163各件。

热河都统所辖卓索图、昭乌达两盟,大部分地区先已成为农业区。清末官放蒙地主要是在昭乌达盟中部和东部进行的。1906 年,由热河都统廷杰督办,首先丈放了敖汉旗九道湾一带土地 200 顷。次年,廷杰又先后派员勘丈巴林右旗查干木伦河以西和阿鲁科尔沁旗、扎鲁特左右二旗南部西拉木伦河沿岸土地,并开始招民放垦。因地处僻远、垦户较少,曾一再改订招垦章程、降低荒价。迄于清亡,计从巴林右旗毛荒 1 万余顷中放垦 8 000 余顷;其他三旗 1.8 万余顷毛荒中放垦 8 000 顷,其中阿鲁科尔沁旗 2 000 顷,扎鲁特左右两旗各 3 000 顷。①

综上所述,清末新政时期内蒙古东部哲、昭两盟及依克明安公属地共放垦土地大约 360 余万垧另 1.6 万余顷。②

新政后期,随着垦务在内蒙古各地的迅速扩展,清政府又开始筹划在外蒙古和呼伦贝尔地区放垦土地。1908 年,护理呼伦贝尔副都统宋小濂曾设局放垦铁路沿线土地。次年初,应宋小濂呈请,东三省督抚又奏准清廷,于海拉尔、满洲里二城设立边垦总分局,试办沿边卡伦屯垦,据称已收到一定成效。③ 1911 年,库伦办事大臣三多在外蒙古积极推行各项新政时也设立了垦务总局、分局,④试图将官放蒙地也大规模实施于外蒙古。

据研究者不完全统计,至 1908 年,清政府已从内蒙古主要放垦地区征收押荒银近 670 万两。⑤ 加上此后继续放垦所得,及继续征收此前已放未缴和拖欠的荒银,清政府从大规模放垦蒙地中征得总计应不下上千万两的押荒银,可以说确实为清政府带来了巨大的财

---

① 《清实录·德宗》卷五五七、五七二、五七五、五八二;《清实录·附宣统政纪》卷一二;陈广编撰《巴林垦务》,内蒙古林西县志办公室编印,1984 年;柏原孝久、滨田纯一《蒙古地志》中卷第 203—209 页,下卷第 645—646、655、675、687 页。

② 据当时各地放垦章程,1 垧合 10 亩,1 顷合 100 亩。但前亩为 288 弓,后亩为 240 弓,故不能简单折算相加。

③ 张伯英等《黑龙江志稿·经政·垦丈》。

④ 陈崇祖《外蒙近世史》,商务印书馆,1922 年,第一篇,第 5 页;《清实录·附宣统政纪》卷五八。

⑤ 黄时鉴《论清末清政府对内蒙古的"移民实边"政策》。

政收入。

大规模放垦蒙地，是清末清政府在蒙古地区推行最厉、成效最大，历史作用和影响最为重要的一项新政。它虽然使内蒙古地区的农耕业有了空前的扩展，促（迫）使部分蒙古人改务农耕或半农半牧，丰富了经济生活，但总体上来说，却是给蒙古民族带来了巨大灾难和严重后果。清朝统治者以政令形式强行放垦蒙旗土地，对于拥有传统土地所有权的蒙古民族来说，具有明显的民族压迫和掠夺性质。所以，它曾遭到蒙古各阶层的普遍抵制、反对以至武装反抗。对由此造成的"势将激变"的严重局势，清朝政府也不能不慎重对待。譬如，在侵吞荒价、库款的指控并未落实的情况下，清廷仍把督垦筹款成绩颇著的贻谷，以危害"藩部边氓大局"的罪名，发往新疆效力赎罪。① 大肆掠夺蒙古土地所导致的民族矛盾骤然激化，事实上成为清亡民兴之际蒙古地区政局动荡，部分王公上层裹胁煽动蒙古族群众发动"独立"运动的重要内因。再一方面，垦区的扩大、农业的发展，是以牺牲蒙古民族的传统畜牧业为代价的。放垦的土地，从"农本"的角度看来是"荒"，但事实上只要宜于垦辟农耕，更会宜于游牧养畜。历史事实是，清末放垦的地区基本上都是内蒙古各盟旗水草丰美、地势平缓的沿河流域，蒙古族经营畜牧业的优良牧场。清朝统治者强行放垦这些牧场之后，大多数蒙古牧民被迫赶着牲畜迁往山陵、沙地、碱滩等土壤贫瘠地区，不仅牧场缩小、畜牧业遭到破坏和损失，蒙古民族的原有生存空间也随之严重缩减。

三、全面筹蒙与"变通旧例"

在清末新政的第一阶段，专门针对蒙古的新政主要是推行放垦蒙地政策，但全面筹蒙改制的筹划也已开始出现。1903 年（光绪二十九年）春夏间，清政府内部即有在蒙古地区改设行省的筹议，并谕令各边疆大臣查核复奏、征询意见。由于乌里雅苏台将军、库伦办事大臣、科布多参赞大臣等均以"蒙古部落碍难改为行省""外蒙地

---

① 《清实录·附宣统政纪》卷三三、三四。

方与内地边疆情形不同,一例办理多有窒碍难行之处""北路游牧地方改设行省有害无利"等意复奏,一致表示反对,清廷遂批曰"所奏是",搁置此议。①

1904 年以后,随着全国性新政改革的逐步推进,国内朝野上下开始出现了主张君主立宪全面改制的舆论要求。对外关系方面,俄军强占东北后迟迟拒不撤兵;1904—1905 年以中国东北为主要战场的日俄战争,使北部边疆和全国性民族危机愈加严重。在此背景下,清廷内外再次出现了改变传统治蒙政策、全面筹边改制的奏议舆论。

1905 年 8 月,练兵处署军政司副使姚锡光在奉派考察了内蒙古东部卓索图盟各旗及昭乌达盟翁牛特旗之后,向以军机大臣、庆亲王奕劻和直隶总督兼北洋大臣袁世凯为首的练兵处呈递了全面"经营蒙古"的《实边条议》说帖。在说帖中,姚锡光明确提出了应仿照新疆建省"成法"在蒙古各盟旗改设行省,"收回各扎萨克土地人民之权",行"不论蒙民汉民同受治于地方官"的"完全无缺郡县制度"的建议和一系列具体方案、措施。②

其后不久,又有给事中左绍佐呈奏"西北空虚、边备重要,拟请设立行省以固疆圻、而弭隐患"一折,提出"旧制督抚管地方,将军都统管蒙旗",蒙古地区"道府州县管理词讼而蒙民不肯受其约束,将军都统控驭蒙旗而地方非其节制",如今"欲经营蒙旗,莫先于事权之归一;欲事权归一,莫要于设行省",并建议在内蒙古划设热河(包括管辖察哈尔地区)、绥远城二行省。清廷据负责全国新政事务的会议政务处核议复奏,谕令直隶总督、山西巡抚和热河、察哈尔都统"体察情形通盘筹划,先于要害处所添设地方各官,责令调和蒙汉"。③

同年 11 月,又有署黑龙江将军程德全密奏"时机危迫,亟宜开通各蒙"一折,指出"蒙古各盟世为北边屏蔽,承平日久、习于便安。比年时局变迁,亟宜设法经营,以资控制",并提出推广蒙旗垦务等

① 《清实录·德宗》卷五一四、五一七、五一八。
② 姚锡光《筹蒙刍议》卷上"实边条议",1908 年刻印本。
③ 朱启钤《东三省蒙务公牍汇编》卷五"前给事中左绍佐奏西北边备重要拟请设立行省折",1909 年排印本;《清实录·德宗》卷五五〇。

具体建议。清廷谕令将此折誊抄传阅于肃亲王善耆、理藩院及各有关将军、都统和总督、巡抚，命"各就地方情形妥筹办理，详晰具奏"。①

1906 年 2 月，复有内阁中书钟镛上呈"条陈蒙古事宜十四条"，内容为"建议会，移建理藩院，变通理藩院官制，行殖民策，移八旗兵饷于蒙古，复围猎之制，借债筑路，设银行，铸造银铜元，兴矿产之利、屯垦之利、畜牧之利、森林之利、榷盐之利"。②

还在 1905 年 10 月，鉴于俄国将西藏达赖喇嘛诱至库伦，百般拉拢收买和蛊惑策动，内蒙古东部乌泰等王公上层蠢蠢欲动，及朝野上下掀起全面筹蒙改制的奏议舆论，清廷趁日俄在东北的大战已告结束之机，决定委派宗室肃亲王善耆巡视内蒙古东部各盟，"查办事件"，安抚蒙古王公上层、恢复统治秩序，并考察、筹拟新的治蒙之策。1906 年 4 月，肃亲王在练兵处军政司副使加副都统衔姚锡光及吴禄贞、陈祖善等随同下，赴内蒙古东四盟巡视。在历时 3 个月的考察中，分别在喀喇沁右旗、巴林右旗、乌珠穆沁旗和科尔沁右翼中旗（?）白彦和硕等地召集了卓索图、昭乌达、锡林郭勒、哲里木四盟各旗王公札萨克的会盟会议。③ 返回京师后，肃亲王向清廷呈奏了"经营之策"八条："一、屯垦，二、矿产，三、马政，四、呢碱，五、铁路，六、学校，七、银行，八、治盗。并豫计应筹款项，一面集资，一面兴办，请饬筹议施行。"④随行考察的姚锡光也向练兵处王大臣呈递了"经画东四盟蒙古条议"和"拟设全宁副都统说帖"，进一步翔实汇报东蒙情况的同时，提出了放垦土地移民实边、经营蒙盐征收厘税及增设全宁（沿用元全宁路故实）副都统于巴林右旗大板，管辖经营哲里木、昭乌达、锡林郭勒三盟未垦放地区等一系列具体建议。⑤

---

① 程德全《程将军守江奏稿》卷七"密陈开通各蒙折"；《清实录·德宗》卷五五一。

② 《清实录·德宗》卷五五五。

③ 《清实录·德宗》卷五五〇、五五六、五六一；姚锡光《筹蒙刍议》卷下"呈覆经画东四盟蒙古条议"；陈祖善《东蒙古纪程》，1914 年排印本。

④ 《清实录·德宗》卷五六四。

⑤ 姚锡光《筹蒙刍议》卷下。

1906 年 7 月,清廷颁布"预备立宪"上谕,开始了全国新政的第二阶段。9 月,下诏进一步"更定官制",调整新设民政、度支、陆军、法、农工商等部的同时,改理藩院为部,并相应调整了理藩院的机构设置和职能。与此同时,为整顿恢复清朝在东北的统治秩序、筹拟新政改制,清廷又委派宗室载振和民政部(巡警部改)尚书、原军机大臣徐世昌为查办事件大臣,巡视考察东北三省,同时也负有考察东蒙筹拟经营之策的使命。1907 年 3 月,清廷正式裁撤东北三将军和盛京五部侍郎,改设奉天、吉林、黑龙江行省,在三省巡抚之上设立拥有钦差大臣殊衔的东三省总督。东三省总督之下,特设蒙务局,统管哲里木盟十蒙旗事务;三行省公署除交涉、旗务、民政等 6 司之外,又专设蒙务司分管辖境蒙旗。从此,拥有"土地人民之权"的哲里木盟 10 旗开始逐步向由行省和道、府地方官直接管辖治理过渡。

1907 年 4 月,历任云贵、四川、两广总督的岑春煊呈奏"统筹西北全局酌拟变通办法"折,其后不久又续奏"各边拟设民官、亟应变通旧例"折。岑春煊在两折及附片中提出了在蒙古地区编练新军;奖励移民垦种、兴办工商;兴办教育、拓宽"蒙古出路","学成毕业与京外旗汉各生一体任用";兴办铁路、电线以便利交通等一系列建议的同时,在"变通"原有统治体制方面则明确提出"请将沿边各都统、将军、大臣均改名巡抚,加兼陆军部侍郎衔",并具体建议先于内蒙古地区改设热河、察哈尔、绥远三个行省。①

农历四月二十八日(公历 6 月 8 日),清廷谕令将岑春煊前一奏折并附片"均著钞给"东三省总督徐世昌、直隶总督袁世凯、陕甘总督升允、原盛京将军调任四川总督赵尔巽、云贵总督(曾任山西巡抚、热河都统)锡良、奉天巡抚唐绍仪、吉林巡抚朱家宝、署黑龙江巡抚程德全、山西巡抚恩寿、陕西巡抚曹鸿勋、新疆巡抚联魁、绥远城将军贻谷、热河都统廷杰、察哈尔都统诚勋、伊犁将军长庚、乌里雅

---

① 参阅朱寿朋《光绪朝东华录》,总第 5674、5676 页;贻谷《绥远奏议》"遵议绥远建省及大概办法折"并所附"清单",清末京华印书局排印本;朱启钤《东三省蒙务公牍汇编》卷五"程德全遵旨议覆统筹西北全局酌拟变通办法折""(科布多办事大臣)锡恒奏遵旨覆陈阿尔泰情形及筹拟办法折"。

苏台将军马亮、库伦办事大臣延祉、科布多参赞大臣连魁、科布多办事大臣(驻阿尔泰)锡恒、西宁办事大臣庆恕、驻藏办事大臣联豫等"阅看"，命他们"体察情形、各抒所见、妥议具奏"。农历五月二日(公历 6 月 12 日)，清廷又将岑春煊续奏并附以原左绍佐奏议批给徐世昌等督抚、疆臣"阅看"，谕令连同岑春煊前奏"一并妥议具奏"。①

遵照清廷谕旨，陆续有热河都统廷杰、察哈尔都统诚勋、绥远城将军贻谷及署黑龙江巡抚程德全等将各自的意见和建议呈奏清廷。廷杰认为，"改设行省以人民财赋足敷分布为要"，主张仍依左绍佐原奏，将热河、察哈尔两地合设"热河省"，"以为畿辅左臂"；而设绥远省"以为畿辅右臂"；并提出，"俟整理就绪，再将乌(里雅苏台)、科(布多)各城一律改设"。② 诚勋提议，在拟设热河、察哈尔、绥远三省时，应"别以直隶之宣化、山西之大同二府择要拨归察哈尔管辖，分设总督、巡抚各员。其张家口并先行自开商埠"。③ 贻谷则就绥远改建行省，提出了变通官制、调整区划、推广垦务、整饬吏治、经费预筹等方面的方案。④ 程德全在斟酌评议岑、左奏议的同时，进一步提议"请朝廷创设殖务部，专管东三省、内外蒙古、新疆、伊犁、西藏各行省，所有各处政事文书统归该部管理"。⑤

与此同一时期，东三省督抚及热河、察哈尔都统，就全面筹划"经营"蒙古、推行种种新政以强化军政统治和进一步推行垦务，有更多的奏议上呈并实施了种种政策措施。这一时期有关推行蒙垦的奏议，也更多地与移(殖)民实边、加强边防联系起来，但就以官方动员形式有组织地从边内汉地向蒙古迁移人口而言，迄未成为清政府及各级官府的"国策"、政令。如直到 1908 年 3 月，清廷得悉"归化(城)等处游民麇集"的奏报后谕称："……移民实边，论殖民者屡

① 朱寿朋《光绪朝东华录》，总第 5674、5676 页。
② 《清实录·德宗》卷五七五。
③ 《清实录·德宗》卷五七七。
④ 贻谷《绥远奏议》"遵议绥远建省及大概办法折"及所附"清单"。
⑤ 朱启钤《东三省蒙务公牍汇编》卷五"程德全遵旨议覆统筹西北全局酌拟变通办法折"。

有陈奏。今因直隶大、顺一带荒歉,游民多赴口外谋作垦工,正不妨因势利导。但须设法稽查约束,勿令滋生事端。"①这恰好说明虽有内外臣工屡屡陈奏吁请,所谓移(殖)民实边终未成为清政府实施的基本政策。② 而清政府一再转发左绍佐、岑春煊的奏折,谕令并督饬各有关疆吏"妥议具奏"具体方案,则标志着以行省制取代蒙古原有外藩、内属体制已成为它的基本"国策"。

由于内外局势的急剧变化和辛亥革命的很快爆发,清朝统治者在蒙古地区全面划设行省的计划未及实施,但随着新政的推行、垦务的推广,增设府厅州县、强化军政统治却一直在逐步进行。1902年,清政府在已开垦殆尽的养息牧厂设立彰武县治,从原科尔沁左翼三旗垦地已设昌图、康平、奉化三县中析设辽源州。1903年,将朝阳升为府治,并于卓索图盟境内新设阜新、建平二县。1904年,在科尔沁右翼各旗新垦地区设立靖安、开通、安广(1905年)等县,后来又增设醴泉(今突泉)、镇东二县,统隶于新设洮南府。1904—1906年,在黑龙江将军所辖扎赉特、后郭尔罗斯、杜尔伯特三旗垦地设立大赉、肇州、安达诸厅。1908年,在昭乌达盟地区将赤峰县升为州,在巴林垦区新设林西县、阿鲁科尔沁和扎鲁特垦区新设开鲁县隶之。同年,改变呼伦贝尔地区原有八旗体制,设立呼伦兵备道,并于海拉尔设呼伦厅、满洲里设胪滨府。1909年,又在奉天省昌图府、洮南府、辽源州之上设立洮昌分巡兵备道(驻辽源州),在吉林省设立西南路分巡兵备道(驻长春)强化统治。在内蒙古西部,贻谷督垦期间于1903年新设了五原、陶林、武川、兴和四厅,又于1907年增设了东胜厅。

随着增设府厅州县和推行种种新政,蒙旗原有自主权利也被逐步削夺。如1904年卓索图、昭乌达两盟盟长奏请"将两盟微末事件仍照向章办理,重大案件由该州县会同扎萨克审讯,暨整顿团防仍由扎萨克办理",却被理藩院驳以"该两盟原请蒙民交涉命盗词讼由

① 《清实录·德宗》卷五八八。
② 参阅汪炳明《是"放垦蒙地"还是"移民实边"》,《蒙古史研究》第三辑,内蒙古大学出版社,1989年。

旗分别审理、派员会审之处与例不符,应毋庸议。团防向由地方官经理,决无畛域之分,所请由扎萨克办理之处,亦毋庸议"。①

至1910年,东三省总督锡良和清朝会议政务处在奉旨审议喀喇沁右旗扎萨克郡王贡桑诺尔布有关整顿划清蒙旗与州县行政、司法权限和蒙旗兴办各项新政的呈奏时提出:"凡已经设治地方","所有租粮均归地方官催收,按数移交该旗";"其未经设治地方各蒙旗,原有草捐、车捐各局,应一律交由地方官查明,禀定章程再行核办";"凡民蒙交涉之案",即使"不在设治境内","一经地方官知照,即由该旗迅速拘传解送,倘仍推延匿庇,准由地方官详请奏参";原由蒙旗自行裁断的"单蒙案件",虽"有已经蒙旗办结",若"有冤抑未伸者,或经地方官访闻,或赴地方官控告,准由地方官提讯拟办",并提出俟"将来州县遍设,仍统属于有司衙门","而蒙旗拟办新政","如学堂、巡警以及查户、禁烟等项,自当统由地方官监督施行"。对上述一系列削夺蒙旗原有权利的具体意见,清廷均批以"从之"。②

在清末新政特别是仿行宪政以后,清政府明显改变了原有独尊(八)旗、满(蒙)歧视汉族(及其他少数民族)的政策、制度,宣称并实施"消除"旗、民,满、汉"畛域"的一系列政令措施。但这些顺应民族平等历史潮流的"改革"很快又转变到另一偏面。如1908年清政府制订地方谘议局章程,规定须具有一定文化程度方有资格当选谘议局议员,"不识文义者""不得有选举权及被选举权"。③ 当黑龙江巡抚周树模向清政府请示"江省多沿蒙古旧习,熟于汉文者甚属寥寥。凡通满蒙文字,可否变通选举"时,宪政编查馆明确答复说"仅识满蒙文者仍以不识文义论";虽同意暂可变通办理,但强调"然止为一时初办权宜之计,日后决不能援以为例"。④ 1909年2月理藩部在"筹备藩属宪政"时又提出,"凡已经设县之各蒙旗官兵,能通汉

---

① 《清实录·德宗》卷五二六。
② 《清实录·附宣统政纪》卷二九。
③ 故宫博物院明清档案部《清末筹备立宪档案史料》,中华书局,1979年,下册,第670—673页。
④ 《东方杂志》第六年(宣统元年、1909年)第一期"记载·宪政篇"、第六年第五期"记载·宪政篇"。

语、有一定之居处、财产者均得有选举、被选举之权……;其未经设县之各蒙旗,言语不通、居处无定,另订合宜办法"。① 即仍视只通蒙语文不通汉语者为"不识文义",实质上取消了蒙古(等少数)民族在全国政治生活中的基本权利。

经过一系列"筹蒙"改制,宣统二年八月十六日,即 1910 年 9 月 19 日,清政府批准转发了理藩部有关"藩部豫备宪政""均将旧例量为变通"的奏折。其主要内容为:一"曰变通禁止出边开垦各条","凡旧例内禁止出边开垦地亩、禁止民人典当蒙古地亩及私募开垦地亩牧场治罪等条,酌量删除……其已经招垦之各盟旗,或酌照内地旗、民交产之例,许各蒙旗与民人交易……其未经招垦之各蒙旗,或由各边省督抚暨各路将军、大臣商同蒙旗奏请开放";二"曰变通禁止民人聘取蒙古妇女之条","拟由各边将军、都统、大臣,各省督抚出示晓谕,凡蒙汉通婚者均由该管官酌给花红,以示旌奖";三"曰变通禁止蒙古行用汉文各条","今则惟恐其智之不开、俗之不变,断无再禁其学习行用汉文汉字之理"。"应请将以上诸例一并删除,以利推行而免窒碍。"②清廷批准颁布的这通奏议,实即是正式宣布全面解除原有蒙禁的政令,标志着清朝统治者已彻底转变了传统治蒙政策。放弃具有反动性质的民族隔离统治政策,顺应了社会历史发展的趋势,促进了边塞内外、蒙汉民族之间的相互交流、发展,但其民族歧视和压迫性质也十分昭彰。"其未经招垦之各蒙旗"也要全部"开放"招垦;由政府出面"旌奖"蒙汉通婚;惟恐其"俗之不变",鼓励、推行学用汉语文,并将蒙语文视为非"文义",不啻是强夺蒙古民族的传统生计和生存空间,全面推行民族同化政策,取消蒙古民族的最基本生存权利。

四、清朝在蒙古地区的其他新政

除了放垦蒙地和全面"筹蒙"改制、强化军政统治,清末清政府

---

① 《东方杂志》第六年第四期"记载·宪政篇";《清实录·附宣统政纪》卷一○。
② 《清实录·附宣统政纪》卷四一。

还在蒙古地区实施、推行了其他许多新政措施。新政初期，蒙古地区主要是由各驻防将军都统大臣为响应、落实清政府广开财源以筹措庚子赔款、筹饷练兵而经办的种种新政（放垦蒙地即是其最主要措施）。还在1901年2月，即有盛京副都统等奏请"商办蒙境货捐以济饷需"。其后，乌里雅苏台、库伦等地又先后奉清廷之命向商民开征丁亩、铺房各捐和百货统捐。① 1903年8月，察哈尔都统也奏准清廷，开始在辖境"试办加收马厘，推广牛马驼只各捐，以济饷需"。② 同一时期，热河都统获准"派员查明（小）库伦、阿鲁科尔沁、东西扎鲁特各旗产碱处所，设局试办碱厂征收课银"。直隶总督袁世凯亦在口北设立"督销盐局""包交课银"。③ 为紧缩开支筹款练兵、"购办枪械"，还曾有停发归化城土默特蒙古世俸的筹议，并曾将乌里雅苏台官牧厂的骆驼变价出售。④

新政之初，为适应对外交涉需要，清廷将总理各国事务衙门改建为外务部。与此相应，科布多原设稽查俄商局改为洋务局，并在乌里雅苏台新设了中俄通商事务局。⑤

在编练新式军队方面，科布多、绥远城、察哈尔等处均曾有所举措。由于"经费难筹"，科布多"前议练兵、畜牧各事宜"不久即停办。⑥ 而在历任绥远城将军的督办下，迄于清亡，归化、绥远两城已编练成新式陆军满一营（由原驻防八旗编成）和土默特蒙古步、骑各一营。⑦

筹饷练兵之外，曾在内地较普遍推行的文化教育、工商矿业、交通邮电等各项新政，在蒙古地区也曾有所兴办，只是比起放垦蒙地和全面筹蒙改制，值得胪列的实绩不多。其中有主要由清朝中央政府统筹经营督办的邮电、铁路、银行，各地将军都统大臣和督抚及地方官绅兴办的工矿实业、新式学堂。

---

① 《清实录·德宗》卷四八〇、四九八、五三〇。
② 《清实录·德宗》卷五二〇。
③ 《清实录·德宗》卷四九二、五二〇、五二一。
④ 《清实录·德宗》卷四九七、五二三。
⑤ 《清实录·德宗》卷五〇一、五〇七、五一一。
⑥ 《清实录·德宗》卷四九一、四九三、五〇九、五二三。
⑦ 参阅贻谷《绥远奏议》有关各折；荣祥《略谈辛亥革命前后的家乡旧事》，《内蒙古辛亥革命史料》，内蒙古人民出版社，1979年。

（一）交通邮电

光绪前期,邮政、电报、铁路已陆续创办于内地、沿海。其中最早出现在边疆、蒙古地区的,是直接服务于军政统治的电报。至 19 世纪末,出张家口经滂江、乌得、叩林至库伦、恰克图的蒙古电报干线,出山海关中经锦州、奉天和茂兴(郭尔罗斯后旗境内,今属黑龙江肇源)、布特哈(今莫力达瓦旗所在地)远抵中俄边境黑河的东北电报干线,出嘉峪关经乌鲁木齐分达伊犁、塔城的西北、新疆干线均已修通。① 新政时期,清政府在整顿修复因俄军入侵战争遭到破坏的东北电报干线的同时,又陆续在内外蒙古的昌图、辽源、洮南、赤峰、归化城、乌里雅苏台、科布多、阿尔泰等重要城镇新设了电报局所,开通了电报联系。②

蒙古地区的新式邮政,多由原有驿路台站改建而成。1900 年之前,内蒙古东部的昌图、朝阳等地已开设了邮政局所(东北邮政网的组成部分)。清政府设立邮传部(1906 年)之后,邮政事业在蒙古地区得到较快推广,如内蒙古东部的洮南、辽源、赤峰,西部的归化、绥远、萨拉齐、包头、和林格尔、托克托、武川、五原,外蒙古的库伦、恰克图等许多城镇,均设立了邮政局所。③ 1906 年以后,东三省裁撤原有驿站,改建为专事递送各级官署奏报公文的"文报"总分局,其中有明定兼理接递卓、昭、哲三盟及锡埒图库伦等各旗之间往来蒙文函件的新民、辽源、昌图等地分局。④

蒙古地区的铁路和公路交通建设,清末还多流于奏议筹划。如

---

① 《清史稿》卷一五一《交通志·电报》;徐世昌《东三省政略》卷一〇《实业·附东三省电政》。
② 参阅徐世昌《东三省政略》卷一一《实业·附东三省电政》;《东方杂志》第三年第七期"交通·各省电政汇志";《清实录·附宣统政纪》卷三五、五八、六八。
③ 参阅王树楠等《奉天通志》卷一六六《交通六·邮政》,1934 年铅印本;郭象伋等《绥远通志稿》卷六六《邮电》,内蒙古人民出版社,2007 年排印本;陈崇祖《外蒙近世史》第二篇,第 46 页;《东方杂志》第四年第八期"交通·各省邮政汇志"。
④ 徐世昌《东三省政略》卷一一《实业·附东三省文报》。

由程德全首倡，经历任东三省总督徐世昌、锡良赞同和具体筹备的锦瑷铁路计划，拟由锦州经朝阳、锡埒图库伦、辽源、洮南等处，纵贯内蒙古东部直抵瑷珲。① 由袁世凯提议，拟将修筑中的京张铁路展修至外蒙古库伦。又有陕甘总督建议修筑张家口经绥远城、包头分抵兰州和凉州（今甘肃武威）、乌鲁木齐、伊犁的西北铁路干线。资政院还曾"议决修筑蒙古铁路"三条，即张家口至恰克图、张家口（中经多伦、赤峰、朝阳）至锦州、库伦至伊犁。② 蒙古铁路规划虽然"宏伟"，但在当时实近乎梦呓。此外，还曾有蒙地商绅和末任库伦办事大臣三多筹划开辟张家口至库伦的长途汽车运输，三多还为此拟订了相当具体的购进外国汽车、勘设沿途站点等计划。③

清政府在蒙古地区已经兴办的邮政电讯事业，为促进边塞内外的信息流通、社会交往起到了一定的历史作用。不过，它们还多开设于汉民集聚的主要城镇通衢，或主要用于军政通讯，对蒙古地区腹地、蒙古民族自身的原有社会生活，直接触动和影响还很有限。

（二）工商矿业

由于大规模放垦蒙地和各种蒙禁政策的逐步解除，蒙古地区原有的商业手工业集镇和传统庙会集市进一步扩大和繁盛。在新放垦设治地区，又成批出现了新的城镇，如内蒙古东部的洮南、辽源和肇州、林西、开鲁等地，西部的五原、东胜、包头、武川等地。不过，在这些新老城镇经营手工、商业的仍然主要是汉民。

在清朝设立大清（户部）银行的前后，绥远和东三省也陆续办起了官银号或官钱局。大清银行还先后在库伦、乌里雅苏台等地设立了分支机构。这些官办金融机构在蒙古地区主要经办了发行货币、

① 参阅徐曦《东三省纪略》卷九"铁路纪略下"，商务印书馆，1915 年；徐世昌《东三省政略》卷二《蒙务下·筹蒙篇》"纪铁路计划"；《东方杂志》第四年第五期"杂俎·中国事记"；《清实录·附宣统政纪》卷二五。
② 《东方杂志》第三年第五期"杂俎·中国事记"、第三年第十三期"杂俎·中国事记"；《清实录·附宣统政纪》卷四五、四六。
③ 《东方杂志》第五年第二期"交通·各省铁路汇志"；〔日〕东亚同文会《支那调查报告书》第 2 卷第 18 号"时报·交通"。

整顿金融市场等工作。在发行信贷方面,则有代还个别王公札萨克的内外债务,向蒙旗发放高利贷款等事例,实际成为蒙古王公上层的新债主。[1]

新政时期的矿藏开采,主要集中于热河都统所辖卓索图、昭乌达两盟和黑龙江属呼伦贝尔、西布特哈(今呼伦贝尔盟东部)地区。这些矿藏主要是由地方官府和绅商雇用汉族矿工经营开采,[2]蒙旗只是按照有关章程收取分成部分产值或盈利。

(三) 文化教育

新政时期蒙古地区的新式学堂等文化教育事业,也多数是兴办于汉族聚居城镇、主要招收汉族商民子弟的普通学校。少数由各有关疆吏兴办的专收或兼收蒙古子弟的学堂,主要设于绥远(归化)、奉天等省级都会。

内蒙古西部最早出现的新式学堂,是直接为编练新军服务、专收驻防八旗子弟的绥远城武备学堂,1902 年由将军信恪创办。继任将军贻谷接办后,开始兼收归化城土默特旗子弟入学,后改建为陆军小学堂。1904 年,贻谷又将绥远城启秀书院改建为绥远中学堂,设有满蒙文班,兼招乌兰察布、伊克昭两盟蒙古子弟入学。1906 年,贻谷会同归化城副都统文哲珲将土默特旗原有启运书院改建为高等小学堂,并另设一蒙养学堂。三多继任副都统后,又增设了土默特旗第一(由蒙养学堂改建)、第二初等小学堂。此外,由归绥道创办的归绥中学堂也兼招土默特蒙古子弟。[3]

在内蒙古东部,黑龙江省于 1907 年将呼伦贝尔城(海拉尔)原有官学改建为初等小学,后来又扩建成两等小学堂,专收索伦、巴尔

---

① 参阅《东三省政略》卷二《蒙务上·蒙旗篇》"纪科尔沁扎萨克图郡王俄债始末""纪郭尔罗斯前旗债务及开放余荒始末";陈春华译《俄国外交文书选译——关于蒙古问题》,黑龙江教育出版社,1991 年,第 207—208 页。

② 参阅汪炳明《清末新政与北部边疆开发》《清代边疆开发研究》,中国社会科学出版社,1991 年。

③ 参阅贻谷《绥远奏议》有关各篇;郭象伋等《绥远通志稿》卷五〇《教育》、卷五一《学校》。

虎等各旗各族子弟。次年，又在省城齐齐哈尔创办满蒙师范学堂，并附设小学，专收八旗各族子弟和扎赍特、后郭尔罗斯、杜尔伯特三蒙旗子弟，以学习满蒙汉文及其互译为主，加授普通学校的其他各门课程。1906年，盛京将军（奉天省）也将原有奉天（今沈阳）八旗蒙文官学改建为蒙文学堂，并于次年起招收省辖哲里木盟各旗蒙古子弟。该校后来又扩建改称为蒙文高等学堂。①

在北京，由清政府创办的一些专门学校，如陆军贵胄学堂、贵胄法政学堂、满蒙文高等学堂等，也曾招收不少蒙旗王公及各阶层子弟入学。陆军贵胄学堂还专门设有蒙旗世爵班，并曾以新疆土尔扈特郡王帕勒塔为该班"监学"。②

迄于清亡，兴办各业的种种新政多行之于汉族聚居的城镇和蒙汉杂居的新旧开垦地区，其对蒙古腹地、蒙古民族自身社会生活的触动、作用和影响主要还是间接的。而在距内地更远的外蒙古，直到杭州驻防出身的八旗蒙古人三多出任库伦办事大臣之后，新政"局势"才大为改观。三多此前在归化城副都统任内，即以积极推行蒙古新政著称。他不仅积极兴办土默特旗学堂，在归化城创办了内蒙古地区近代史上第一座公共图书馆，③还上奏清廷："西北各边，蒙民不识汉文，交通不便，请编设半日学堂，以开蒙智"；并"请选内外蒙古各部落各旗王公以次勋旧子弟，资质聪慧、年力富强者，送入陆军贵胄学堂附班肄业，以宏造就"。④ 在清朝上下全面筹蒙改制、划设行省的舆论潮流中，三多也呈奏了"请将蒙地分建四部"，"并拟各设蒙部大臣一员，仿东三省总督兼将军之例"的建议，主张以内蒙古"东四盟为一部，而设治所于洮南；西二盟为一部，察哈尔、土默特并套西之阿拉善附焉，而设治所于绥远；（外蒙古）土谢图、车臣为一部，而设治所于库伦；三音诺彦、扎萨克图为一部，科布多、塔尔巴哈

---

① 参阅张伯英等《黑龙江志稿》卷二四《学校志·学制》；王树楠等《奉天通志》卷一五〇至一五一《教育志》。
② 《东方杂志》第七年第二期"交旨"；《清实录·附宣统政纪》卷四九。
③ 田惠琴、吴连书《内蒙古图书馆》，《呼和浩特史料》第五集，1984年。
④ 《清实录·附宣统政纪》卷五。

台并额济纳之土尔扈特附焉,而设治所于乌里雅苏台"。①

1910 年(宣统二年)春,三多出任库伦办事大臣之后,"中央各机关督促举办新政之文电交驰于道,急如星火"。于是,三多在只有一年多的时间里,即接连创设了兵备处、巡防营、木捐总分局、卫生总分局、车驼捐局、宪政筹备处、交涉局、垦务局、商务调查局、实业调查局和男女小学堂。在库伦一城,除原设各衙署、防营及统捐、巡警、邮政、电报各局外,骤然增加了 20 余处新机构。而"所有各机关之开办经费,及经常应需之柴炭、器具、铺垫、马匹、杂用等费,悉数责令蒙古一律供给"。②

这些不顾客观环境和条件骤然兴办的种种新政机构,给蒙古民众增加了沉重的经济负担。为满足供需,"蒙官取之于蒙民,蒙民不堪其扰,相率逃避,近城各旗,为之一空"。而这些由清朝政府从外部强加的、并非出自外蒙古各盟旗自身历史要求的繁缛新政,使蒙古各阶层"莫名其妙""人心皇皇",陡增种种疑虑和猜忌。③ 由于清朝转变对蒙政策,在内蒙古大兴放垦蒙地和全面改制的影响,加上沙皇俄国的种种拉拢煽动,外蒙古僧俗上层中本已产生的离心倾向因此而急剧增强。

(《蒙古民族通史》第五卷第二章第二节,内蒙古大学出版社,2002 年)

---

① 《清实录·附宣统政纪》卷一六。
② 陈崇祖《外蒙近世史》第一篇,第 4—6 页。参阅《三多库伦奏稿》,吴丰培编《清末蒙古史地资料荟萃》,全国图书馆文献缩微复制中心,1990 年。
③ 陈崇祖《外蒙近世史》第一篇,第 4—6 页。参阅《三多库伦奏稿》。

近代哲里木盟政治中心的变迁

本文所说的哲里木盟，指的是北元时期形成的，主要由哈撒儿后裔领属集团构成的嫩科尔沁部，降清后被编为一个盟，包括了科尔沁左右翼六旗、郭尔罗斯前后二旗和杜尔伯特、扎赉特各一个旗的哲里木盟十旗。

由于清朝统治蒙古（特别是哲里木盟）的特殊制度和体制。蒙古科尔沁部—哲里木盟并没有一个固定的政治中心。加上晚清—近代以来的社会历史变迁，其政治中心更呈现不断变动和多元化的特点。所以，本文所谓政治中心，也包括某一时期实际起到政治中心作用的城镇和都市。近代以来哲里木盟政治中心的多元化及其辗转变迁，不仅体现这一群体和地域政治制度—行政体制的变化，还能够从这一特定视角，折射和反映哲里木盟的复杂错综的社会变迁和曲折多舛的历史命运。

清代的哲里木盟，如果把不断迁徙而入的汉族移民也包括进来，起政治中心作用的可称为"三元"、三个层次。从哲里木盟十旗自身来说，盟长所在自然应是政治中心。但清代外藩蒙古的盟，并不是一级正式的行政区划建置，清朝规定三年会盟一次的地点，只是某一山川地理位置上的旷野，而且中叶以后会盟制度也逐渐废弛。只起召集会盟、承转监摄作用的盟长，也是由各旗札萨克（包括闲散王公）中遴选兼任，并无专设衙署机构，盟长印信亦随盟长的更迭而辗转。也就是说，哲里木盟十旗自身的政治中心既不固定，也无多少实际作用。

而按照清朝的军府制度，也即由驻防将军都统辖制外藩盟旗的体制，哲里木盟十旗分属东北三个将军辖制。科尔沁六旗隶盛京将军，郭尔罗斯前旗隶吉林将军，扎赉特旗、杜尔伯特旗和郭尔罗斯后旗隶黑龙江将军。也就是说，在哲里木盟十个蒙旗之上还分别凌驾着三个政治中心，而且这三个中心均在哲盟属境之外。清朝辖制哲

268

里木盟的这种体制,可称为清朝分割统治蒙古政策的极典型体现(其他内外蒙古的盟,均只受辖于一个驻防将军、都统或大臣)。不过在这东北三个将军中,吉林、黑龙江是先后从盛京将军析设的,而且盛京将军历来排位在前,并辖制着哲盟最主要的科尔沁六旗,盛京实际上即是辖制哲里木盟的最主要的政治中心。

清乾隆时期开始,汉民大量涌入哲里木盟东南沿边地区。按照清朝的蒙汉分治制度,逐步在汉族移民集中区设立地方厅县,隶属邻近省区。如设在科左后旗境内、管辖科左二旗境内汉民的昌图厅(今辽宁省昌图),隶属盛京奉天府(治今沈阳市)。设在郭尔罗斯前旗境内的长春厅,隶属吉林将军。这就在哲里木盟境内形成了不属盟旗管辖的又一特殊类型的较低级别的政治中心,及凌驾于其上、不在哲盟境内的省府级政治中心。

晚清以降,特别是清末新政时期,哲里木盟地区的政治"地图"又发生了急剧而重大的变化。随着清朝以政令大规模放垦蒙旗土地,于新垦殖区成批增设了府厅州县。如新政之前昌图厅、长春厅已经升为府,其下各增设了几个县。新政之后,在科左中旗增设辽源州(治郑家屯,今吉林双辽市),在科右三旗增设洮南府,下辖新设醴泉(今名突泉)、靖安(今吉林白城市)等多县。黑龙江将军辖下的扎赉特、杜尔伯特、后郭尔罗斯三旗境内,分别增设了大赉、安达、肇州等厅。这些府厅州县的增设,不仅使其治下的汉族聚居区事实上已脱离蒙旗辖境,在蒙汉杂居旗县交错的地区,蒙旗原有地方行政治理权也愈益被府县所取代。

1907年东三省正式改制,八旗驻防军府制改为行省,在奉天(沈阳)设东三省总督下辖奉天、吉林、黑龙江三省,哲里木盟十旗相应分隶三行省(但仍保留原有外藩盟旗体制)。东三省总督所在的奉天,遂正式成为凌驾于哲盟所有十个旗之上的最重要政治中心。

1909年,奉天省在辽源州设立洮昌兵备道,辖制昌图、洮南两府所有州县,也即哲盟科尔沁六旗境内所有汉民及其聚居区,并且明确负有"兼蒙旗事"职责,即监管、干预蒙旗事务的权力,成为哲里木盟境内、科尔沁六旗之上的又一个重要的更为直接的政治中心,进一步削夺了蒙旗原有的治权。其后,奉天省地方军后路巡防队统领吴俊升率部进驻郑家屯、震慑蒙旗；哲里木盟最为显赫的达尔罕亲王那木济勒色楞和卓里克图亲王色旺端鲁布①均在这里修建王府，时常入住，郑家屯在哲里木盟境内的政治中心作用更为明显。

这一时期，哲盟自身的情况是，19 世纪末的盟长是科右中旗札萨克土谢图亲王色旺诺尔布桑宝，所在的科右中旗可称为蒙旗自己的政治中心。1901 年色王因属下兵丁哗变被"自缢"。其后，由科左中旗札萨克达尔罕亲王那木济勒色楞署理盟长。1905 年郭尔罗斯前旗札萨克辅国公齐默特色木丕勒升任盟长，郭前旗遂可称为哲里木盟十旗新的政治中心。

辛亥革命爆发后，东蒙局势陷于动荡之中。东北同盟会的反清活动没有直接进入蒙地，哲里木盟发生的最重大事件，是乌泰的"东蒙古独立"。民国初期，实际起到哲盟政治中心作用的，先是郑家屯，后是吉林省的长春。

武昌起义爆发不久，清廷任命阿穆尔灵圭亲王为"办理各盟蒙旗事宜"大臣，赶赴东蒙征调蒙旗武装、参与镇压反清起义。阿王返回本旗后，传谕东三盟各旗王公到郑家屯召开王公会议。因当时政局变化很快，未及王公们到来，阿王即急返北京。

乌泰"独立"事件被镇压后，北京政府为安抚蒙旗稳定局势，拟由哲里木盟盟长齐默特色木丕勒出面召集哲盟十旗王公会议。齐王（不久即由袁世凯累晋封至亲王）本提议会址定在哲盟显赫王公集聚或邻近的郑家屯。显然出自直接控制会议的目的，时任吉林都督陈昭常以齐盟长所在旗（郭尔罗斯前旗）隶属吉林省为理由，将会址改在了原郭前旗属境、交通又比较便利的长春。继 1912 年 10 月的第一次东蒙（实为哲盟十旗）王公会议之后，1913 年 10 月又在长春召开了第二次东蒙王公会议。

进入民国之后，东三省当局对辖境蒙旗的控制和压制、削夺权

---

① 整个清代，外藩蒙古王公排序最前的是科尔沁三亲王，即科右中旗札萨克土谢图亲王、科左中旗札萨克达尔罕亲王、闲散卓里克图亲王，以及咸丰年间因战功晋封亲王的僧格林沁的科左后旗札萨克博多勒噶台亲王。清亡前夕，新承袭土谢图亲王的业喜海顺尚处年幼，博多勒噶台亲王阿穆尔灵圭（僧格林沁曾孙）常年驻京，是内蒙古王公在清廷的首要代表。

益愈益加强,哲里木盟十旗更加难以形成集聚的群体意志。不过,东北三省很快落入张作霖奉系军阀统治之下,奉天(1929年改称沈阳)遂成为凌驾于分属三省的哲里木盟十旗之上的政治中心,以及相应的文化教育中心。比如,当时哲盟最有实力和影响的副盟长、达尔罕亲王那木济勒色楞常年住在奉天的王府,并且与张作霖是儿女亲家。著名的嘎达梅林抗垦起义,就是因为他们到奉天(沈阳)的达尔罕王府"上访"请愿被拘禁,而激愤爆发的。东北蒙古人的近代文化教育方面,克兴额、诺拉噶尔扎布等人创办的东蒙书局1926年成立于奉天。诺拉噶尔扎布和寿明阿等人创办的蒙古文化促进会,1929年成立于沈阳东蒙书局内。1929年郭道甫在沈阳创办的东北蒙旗师范学校,更是成为当时整个东蒙热血青年、进步思想、近代文化集聚、传播中心,其对蒙古民族解放运动的巨大作用和影响众所周知。

这一时期,东北地方当局在哲里木盟境内设立的较大军政建置则有,沿袭清末洮昌道,民国后正式设为一级行政区划建置,仍称洮昌道,驻地一度迁至洮南(1914—1917),后又迁回郑家屯(辽源县),辖区也大体上仍是科尔沁六旗及境内各县。后来,又在洮南设立了专管军事的洮辽镇守使和洮索(伦)警备司令部。

"九一八"事变、伪满洲国建立之后,哲里木盟地区的区划建置和政治中心又发生很大变化。大约1932年初,在郑家屯成立了包括哲里木盟十旗在内的东蒙十四旗代表组成的内蒙古自治筹备处。1932年2月,东蒙蒙旗代表会议在郑家屯召开。同年6月,伪满洲国在东蒙地区划设兴安各分省。主要管辖哲里木盟地区的兴安南省设在郑家屯,下辖科尔沁左翼三旗、右翼三旗、扎赍特旗,哲里木盟及其他东蒙各盟的建置、名称从此撤销。1935年6月,兴安南(分)省公署迁至王爷庙(即今乌兰浩特市)。从此王爷庙(乌兰浩特)正式取代郑家屯,成为哲里木盟以至整个东蒙愈来愈重要的,而且也愈来愈名副其实的政治中心。

1938年,日本在伪满洲国推行"蒙地奉上",将原属哲里木盟辖境已基本成纯汉区的洮南、辽源、昌图、长春等近30个县正式划出蒙境。原属黑龙江、吉林管辖的杜尔伯特、前后郭尔罗斯及伊克明安公旗,也被称为(兴安)"省外四旗",正式脱离与原哲里木盟(即新设兴安南省)的辖属关系。

日本占领时期,原来凌驾于哲里木盟十旗之上的政治中心沈阳(奉天),也被成为伪满首都的新京长春所取代,这里先后设有中央政府兴安局(署)、蒙政部等衙署,专管整个伪满也即东蒙境内蒙务。

1943年,伪满将兴安四省合并为兴安总省,将原兴安南、西等省改为地区行署,其中兴安南省析分为兴南、兴中两个地区(行署),兴南地区设在开鲁,下辖原哲里木左翼三旗和原属昭乌达盟的奈曼旗及喇嘛库伦等旗、通辽、开鲁等县。兴中地区设在王爷庙,下辖科右三旗、扎赉特旗和原属昭乌达盟的扎鲁特旗,及新设喜扎嘎尔旗(驻今科右前旗索伦镇)。但兴安总省设在王爷庙,王爷庙进一步成为兴安五省区的政治中心。不难看出,从兴安南(分)省的设立和析分为兴中、兴南二地区,"蒙地奉上"和"省外四旗"的划出,已经逐步奠定了后来哲里木盟(通辽市)和兴安盟区划建置的基础。

抗战胜利后,通辽逐渐成为兴南地区——哲里木盟的政治中心,王爷庙(乌兰浩特)不仅仍是兴中地区(兴安盟)以至整个东蒙的政治中心,还一度成为全内蒙古民族解放运动的中心,内蒙古自治区首府。

(在日本东北大学学术讨论会上的论文报告,东京,2014年3月)

关于近代内蒙古史史料的
多元性和分散性

——以贡桑诺尔布史料为例

在中国近代史学科中,无论是民族史还是地区史领域,近代内蒙古史都堪称难治。其主要原因之一,就是相关历史记载的分散和多元。随着近代以来文献史料数量和种类的急剧增加,所谓分散和多元不能说只属内蒙古独有,但比起地方性历史文化积累厚重的内地省份和边疆、民族特点虽也同样突出的新疆、西藏和黑龙江,内蒙古近代史史料的零散、分散和多元性特点,以及搜集和掌握的难度,都更为明显和突出。

对这个问题,笔者从 20 年前就开始关注和探索,陆续以不同形式,并且都是以著名蒙古王公贡桑诺尔布的史料为主要案例,发表过看法。[①] 但是,正如学界同行所知,近些年来中国近代史的各类史料仍在不断地、大量地涌现,包括海外文献档案的公开、开放和珍稀版本史料的整理辑印等。笔者在本题目范围,仍然不断地发现新的例证、素材,增加、充实新的思考。特别是新近出版问世的《贡桑诺尔布史料拾遗》(上、下册,内蒙古人民出版社,2012 年),使笔者的相关素材和思考的累积又到了一个新的阶段。所以,也就有了不避冗赘、不揣浅陋,把这方面的新的思考和体会公之于众的想法。

所谓不避冗赘,一是为了概括表述史料学角度的新思考,仍须以原有论文中的相关内容为基础进一步阐发;其次要列举新的实例,充实新的素材,也多须从原有实例说起。所谓不揣浅陋,则是从史料学角度的概括和论证,个人的看法和结论,仍不能自视为已很

---

① 参阅笔者《成吉思汗的遗产》(论文集,内蒙古人民出版社,2009 年)中的《近代内蒙古史料的突出特点》《清朝覆亡之际驻京蒙古王公的政治活动》《贡桑诺尔布生卒日期考》等论文。

成熟和缜密。如果从掌握例证、素材的角度，即掌握和占有贡桑诺尔布这个闻名中外的历史人物的各种历史记载的角度，更谈不上史料的完整和充分。比如，囿于学识和见闻短浅，本文仍只能以汉文史料为主要实例，难以系统兼及近年大量发掘利用的现存蒙旗蒙古文原始档案和远非不重要的日、俄和外蒙古（今蒙古国）方面的史料。还须说明的是，限于本文的主题范围（贡桑诺尔布为主），所探讨的内容和涉及的史料，一般只截止于民国前期，即北京政府时期和南京政府初期。

一

史料是社会历史生活的记录和反映，它也必然要受特定的社会历史环境的制约。近代内蒙古在特殊的政治统治、管辖体制下与中央政府和相邻地区的关系，影响和决定了记载它的史料的独具特点。

在清朝"封王联姻"政策之下，蒙古王公贵族与满洲皇室有着密切的政治关系，享有很高的地位和待遇。这种特殊的关系和地位，直接反映到了清代的全国性史料当中。比如，几乎每个王公、札萨克的承袭封赏，年班进京觐见皇帝，以及他们所在旗的重大史事，都可以从全国性编年体资料长编《清实录》中找到记载。清政府还专门为所有王公札萨克编纂了世系表和简传，书名《钦定外藩蒙古回部王公表传》（简称《蒙古王公表传》）。与内地行省和其他少数民族相比，蒙古史事更多地记录在全国性基本史料当中。这方面可以作为明显对照的是，从所辖地域、人口和作为一级地方行政建置单位的角度，人们都将蒙旗和厅县视为大体同一级别。但某一厅县主官的任免承接以至正常死亡，如不涉及更广范围的重大事件，都不会记载于全国性的《清实录》《职官表》等基本史料当中。

清代的内蒙古地区，并不是一个单独的地方行政区划，也没有像新疆的伊犁将军、西藏的驻藏办事大臣那样一统其上的驻防将军、大臣，而是各盟旗分受北部和东北边疆的好几个将军都统兼辖统摄。而且，除绥远城（今呼和浩特市新城区）将军之外，各将军都统的驻地均在内蒙古地理范围之外,由东北至西南分别为黑龙江将军(驻今齐齐哈尔)、古林将军(驻今吉林市)、盛京将军(驻今沈阳)、热河都统(驻今承德)、察哈尔都统(驻今张家口市)。所以,许多盟旗的历史情况,又大量载录于各有关将军、都统衙门的文牍档案中。

清朝在内蒙古实行蒙汉分治政策,地域上旗县交叉重叠,汉民分受设于蒙地的府厅州县地方官管辖,而这些厅县又分别隶属于相邻地区的行省及其道府。如西部的口外七厅属山西省归绥道(治归化城,今呼和浩特市旧城),中部的口北三厅属直隶宣化府,东部的赤峰、朝阳、建昌等县属直隶承德府。所以,与厅县辖区交错的一些蒙旗的史事,也会记载在相邻省府的史料当中。而内蒙古境内地方厅县治下的汉族移民,即迫于生计出关谋生的贫苦流民,谈不上有多少文化;凤毛鳞角的读书人,科考也须赴邻区原籍(如山西省、直隶承德府)进行。晚清以后,方开始在内蒙古境内有了书院、科举试场。所以,本地汉族学者记述本地社会历史文化的著述,也属凤毛鳞角。最基本的地方性综合史料地方志,除了较早的《口北三厅志》(乾隆二十三年,即1758年)和《古丰识略》(咸丰九年,即1859年)、《和林格尔厅志》(同治十一年,即1872年),光绪以后问世的也不到10种。

整个中国的文化发展史,在清末开始发生了重大变化,即西方的石印和铅活字印刷术的传入和推广,导致各种书籍的刊印发行空前发展,史料的种类和数量随之剧增,相应地,内蒙古史史料的种类和数量也大为增加。如清末境内外省级官员贻谷(绥远城将军)、徐世昌(东三省总督)、锡良(热河都统、东三省总督)、程德全(署黑龙江将军、巡抚)等人的个人奏议、公牍汇编,就大量载有内蒙古史事。全国性报刊《东方杂志》《大公报》《盛京时报》等,也多有涉及内蒙古的资料和报道。但另一方面,仍处在偏僻、闭塞状况下的内蒙古盟旗和府县,却并没有同步进入这个社会文化和印刷出版业急剧发展的时代,并没有出现较前更多种类和数量的涉及全盟、全内蒙古的史事记录。进而,由于近代以来频繁的社会动乱,使以旗县为单位收藏的历史档案资料也严重散佚损毁,极少被完好保存下来。

　　清朝灭亡以后，由于民国北京政府和南京国民政府继续推行民族歧视和压迫政策，内蒙古盟旗逐步向分属各省（特别区）直接管辖过渡，而自身以旗为单位的分立、隔绝状况并无显著改变。蒙古盟旗和王公贵族原有地位的丧失，又使全国性史料中的内蒙古史记载也大为减少。与此同时，随着 1907 年东北三将军辖区改设为奉天、吉林、黑龙江三行省，1914 年原热河都统、察哈尔都统和绥远城将军统辖区改建为三个特别行政区，及至 1928 年又进一步建为热河、察哈尔、绥远三个行省，加上河套以西隶属甘肃省的阿拉善、额济纳二旗（清代不属内蒙古六盟），狭长的内蒙古地域已正式分属 7 个省级行政建置。其中，只有绥远省辖区及其行政中心都在内蒙古地域；察哈尔、热河两省辖区虽主要在内蒙古境内，其政治中心张家口、承德则在内蒙古境外。这种从东北、华北到西北横跨中国北部边疆的分割状态，更使内蒙古全区性史料几乎无从谈起。民国以降，先后出现了几部分辖内蒙古的省级地方志，如《黑龙江志稿》《奉天通志》《察哈尔通志》《绥远通志稿》，但由于各省执政当局对辖境蒙古盟旗的漠视和边缘化，有关蒙旗的记述也就多被"附载"化，十分简略，不成系统。

　　另一方面，随着清末以来侵华列强的各种触角逐步伸入内蒙古，有关内蒙古的外国人、外国文字的史料也逐渐增多。比如，一些西方传教士在内蒙古中西部的各种传教活动及其与当地各族官民的纠葛、冲突，就较为专门系统地记载于传教士们的著述里。日本方面，最为著名的当为"满铁调查部"（全称"南满铁道株式会社调查部"，此处取其包括调查课等名称在内的广义调查机关）和"东亚同文会"及其他军政机构对内蒙古地区长期持续不断的各种各样的资料搜集和实地踏勘以至测绘，所形成的堪谓汗牛充栋的各种调查报告、游记、统计资料，以及汇总成书的系统资料。日本人的各种相当系统和详细具体的记述，反客为主，竟成为清末民初为数不多的几部国内汉文内蒙古蒙旗方志性著述的基本素材和资料来源。例如，清末姚明辉编撰的《蒙古志》（三卷），就是以日本参谋本部的近著《蒙古地志》为蓝本，补充修订而成；花楞编撰的 1916 年版《内蒙古纪要》"基本上是对宫本林治《东蒙古》一书的摘译"；未署编者的

《蒙古通览》七卷,则"基本上是对(柏原孝久、滨田纯一编撰的上中下三巨册)《蒙古地志》的因袭与模仿。其中翻译摘录《蒙古地志》者,约十之七八"。① 俄文史料方面,仅据所知择要列举已译成汉文的较为集中记述内蒙古史事的三部著述或资料集:一是清末著名蒙古学家波兹德涅耶夫实地考察内蒙古各地后所著《蒙古及蒙古人》第二卷(内蒙古人民出版社,1983 年);二是俄国东省铁路经济调查局委员阔尔马佐夫 20 世纪 20 年代所著《呼伦贝尔》(内蒙古文化出版社,2008 年影印本);再就是陈春华据苏俄方面历年公布的外交档案选译辑成的《俄国外交文书选译——关于蒙古问题》(黑龙江教育出版社,1991 年初版,2013 年增订新版)。这三部史料学种类各不相同的著译,都给我们提供了相当可信可靠的内蒙古史史料。上述种种,都使得近代内蒙古史史料的分散和多元的特点愈加突显。

二

贡桑诺尔布(1872—1931)是清末最后一任卓索图盟喀喇沁右旗(今赤峰市喀喇沁旗)札萨克郡王,是近代内蒙古最著名和杰出的历史人物之一。其最简略的履历为:清末新政时期,即在本旗兴办各种新政事业知名全国;辛亥革命时,参与阻挠清帝退位,并蓄谋内蒙古"独立";1912 年,出任民国政府蒙藏局(院)总裁,除中断一年,连任至北洋政府倒台。

直到 20 世纪 80 年代,人们对贡桑诺尔布这个人物的轮廓性的较系统了解,仍主要是通过贡王同旗故旧们所撰写的传记性资料。其中,主要有成书于 20 世纪 30 年代的邢致祥撰《喀喇沁右旗札萨克亲王贡桑诺尔布事略》和蒙古文版《世界名人传》中的《贡桑诺尔布传》(汉译文载《赤峰市文史资料》第四辑),及较易看到的 20 世纪 60 年代刊于《内蒙古文史资料》第一辑的吴恩和、邢复礼撰《贡桑诺尔布》(以下简称"吴著")。邢致祥、吴恩和等均系贡王生前亲近部

---

① 忒莫勒《建国前内蒙古方志考述》,内蒙古大学出版社,1998 年,第 32—35、41 页。

属，但所述内容多为后来追忆，毕竟还不是原始基本史料。而且，各书均较简略，一些具体史事或语焉不详，或互有抵牾，终使人难于尽信。若想逐一核实、辨误，进一步查考其他史绩，均需检阅远为庞杂零散的各种记载。

为了核实、佐证和订正、充实这些传记资料的记载，笔者除了不断搜集各种零散史料，最初所依据、参照的基本史料，主要是当时易见（本单位图书馆）的《清实录》《宣统政纪》《东方杂志》等。《清实录》和实录体的《宣统政纪》是官修编年体大事辑录，至少其所录时（间）、地（点）、人（物）、事（件）是相当可信可靠的。清末在上海创刊的民办综合性《东方杂志》（半月刊、月刊），是近代最著名的以时政新闻为主的刊物，其所载谕折公牍的资料性，报道新闻的客观性、及时性，都具有很高的史料学价值。近年来，陆续有较年轻学者从《政府公报》类官方公布文件汇编中，从《蒙古旬刊》《蒙旗旬刊》等专门性期刊和《大公报》等全国性日报中辑录整理出相关资料，并且多已集中收录于《贡桑诺尔布史料拾遗》之中。从史料学角度，《政府公报》类史料的官方性和权威性，也即文本的可信可靠性不言而喻，而近代中国最主要的大型日报之一《大公报》，具有更强的及时性。在搜寻查阅的零散史料中，则包括了亲历游记、公私函牍及文学作品（诗词）等繁杂史料，都以不同的（表述）形式和角度，透露了相当可信可靠的历史信息。

下面，大体依照贡桑诺尔布的履历，择若干要事参酌各种史料记载予以考辨和说明。

（一）关于贡桑诺尔布的生卒日期

令人遗憾的是，前述三种传记资料均未记述贡桑诺尔布的生年，对其卒年和享年的记述虽然一致，但去世具体时间又不尽一致。出自同一作者（邢致祥）的前两种传记均谓：贡王因病重不治，于民国十九年冬逝世于京邸，享年59岁。后者（"吴著"）则称，贡王于民国十九年（原文括注1930年）秋患脑溢血死于京邸，时年59岁。

1981年8月，出身喀喇沁旗的旅美学者札奇斯钦，在台湾某学术讨论会上发表论文《喀喇沁王贡桑诺尔布与内蒙古现代化》。文

中明确提出贡王出生于 1871 年 6 月 26 日,去世于 1931 年 1 月 14
日。札奇斯钦不仅是贡桑诺尔布的同乡晚辈,他的父亲罗布桑车珠
尔还是贡王的亲信部属,民国后长期同在北京。贡王去世时,札奇
斯钦也正在北京读中学。不仅如此,据札氏文中的注释,作者曾与
贡王之子笃多博相交往,其所述贡王的若干史事,即得自与笃多博
的谈话。所以,可以说札奇斯钦的说法应具有很高的可信度。不
过,对所述如此精确的贡王生卒日期,札氏并没有注明其所据来源。

　　1990 年《内蒙古社会科学》第 2 期上刊登一则题为"贡桑诺尔布
生卒时间新议"的"补白",称:最近经喀喇沁旗旗志编辑部乌阳阿
仔细研究提出,贡桑诺尔布出生于 1872 年 6 月 14 日(清同治十一年
五月初九日),属相为猴,卒于 1931 年 1 月 13 日(农历庚午年十一
月二十五日),享年 59 虚岁。

　　参酌上述各种说法,乌阳阿的生年及生日说应更为可信可靠。
具体理由为:过去人们的年龄,均依旧俗以虚岁计算。那么邢致祥、
吴恩和均称贡桑诺尔布卒于 1930 年,享年 59 岁,其生年即应推断为
1872 年才是。如果遵从 1871 年说,至 1930 年已是 60 虚岁了。乌
阳阿的说法不仅与邢、吴二人相吻合,而且还明确指出了过去人们
计年论岁最简略也是最易记忆、难以混误的要素属相。而 1872 年为
农历壬申年即猴年。同时,如所熟知,依旧俗年迈者作寿过生日,亦
以虚岁即旧俗的"实岁"为准。邢致祥《略史》所附《夔庵诗词集》收
有贡桑诺尔布本人所作《壶中天》词一首,附题就是"辛酉五月余五
十寿桔农廉访诗以庆之赋此鸣谢"。农历辛酉即 1921 年,是年 50 虚
岁,正好与邢致祥《略史》所述并且已经过笃多博披阅认可的 1930
年 59 岁说相一致。

　　同时,贡桑诺尔布本人所纪生于"五月",也进一步证明了乌阳
阿说法的无误。如果再将札奇斯钦所述贡王具体生日(1871 年)6
月 26 日换算成农历,又恰好是五月初九,与乌阳阿的说法恰相吻合。
考虑到贡王出生的时代人们只可能以旧历记志生日,则不难推测札
奇斯钦在这里也是将记忆中的旧历换算成公历的,只是将年份记错
或推算错了。还须说明的是,虽然札奇斯钦曾与笃多博相识、晤谈,
但他撰写前述论文时,笃多博已去世 10 多年了。无论他记忆中的贡

王生年准确与否,也无从向笃多博订对核实了,况且他记述贡王出生日期时,并未注明得自笃多博。

至于贡桑诺尔布去世的具体日期,《贡桑诺尔布史料拾遗》(下册)辑录的时刊《蒙古旬刊》已有明确报道:"(北平讯)前蒙藏院总裁,现任卓索图盟盟长、喀喇沁右旗札萨克贡桑诺尔布氏,于1931年1月13日,在平寓逝世。"同时,《拾遗》所收政府公报类多种文件,和其他时刊等史料也多有确证、佐证资料,此处不再赘引。1931年1月13日,农历为庚午年十一月二十五日,也即旧历前一年年末(冬)。所以,前引邢致祥二种传记所说"民国十九年冬"尽管依新历不够准确,却是符合旧俗,并不为错,同时也与(包括"吴著"在内的)贡王享年59(虚)岁完全吻合。札奇斯钦所说的1月14日,当属记忆模糊,乌阳阿的完全准确,或者已看到了上述史料,或者另有可靠所本。

（二）关于在本旗兴办的各种新政

"吴著"所述兴学堂、开工厂、办报纸、选送留学生,多可见诸《东方杂志》报道,笔者前文多有引证,此处不赘。该刊四年(1907年)七期书前"图画",还以整页篇幅刊登了贡桑诺尔布的照片,说明贡王及其新政对当时全国舆论已有很大影响。此外,日本女教师河原操子回国后还著书详细记述了开办女学堂及其他一些史实(汉文节译见《赤峰市文史资料》第四辑)。她明确记载的女学堂开学日期,订正了《世界名人传》和"吴著"的讹误。亲历游记史料方面,有1906年随肃亲王善耆巡视喀喇沁等旗的陈祖善所著《东蒙古纪程》,真切记述了参观贡王所办女子学堂、武备学堂及以新式操法练兵的情形。函牍史料方面,则有姚锡光《筹蒙刍议》收录的"再上练兵处王大臣笺",称"此函系由乌珠穆沁鄂博图地方雇蒙古人专送喀喇沁,由旗下邮局递京",说明至迟在光绪三十二年(1906年)闰四月,由喀喇沁旗至北京的邮政线路(业务)确已开通,为"吴著"的有关记述提供了确实证据。

1903年贡王赴日游历一事,"吴著"称系"未得清政府的许可,由天津私搭日本邮船东渡"。但笔者近年得知,当年的天津《大公报》1903 年 2 月 10 日版早已有公开报道:"喀喇沁亲王(即指贡王——笔者注)有志新学,今年日本内地博览会有意往观,已出理藩院代奏,业蒙俞允,拟于月内乘轮前往。"之后,该报 3 月 3 日、3 月 19 日等还有相关持续报道。关于贡王此次赴日的各种游历、会见日本各方人士等活动,日本方面也存有各种零散记录。近年来,日本学者横田素子多方搜寻、认真梳理考辨这方面史料,已撰写发表多篇专论文章。

(三)关于清末进京后的经历

宣统元年(1909 年)二月,贡桑诺尔布"呈请入陆军贵胄学堂听讲,并请留京当差"(《宣统政纪》元年二月辛亥),在进京常驻的原因和具体时间上订正了《世界名人传》和"吴著"的相互歧异并均有讹误的记载。《贡桑诺尔布史料拾遗》(上册第 259 页)收录了清末《政治官报》(第 479 期)刊载的当时理藩部代奏的贡桑诺尔布奏折全文,给我们提供了更为确切而内容翔实的史料。贡桑诺尔布进京以后的活动,则更多地散见于全国性史料:1910 年,被清廷钦定为资政院议员(《宣统政纪》二年四月甲戌);与驻京科尔沁亲王阿穆尔灵圭等创办"蒙古实业公司",并在公司成立大会上用蒙古语演讲(参阅汪炳明《蒙古实业公司始末》,《内蒙古社会科学》1984 年第 3 期)。武昌起义爆发后,贡王与驻京(外蒙古)喀尔喀亲王那彦图等组建蒙古王公联合会,联名通电全国或南方民军,并在清廷御前会议上反对共和、力阻清帝退位等活动,可散见于清廷档案、各大报刊及其他当事人的回忆追述(参见汪炳明《清朝覆亡之际驻京蒙古王公的政治活动》,《内蒙古大学学报》1985 年第 3 期)。

(四)关于贡桑诺尔布加入同盟会,出任卓索图盟长和蒙藏学校校长

1912 年 8 月,贡桑诺尔布在袁世凯的连电敦请下赴京出任北京政府蒙藏局总裁。"吴著"称,贡王曾于民国初年加入同盟会并面晤孙中山。据基本史料和当时报道,同盟会等团体 8 月 25 日在北京合组成立中国国民党,贡桑诺尔布与黄兴、宋教仁等同被推选为理事

（孙中山是理事长），可知"吴著"所述并非无据传闻。但是对于贡王会见孙中山一事，笔者一直心存疑窦。《贡桑诺尔布史料拾遗》（下册第3—6页）收录的《蒙藏委员会公报》所刊蒙藏委员会委员长马福祥在贡王去世后致行政院的呈文证实了确有其事："先总理（指孙中山—笔者）节莅北平，与（贡王）谈甚快，遂推该盟长为国民党理事。"

吴恩和、邢复礼所撰贡王传记开头称"贡王兼卓索图盟盟长"，不少近人论著亦称"贡王清末即兼盟长"。但据内蒙古档案馆藏清末蒙古文档案和南京中国第二历史档案馆藏民初蒙藏院档案，贡王时为帮办盟务，当时的盟长是土默特左旗札萨克贝勒色棱那木济勒旺保。乌力吉陶格套辑录的（北京）《政府公报》1912年11月19日刊载的蒙藏事务局咨文中附有"内蒙古六盟五十旗王公札萨克等衔名单"，进一步证明了这一点。贡桑诺尔布的出（升）任卓索图盟长，据前引马福祥致政务院呈文，是民国七年也即1918年的事。

"吴著"在结尾处称："北伐后，为了生活问题，又当了一任蒙藏学校校长，因学生反对而辞职。"据内蒙古师范大学张建军教授的新近研究，贡桑诺尔布出任蒙藏学校校长，时在1930年12月，就任不久（次年1月）即死于任上。据《蒙藏旬刊》有关贡王去世的报道，贡王也仍有蒙藏学校校长职衔，可证其"因学生反对而辞职"不是事实。只是当时的蒙藏学校，已改隶鼎革后的南京国民政府蒙藏委员会，北京也已改称北平。

三

在贡桑诺尔布生活的年代，他可以说是内蒙古最著名、最主要的历史人物；出任北京民国政府部级高官十数年，又成为全国性政治人物。然而从本文前述可知，尽管有关学者这样尽力搜集史料，贡王的一些重要史事、活动仍然不很清楚。历史学是一门"就米下锅（做饭）"的行当，"巧妇难为无米之炊"。但是，有关贡桑诺尔布的历史记载，是否还有明显的缺漏，还有挖掘搜寻的余地？

至少从1903年开始，贡桑诺尔布就与日本驻北京使领馆人员有了联系。赴日访问,结识了许多朝野军界、政界人士。从日本聘请来的河原操子和伊藤柳太郎、吉原四郎等教师,更是均有军事谍报机关背景。日俄战争时期,许多日本特工人员在贡王的直接或间接助力下,潜入俄军后方活动,等等。

1911 年末至 1912 年夏,贡王企图在日本支持下搞民族"独立"。对此,前述几部传记的记述均不够翔实具体。而贡王与日方联系求助的一些具体活动,却载于日本的有关著述和外交档案。如日本出版的《东亚先觉志士记传》(三卷本)等许多资料性著述中均有直接或间接披露。他与日方签订的借款合同原文,可见于日本在二战后公布的外交档案(《日本外交文书选译——辛亥革命》,中国社会科学出版社,1980 年)。日本援助贡王的枪械在郑家屯被吴俊升截获,可见证于当时东北军阀的往来文电(《清代档案史料丛编》第八辑,中华书局,1982 年)等。

关于贡王与日本的关系,除了前述日本学者横田素子的资料挖掘和研究,日本著名蒙古史学者中见立夫也在资料搜集和介绍、史实考证和叙述、总体判断和评价等各个方面都有很大贡献。他的这方面总结性成果,可见其新著《满蒙问题的历史构图》(东京大学出版会,2013 年)。但是,无论日本方面还是中国国内,是否还有史料发掘的余地,能够使我们从贡桑诺尔布角度更为系统、完整地予以论述?

1911 年外蒙古"独立"后,贡王曾于 1912 年春夏间派代表赴外蒙古库伦(今蒙古国乌兰巴托)呈递拥戴哲布尊丹巴活佛"独立"政权的信函,其蒙古文原件现收藏于蒙古国中央历史档案馆。此函中明确写着,委派的代表是管旗章京朝克巴达尔胡(笔者音译)和商卓特巴喇嘛色日济扎木苏(笔者音译)。然而,据内蒙古旅美著名学者札奇斯钦为其父亲立传的《罗布桑车珠尔传略》(1998 年完稿,内蒙古人民出版社 2007 年出版),当年奉派赴外蒙古的贡王代表是罗布桑车珠尔,贡王指定的随员是"侯连珠",并且全未提携带贡王亲笔(署名)信函。罗氏虽曾当过喀喇沁右旗寺庙的主持喇嘛,但此时已还俗多年,而且在旗里并无明确的官职。看来由于局势的不断演变,贡王曾前后两次委派代表赴库伦。有关他们在外蒙古的更多活动,恐怕得靠蒙古国方面更多的原始档案来"解密"了。

贡桑诺尔布的后半生,是以民国高官兼满蒙遗老身份度过的。对于这长达 20 年的时间里,贡王的政治活动、社会交往、日常生活,政局频繁变动中的立场、观念和主张的变化等等,我们都还没有一个较为完整、系统的脉络和轮廓,使得至今难以为这位著名人物撰写一部人生轨迹较为清晰的传记。换言之,已初步搜集整理的政府公报类和时政报刊类史料,还有待认真扒梳、辨析和系统利用;更多的繁杂种类的分散和多元性史料,亦须广泛、尽力地搜寻、发现。

（原载《中蒙蒙古族档案文献研究文集》,内蒙古大学出版社,2019 年）

档案的源、流及相关史实辨析

——以清末民初东蒙史事为例

　　从本学科专业的一般意义上,档案文书是各个史料种类中最为一手、原始,最为可信可靠的。但是在具体的研究工作中,每一件档案都还有一个从史料学角度的进一步分析和鉴别的问题。本文所说的源和流,既指其所载史事信息的源和流,也包括其文本的存藏、流转状况。它们对确认档案所载史事的可信可靠程度,都是十分重要的。

　　我们知道,今天的内蒙古自治区,历史上一直不是(没有形成)一个单独的民族政权或行政建置区域。有清以来,其东部地区(简称东蒙)长期分隶东北三将军(后改省)和热河都统(直隶省承德府,民国改设特别区、行省)统(管)辖。记录东蒙地区各蒙古盟旗和府厅州县历史事务的档案文书,也就分散存藏于各省及其辖下的府县、蒙旗官署。由于清代外藩蒙古的特殊体制,每一个蒙旗直隶理藩院——清廷(将军、都统及盟主要是承转),其基本公牍也多与理藩院直接上呈下达,其所载历史事物,也就会汇辑、集中于理藩院。

　　近代中国,尤其是东北、东蒙,政局动荡,战乱频仍,加上区划建置频繁变动,公牍档案的损毁、散佚和零散、分散尤显严重、突出,致使东蒙历史上一些重大事件,想要查索其较为集中、系统的"全宗"档案,殊属不易。读者后人往往虽可得阅一些档案原件,却不一定能获得较全面的信息,了解准确的史实。

　　以下试举两例略加辨析。

一

　　清末新政时期在内蒙古推行放垦蒙地政策,曾引起蒙旗各阶层的强烈抵制和反抗。其中,哲里木盟郭尔罗斯前旗陶克陶领导的流动武装抗垦,波及东蒙大片地区,一时造成很大影响。期间值得注意的是,在清朝专管外藩蒙旗事务的理藩部(原理藩院,1906年改称部)那里,陶克陶的旗籍——究系哪个蒙旗的人,却成了问题。

据理藩部所存宣统二年(1910年)二月东三省总督锡良等回复理藩部的咨文档案,理藩部在看到东北军方有关追剿郭尔罗斯(公)前旗"巨匪"陶克陶的奏报后,提出质疑:"查郭尔罗斯前旗现系札萨克台吉布彦楚克,并非公爵,其郭尔罗斯后旗仍系札萨克辅国公齐莫特散帔勒。"锡良等遂责成前方追剿的奉天巡防队统领张作霖和洮南知府孙葆瑨等查明呈复:郭前旗札萨克现系镇国公爵奇默特色木丕勒(即齐莫特散帔勒不同译写),并任哲盟盟长;(郭)后旗(札萨克)系布颜(彦)朝(楚)克;又经奉天省城(东三省)蒙务局据所存蒙旗职员表查核,"相符"属实,回复了理藩部的"咨"询。[1]

据此件文书档案,陶克陶旗籍问题[2]似从提出到核查落实的过程,应已相当清楚了。然而,当初理藩部以十分肯定的语气提出质疑,说明该部应有自认为相当可靠的依据,譬如外藩所有蒙旗王公札萨克的谱系档册。而作为中央权威部门的基本档册,在这时的郭尔罗斯前、后两旗札萨克的人名、爵位上,却是错的。如果读者后人,包括对当时(清末)东蒙蒙旗大的历史环境和总体状况缺乏基本了解的研究者,没有看到这份"咨复"档案及东北军政"前方"的其他相关档案文书,而是只看到了理藩部当时的质疑咨文及部存其他相关文牍、档册,则很难不相信中央权威部门的文档记载。

无独有偶,主要据清朝遗留文(书)稿、档册等编纂的《清史稿》,在这里也出现了同样的误植、倒换。其《藩部传一·郭尔罗斯》称:郭尔罗斯二旗中,首封布木巴(即布彦楚克先祖)为隶吉林统辖的前

---

① 《东三省督抚查复前会剿蒙边巨匪套克套胎木之名籍究属郭尔罗斯前后旗分不符原因咨文》,引自卢明辉《陶克陶胡史料集》,内蒙古自治区历史学会,内部资料,1965年,第66—67页(原文括注抄自中国科学院南京史料整理处)。原档文中提及的套克套胎木、托克塔乎及习称的陶克陶胡,均系陶克陶的汉文不同音(异)写。

② 此问题并非学界疑难,亦无关本文主旨,不再展开考辩。当时最直接的史证就是,孟森在《东方杂志》九卷五号刊载的《视察蒙古郭尔罗斯后旗报告》,文称1911年旧历六月曾在扎萨克佈(布)彦超(楚)克府住宿两日。

旗,首封固穆(即奇默特色木丕勒先祖)为隶黑龙江统辖的后旗,并将布木巴(即本应后旗)后人于光绪九年转换札萨克支系一事,置于应属前旗的先后设立长春厅、农安县等事之间。① 然而,《清史稿》同书《藩部世表一》却正确地载为奇默特色木丕勒(即前旗)是固穆的第十四次袭札萨克,布彦楚克(即后旗)是布木巴的第十三次袭札萨克。② 由于《清史稿》的《藩部世表》只标札萨克的部名,不标旗翼(即前、后或左、右等),从字面上看与其后的《藩部传》并不抵牾。但一部书内前后同记一事却一正一误,显然不应同源(指已经过提炼、概括的"表""传"所据应更翔实的基本资料)。

据此,从史料学的角度当可推断,《藩部传》应源自前引提出质疑咨文时的内容上已出现舛误的理藩部文档,而《藩部世表》应源自未出现舛误或已被订正的札萨克世袭表册。

据中国第一历史档案馆编著的《中国第一历史档案馆馆藏档案概述》,其第一章"六十年工作概况"中说,"1900 年八国联军侵入北京,大肆抢劫和破坏,几乎把清朝各部院等衙门的档案焚毁和抢掠一空。"③该书第十二章第一节"理藩部档案"中说得更为具体:"理藩部档案,一部分是从南京史料整理处接受的,一部分是馆藏理藩部零散档案。这些档案只有同治十二年至宣统三年的,其中大部分属理藩部时期。"④也即 1906 年院改部以后的。看来,这就是理藩部倒错郭尔罗斯前后二旗札萨克人名、爵衔的"客观"原因了。不过,经历了庚子之乱和院改部的机构调整,其原有职官、吏员当也会更换许多,对原本最基本的业务内容——外藩王公札萨克的谱系亦不够谙熟,所以才会出现就其基本职能而言相当低级的舛误。

笔者的以上推测尚须更为直接、具体的佐证,但清朝中央部门

---

① 赵尔巽《清史稿》卷五一八《列传三百五·藩部一·郭尔罗斯》,中华书局,1977 年,第 47 册,第 14330 页。佟佳江在《清史稿订误》(中华书局,2013年,第 553—555 页)中已指出此误。
② 赵尔巽《清史稿》卷二○九《表四十九·藩部世表一》,第 28 册,第 8346—8350 页。
③ 中国第一历史档案馆《中国第一历史档案馆馆藏档案概述》,档案出版社,1985 年,第 8 页。
④ 中国第一历史档案馆《中国第一历史档案馆馆藏档案概述》,第 144 页。

文档中出现这种很基本的倒误,却值得同行注意和辨析。如果从档案文书内容的信息来源的角度,出自当时当地军政官员的报告和职能部门(蒙务局)职官表册案卷的信息,显然更为直接和可信可靠,而本应汇辑或汇纂自蒙旗原始报告的理藩部档册,既属二手和间接,又未明所以地出现了倒误。

二

　　民国初年(1912 年)哲里木盟科尔沁右翼前旗(习称札萨克图旗,简称札旗)札萨克郡王乌泰起兵宣布"东蒙古独立"("叛乱")的事件,也是一度震动全国的东蒙、东北重大事变。所知已公开发表公布的有关乌泰"独立"事件的专题档案有两种。一是由内蒙古档案馆"精选"辑录的《关于"乌泰事件"档案选录》(以下简称"内档选录"),计收录文电档案 24 件。① 二是由王琦整理编选自辽宁省档案馆藏档的《平定乌泰叛乱往来电文选》(以下简称"王琦整理"),计收电文 59 件。其"编者按"中称,这组文电档案"较完整地反映了"这次事件。② 此外,中国第一历史档案馆从馆藏赵尔巽(时任奉天都督)全宗档案中选编的《蒙旗叛乱及私运枪械史料》中,也有几件涉及乌泰叛乱事件。③

　　另据所知,早在 1964 年内蒙古大学历史系特布信老师④去沈阳东北档案馆(即今辽宁省档案馆)查阅历史档案,手抄摘录回一批事涉东蒙的档案资料。其中部分涉及乌泰"独立"事件的档案辑入了 1975 年内部编印的《辛亥革命时期沙俄侵略蒙古专辑》⑤。但据笔

① 内蒙古档案馆《内蒙古档案史料》1993 年第 3 期。
② 中国社会科学院近代史研究所《近代史资料》(总 88 号),中国社会科学出版社,1996 年。
③ 中国第一历史档案馆编《清代档案史料丛编》第八辑,中华书局,1982 年。
④ 特布信(1925—2010)当时为内蒙古大学历史系教师,"文化大革命"结束后评为教授,历任内蒙古大学副校长、校长,中国史学会理事,内蒙古政协常委。
⑤ 内蒙古大学政治历史系《沙俄侵华史料初编·辛亥革命时期沙俄侵略蒙古专辑》,内蒙古大学政治历史系,1975 年油印本。

者所知,尚有一些有关乌泰事件的档案抄稿未被编入。

前述"内档选录"署名"内蒙古档案馆",应可理解为选录自本馆馆藏。查《内蒙古自治区历史档案全宗概览》,①未能在自治区档案馆所藏相应或相关全宗的说明文字中看到涉及乌泰事件,只是在其"内蒙古东部区垦务档案汇集"(全宗号469)的说明文字中明确写着"该全宗内民国时期档案的主要内容有'……二、乌泰叛乱和平定情况的电文'",同时,其说明文字前文还写着:本"汇集"(全宗)是自治区档案馆为编撰《内蒙古垦务志》一书而征集来的档案材料。②所谓"征集"而来,也即并不是本馆旧藏,但并没有说明何时从何处"征集"来的。《内蒙古垦务志》是内蒙古省级专业志的一种,组织编撰该志,应是1980年代以后全国大兴纂修地方志工作之后的事,"征集"这批档案亦当此期间。若将"内档选录"与笔者所见特布信当年抄稿对照核阅,可知(至少有)"内档选录"中的第8、20—24件③与特抄稿完全重合(特抄有个别内文删简)。据此当可推断,"内档选录"就是"征集"自辽宁省档案馆——原东北档案馆。

然而,将"内档选录"的24件与"王琦整理"的59件相对照,除了赵尔巽下令讨伐乌泰的檄文,竟无一重合。即使唯一重合的这件当年应广为散发张贴的檄文,所署日期竟也不同,前者(1912年)9月6日,后者9月1日,但均为整理者附加,非直接见于檄文原文。而如果将两者共计80余件函电依时序排列组合在一起,就史事进程而言恰可相互契合、互补,未见抵牾。一个明显的例证是,"王琦整理"载录了奉天前敌将领吴俊升等人致赵尔巽的逐日战报中的缴枪数字、枪型,与"内档选录"中吴俊升在"剿平"后的汇总详细战报相对照,几乎完全吻合。④

---

① 内蒙古自治区历史档案资料目录中心《内蒙古自治区历史档案全宗概览》,远方出版社,1999年。
② 内蒙古自治区历史档案资料目录中心《内蒙古自治区历史档案全宗概览》,第66—67页。
③ 档案序号为笔者为省略文字所排,参见原刊(《内蒙古档案史料》1993年第3期)第11、19—21页。
④ 参阅汪炳明《民国初年乌泰"独立"事件的外援背景再探》,载《中国边疆史地研究》2004年第1期。

　　"内档选录""王琦整理"均为选刊，其各自馆藏在本专题下当更为丰富。两者一称"精选"，一称"较完整地反映了"，而又互不重合，看来内蒙古自治区档案馆"征集"到的可能是档案原件，辽宁省档案馆在整批移交后也没有保留副本、复本。"内档选录"刊布在前，"王琦整理"发表在后，后者的说明文字当中没有提及看到或参考过前者。

　　再从将档案史料用于专题研究的论著成果角度略加考察。所见较早并系统地利用档案研究清末民初东蒙史事的有田志和先生，发表过相当丰硕的成果。其中，与本文主旨直接相关的主要为论文《从档案资料中看民国初年东部蒙旗的"独立"事件》①和与冯学忠合撰的专著《民国初年蒙旗"独立"事件研究》②。从这两部论著有关乌泰及其叛乱事件基本内容和所注引的档案类（性）文电可大体推测，其主要来源应是辽宁省档案馆及原东北档案馆所藏吉林、黑龙江等省和府县的档案，但是两部论著在注释出处时，凡属文电档案只标明题目和日期，既未标明原藏档案馆，亦无所属全宗、卷号（件）等档案馆方的编目、标题等信息，致使读者同行无从检索查核，亦不尽符学术论著引用档案史料的严谨规范。

　　"王琦整理"刊发后，编选者王琦也撰写发表了专题论文《乌泰叛乱的始末》。③ 据其基本内容和所注引的引号内文字，可以大体推测基本史料来源几不出作者编选的"电文选"。遗憾的是作者只注明"（均）引自辽宁省档案馆藏《奉天省公署》档案"。全文 29 个注释，除了 2 个非原始史料，其余 27 个全都如此标示，所引文电档案全无档案编目和学术论著注释规范方面的具体信息，更无从查核、辨析。

　　充分占有史料，是本学科专业的行话。所谓充分，就是本论题范围内的所有、全部——已知、现存。就档案史料而言，就是现存所

① 　田志和《从档案资料中看民国初年东部蒙旗的"独立"事件》，载《哲里木史志》（内部刊物）1985 年第 2 期。
② 　田志和、冯学忠《民国初年蒙旗"独立"事件研究》，内蒙古人民出版社，1991 年。
③ 　王琦《乌泰叛乱的始末》，载《满族研究》1998 年第 3 期。

有馆藏。如本文讨论的乌泰"独立"事件,暂可毋论海外(主要是俄、日及我国台湾地区)和中央政府(中国第一、第二历史档案馆)方面的档案性史料,原东北档案馆所藏东三省加热河省及其辖下府(道)县(厅)和蒙旗档案,是一个最基本的"座标"。据所知,原东北档案馆藏原始档案,已通过各种途径、渠道或形式广泛分拨、移交和被征集。史料学—档案学意义上相对大体完整的各个"专题""全宗"被拆分,又未留下完整、统一的目录索引,无从检索、线索难觅,想要充分占有几无可能。

经过学界同仁几十年的努力,乌泰"独立"事件最基本的前因后果、历史过程,应该说已经大体清楚了。但是只要对照已刊的本论题直接间接论著成果,其历史进程的各个环节、情节,几乎都难以契合、吻合(转引、吸收他人成果和抄袭、变相抄袭者除外)。从笔者前文的粗略辨析中即可看出,其最基本的原因之一,就是尽管每位论者所掌握利用的史料都很原始和一手,却都算不上系统、完整和"充分"。

再从档案文书所载史事的信息来源角度,考察俄国、外蒙古方面是否已援助乌泰叛军大批枪支的问题。据"内档选录",1912 年 7 月 2 日"国务院至赵尔巽等电"中称:札萨克图旗派使者"来归(外蒙古)活佛,发给(俄制)别列旦枪一千二百杆,子弹五十万粒"。但本电开头即明确写着其信息来源为"现接探称"。① 而据笔者前文已经提到的"王琦整理"中的逐日战报和"内档选录"中的吴俊升获捷后的详细汇总战报,都证明乌泰叛军中并无这批先进俄枪的踪影。② 也就是说,作战前方亲历者的信息,否定了中央政府得自"探称"的不实信息。我们得出这个事实判断,尽管还不能称来自对史料的"充分"也即全部占有,就论证本问题而言,却可以说依据已相当充分了。

若从档案存藏的源与流的角度考察前文中赵尔巽下令讨伐乌

① 内蒙古自治区档案馆《内蒙古档案史料》1993 年第 3 期,第 7 页。
② 汪炳明《民国初年乌泰"独立"事件的外援背景再探》,载《中国边疆史地研究》2004 年第 1 期。

泰的檄文问题,情形则远为复杂,更难判断和索解。前文已述,此檄文"内档选录"署 9 月 6 日,"王琦整理"署 9 月 1 日,但署日均为编选者所加,不见于所录全文。两相对照,除有 3 处(各一字)可能的校误,并无一字之差。而值得提到的是,田志和等著《民国初年蒙旗"独立"事件研究》,也全文引录了这篇檄文,并且特称"全文如下",以下全文按通行引原文时的每行均前空 2 字排印。对照前两种,正文亦几无一字之差,只是略去了全文开头(抬头?)的"奉天都督赵";正文第一句中的"科尔沁右翼前旗(乌泰)""科尔沁右翼后旗(喇喜闵珠尔)"均简作"科右前旗""科右后旗"。但文末却按照排版仿原件惯例在右下角明确署"民国元年九月六日",进而,竟未(不)注引文出处。① 读者同行面对这三种版本的同一文件,如果都来源于奉天省公署原存档案,何以有两个不同日期? 如果省署或其他公署收藏自不同来源? 如前方某处署 1 日、另处署 6 日(有否汉蒙合璧另当别论),先后分别公布张贴? 由此而来的进一步判断则可以是,不同版本所反映的各不相同的战事影响地区,战事在具体时间、地点的进程,本檄文对战事进程的作用和影响,等等。如果这件檄文只是印制、留存于省署而并未散发呢? 没有原档"文本"方面的具体信息,这些从本行角度关注的问题,都无从索解。

　　本文以上所探讨的,是清末民初东蒙地区两个重要历史事件中,涉及档案记载和利用方面的 3 个问题。国内学界就这两个事件的现有研究成果中,所论述的历史进程中,这 3 个问题已可谓无关大局,无足轻重了。但就此问题的探讨辨析中所涉及的,则是学界同仁在档案史料利用中值得注意和审慎对待的共性问题。

　　(原载日本国际蒙古文化研究协会《蒙古学问题与争论》第 15 期,2019 年)

---

① 田志和、冯学忠《民国初年蒙旗"独立"事件研究》,内蒙古人民出版社,1991 年,第 157 页。

有关民国初年部分内蒙古王公
动向的一组历史档案

  辛亥革命时期,外蒙古宣布"独立",哲布尊丹巴活佛政权致书"询令"内蒙古各旗响应、归附之后,曾有不少内蒙古王公上层复函表示"归顺"。由于难以看到基本史料,当时致书表示"归顺"的究竟有哪些内蒙古盟旗、王公,人们一直无从翔实了解。1993年,有内蒙古学者赴蒙古国学术访问,在蒙古国家档案馆有幸看到了一些内蒙古王公贵族的"归顺"函件,还有一份哲布尊丹巴政权内务部所拟"新归顺的外内盟旗衔名表",均为蒙文原件。这些历史档案的重要性和史料价值,可以说是不言而喻的。现仅作粗略介绍,以飨读者同仁。

  据已看到的信函原件,致书表示"归顺"的王公札萨克主要有:乌兰察布盟盟长、四子部落旗札萨克郡王勒旺诺尔布(由护印协理台吉占布拉署代);卓索图盟盟长、土默特左旗札萨克贝勒色棱那木济勒旺保;昭乌达盟协办盟长、翁牛特右旗札萨克郡王赞巴勒诺尔布;锡林郭勒盟盟长、阿巴嘎左旗札萨克郡王杨桑偕副盟长、乌珠穆沁右旗札萨克亲王索纳木喇布坦;伊克昭盟盟长、鄂尔多斯右翼后(杭锦)旗札萨克贝子阿尔宾巴雅尔;哲里木盟科尔沁右翼前(札萨克图)旗札萨克郡王乌泰;卓索图盟喀喇沁右旗札萨克郡王贡桑诺尔布;锡林郭勒盟苏尼特右旗札萨克郡王德穆楚克栋鲁普(由护印协理台吉班第等署代)等。

  从致书时间上看,写于1912年3—5月间(原函均为旧历)的有勒旺诺尔布、色棱那木济勒旺保、赞巴勒诺尔布、乌泰、贡桑诺尔布,应该都是接到外蒙古"劝谕"书后不久的事。其中,勒旺诺尔布是清末民初乌兰察布盟最有影响的王公,此前曾因反对洋教、抵制垦务而闻名,其后(同年秋)又领衔全盟六旗札萨克公开拒从民国,[①]并

---

① 参阅《西盟会议始末记》,商务印书馆代印,1913年。

且未见有被革职、停职的记录,何以由协理台吉护印并代笔? 而且信中既不署哲布尊丹巴政权的"共尊"(又译"共戴")年号,又不用前清、民国纪元,而径用"壬子"纪年(另有赞巴勒诺尔布用"宣统四年",其余各件均署"共尊")。乌泰信中所志"春中月初六日(3 月24 日)",可以为乌泰的蓄谋"独立",派代表持此函赴库伦,提供重要的时间佐证。乌泰信中的基本内容,还可见于内蒙古现存有关档案(汉文)中的转述,文意相符,只是有压缩、概括。① 在贡桑诺尔布的信中,明确写着委派管旗章京朝克巴达尔胡、商卓特巴喇嘛色日济扎木苏等携礼物持书前往,却没有提到已为学界所知的贡王派赴库伦的代表罗布桑车珠尔。②

德穆楚克鲁普和杨桑偕索诺木喇布坦的信,分别写于 1912 年12 月和 1913 年 1 月。哲布尊丹巴政权于 1912 年冬开始派兵侵入内蒙古,一度占据锡林郭勒草原并掳走盟长杨桑,而杨桑在信中确实写着于旧历十月间被"博格多汗""拯救""前来",钤盖的也是哲布尊丹巴政权新颁铸的"锡林郭勒盟盟长之印"(其余各件均钤盖前清满蒙文合璧的盟长、札萨克印信)。由此不难推断,德穆楚克栋鲁普的信也写于外蒙古军队进入锡林郭勒草原之后。当时德王尚处幼年,所以依例由护印协理班第署名代表。③

阿尔宾巴雅尔的信写于 1913 年 5 月,即当时影响很大的 1913年 1 月"西盟蒙古王公会议"之后。信中申明,当时参加会议并签署决议、通电(反对库伦独立,拥护共和民国),均系被胁迫所为。信中还提到已被大总统(袁世凯)晋封为亲王,但自己仍以前清爵位"贝子"自居。

"新归顺的外内盟旗衔名表"所署日期为"共尊三年十月十一",即 1913 年 11 月 8 日。表中所列,均采"某盟(盟长)某旗(札萨克)某爵某某第一旗"形式。将表中的内蒙古盟旗王公依序胪列如下:

---

① 《内蒙古档案史料》1993 年第 3 期,第 9 页。
② 参阅〔美〕保罗·海尔《蒙古独立运动中的内蒙古:1911—1914 年》,汉译载《内蒙古近代史译丛》第一辑,内蒙古人民出版社,1986 年。
③ 参阅札奇斯钦《我所知道的德王和当时的内蒙古》(一),日本东京外国语大学,1985 年,第 8 页。

昭乌达盟盟长、阿鲁科尔沁旗(札萨克)贝勒巴咱尔吉里第一旗,巴林(左旗)札萨克贝子色丹那木济勒旺保一旗,巴林(右旗札萨克)郡王札噶尔一旗,札鲁特右旗(札萨克)贝子[当为贝勒]多布柴一旗,克什克腾旗札萨克一等台吉伯克济雅一旗,扎鲁特左旗札萨克贝勒勒旺巴勒济特一旗;伊克昭盟盟长、札萨克亲王阿尔宾巴雅尔一旗,副盟长、(乌审旗)札萨克郡王察克都尔色楞一旗,(鄂托克旗)札萨克郡王嘎勒藏罗勒玛旺扎勒札木苏一旗,(札萨克旗)札萨克辅国公沙克都尔扎布一旗,(达拉特旗)札萨克贝勒逊博尔巴图一旗;锡林郭勒盟盟长、阿巴嘎左旗札萨克亲王杨桑一旗,副盟长、乌珠穆沁右旗札萨克亲王索诺木喇布坦一旗,浩齐特左旗札萨克亲王色隆托济勒一旗,苏尼特右旗札萨克郡王德穆楚克栋鲁普一旗,阿巴哈纳尔左旗札萨克贝子车林多尔济一旗,阿巴嘎右旗札萨克镇国公扎那密达尔一旗,苏尼特左旗(札萨克)郡王玛克苏尔扎布一旗,浩齐特右旗(札萨克)郡王桑达克多尔济一旗,乌珠穆沁左旗(札萨克)贝勒棍布苏伦一旗,阿巴哈纳尔右旗(札萨克)贝勒苏特诺木诺尔布一旗;乌兰察布盟盟长、札萨克亲王勒旺诺尔布一旗,副盟长、达尔罕(即喀尔喀右)旗札萨克郡王云端旺楚克一旗,乌拉特前旗札萨克贝子克什克德勒格尔一旗,乌拉特后旗札萨克贝子喇什那木济勒多尔济一旗,乌拉特中旗(札萨克)镇国公巴宝多尔济一旗,茂明安旗札萨克辅国公喇喜色楞多尔济一旗;哲里木盟(科尔沁左翼后旗)札萨克亲王阿穆尔灵圭一旗,(科尔沁左翼前旗)札萨克宾图亲王丹巴多尔济一旗,(科尔沁左翼中旗)郡王那兰格坍勒一旗,扎赉特旗(札萨克)郡王巴特玛喇布坦一旗,札萨克图亲王乌泰一旗,(科尔沁右翼后旗)札萨克喇什敏珠尔一旗,(郭尔罗斯后旗)札萨克布彦楚克一旗;卓索图盟郡王色丹(应为色棱)那木济勒旺保一旗,喀喇沁王贡桑诺尔布一旗。此外,表中还列有内蒙古地区非外藩盟旗的呼伦贝尔地区索伦、巴尔虎(旗),察哈尔的镶黄、镶白、正蓝、正白、镶蓝等旗和几个牛羊群旗、马群旗(即前清官牧场)。

　　上列外藩盟旗,计有昭乌达盟12旗(原为11旗,1910年析增敖汉右旗)中的6个旗;伊克昭盟7旗中的5个旗;锡林郭勒盟全部10个旗;乌兰察布盟全部6个旗;卓索图盟5旗中的2个旗;哲里木盟

10 旗中虽列 7 个，但那兰格埒勒是闲散王公，不应视为"一旗"，即实有 6 个旗，共为 35 个旗。但表中显然缺漏了早已致书"归顺"的昭乌达盟翁牛特右旗赞巴勒诺尔布，即应（至少）实有 36 个旗。

　此表所列盟旗数字，与已发表的学者研究统计略有出入：哲里木盟 7 旗，如果加上那兰格埒勒一个"虚"旗，恰与表列相同；乌兰察布盟 5 个旗，比表少列 1 个旗；总数 35 个旗，则与表列实旗数相同。①

　表中所列王公爵位，昭乌达盟 6 人均与前清相同，伊克昭盟 5 人、乌兰察布盟 6 人均高于前清爵位，其他各盟王公爵位也多数高于前清。如果认为高于前清者都是哲布尊丹巴晋封的（如乌泰、喇什敏珠尔均已被民国政府明令削爵革职）何以昭盟 6 人无一晋升？

　值得注意的还有，表中所列伊克昭盟达拉特旗札萨克逊博尔巴图，是 1912 年 7 月才被民国政府明令袭封的；②扎鲁特左旗札萨克勒旺巴勒济特，有的史书说是在 1912 年冬该旗发生官保扎布之乱，原札萨克林沁诺鲁布被杀后承袭的；③科尔沁左翼前旗札萨克丹巴多尔济，也是原札萨克宾图王棍楚克苏伦出走外蒙古后由民国政府批准承袭的，而此"衔名表"拟制时棍楚克苏伦应正在库伦。④ 此外，1912 年 8 月袁世凯颁布《蒙古待遇条例》之后，表中所列没有公开"归顺"外蒙古的大多数王公，均被民国政府以"翊赞共和"明令"表彰"，晋升了爵位。即使其中多数人都像阿尔宾巴雅尔那样对民国政府"阳奉阴违"，早已被袁世凯笼络并分别出任蒙藏局（院）总

---

① 参阅〔美〕保罗·海尔《蒙古独立运动中的内蒙古：1911—1914 年》；〔日〕中见立夫《贡桑诺尔布与内蒙古之命运》，载日本《内陆亚细亚、西亚细亚社会与文化》，1983 年；《蒙古人民共和国历史》（二）下册，内蒙古人民出版社旧蒙文转写本，1986 年，第 1648 页。三者所述各盟旗数完全相同，当出自同一史源。

② 中国第二历史档案馆藏蒙藏院档案，440‑37。

③ 〔日〕柏原孝久、滨田纯一《蒙古地志》下卷，日本富山房，1919 年，第 644 页。

④ 〔日〕柏原孝久、滨田纯一《蒙古地志》下卷，第 424—425 页；博彦满都《我所知道的宾图王棍楚克苏隆》，《内蒙古文史资料》第二辑，内蒙古人民出版社，1980 年。

裁、翊卫处都翊卫使高官的贡桑诺尔布、阿穆尔灵圭等人,①却仍被哲布尊丹巴政权名列"归顺"表中,殊属"名不符实"。这些值得存疑之处,都不同程度地反映了民国初期蒙古地区内外形势的错综复杂,反映了蒙古王公贵族的复杂而又暧昧、微妙的处境和态度。

（原载《蒙古学信息》1996 年第 1 期,署名汪炳明。文字略有改动）

---

① 　参阅汪炳明《清朝覆亡之际驻京蒙古王公的政治活动》,《内蒙古大学学报》1985 年第 3 期。

关于贡桑诺尔布1912年
遣使外蒙古的问题

　　喀喇沁右旗札萨克郡王贡桑诺尔布是清末民初最具影响力的内蒙古王公之一。对这样一位重要的历史人物,学界已经有了相当多的研究成果。只是由于缺少较系统的一手基本史料,许多很具体的史实和过程,仍不是很清楚。比如他曾于1912年清帝退位后派使者前往外蒙古(今蒙古国)向哲布尊丹巴政权表示"归顺"的问题就是其中的一例。

　　1980年代,主要是通过中见立夫等几位海外学者的研究,国内(中国大陆)学界才得知贡桑诺尔布曾派罗布桑车珠尔为自己的代表前去外蒙古。① 1993年,本校(内蒙古大学)同仁金海、苏德毕力格赴蒙古国学术访问,复印回一批当年内蒙古王公札萨克致哲布尊丹巴政权表示"归顺"的蒙古文函件,其中就包括了贡桑诺尔布署名、钤章的原件。对这批档案,笔者曾撰文做了报道性介绍,并专门指出,在贡王的信中明确写着委派的是管旗章京朝克巴达尔胡、商卓特巴喇嘛色日济扎木苏,而不是(没有提到)学界所知罗布桑车珠尔。② 后来,笔者在相关论文中还曾草率地提出了罗布桑车珠尔或即色日济扎木苏的揣测。③

　　2013年,中见立夫教授在新著《"满蒙问题"的历史构图》中,对清末民初的贡桑诺尔布及许多相关史事做了进一步的充实、修订。

---

① 〔日〕中见立夫《贡桑诺尔布与内蒙古之命运》,《内陆亚细亚·西亚细亚社会与文化》,1983年;札奇斯钦《喀喇沁王贡桑诺尔布与内蒙古现代化》,《中华民国建国史讨论集》第二册,1981年;〔美〕保罗·海尔《蒙古独立运动中的内蒙古:1911—1914》(1979年),汉译载《内蒙古近代史译丛》第一辑,内蒙古人民出版社,1986年。(按笔者得阅这些论文的时序排列)
② 汪炳明《关于民国初年表示归顺外蒙古哲布尊丹巴政权的内蒙古盟旗、王公》,《蒙古学信息》1996年第1期。
③ 《辛亥革命与贡桑诺尔布》,《清史研究》2002年第3期。

其中,不仅直接引用了蒙古国档案馆藏上述贡桑诺尔布信函原件,而且引用在日本新发现的史料,揭示了贡王在由北京返回本旗途中即收到库伦政权的劝谕函,并立即派遣使者前往外蒙古恭贺登基(也即表示归顺)。由此,中见教授提出了贡桑诺尔布曾多次遣使外蒙古,其中朝克巴达尔胡应是"正式使者"的推断。①

不意新近在某次学术会议上,又看到一位青年学者专题考证贡王遣使一事的论文。文中引用得自蒙古国的库伦政权内务部就贡王遣使朝克巴达尔胡等人给哲布尊丹巴活佛的奏文及活佛批示的原档等史料,也提出了朝克巴达尔胡应是正式使者的判断。②

经过中外学者的不断努力,一些相关原始文献资料接连被挖掘披露,为本论题的进一步深入提供了一定的条件。本文试图将直接间接掌握的基本史料重加爬疏整理和辨析,在诸多前人成果(特别是中见立夫教授新著)的基础上,再尽可能地廓清和细化这段基本史事。

一

据学界既有的基本成果,贡桑诺尔布 1912 年政治活动的大体轨迹,也就是遣使外蒙古问题的具体背景和参照系为:确知清朝灭亡已不可挽回之后,时驻北京的贡王分别偕同宾图王棍楚克苏隆和巴林王扎噶尔,先后接触俄、日两方,寻求对图谋内蒙古"独立"的支持和帮助,并且同日方签订了贷款和购买武器的合同。然后仓促离京返回本旗,在派人联系接收日方武器的同时,先后召集本旗仕官会议和至赤峰召集卓索图、昭乌达二盟王公会议,谋求内蒙古"独立"

---

① 中见立夫《"满蒙问题"的历史构图》,东京大学出版会,2013 年,第 150—154 页。

② 苏日古嘎《喀喇沁王旗遣使博克多汗政权一事考》(蒙古文),《西拉沐伦流域部族历史文化研究全国学术研讨会论文集》,赤峰,2016 年 9 月。不过,作者对相关前人成果的掌握和史料、史实的解读、概括均存在明显的缺陷和不足,以致出现将库伦政权的"共戴二年"当作 1913 年,认为罗布桑车珠尔出使在朝克巴达尔胡之前等一些错误判断和结论。

或加入外蒙古"独立"政权，还在本旗召集了蒙汉联合、地方自治的大会。后来，得知日方运送武器的车队被地方驻军（吴俊升部）截获，外蒙古"独立"政权内部也十分混乱，不得已接受袁世凯总统的连电邀请前往北京，跻身内地政坛，放弃了内蒙古"独立"的努力。①

所见有关贡桑诺尔布的记述性传记资料，最早成文（书）的是1930年代末期出自邢致祥同一人之手的《喀喇沁右旗扎萨克亲王贡桑诺尔布的略史》（1938年汉文排印本）和辑入《世界名人传》（蒙古文写本）里的《贡桑诺尔布传》。据内蒙古图书馆玉海先生的研究，"名人传"的撰写应在"略史"之后。② 作者邢致祥，字宜庭，又名长安（又作常安），清末时任本旗崇正学堂教员，兼旗府印务处笔贴式，据说"一切印务处的重要公文"都由他"笔录誊写寄发"。③ 入民国后，历任崇正学校校长、管旗章京和伪满时期的代理旗扎萨克。以上两书，均为其1937年卸任退休后所为。④

"略史"确实简略，全文不足4 000字。其涉及贡王1912年返回本旗活动这一段，只提与满洲宗社党善耆等相"联络"从日方购买"机械"被吴俊升中途"扣留"一事。⑤《世界名人传》之《贡桑诺尔布传》的相关部分，又只提贡王招聚本旗蒙汉仕官、富绅、书生等召开数百人的为期九天的"蒙汉联合会"。⑥ 两书全不提贡王先后在本旗和赤峰召开图谋"独立"的会议，更未提遣使外蒙古的事。依邢致祥当时的身份地位，也许不能亲历两次会议。但依其长期受贡王信用，职任高官，无论当时和事后都很难设想毫不知情。不把这些事写进两部传略，可能是有意避不合时宜之"讳"，或者并不认为它们有多么重要？

① 参阅拙作《辛亥革命与贡桑诺尔布》。
② 玉海《近代内蒙古教育家邢致祥与他的著作》，《内蒙古图书馆工作》2010年第1期。
③ 札奇斯钦《罗布桑车珠尔传略》，内蒙古人民出版社，2007年，第39页。
④ 玉海《近代内蒙古教育家邢致祥与他的著作》。
⑤ 《喀喇沁右旗扎萨克亲王贡桑诺尔布之略史》，"康德"五年（1938年）排印本，第25页。
⑥ 《贡桑诺尔布传》，讷古单夫汉译，《赤峰市文史资料选辑》第四辑，赤峰市政协编印，1986年。

相关的亲历见闻性回忆录资料,主要有国内学界早已熟知的、成文于 1960 年代初期、同样出自吴恩和 人之手的《辛亥革命时期回忆录》和《贡桑诺尔布》(与邢致祥之子邢复礼合撰)两文。[①] 吴恩和,蒙古名恩和布林,是贡王于清末首批送往日本留学的青年学子之一,民国以后长期在北京蒙藏学校任职(曾任校长),1949 年后曾任内蒙古政协常委,约 1964 年去世。吴恩和的"辛亥回忆"的相关内容是:武昌起义爆发后,他与同在日本留学的同乡金永昌等返回北京,住在贡王府,与同在北京的于光昌即罗布桑车珠尔等一大批本旗青年一起,追随贡王左右,经常商讨(内)蒙古"独立"问题。贡王返旗时,吴恩和等随行。贡王召集本旗仕官会议,谋求独立,与会大员竟无一人同意。会后当晚,贡王即召集吴恩和、金永昌等到王府,派他们分别连夜起程,吴恩和等绕道北京由京奉铁路到铁岭车站接收日方提供的武器运送蒙旗,金永昌前往巴林旗,再设法迎接。吴恩和等约 10 天后到达铁岭,住店等候三周之久,未能与日方取得联系,旅费用尽,只好返回北京。又逾月之后,才听说日方未能依约如期运到铁岭,改从四平装箱车运,至郑家屯附近被吴俊升部截获,缉捕扣压。贡王听到接收武器失败之后,又召集热河各旗县代表到自己的王府开会,讨论蒙汉联合,搞地方自治。北京袁世凯政府闻知此事,屡电催贡王到京就任蒙藏事务局总裁。贡王无奈,遂赴京就职。

吴恩和、邢复礼的《贡桑诺尔布》相关记述与上文大致相同。其不同之处有,吴恩和等在铁岭等候,只是"几天"(非前者的"三个星期之久"),并增加了回到北京后"写信给贡王复命"的情节;在王府召集蒙汉、自治会议,前者说是在 1912 年"春季",后者则称在"冬季"(其他细节出入从略)。从前后两文的相异之处可以看出,即使亲身经历,事隔多年也难免记忆模糊(如赴铁岭)。至于"蒙汉自治"会议及其会期更只是出于"风闻"。将此后一事与邢《名人传》中的《贡桑诺尔布传》相对照,出自亲身经历者忆述的名人传只提"本旗"

[①] 前文刊《内蒙古辛亥革命史料》,内蒙古人民出版社,1962 年 5 月;后文刊《内蒙古文史资料》第一辑,内蒙古人民出版社,1962 年 11 月。

未提周邻（热河）旗、县，只提蒙汉联合，未提自治。由此可进一步推断，无论是吴恩和还是邢致祥之子邢复礼，都没有参考、看到过《名人传》，也没有参阅过其他较可靠的基本资料。吴恩和、邢复礼与邢致祥所著的史料史实依据并非同源还可以启示我们，两者内容的异同，可以相互佐证，或者可供参酌辨析。据此可以推断，无论"蒙汉、自治"会议实际情形如何，应当确实发生过。而就本文主题来说，吴恩和的两文全未提遣使外蒙古之事。如果说依中见立夫教授所说的第二、三次遣使及相关的本旗和赤峰会议，吴恩和均无亲历见闻，贡王由北京返旗途中的第一次遣使，随行的吴恩和也毫无所知、所闻？写于1960年代初的吴恩和两文，对贡桑诺尔布的"负面"已是明显贬斥（如与日本"勾结"等），未写这些内容，应不是出于某种忌讳。

所知论及罗布桑车珠尔出使外蒙古的海外学者成果，最早发表的应是札奇斯钦1978年用英文写成的《贡桑诺尔布王：内蒙古现代化的先驱》，笔者未能看到。但据中见立夫指出，札奇教授后来在台湾发表的《喀喇沁王贡桑诺尔布与内蒙古现代化》，就是这篇论文的"汉语版"。① 所以本文以下讨论即权且以此"汉语版"为准。美国杨百翰大学保罗·海尔教授的《蒙古独立运动中的内蒙古：1911—1914》发表于1979年。文中较为详细地记述了贡桑诺尔布在此期间的活动和罗布桑车珠尔的出使库伦。其史（资）料依据，除了札奇斯钦的上述论文，主要是当年直接间接亲历、参与者或其后人的口述史资料，尤其是其中的《罗布桑车珠尔传》。其相关具体内容可概括为：1912年春清帝退位，贡王立刻返回本旗，召集东三盟王公和代表在赤峰开会。贡王主张加入库伦的"大蒙古国"，得到部分响应，但大部分与会者担心难以成功，不肯采取实际行动。

贡王对会议结果感到失望，但仍私下派密使罗布桑车珠尔赴外蒙古与新政府联系。与此同时，按照与日方达成的协议，派阿拉坦敖其尔（即金永昌）前往领取武器，虽成功得到军火，却在郑家屯被中国军队袭击截获，本人脱逃（具体情节与本题无关，故从略）。罗

---

① 〔日〕中见立夫《"满蒙问题"的历史构图》，第76页注释（3）。

布桑车珠尔到库伦后,经时在库伦政府任职的喀喇沁逃亡者海山的活动和引见,受到欢迎和款待。哲布尊丹巴还提出任命贡王为内蒙古六盟四十九旗的长官,并拟颁给印信。罗氏鉴于所见库伦方面的政治、经济混乱,予以婉拒,只答应代为转达,请贡王亲来受命。① 考虑到当时札奇斯钦教授也在杨百翰大学任教(1972 年开始),并且与保罗·海尔长期合作研究,出版过合著,②本文引用的口述性传记资料《罗布桑车珠尔传》显然应出自其子札奇斯钦手笔,其他相关的口述史资料也应经札奇氏过目,或即参与成文。

札奇斯钦的《喀喇沁王贡桑诺尔布与内蒙古现代化》中,有关1912 年返回本旗以后的内容很简略,与海尔教授的上述文章也无明显不合,只是在引文注释中明确提到了参考过邢致祥的贡王"略史"(写作《纪事略》)以及得自父亲罗布桑车珠尔的提供(资料)或与作者的谈话(记录)。③

中见立夫的《贡桑诺尔布与内蒙古之命运》,与本主题相关的内容主要是:引据卢明辉的论文《辛亥革命与蒙古地区的"民族运动"》及卢氏的直接指教("御教示"),谓贡王返回本旗后立即召集属下官员会议,提出应乘机起来谋求蒙古独立,但得不到众人响应。接着引据前述保罗·海尔论文,说然后召集卓、昭两盟及哲盟的领导者讨论对策,贡王提出内蒙古独立或加入库伦的大蒙古国,但会上充斥着担心北京政府的反应,无何结果而散。之后,又据引海尔的论文,说赤峰会后贡王即委派罗布桑车珠尔为使者前往外蒙古。由于海山的作用,罗氏受到欢迎,并授任贡王为"内蒙大臣"。中见就此还引用日本外务省历史档案,说 1912 年 5 月,外务省也得到了这个任命的情报。在"挫折"的小标题下,中见先是主要引用日本方面的资料论述了日方运送武器失败的基本过程。然后引用中国方面的史料指出,北京当局已经查出此事与贡王有关,但贡王在处于

① 〔美〕保罗·海尔《蒙古独立运动中的内蒙古:1911—1914》,《内蒙古近代史译丛》第一辑,1986 年。罗氏之名,本译文写作"罗布桑却珠"。

② 札奇斯钦《罗布桑车珠尔传略》之"附录":"札奇斯钦先生简历"和"札奇斯钦著述目录·英文部分"。

③ 札奇斯钦《喀喇沁王贡桑诺尔布与内蒙古现代化》,注释 5、38、55 等。

不利的境况下，仍然拒绝袁世凯电请他赴京，继续致力于卓、昭两盟王公的统一行动。作者接着又说，据卢明辉的提示，这时贡王又转而搞起"热河地区自治"。（但是）他预定的6月15日的第二次赤峰会议没有开成，（同月）17日仅有昭盟王公参加的会议也无结果而终。于是，贡桑诺尔布再不能无视袁世凯的接连邀请，于8月间前往北京。

从以上引述可以看出，中见立夫凡参考吸收自海尔论文的，几乎都源自札奇斯钦撰写或提供的资料。而凡是参考吸收自卢明辉的论文及其"御教示"的，只要查阅卢明辉的原文和与前述吴恩和的两篇回忆文章相对照，亦可以断定均源自吴恩和（包括与邢复礼合作者）的此两文。中见先生撰写这篇论文时，显然还未直接看到收载这两篇文章的内蒙古"文史资料"。还有就是，前引中见文中的6月15日第二次赤峰会议和17日昭盟王公会议一事，在卢明辉先生的此文及其他文论中均未查到。中见在其新著的相应部分只提未开成的6月15日赤峰会议，未提6月17日的昭盟王公会议，但未再注明出处。①

值得提及的是，1986年出版的《赤峰市文史资料选辑》第四辑刊登了署名瑞禾的文章《谨慎的试探——贡桑诺尔布与外蒙古的关系》，主要内容就是罗布桑车珠尔的奉派出使外蒙古。然而，将该文与前述保罗·海尔论文的汉译文本相对照，从对罗氏身份的介绍到他在外蒙古的一系列具体活动（也即瑞禾文章的主体部分），绝大部分内容和成段成句的文字，几乎完全相同。英文论著的汉译竟然与相距"遥远"的汉文作品大幅度文字雷同，只能说明它们必然同源。而《赤峰市文史资料选辑》第四辑署刊期1986年12月，译载海尔论文的《内蒙古近代史译丛》第一辑署刊期1986年5月，两书只差半年。就此疑问笔者最近专门垂询了当年主持赤峰市政协组编"文史资料"工作的徐世明先生。徐先生说瑞禾就是当时从事赤峰市地方

---

① 〔日〕中见立夫《"满蒙问题"的历史构图》，第161页。参阅卢明辉《辛亥革命与蒙古地区的"民族运动"》，《中国蒙古史学会论文选辑（一九八一）》，内蒙古人民出版社，1986年。

史志工作的玛希的笔名。玛希是喀喇沁旗耆宿文人,对当地文史掌故十分稔熟,相关著述颇丰,并且勤于广泛搜罗各种资料和信息。所以徐先生认为,应是玛希看到了海尔论文汉译本后参酌其他资料写成。只是事隔多年,玛希老先生早已过世,徐世明先生也已退休多年,难以提供更多情节。考虑到各级政协内部编印的地方"文史资料",实际付梓和刊出往往逾期、滞后,只能断定徐先生的说法是可信的。不过瑞禾的文章值得注意的还有,他说罗布桑车珠尔奉派出使,时在"5 月间";"6 月间"贡王还曾在赤峰再次召开卓、昭两盟王公会议,仍无结果而终。这两个具体时间及后一次赤峰会议,是海尔论文没有提到的,而且后者可以与中见立夫上述论文所述大体吻合,或许也是参考了中见的成果,或者是另有所本?

1989 年,札奇斯钦先生应内蒙古赤峰市喀喇沁旗旗志编辑部的邀约,为父亲罗布桑车珠尔撰写了传记,因篇幅过长,未交付《旗志》采用。后来几经周折,终在 2007 年,由赤峰市政协编为《赤峰市文史资料》第八辑,以《罗布桑车珠尔传略》为书名正式公开出版。[1]此书长达 10 余万字,应可视为作者十几年前提供给学界的罗氏传记资料,经过很大修订充实后的"定本"。中见立夫教授前述新著的相应部分,就直接采用了这个"定本"。下面,就本文讨论的主题,简单概括一下《传略》中的相关内容:

首先引用吴恩和回忆辛亥革命的前述文章,说贡桑诺尔布在北京时,罗氏(于光昌)与吴恩和等经常在贡王周围讨论时局和出路问题。然后,贡王返旗之后立即通知卓、昭及哲盟各旗王公、官员到赤峰开会。据"先父"即罗氏所谈,此会召开于 1912 年春。与会者中,本旗除贡王夫妇,还有协理希里萨拉、管旗副章京喇嘛扎布、吴恩和、金永昌及他本人(奉贡王之命参加)等。卓、昭两盟王公,点到与会的只有巴林右旗郡王札噶尔、奈曼旗郡王苏珠克图巴图尔及克什克腾旗管旗章京乐山。对于贡王提出的内蒙古"独立"或加入外蒙古新政权问题,与会者意见很不一致,多数持审慎、观望态度。但也

---

[1]　札奇斯钦《罗布桑车珠尔传略》,内蒙古人民出版社,2007 年。参阅该书"作者自序"和"编者的话"。

同意派专人去库伦表示祝贺和希望合作。"对于由日本供应武器的运输问题"，贡王则交由吴恩和与金永昌秘密进行。"与会之人对于这一点非常注意。多数以为如武器到来，当可做一番行动，如不成，则一切都谈不到了。"①值得推敲的是，据前引吴恩和的回忆，他和金永昌随贡王返回本旗后，在本旗官员会议后即被派出联络接收日本武器之事，不可能出现在后来于赤峰召开的会议上，而且他们当时的身份恐怕也无从正式参加这样的高层会议。同时，这里既没有交代罗氏是如何从北京返回本旗，是否在本旗接受贡王指令的，并且全不提此前曾有过本旗官员会议。进而，他又如何明确知道奉派取枪的是吴恩和与金永昌？或许事隔多年之后的记忆模糊，使罗氏错置了相关的一些具体时间(时序)、地点和情节？

《传略》接着说赤峰王公会议无何结果而终，贡王仍决定委派罗布桑车珠尔为自己的代表，指派侯连住为随员出使库伦。罗氏以"自备驼马北去库伦恐费时间"就东赴奉天(沈阳)乘火车，经哈尔滨、满洲里至乌金斯克(今乌兰乌德)，再南下至恰克图，乘驿路官马抵达库伦。经海山联系、引见，受到盛情接待，拜见了车林齐密特、杭达多尔济和博克多汗哲布尊丹巴。博克多汗要任命贡桑诺尔布为"内蒙古六盟四十九旗之长"，并拟颁给印信，被罗氏婉拒。罗氏在等待博克多汗回音期间，去许多寺院拜佛，会见一些政要，观察到许多社情、市容，对库伦的政局、社会状况感到失望。拒绝了库伦政权的授命之后，罗氏即乘驿站车马离开库伦南下，越戈壁进入内蒙古，经贝子庙(今锡林浩特)、多伦、围场回到喀喇沁右旗。这时，贡王已经应袁世凯之邀去了北京，罗氏未能当面复命。②

下面再看蒙古国馆藏档案中提供的信息和情节。前述贡桑诺尔布致库伦政权的信件，为毛笔手写本，中间部分和结尾处钤盖有满蒙文合璧的印信"执掌喀喇沁右旗扎萨克之印"。信的开头即是：

(头衔略)贡桑诺尔布函呈内务衙门(部)，乞为诚心归顺代请转奏(博克多汗)。……去年冬季幸闻博克多汗登极，即想备齐贡品亲

---

① 札奇斯钦《罗布桑车珠尔传略》，第75—80页。
② 札奇斯钦《罗布桑车珠尔传略》，第80—85页。

往觐谒。惟本旗距内地太近,且身在远处(北京),未能及时成行。现在虽然已设法回到本旗,但旗民人心不稳,情势非常急迫。本打算在召集内四盟(王公)共同商定归顺活佛政权的大业之后,再呈奏博克多汗,又恐耽搁了恭贺跪拜(登基)大礼。因此,谨备九白贡品,交由管旗章京朝克巴达尔胡和我的八叔堪布喇嘛嘉木扬海楚克、四叔达喇嘛贡桑旺堆指派的商卓特巴喇嘛色日济扎木苏前往拜谒……

函末所署日期是共戴二年二月十五日,也即公历 1912 年 4 月 2 日。以上所录内容,除了已很直白的之外,所谓准备要召集的内四盟王公会议,显然指的是前述只有卓、昭两盟部分王公和代表参加的赤峰会议。此处的"内四盟",指的应是包括哲里木、锡林郭勒在内的内蒙古东部四盟。

苏日古嘎查得并在论文中大段引用的档案件是,库伦政权内务部就贡桑诺尔布来函给博克多汗的呈奏和汗的批文。据苏氏所引,内务部奏文中转录的贡王信函内容,除了贡王头衔和署名的开头之外(引者用删节号省略的文字?),是上述原件的完整全文。接着,内务部又据(审查了)贡王的归顺信函和九白之贡,向博克多汗提出了予以封赏晋爵的建议。次日,博克多汗即发布谕旨:任命贡桑诺尔布为"主掌四盟事务大臣",晋封贡为世袭亲王,晋封朝克巴达尔胡为世袭头等(塔布囊?),并且给贡王的八叔嘉木扬海楚克、四叔贡桑旺堆和随从而来的头等侍从乌日贡、三等侍从达林太、笔贴式扎拉嘎木吉图等封赐了各种僧俗头衔。据引者说明,内务部的呈奏是共戴二年春末(三月)二十七日,也即公历 1912 年 5 月 13 日,那么博克多汗的任命和封赏令就是 5 月 14 日。[①] 这份库伦政权内务部的原档,进一步证实了本已毋庸置疑的贡王以朝克巴达尔胡等为使者的"归顺"函,而且载明了内务部接收、审查了贡王贡品、信函之后,呈奏博克多汗的具体日期,使团三名随从者的职衔和名字,以及贡王被任命的职务是"(内)四盟事务大臣"。

如前所述,中见立夫教授的近著也直接引用了蒙古国馆藏贡王归顺函原件档,并注明了该件的卷宗、名称和档号。同时,中见还进

---

① 苏日古嘎《喀喇沁王旗遣使博克多汗政权一事考》。

一步明确指出了内务部收到这通信函的日期是"共戴二年三月二十四日"，也即公历 1912 年 5 月 10 日。①

前述中见氏在近著中引用的新发现的日方史料则是，当时正在喀喇沁贡王府的日本木村直人大尉写给北京多贺宗之的情报信，所署日期为 3 月 21 日。中见引文中的相关内容为：外蒙古活佛政权给内蒙古发来的"劝谕"信，经锡林郭勒中转而来，巴王（巴林王扎噶尔）在古北口时收到，喀王（贡王）在（返旗）旅途中收到。巴王未做处置（反应）。喀王则立即派人出使库伦，以恭祝活佛登极的名义"侦察"了解情况，使者现在当已从北京出发[引文原括注：几天前，贡王在返旗途中（又）命使者返回北京，领取 500 两川资]。② 这份情报信中的信息和情节都很重要，值得进一步斟酌和辨析。

二

将以上史料史实再以具体日期为坐标梳理出来则是：

1912 年 2 月 12 日，清帝宣布退位。2 月 29 日，北洋军阀曹锟部发动兵变，北京城陷于混乱。3 月 5 日，贡桑诺尔布与日方签订借款合同，6 日离京返旗。7 日，与贡王"同谋"的巴林王扎噶尔也与日方签署合同，定于 9 日离京返旗。③ 前引木村直人的情报，扎噶尔是在古北口接到库伦政权的"劝谕"书。古北口驿站距北京约 3 日行程，那么扎噶尔收到来书大约在 3 月 12 日左右。贡王比扎噶尔先行 3 天，途中收到来书则应在古北口以北 2 天左右行程的 10 日前后。当时从北京至喀喇沁右旗的驿路行程，大体在 10 天上下。④ 所以，木

① 〔日〕中见立夫《"满蒙问题"的历史构图》，第 167 页注（46）、第 152 页。
② 〔日〕中见立夫《"满蒙问题"的历史构图》，第 151—152 页。
③ 邹念之编译《日本外交文书选译——关于辛亥革命》，中国社会科学出版社，1980 年，第 95、97 页。在中见立夫的上述论文和著作中都指出了贡王于 3 月 6 日离京，后者见第 150 页。
④ 本段及下文中的驿路行程推算，参考下列文献：陈祖善《东蒙古纪程》（1906 年），文祥《巴林纪程》（1858 年），佚名《考察蒙古日记》（1911 年）等，均见"中国边疆研究文库·初编"，武莫勒、乌云格日勒主编《北部边疆卷一》，黑龙江教育出版社，2014 年。

村直人才能 3 月 21 日在王府见到贡王,得到信息,并估计这时贡王的使者应已从北京出发。

据中见立夫的引述,计划中的木村直人的任务是,陪同巴林王出京、回旗,招募并训练士兵;陪同贡王出京进入蒙地的应是松井清助大尉,但松井并没有随行。① 木村情报信中说扎噶尔是在古北口收到的劝谕信,并且没(及时)做出反应,应是木村按计划随同扎噶尔出京北行中得知。但他何以中途又折行到了喀喇沁王府?(按当时的行程速度,3 月 9 日至 21 日不可能从北京陪送扎噶尔到巴林王府后再折返抵贡王府。)或许是已知松井清助没有随同贡王而中途接替了松井的工作?

从木村情报信的内容还可以推断,到他写信时(21 日)贡王召集的本旗官员会议尚未召开,否则按照木村身负的职任更应关注这次会议的结果及贡王派吴恩和等人前往接收武器,将其写入情报信。

还有就是,贡王返回途中所遣使者是否确实成行?何以前引以朝克巴达尔胡为使者的归顺函只字不提,并且追述"归顺"缘由时明显是"从头说起"。如果木村的情报(贡王提供)并非虚构,很可能是使者因故未能成行,或贡王只令其前去"侦察",未赋予"代表"资格?

署明公历 4 月 2 日的归顺函还提供了一个相当明确的信息,即本旗官员会议应召开于 3 月 22 日至 4 月 1 日之间。考虑到备齐九白之贡和行旅所需需要时日,会期应在这期间的头几日。那么,吴恩和、金永昌奉命接收武器的出行日期也即可以大体推定(也是这期间的头几日)。

从《罗布桑车珠尔传略》等相关记述来看,似乎赤峰会议是贡王返回本旗不久,紧接着本旗官员会议之后召开的(贡王府距赤峰不过一百多里,两日行程)。但略加斟酌即可知,其间隔不会很短。理由之一是,贡王的归顺函中明确写着准备召开的是"内四盟",也即包括东北至郭尔罗斯后旗的哲里木盟 10 旗和西至苏尼特右旗的锡林郭勒盟 10 旗。按照这样的距离和行程,仅只是不加耽搁的信使往返,也不是可以一个月为预(定)(会)期的。即使贡王也没有预想和

① 〔日〕中见立夫《"满蒙问题"的历史构图》,第 150—151 页。

实际操作这么多盟旗王公札萨克或其代表到会,卓、昭两盟各旗都应邀、成行和汇齐,恐怕也得 20 余天。理由之二是,贡王使者实际启程,距他收到劝谕信已经逾 20 天了,如果预期的赤峰会议只差数日,何不待有了"大局"结果后再遣发使者。

前述所谓"蒙汉联合、地方自治"大会的会期,给我们提供了又一个时间坐标。据中国第二历史档案馆藏北京政府蒙藏院档案,贡王在本旗主持召开的,是"喀喇沁五族联合会"。民国元年即 1912 年 4 月 17 日举行的正式会议上,推举贡王为联合会会长,投票选举护印协理希里萨拉和士绅郭缙之等为副会长。会所设在崇正学校,另有八个分会。会后,还正式呈报热河都统和北京政府,并且由内务部正式立案。① 可以想象,这个会议规模很大,并且很"正规",正可对应亲历者邢致祥后来追忆所说与会者数百人,由札萨克衙门提供会期住宿和伙食。邢致祥说"开了九天的会议",那么这个大会(包括预备会?)就应是 4 月 9 日开始的。② 那么,赤峰王公会议,就应是在 4 月 20 日以后召开。由于时局的动荡和贡王的目的在于"起事",会期也不会延宕太久。从实际参加者的人数、身份来看,大概相当仓促举行,很可能并未切实邀请或指望哲里木、锡林郭勒二盟的人到会。

朝克巴达尔胡使团于 4 月 2 日之后启程北行,带(赶)着一驼八马的九白之贡越过戈壁,5 月 10 日之前即抵达库伦,行程不算很慢。库伦政权内务部 5 月 13 日即将归顺函转奏博克多汗,次日就获批谕、颁令封赏任命,工作效率相当高。按照后来罗布桑车珠尔的经历前推,不难想象,期间也必然会有当时在库伦政权内颇"炙手可热"的海山③的引见、推动。否则很难设想仅凭归顺信中拟召开的四盟王公"归顺"会议和一个管旗章京的口舌,就能这么快得到"(内)四盟大臣"这样高位的任命。再有就是,虽然罗布桑车珠尔使团的

① 中国第二历史档案馆藏蒙藏院档案,档号 440—22。
② 前引邢致祥《贡桑诺尔布传》,讷古单夫汉译,《赤峰市文史资料选辑》第四辑,第 12 页。
③ 参阅〔日〕中见立夫《海山与乌泰——博克多汗政权下的漠南蒙古人》《东洋学报》第 57 卷第 1、2 号,1976 年。

何时出发和抵库大体时日还很难推定,但从他获知并婉拒博克多汗对贡王的(比"四盟"更高的"内蒙古六盟四十九旗之长"的新)任命后即很快返回喀喇沁,而这时贡王已经赴京(8 月)来推算,博克多汗的这个新任命最早也会在 6、7 月之交。那么,前述中见立夫教授提供的日本外务省于 5 月间得到的贡桑诺尔布被任命为"内蒙古大臣"的信息,只可能是前一个"(内)四盟大臣",更何况后一个任命并未成为事实。

还有就是,按照清代的外藩札萨克体制,具体主持旗务庶政的管旗章京只有一个,其上的协理(台吉或塔布囊)和其下的副章京、章京、梅伦都可以不止一个。所见邢致祥、吴恩和、札奇斯钦(罗布桑车珠尔)等人的回忆著述中,都没有看到朝克巴达尔胡管旗章京的名字。当时的喀喇沁人,往往行用蒙汉几个名、字、号,或许他也另有常用名讳? 出现在贡桑诺尔布重要信函原件上的名讳、职衔,应可视为确实。罗布桑车珠尔的亲历忆述说,参加赤峰会议的旗官有协理希里萨拉和管旗副章京喇嘛扎布,恰好没有提(正好缺)正管旗章京,或许可以作为某种佐证? 至于这个使团的返回本旗,按照博克多汗颁布封赏、任命后即应启程推算,大体应在 6 月中下旬。那么,无论是忆者前人和论者后人都提到的,贡王因了解到外蒙古的政局、社会混乱而对库伦政权感到失望,其直接信息来源就应该是返旗复命的朝克巴达尔胡等人,或许还包括 3 月间派出的"侦察"人员,而不是对贡王的不等使臣复命就离旗赴京感到耿耿于怀的罗布桑车珠尔。①

据中见立夫教授的研究,日方提供的武器抵运的不是事先约定的铁岭,而是其北很远的公主岭车站。松井清助大尉于 5 月 23 日接收武器,指挥由各类人伪装身份组成的护送队,押送几十辆满载的马车前往蒙地。6 月 8 日,吴俊升所部驻军截获车队,发生冲突,毙、捕护送人员,扣押武器。但大概由于松井、薄益三等护送者伪装身份和提供假口供,扣押者起初没能查明真情。直到 7 月 11 日,在东三省(奉天)赵尔巽致北京国务院的电文中,才转述吴俊升的报告,明确说此事牵涉贡桑诺尔布(喀喇沁王)、扎噶尔(巴林王)

---

① 札奇斯钦《罗布桑车珠尔传略》,第 85 页。

等内蒙古王公。① 而袁世凯得到这个讯息则已是 7 月 14 日。②

　　贡桑诺尔布何时得悉运械失败(未成和事泄)已很难推测。前引吴恩和等赴铁岭接收未果,返回北京后写信复命,可以是贡王明确知道接收未成。据说亲历者金永昌在押运被截获时惊险脱逃③后,大概会返旗复命,可以使贡王明确得知运械失败。然而,据当时仍在蒙地(贡王府?)的木村直人 7 月 10 日的情报,在此之前贡王已收到袁世凯请他赴京任职的电邀,但不为所动。④ 大概直到这时,贡王仍未感受到来自北京的压力和威胁。因为他在北京政府(袁世凯)那里明确成为"问题"人物,应是 7 月 14 日以后的事。其后,当再次收到袁世凯的电邀时,对归顺外蒙古和谋求内蒙古"独立"都已绝望,并且因运械一事败露而陷于险境的贡王,只好应命前去北京了。

　　在这样的具体背景之下,中见立夫论著中提到的 6 月 15 日或17 日的第二次赤峰王公会议,即使能开成,于贡王而言都不可能有什么积极成果。关于贡桑诺尔布离开本旗抵达北京的日期(行程约10 天左右),所知一个基本的参照系就是已为学界熟知的 8 月 25日,在北京的国民党成立大会上他被推选为理事。⑤ 吴恩和、邢复礼的《贡桑诺尔布》中写道:有人说,贡王在民国初年曾参加过同盟会,和孙中山先生也有交往,孙中山曾几次造访过贡王府。但是,孙中山这次抵达北京时在 8 月 24 日下午,受到袁世凯属下隆重迎接并至总统府晚宴,⑥会见贡王应是此后的事。当时的国民党(以同盟会为主组建)拉拢少数民族上层加入以做标榜,应属正常,但没有迹象表明贡王此前与同盟会骨干人士有过密切交往。所以,应是此前至少数日间(在北京)的相互交往、"互动"促成(否则不会跻身孙中山、

---

① 〔日〕中见立夫《"满蒙问题"的历史构图》,第 154—160 页。
② 中国第一历史档案馆编《清代档案史料丛编》第八辑,中华书局,1982 年,第 304—305 页。
③ 〔美〕保罗·海尔《蒙古独立运动中内蒙古:1911—1914》,《内蒙古近代史译丛》第一辑,第 108—109 页。
④ 〔日〕中见立夫《"满蒙问题"的历史构图》,第 161 页。
⑤ 参阅韩信夫、姜克夫主编《中华民国大事记》第一册,中国文史出版社,1997年,第 215 页。
⑥ 同上。

黄兴等的七理事之一）。也就是说,贡王离开本旗大概是在8月上旬左右。他和他的第二批使者罗布桑车珠尔见面,就是这以后的事了。

至于哪批使者更"正式"的问题,意义不是很大。如前所述,3月间由京返旗途中派出的,即使确实成行,也应未具"代表"资格。朝克巴达尔胡携贡桑诺尔布署名钤印的信函和九白之贡,并且被明确载录于库伦政权的文书档案,当然十分正式。罗布桑车珠尔之名、其使未见于蒙方档案,是否携带贡王的署名信也不得而知。但是他逐一拜见了库伦政权最主要的头面人物（赴库途中还会见了凌升、李丹山等当时和后来的内蒙古闻人①）,并且为贡王挣得了比前者更高的全内蒙古（六盟）长官,其在库伦的"动静"和影响更大。

关于贡王派遣使者的"秘密"和"私下"问题,其亲近属下和亲历者（罗氏）的失忆和只知其一不知其二（另一批）,应可说明确实未事张扬。而另一方面,无论从本旗、本盟（卓、昭,热河）和国内政坛的角度,当时贡桑诺尔布更引人注目的大动作是:与日方签约贷款、购枪并派人去取,接连召集王公上层开会图谋起事"独立"。在民国初建、蒙地不靖的背景下,大事张扬擅自搞什么"五族联合",也十分扎眼。如果没有蒙古国方面历史档案的披露和亲历者及其身为学者的后人（札奇斯钦）的着力忆述,贡王两次遣使外蒙古这件当时来说并不算小的事,或许至今还处于"失忆"状态。

以上梳理的由遣使问题牵扯出来的贡桑诺尔布的一系列活动,涉及时间不过半年,但世事的复杂和主人公的多面性已尽显其中。中见立夫教授将这一段史事题名为"贡桑诺尔布的摸索",确实很贴切;他说贡王的遣使外蒙古只是奉上了九白之贡,并没有采取什么具体的"合流"即归顺行动,也符合事实。② 从中可以看到,在"满蒙联姻"的清朝已经覆亡、"驱除鞑虏"的民国正在肇兴之际,贡王为寻求本旗、本民族的出路所做的种种努力,可谓纵横捭阖、费尽心机,却终不免处处碰壁,陷于多舛以至凶险境地。而其行为轨迹所折射和反映的,就不只是他个人的命运了。

---

① 札奇斯钦《罗布桑车珠尔传略》,第81页。
② 〔日〕中见立夫《"满蒙问题"的历史构图》,第150(小标题)、154页。

小　　结

对上述不免繁杂、散乱的引证辨析再予简单的厘清、归纳则是：

贡桑诺尔布于 1912 年 3 月 6 日离京返旗，途中（约 10 日前后）收到库伦政权的劝谕书，立即派人前去以"归顺"名义进行侦察，但因故未能成行或并未赋予代表资格。3 月 21 日之前，贡王返抵本旗，21 日之后召开本旗官员会议。会后，随即派人潜往南满铁路接收日方武器，同时备齐九白之贡，于 4 月 2 日写就"归顺函"遣使北赴库伦。大约 4 月 9 日至 17 日，贡王在本旗召集了"五族联合"大会，成立联合会并呈报北京政府备案。其后不久，赴赤峰主持召开卓、昭两盟王公及代表会议，会后又复派罗布桑车珠尔为自己的代表出使库伦。5 月中旬，4 月初派出的使团在库伦完成使命，得到博克多汗的封赏和任命贡王为"（内）四盟大臣"。6 月 8 日，日本方面从公主岭运往蒙旗的成批武器在郑家屯附近被驻军截获。但大约直到 7 月上旬，政府当局才查明背后的事涉贡桑诺尔布等蒙古王公（袁世凯获悉时在 7 月 14 日）。这期间，贡王预期于 6 月 15 日召开的第二次卓、昭两盟王公会议，或者事前流产或者仍无结果而散。7 月 10 日之前，贡王已收到袁世凯总统至京就职的电邀，但未从命。大概由于已觉察到因日械问题而来自北京的压力和威胁，加上所派使者（包括"侦察"人员？）返回后所得对库伦政府的失望，贡王只好应袁世凯的再三邀请，于 8 月间（上中旬）赴京应命。

以上概括的贡桑诺尔布的行为轨迹，有的已可实证无疑，有的仍不免出自推断以至臆测。本文所做的这些考证、辨析，主要只是事实判断，希望能对相关研究的进一步深入，提供一定的参考、线索和启发。

（原载日本国际蒙古文化研究协会《蒙古学问题与争论》第 13 期，2017 年。"附录"的贡桑诺尔布"归顺函"拉丁文转写和汉译文等本书从略。本文利用蒙古文、日文资料得到了乌力吉陶格套、玉海的帮助）

别里古台第 32 世孙杨桑

杨桑(1859—1948)是成吉思汗弟别里古台的第 32 世孙,清末民初的阿巴嘎左旗札萨克郡王兼锡林郭勒盟长。由于没有多少系统的文字记载,很难给他写一个较翔实的传略,但即使勾画出他的简单经历,也很可以折射出阿巴嘎、锡林郭勒盟以至整个内蒙古的近代风云变幻。

一

1881 年(光绪七年),杨桑的父亲瓦津达喇"因病告休",辞去旗札萨克,但仍保留郡王爵位,杨桑以一等台吉袭任札萨克。次年五月父死,杨桑袭郡王爵。①

1886 年初(旧历光绪十一年末、十二年初),杨桑年班晋京赡觐时,受赏三眼花翎。1889 年初晋京,获乾清门行走衔。1894 年初晋京,为慈禧太后祝六十大寿,晋御前行走。1895 年,杨桑被清廷任命为锡林郭勒盟长。②

1901 年,因"庚子之乱"即义和团运动—八国联军侵华战争期间代表锡盟进贡 1 000 匹军马,从锡盟各旗征调 2 000 蒙兵备战,并"报效"(捐输)1 万银两,获亲王衔,③达到了他职、爵、衔的顶峰。

清末新政时期,清政府为控制锡林郭勒盟蒙盐内销,抽取厘税,在张家口成立了公司。正在修筑的京张铁路即将通车,也可能使天津口海盐("芦盐")倒灌倾销。为维护蒙盐外销的收益,杨桑盟长偕

---

① 布德巴拉在《阿巴嘎大王杨桑事略》中说,杨桑 1881 年袭任札萨克时同时袭郡王爵,不够准确。

② 布德巴拉上述文中说,杨桑光绪十八年即 1892 年任锡盟盟长。但《清德宗实录》"光绪二十二年(1896 年)四月乙亥"条明确说他是"上年补放盟长"。

③ 布德巴拉文谓光绪二十六年(1900 年)即受封亲王实爵,不确。

副盟长、乌珠穆沁右旗札萨克亲王索诺木喇布坦奏请清廷,提出"凡行销直隶、热河、大同等处者,均愿归公司认包,并请派勇驱逐外来游民,均归蒙人自运。惟西苏呢特有运销山西归化等处之白盐","仍愿自运销售,不归公司认包",得到清政府和察哈尔都统的认可(《宣统政纪》"元年十月庚辰")。

1910年,清政府转变对蒙政策,以政令解除原有种种禁令,反过来鼓励汉民开垦蒙地、汉蒙通婚、蒙古人学用汉语文、改变旧俗。对此,杨桑盟长坚决反对,上呈理藩院明确表示:本"盟旗地多沙冈,土带碱性,严寒冰雪,耕种则获利无多,且有碍牧放。蒙古崇信佛法,敬重喇嘛,誓不改变习俗,不愿学习汉语文及与言语不同之人结亲",使清政府不得不考虑审慎施行(《宣统政纪》"三年八月癸丑")。

二

辛亥革命爆发后,外蒙古宣布"独立",成立以哲布尊丹巴活佛为皇帝的政权。内蒙古的大部分蒙旗、锡林郭勒盟的绝大部分旗的王公札萨克陆续致函哲布尊丹巴政权,表示拥戴和归顺,而身为锡盟盟长的杨桑,对外蒙古的独立却是坚决反对。他所持的理由,据说主要是出自保守的、现实主义的观念,对"大蒙古运动"的现实可能性持怀疑态度,认为"我们内蒙各盟旗同中华民国各省接壤相处,言行处世必须慎重",确信"中央之国"会延续正统继续统治内蒙古地区。由于杨桑在整个锡盟各旗的影响力,他的态度使哲布尊丹巴政权十分恼火。于是,在外蒙古派兵大规模进犯内蒙古[即引起"丑(牛)年之乱"]之初,于1912年冬将杨桑掳至库伦关押起来,迫使他正式以公函表示拥戴新政权。获释之后,杨桑还将福晋接到库伦,直到一年多后的1914年春,才以探亲为名脱离羁绊返回家乡。

关于杨桑被外蒙古派兵掳去库伦的时间,所见其子布(卜)德巴拉和学者保罗·海尔、札奇斯钦等人的相关文章、著述,均说是在1913年。其中,布德巴拉明确说时在1913年旧历十月。但是,据蒙古国档案馆所藏杨桑写于1913年初(旧历壬子年末)的表示归顺库伦政权的函件中,他是于(此前的)旧历十月间,也即1912年冬被

"博格多汗"哲布尊丹巴"拯救""前来"的。而且,在蒙古国档案馆藏哲布尊丹巴政权内务部于 1913 年旧历十月初(初四日,公历 11 月 1 日)所拟"新归顺的外内盟旗衔名表"中,已经列有杨桑的名衔。

从外蒙古脱身回旗后,杨桑即因为时局动荡不安想辞去盟长职务。到 1926 年,杨桑终以"年老多病"辞去盟长,由副盟长索诺木喇布坦继任盟长,苏尼特右旗札萨克亲王(民国初由郡王晋升亲王)德穆楚克栋鲁普(即德王)任副盟长。1929 年,他又以年迈卸任,由其子布德巴拉袭任札萨克(亲王衔)郡王。

三

因年迈辞卸爵职,但杨桑对本旗政治仍有极大发言权,对锡盟各旗的动向、态度,仍有很大影响力,而且仍同当时政界人物有频繁交往,受到礼遇。如一直同山西军阀阎锡山关系密切,曾亲赴山西与阎会晤,得到他给本旗武装无偿资助的一些机枪、步枪和弹药;曾在张家口会见察哈尔省主席宋哲元(1932.8—1935.6 在任),他去北平(北京)旅游,宋还为他开火车专列,并且派副官陪同前往。当时在北平的国民党要员、军分会主席何应钦(1933.3—1935.11 在任),也曾亲往杨桑住所拜会。

1933 年,德王发起震动全国的内蒙古自治运动,却受到这位有影响的老盟长、老王爷的坚决反对。按他儿子、继任旗札萨克布德巴拉的说法,"我父亲是个坚决维护旧风俗和旧制度的人,不赞同革新和改革,尤其厌恶蒙古自治运动。因此,德穆楚克栋鲁普几次派人来劝说他参加蒙古自治运动,他从未应允"。不过,随着自治运动的声势和影响越来越大,并且明显是在维护蒙旗权益,还有抵制日本侵略势力(伪满洲国)西进的作用,他也就不再出面反对。1934 年,南京国民政府正式批准成立蒙古地方自治政务委员会,杨桑还被任命为蒙政会委员,只是因年迈未前往乌兰察布盟百灵庙(今达茂联合旗所在地)出席蒙政会成立庆典。此后,以本旗札萨克王爷身份活跃在百灵庙蒙政会、后来的伪蒙疆政权等政治舞台上的,已更多的是他的儿子布德巴拉。

杨桑去世于 1948 年，享年 90 虚岁。据说在当时的阿巴嘎草原，封建王公统治秩序仍然很顽固。杨桑父子出行，牧民见了王爷老远就得趴下磕头。杨桑死后，全旗牧民都得给他戴孝，并且不得娱乐、不准剃头。

主要参考文献

1. 《阿巴嘎大王杨森事略》，布德巴拉著，《内蒙古近现代王公录续编》，内蒙古政协文史委编印，1989 年。
2. 《清实录》（《清德宗实录》《宣统政纪》）。
3. 《清史稿·藩部世表》。
4. 《我所知道的德王和当时的内蒙古》，札奇斯钦著，中国文史出版社，2005 年。
5. 《蒙古独立运动中的内蒙古：1911—1914》，保罗·海尔著，《内蒙古近代史译丛》第一辑，内蒙古人民出版社，1986 年。
6. 《德王"蒙古自治"始末》，卢明辉编著，内蒙古蒙古语文历史研究所，1977 年。
7. 《锡盟革命回忆录》第一、二辑，锡盟党史地方志编委办公室，1984 年。

（"全国首届别里古台与阿巴嘎历史文化研讨会"论文报告，阿巴嘎旗，2013 年 8 月）

延安民族学院概述

20世纪三四十年代中国人民全面抗日战争时期,中国共产党领导下的陕甘宁边区,先后创办过许许多多各种类型的革命学校,为抗日战争和其后的革命和解放,培养了众多人才和骨干力量,其中包括大批来自绥远土默特地区的蒙古族青年。在中国共产党坚持民族平等,团结少数民族共同抗日,领导开展民族解放斗争的方针政策指引下,这批蒙古族青年很快成长为内蒙古地区抗日斗争和人民解放以及后来社会主义革命和建设事业的中坚力量。

一

中国共产党有计划地培养少数民族干部,是从1937年在中央党校开办少数民族班开始的,主要是培训随红军长征到延安的藏、彝、苗族学员和西北地区的少部分回族学员。同年8月,为容纳从全国各地奔赴延安的各族青年,又创办了包括高等教育、专门教育和短期培训在内的综合性学府——陕北公学(初拟名陕北大学),由成仿吾任校长。次年,中共中央又任命中央党校校长李维汉为陕北公学副校长兼党组书记。毛泽东曾亲临该校指出,"陕北公学的重要任务是培养抗日先锋队",并亲笔题词"要造就一大批人,这些人是革命的先锋队。这些人具有政治远见,这些人充满着斗争精神和牺牲精神。……中国有一大群这样的先锋分子,中国革命的任务就能够顺利地解决"。当时,除了陕北公学,在延安所设的学校中,如中央党校、抗日军政大学、女子大学、鲁迅文学艺术学院等等,都有一些少数民族学生。如曾在北京参加过"一二·九"运动的蒙古族女青年乌兰(吕林),即先后就读过抗日军政大学和女子大学。

1939年夏,陕北公学与鲁迅文学艺术学院等校合并成立华北联合大学,开赴晋东南抗日根据地办学。同年11月,为了培养更多的抗战干部,中共中央又决定在延安恢复陕北公学,重新招生,史称"后期陕公",校址在延安北门外。校长兼党组书记李维汉,教务处长胡松。教学单位是队,编队番号与前期陕公相衔接。12月,为集中培养从绥远敌后成批到来的蒙古族青年,将他们单独编为第五十五队,又称蒙古青年队,队长宋友田。中共西北工委将已有少数民族工作经验,并通晓蒙古语文的王铎专门调来担任五十五队指导员。1940年8月,为培养少数民族文化人才,陕北公学专门成立了少数民族文化工作队,也称民族剧团,队长苏一平,招收各族学员30名。

1941年6月,为加强民族干部的培训工作,陕北公学单独成立了民族部,将蒙古青年队和少数民族文化工作队等合并。民族部主任由西北工委民族工作负责人贾拓夫担任,王铎任副主任,杨静仁、王铎分别任回族和蒙古族班主任。民族部有学员180余人,包括蒙、回、藏、彝、苗、满、汉7个民族。民族部举行开学典礼时,陕北公学校长李维汉亲自到会讲话。他说,民族部的创建,使众多的各少数民族的青年团结于一处,学习与交流民族文化,学习民族解放的真理,这是中国共产党的伟大创举。他在讲话中还阐述了建立民族部的意义和办学方针。

1941年8月,陕北公学与女子大学等合并成立延安大学。同时,陕北公学民族部扩建成立了延安民族学院,成为中国共产党创办的第一所民族学院,校址位于延河以南的大砭沟,人们又称之为文化沟。民族学院受中共中央西北局领导,西北局书记高岗兼任院长,副院长高克林,党总支书记刘景平。院部设教育处、民族问题研究部。云泽(乌兰夫)任教育处长,王铎任副处长。刘春任研究部主任,研究人员有孔飞、克力更、乌兰、马尔萨(牙含章)、关起义(刘元复)等。除研究部研究人员担任教员之外,专职教员还有海涛、包正言(包彦)等。

民族学院的教育方针,是根据抗日战争的形势和任务,各族学员的特点,党对培养少数民族干部和做少数民族工作的汉族干部的要求制定的。它要求对学员进行革命基本知识和文化教育,抗日民族解放战争的教育,马克思主义民族理论和民族政策的教育。要求学员通过学习,掌握一些基本文化科学知识、革命基本理论知识、社会发展规律知识、抗日游击战争知识、中国革命和中国共产党的历史知识等。学员要树立革命的世界观、人生观和艰苦奋斗不怕牺牲的革命精神,保持坚定正确的政治方向,使学员成为少数民族革命和保持坚定正确的政治思想和建设的优秀干部,汉族学员成为优秀的民族工作者。

民族学院成立时有学员 200 余人,按民族和文化程度编为 5 个普通班,另设 1 个研究班,蒙古族学员编入第一、二班。学习期限依学员情况,每期一、二、三年不等,有的学习了一年就分配了工作,有的学习了三年、四年。

1942 年整风运动开始之后,乌兰夫、高克林先后调离,刘春接任教育处长并担任整风学习委员会主任,王铎担任学院秘书长。1943年,民族学院并入延安大学,校址也迁至桥儿沟。延安大学校长吴玉章,副校长周扬。民族学院仍保留原建制。

1944 年夏初,整风运动结束之后,中央决定将民族学院从延安大学分出,前往定边,与当地学校合并成立三边公学,下设中学部和民族学院。公学校长由三边地委书记王世泰兼任,刘春任教务处长,宗群等任副处长;刘春、王铎同时兼任民族学院副院长(院长仍由高岗兼任)。不久,刘春亦调出,院务由王铎、宗群等负责。

至 1945 年初,已学习几年的蒙古族学员成批调出分配工作。同年 3 月,民族学院迁至伊克昭盟南端的城川,被称为城川民族学院。中共伊盟工委书记赵通儒兼学院主任,王铎任学院副主任,薛向晨任秘书长,宗群任教育处长。城川时期,民族学院学员主要是伊克昭盟蒙古族青年。其后,随着陕北三边地区解放战争形势的变化,民族学院还辗转迁至靖边等地。

1948 年底,随着全国解放战争的形势发展,民族学院奉命撤销,终于完成了她的光荣历史使命。

二

1938 年秋,八路军第一二○师派遣李井泉支队挺进绥远敌后大青山地区开辟了游击根据地。从 1939 年初开始,中共中央和西北工作委员会(西工委)多次指示大青山抗日根据地的党组织,从绥蒙地区动员组织大批少数民族青年到延安学习,为绥蒙地区开展抗日斗争培养民族干部。接到中央和西工委的指示,大青山根据地党组织和各级军政领导非常重视,并责成中共土默特旗工委具体负责宣传动员和组织工作。土默特旗工委负责人贾力更、奎璧,以及李森、高凤英、勇夫(云尚义)、赵诚、恒升、张禄、云浦等都积极参与了这项工作。

1939—1941 年间,大青山地区党组织先后动员、组织了大约 9 批蒙古族青年到延安学习,还有几批当地汉族青年,共有 100 多人。其中,人数较多的几批为:

(1) 1939 年 8 月 29 日(旧历七月十五日),约有土默特旗蒙古族青年 20 余人集合于善岱东南的小里素村。在一间宽敞明亮的大房子里,奎璧(当时化名为刘卜一)做了动员讲话,大意是:现在日本帝国主义正在侵略、压迫我们,我们不能做亡国奴。我们去延安要学习抗日的本领,然后和全国人民团结起来,共同打倒日本帝国主义。贾力更具体布置了行进路线、联络暗号和注意事项,由张禄具体负责带路组织工作(带队)。这次奔赴延安的男女青年除张禄外共有 21 人,他们是:奇峻山、李桂茂、布赫(云曙光)、云曙碧(女)、云照光、云生格、云琳(女)、巴增秀(女)、李永年、云成烈、云晨光、朱玉珊、张玉庆、云林秀、云祥生(云世珍)、荣志忠、云世英(刘金)、云志安、李文精、成义、赵俊峰(赵有蝉)。其中年龄最大的李永年 20 岁,最小的云照光只有 11 岁。

他们离开小里素后,由贾力更和带路老乡走在最前面,然后二三人一组,拉开距离行进。当走到宿营地黄河沿边的四先生窑子村(今名四家尧村,属土默特右旗小召乡)时,突然被当时已投靠日本的准格尔旗保安队包围扣押。因李文精、李永年等曾与当时的准格尔旗王爷(札萨克)奇子祥是土默特小学同学,经当面说明解释(到对岸新三师探亲投友),得到奇子祥的同情,第二天派兵把他们送过黄河。河对岸的塔并召驻有国民党托克托县流亡政府,县长百般利诱他们投向国民党,蒙古族青年们无一人动摇。

同年9月,这批人经十几天路程,到达延安,受到热情接待,住进了中共中央组织部招待所。不久,均被安排进入陕北公学,编在五十五队即蒙古青年队学习。

(2)1940年夏初,29名蒙汉族青年集合于旗下营附近的绥中根据地,他们是:云北峰、黄静涛、黄静波(女)、王淑英(女)、李勇(女)、李青(女)、墨志清、锐军(云瑞俊)、张财旺、赵维新、李银标(李应标)、徐史、云志厚、胡铁林(荣钟麟)、余平、刘璧、何树声、周兴源、郑国兴、卜斌、任希舜、黄媚梅(女)、王贤敏(女)、希宁、王鹤田、李旭东、乔立基、孙国忠、阎耀先。上级指定云北峰为队长、锐军为司务长。一天晚上,姚喆司令员亲率一个骑兵连护送学生队冲过铁道封锁线,然后由这个骑兵连护送他们经蛮汗山、跨长城进入晋西北根据地。5月15日,这批蒙汉族青年到达延安,在八路军总政治部报到后,全部分配到陕北公学学习。

(3)1940年5月间,在归绥城土默特旗立高等学校读书的蒙古族青年李存义、赵青山、成少江(成德仁)、云生福4人,为奔赴延安,接到中共地下党组织通知后来到察素齐,见到了土默特工委的勇夫、云浦等同志。然后,勇夫带领他们往北进山到达万家沟。不久,一批奔赴延安的土默特青年陆续集中到了万家沟内大青山游击根据地绥西区委所在地"小火烧",受到杨植霖、李维中等领导人的热情接见和款待。他们当中除上述4人外还有:赵永胜、云曙芬(女)、任斌(女)、陈浩、明正、昭元(召元)、云一立、王宏烈、包国忠,以及云曙芬的母亲、云润夫人云兰。在杨植霖带领下,他们经绥中行军到达绥东根据地,见到了姚喆司令员率领的八路军大部队,学生队中又陆续增加了弓凯旋、王德义、温左臣、党红玉,以及程金泉、秦子华等人。

同年7月,学生队在武达平率一个排(一说为一个连)部队的护送下起程南下,途经蛮汗山区、穿过杀虎口北部日伪封锁线(途中云生福、明正、昭元离队返回),经偏关到达晋西北根据地,然后经晋绥根据地领导机关驻地兴县,由兴县渡黄河进入陕甘宁边区,于7月末到达延安。不久,他们也都进入陕北公学学习,其中的蒙古族青年编入五十五队,汉族青年编入五十七队。

此外,1939 年 11 月,塔拉(李明)、李景山、李新民和金玉等人,从大青山绥西万家沟出发,在云浦(时名李才)和一排部队护送下出山越过铁路线,然后自行南下,经哈拉寨、榆林进入陕甘宁边区。

1940 年底,浩帆、潮洛蒙等 4 名青年,在绥西万家沟与奉调赴延安学习的干部贾力更、赵诚、李森、孔飞会合。因日伪军进山扫荡,他们随姚喆司令员亲自率领的部队转移到井儿沟抵抗日伪进攻,贾力更在带领浩帆等人突围时不幸牺牲。浩帆等随姚喆司令员转移到绥东之后,在一个排的兵力护送下南下穿过封锁线,进入晋西北根据地。他们复经一二〇师师部驻地兴县,西渡黄河到达延安,由中共西北工委接待后,进入陕北公学民族部学习。

综合各种不同记载,抗日战争时期奔赴延安进入陕北公学、民族学院等学校学习的土默特蒙古族青年有：奇峻山、李桂茂、布赫(云曙光)、云曙碧(女)、云照光、云生格、云琳(女)、巴增秀(女)、李永年、云成烈、云晨光、朱玉珊、张玉庆、云林秀、云祥生(云世珍)、荣志忠、云世英(刘金)、云志安、李文精、成义、云北峰、黄静涛、黄静波(女)、王淑英(女)、李勇(女)、李青(女)、墨志清、锐军(云瑞俊)、张财旺、赵维新、李银标(李应标)、徐史、云志厚、胡铁林(荣钟麟)、李存义、赵青山、成少江(成德仁)、赵永胜、云曙芬(女)、任斌(女)、陈浩、云一立、王宏烈、塔拉(李明)、李景山、李新民、金玉、浩帆、潮洛蒙、赵俊峰(赵有蝉)、达成义、李生、业石础、云清(女)、云丽雯(女)、李自勉、赵戈锐、李芬(女)等人。

以各级领导干部身份奉调延安学习的土默特籍蒙古族干部有：奎壁、李森、赵诚、张禄、寒峰、克力更等人。

乌兰夫则担任过民族学院行政管理和教学领导职务。

三

1939 年 9 月,第一批来自绥远敌后的土默特蒙古族青年来到延安。中央十分重视培养他们的工作,西北工委与陕北公学领导专门进行了研究。一开始,他们被编入五十七队学习,该队大部分学员是从内地国统区来的汉族学生。大约两个月后,发现这些蒙古族青年文化较低,程度又参差不齐,多数是小学文化程度,还有一些没有上过学的半文盲,只有个别的读过初中。同时,他们的生活习惯、民族风俗也与汉族学员明显不同。为了照顾这些蒙古族青年的特点,西北工委与陕北公学领导协商决定,将他们单独编队,组成第五十五队,又称蒙古族青年队,单独进行教学和生活管理。这些蒙古族青年对单独编队非常高兴,认为这是党中央对蒙古族青年的特殊关怀。

组织上对蒙古族青年非常关心,对他们的生活给予了许多照顾。西北工委专门给每个学员加发了一块毡子和一条棉被。大青山根据地党政领导机关还从节约的行政经费中给学员们发一些补助。

教学工作方面,在陕北公学总的教育方针指导下,五十五队指导员王铎和学校领导认真研究,制定了适合该队特点的教学方针和课程内容,确定要以培养蒙古族抗日革命干部为目标,把学员们尽快培养成为抗日的骨干和优秀的民族工作者。通过教学,使学员获得一定的文化知识,了解社会发展规律和中华各民族解放的道路,掌握抗日游击战争的一般知识和规律,懂得马克思主义的民族理论和中国共产党的民族政策,培养学员树立革命的人生观和艰苦奋斗、敢于斗争的革命精神。

根据蒙古青年队的思想和文化特点,在课程设置上确定以文化课和政治课为主课。文化课以增加汉文识字和提高阅读能力为重点,按文化程度的高低分三个班授课。文化课专门配备一位教员,名成也兢,是位女同志。她讲课非常认真、耐心,反复领读、讲解,很注意知识性、思想性和政治性,经常结合课文内容向学员们讲解一些自然和社会知识,灌输革命道理。政治课总称是政治常识,分为社会发展史、中国革命运动史、中国民族和党的民族政策、党的基本知识、抗日战争的形势、抗日民族统一战线和根据地政策等内容。政治课主要由王铎讲授,在讲课中力求坚持理论联系实际的原则,尽量联系抗战的实际和学员的思想。通过学习这些课程,使学员们在掌握文化知识的同时,也了解许多革命道理,使他们树立革命的人生观,坚定正确的政治方向。

除了基本文化课和政治课,还有学校不定期举行的时事政治报告,即全校的大课。这些大课除本校的领导和教师做报告外,还经常请中共中央的负责同志来讲国内外的形势和马克思列宁主义的基本理论等等。毛泽东、张闻天(洛甫)、任弼时、陈云、李富春、王若飞等中央领导人,都曾在陕北公学做过报告。这些大课和报告,对蒙古族学员们开阔眼界、提高觉悟、增强胜利信心起了重要作用。

五十五队的学员大多是土默特蒙古族青年,由于历史的原因,其中多数人已不懂蒙古语。只有上过土默特小学的才学过一点蒙古文,但程度也不高。根据中国共产党的尊重少数民族使用本民族语言文字的权利的政策,党培养的民族干部应该有运用自己民族语言文字的能力,以承担更广大内蒙古地区的民族工作。所以学校一开始就把学员学习蒙古语文作为贯彻党的民族政策,提高学员文化水平和工作能力的一个重要方面。带领第一批蒙古族学员来到延安的张禄还针对许多学员的畏难心理和认为实用性不强等认识,耐心细致地做思想工作,增加了他们学习蒙古语文的兴趣和自觉性。

当时,学员们的学习和生活条件非常艰苦。五十五队学员住的窑洞又矮又潮,每个窑洞里有一条大炕,是打窑洞时预留的大土台子。学员们上山拔一些茅草铺在炕上,能睡七八个人。每个窑洞里有两个土墩子,两尺来高,上面放上一块木板,有两盏小油灯,作为晚上学习的桌子。学员们上课没有教室,没有课桌,窑洞前的土坪就是课堂,墙壁上挂一块木板,每人发一个小板凳,大家就在土坪上听老师讲课。学校只发给很少的学习用具,如每人一支蘸水笔和铅笔,还有一些毛边纸、马莲纸、有光纸,学员们必须特别珍惜,想法节省着使用。

虽然条件十分艰苦,蒙古族青年学员们学习积极性却很高。一些文化程度较低的学员,学习更为刻苦。如李桂茂是土默特旗毕克齐镇人,出身贫寒,母亲得了重病无钱医治而死,父亲在煤窑中被土匪开枪打死。他怀着朴素的政治觉悟和意识来到延安,决心多学习些文化知识和革命道理,改变自己和其他穷苦人的命运。所以,他学习非常认真刻苦,除了课堂上努力听讲外,一有时间就勤学苦练,他的那个马莲纸练习本总是每一页都写得密密麻麻的。功夫不负有心人,由于刻苦努力,他的文化水平提高得很快。

还有一些有一定文化基础的学员,特别勤奋好学,积极主动,读起各种教材和革命书籍如饥似渴。如墨志清学员,入学不久很快就阅读了艾思奇的《大众哲学》,苏联的哲学和政治经济学著作,《世界革命史》等基本教材,以及苏联的革命小说《毁灭》《钢铁是怎样炼成的》等等。五十五队指导员王铎发现他特别好学,就建议他读书要力求系统、深入,"要改进学习方法少而精,每读一本就要读懂,弄明白书里说的意思"。王铎同志还根据墨志清学员的特点,征得学校领导的同意,把他和其他文化程度较好的蒙古族学员,调到了程度较高、更注重理论学习的六十三队深造。

陕北公学生活艰苦,学习紧张,但学员们精神饱满,气氛非常活跃、愉快。李维汉校长倡导学生自治,成立学生会,负责学员的课外文体活动和伙食管理。蒙古青年队由学员选举队长协助指导员管理全队的生活。李永年、奇峻山、李文精等人都当过学员队长,经常组织文艺、体育活动,与其他学员队之间常举行篮球、乒乓球、拔河等比赛,节假日还举办歌咏会、文娱晚会,使学员们的生活既紧张又愉快,很受大家的拥护。学员们除了学习,还经常参加生产劳动。他们自己动手打窑洞,开荒种地,砍柴烧炭。因为干得出色,曾被评为学校的先进集体。

蒙古青年队成立后的一年多时间里,原来还是半文盲的学员已经能阅读各种通俗读物,原来只是小学文化程度的学员也能够阅读一般的政治理论书籍,而最重要的是普遍提高了革命觉悟。

1940年上半年,陕北公学开始在学员中发展共产党员。经党组织的教育、培养和考察,王铎等教员先后介绍、发展了五十五队的奇峻山、云曙碧、云世珍(云祥生)、李自勉、云林秀等蒙古族学员入党,并在五十五队成立了党支部。陕北公学组建专门的蒙古青年学员队,为中国共产党进一步开展民族干部教育工作打下了基础,积累了经验。

1940年8月,陕北公学专门成立了培养各族文化艺术方面人才的学员队,招收汉族和少数民族中爱好文学艺术的青年。这个队课程设置有政治理论、民族问题研究、语言文学、戏剧、音乐、美术等。

少数民族文化工作队的成立,把培养少数民族革命干部的工作又向前推进了一步。

1941年6月,在蒙古青年队(五十五队)、少数民族文化工作队及中央党校回族班等的基础上成立的陕北公学民族部,主要是培养少数民族的政治工作、群众工作干部,同时也重视培养少数民族文化人才。民族部共设5个队,除了少数民族文化工作队,每个队有学员三四十人。随伊克昭盟乌审旗地方武装、骑兵营长纳逊滴力盖脱离国民党军队起义后来到延安的30多名蒙古族青年单独编为一个队,其余按文化程度编为3个队。文化程度高的队以政治学习为主,文化程度较低的队着重学习文化知识。

民族部开设了党的民族政策课,对学员进行马克思主义民族理论和党的民族政策教育。为了尊重蒙古族学员使用本民族语言文字的权利,对来自乌审旗的蒙古青年用蒙语上课。学员们的生活很简朴,每人每月由学校发给一元钱的津贴。为培养少数民族学员艰苦奋斗的作风,民族部经常安排学员参加开荒种地、养猪、放羊等生产劳动。

民族部成立不久,离开新三师来到延安的蒙古族领导干部乌兰夫(云泽),还专程前来了解民族部的教学和生活情况,特别看望了来自土默特旗的子女和亲友子弟。亲人相见,分外激动,很好地激励了这些学员的学习热情。

1941年9月,在陕北公学民族部的基础上成立的延安民族学院正式开学。开学典礼上学员们敲锣打鼓、张贴标语、出版墙报,有的还扭秧歌、演节目。民族学院的新校址大砭沟(文化沟),是延安重要的文化活动中心,有中山图书馆、文化俱乐部、自然科学院、西北文艺工作团等单位,具有浓厚的科学文化氛围。民族学院的机构设置也颇为正规,教育处负责全院的教学管理、课程设置、教员配备、教材编定,教学法研究和学员的学业考查等等,还下设教务室、注册室、图书馆、阅览室。

延安民族学院的课程设置是遵照它既定的教育方针,根据学员们不同的文化程度和以前学习过的课程情况进行安排,既有统一性,又有灵活性。其普通班重点开设的课程分三大类:一类是文化课,包括汉语文、自然常识、历史地理、体育、生理卫生、音乐等方面的知识。学员的文化水平未达到初中程度的班,就以学习文化课为主,兼学政治常识。二类是政治课,包括社会发展史、中国革命运动史、马克思主义民族理论、党的民族政策、党的基础知识等。学员的文化水平达到初中程度的班,就以学习政治课为主,同时兼学更高一级的科学文化知识。三类是少数民族语文课,设有蒙古语文课和藏语文课。蒙古语文课由包正言(包彦)和王铎担任。随纳逊滴力盖营长来延安的伊盟蒙古族学员不识汉文,用的是蒙古文课本。

研究班学员都是高中文化程度,政治理论课是他们学习的重点,有马列主义基本理论(包括哲学、政治经济学、科学社会主义)、世界革命史、中国革命问题、民族理论和民族政策、统一战线理论、党的建设、根据地建设等。

这些课程紧紧和当时的抗战实际相联系,和各民族的历史及其实际生活相联系,和学员的思想实际与文化程度相联系。在教学过程中,采取启发式和灵活多样的教学方法,努力做到理论联系实际,强调少而精,循序渐进,多做个别的辅导帮助。对各民族学员都指定专门教员进行具体辅导。

延安民族学院以"平等民主、团结友爱、艰苦奋斗"作为各民族师生员工学习、生活的共同准则,树立新的校风。根据马克思主义各民族一律平等的原则,各民族学员之间平等相待,互相尊重,不允许有任何的民族歧视。学院内,从院长到教师,从干部到学员,同学习、同生活、同劳动,平等民主地讨论问题。各民族学员都参加学校的管理,学院的一切重大事情,如教学计划、学校管理等,都让学员了解,让师生员工参加讨论,每个人都有权对学校的工作提出批评建议。全体学员还民主选举成立学生会,协助学校搞教学和生活管理,在班级组织出墙报,开展各种有益的文体活动。

为了活跃学习生活,学生会还办起了师生俱乐部。俱乐部开办的时候,学生会还专门致信毛泽东同志,请给题词,结果第三天就收到了毛泽东题写的"团结"两个字。学员们欢呼雀跃,把题词张挂在俱乐部正中墙壁上,作为鼓舞各族学员团结互助、努力学习的动力和座右铭。

民族学院对各少数民族学员的宗教信仰和风俗习惯,给以充分的照顾和尊重。在学校里,蒙古族和藏族学员可以举行跳神舞,回族学员有单设的回民灶,并可以到清真寺做礼拜。还在陕北公学时期,蒙古青年队的学员就参加过延安的蒙古文化促进会的活动。1941年3月,蒙古文化促进会举行了"成吉思汗纪念日大会",八路军总司令朱德和从绥远敌后前来的蒙古族干部奎璧先后讲话。朱总司令赞扬了成吉思汗是民族英雄,同时对那些自诩为民族英雄的汉奸进行了无情的痛斥。奎璧在讲话中强调,少数民族只有在中国共产党的领导下,只有解放整个中国,才能得到自己的翻身解放。参加这些活动,聆听这样的领导讲话,使蒙古族学员们增强了民族自豪感、自信心,提高了政治觉悟。

民族学院的文娱体育活动丰富多彩。学员们在紧张的学习之余说说唱唱、蹦蹦跳跳,登山、拔河。每逢节假日,学员还举办文娱晚会,组织一些有文艺特长的青年登台演出,到街头表演秧歌剧。蒙古族学员云世英、黄静波、达成义和蒙古族教师克力更等人都是文娱活动的骨干。蒙古族师生们曾排演了《夫妻送公粮》《兄妹开荒》等小歌剧,并且到定边、盐池城乡演出,受到当地民主政府和群众的热烈欢迎。

延安民族学院的学员和教职员来自五湖四海,来自国内各个少数民族。他们都是为了寻求抗日救国的真理走到一起来的。在抗日救国这个共同的政治基础上,大家坚决贯彻党的民族政策,民族学院组成了一个平等民主、团结友爱的大家庭。各民族师生之间相互尊重,互相爱护,亲密无间,和睦相处,充满革命情谊。当时的民族学院《校歌》,成为各民族学员团结奋斗的共同心声。各民族学员就是唱着它走上勤奋学习的岗位,然后又唱着它奔向英勇抗日的前线。这首校歌的歌词是:

> 我们是中国真正的主人,
> 汉、满、蒙、回、藏、苗、彝,
> 亲密地团结在一起,
> 今天是各民族学习的伙伴,

明天是革命战斗的先锋。

同志们让我们携起手来,

高举起革命旗帜,

迈步走向平等、幸福、各民族团结的新中国。

主要参考文献

《回忆与研究》(上、下),李维汉著,中共党史资料出版社,1986 年。

《高克林回忆录》,内蒙古人民出版社,1988 年。

《乌兰夫回忆录》,中共党史资料出版社,1989 年。

《五十春秋》,王铎著,内蒙古人民出版社,1992 年。

《回忆延安》,内蒙古政协文史委,1991 年。

《延水情深》,内蒙古政协文史委,2001 年。

《宝塔之魂》,远方出版社,2002 年。

（原载《延安之路——纪念中华人民共和国成立 60 周年》,内蒙古大学出版社,2009 年。有删节）

乌勒吉敖喜尔传略

——革命与战争年代

乌勒吉敖喜尔（又作乌勒吉敖其尔），本名布彦陶格陶呼，汉名乌献文，曾用名乌树德。乌勒吉敖喜尔是他从事地下工作时所用化名，后一直沿用，成为正式名字。姓蒙古乌梁海氏，1902 年 5 月（旧历四月）出生于内蒙古卓索图盟喀喇沁右旗公爷府西南的桥头湾子村（今属赤峰市喀喇沁旗）一个家境已败落的贵族塔布囊家庭，是蒙古先祖成吉思汗麾下名将者勒蔑的后裔。当时全家 19 口人，约有百余亩土地。父亲生有十子一女，他排行倒数第二，但六子一女均早夭，只有最小的四个儿子存活下来，长大成人。

10 岁时，他被过继给一位无子嗣的同族农户，开始参加农田和饲养家畜的劳动。15 岁时，继父病故，因不能自立门户，又返回生父家庭。由于两位兄长都可在家务农，他开始与幼弟乌恩其在村中私塾半农半读。其后，插班进入本旗官费高等小学，即内蒙古近代史上有名的崇正学堂读书。

大约 1920 年夏，在北京蒙藏学校读书的同乡、高年级同学特木尔巴根回家乡，到崇正学堂宣传反对本旗王爷——时任北京中央政府蒙藏院总裁兼卓索图盟盟长的贡桑诺尔布与日本人勾结，要订立出卖蒙旗土地合同，在本旗青年学生和知识阶层中造成很大影响。次年北京政府要求各省区选举新一届国会议员，乌勒吉敖喜尔即与本校青年学生一起拒不投票选举在北京追随贡王的本旗人张文（蒙古名阿育勒乌贵，为第一届国会议员）、李芳（亦为第一届国会议员）等人，初次参与了社会政治活动。

1923 年夏，乌勒吉敖喜尔与十几名本旗青年一起赴京，考入官费的蒙藏学校读书。同时在这所学校读书的，还有来自绥远土默特旗的李裕智、多松年、云泽（乌兰夫）、云润、佛鼎、奎璧、吉雅泰等许多人。这一时期，李大钊、韩麟符等中国共产党北方党组织领导人，在蒙藏学校及其他旅京蒙古族青年中的宣传鼓动和发展组织等活动十分活跃。除了荣耀先(上级生)、李裕智、多松年、云泽等土默特进步学生之外,可以确知当时已在蒙藏学校内外从事中国共产党领导的革命活动的喀喇沁旗蒙古人,即有乌子贞(又作吴子征、吴文献)、白海风、王瑞符(又名王秉璋)、特木尔巴根等多人。崇正学堂时的同学乌子贞,很早就向乌勒吉敖喜尔宣传过俄国十月革命、外蒙古独立等革命思想和信息。1923 年冬,学校放寒假时,乌子贞陪同韩麟符和一位外蒙古革命者达瓦到喀喇沁旗宣传革命。乌勒吉敖喜尔参加了他们召集的会议,乌子贞和韩麟符还提出介绍他去广州进黄埔军校。次年春开学以后,韩麟符带领乌勒吉敖喜尔、白海风和荣耀先等到天津报考黄埔军校,均被录取,但因他患重感冒无法承受海轮颠簸,未能成行。不久,王瑞符顶替他的名额赴广州,成为黄埔军校第二期学员。

1924 年冬寒假回家,乌勒吉敖喜尔到仅距十几里远的特木尔巴根家聚谈,后来又同行返回北京,一路深谈,听特讲了许多十月革命、内蒙古也应自治等革命道理,同时也动员他去广东或外蒙古这些革命、进步的地方继续求学。

1925 年 5 月,特木尔巴根前往外蒙古,从北京临行前,从车站给乌勒吉敖喜尔写来一封信,要他随后也去张家口,找内蒙古人民革命党负责人白云梯,转赴外蒙古。乌勒吉敖喜尔偕佛鼎、张福恩三人到张家口,通过当时在外蒙古工作、奉派给冯玉祥当翻译的同乡巴达尔虎(霍冠英),乘坐国民军的汽车前往外蒙古。内蒙古人民革命党驻库伦(乌兰巴托)代表接待了他们,把他们送到蒙古人民革命党的党务学校学习,与先期到达的特木尔巴根及赵诚等会合。当时在蒙古红军学校学习的,还有德勒格尔(宁春发,克什克腾旗人)等许多内蒙古革命青年。经特木尔巴根介绍,乌勒吉敖喜尔入党校就被承认为内蒙古人民革命党党员。同时,他还加入了蒙古人民革命青年团。同年 10 月,内人党在张家口正式召开第一次代表大会,特木尔巴根与会之后才带来党证。

在蒙古党务学校学习五个月之后,乌勒吉敖喜尔考取赴苏联进入莫斯科东方共产主义劳动大学学习,同行的有特木尔巴根、德勒

格尔。同一时期在东方大学学习的内蒙古人还有朋斯克、郝尔劳
（白永伦）、陈荣久（陈定华）、佛鼎、张福恩、汪瀛洲等，内地汉族向警
予、曾涌泉等；在中山大学学习的则有云泽、云润、张良翰（汉族）等。

1927 年暑期，共产国际驻内蒙古人民革命党代表奥琪洛夫与东
方大学联系，准备调白海风、白永伦和乌勒吉敖喜尔回国工作。同
年 8 月，三人到乌兰巴托，以东方大学学生代表身份出席了内蒙古人
民革命党中央扩大会议（又称特别会议）。在这次会议上，乌勒吉敖
喜尔见证了在共产国际代表主持下，内人党中央批判并解除白云梯
（中央执行委员会委员长）、郭道甫（中央执行委员会秘书长）等主要
负责人的领导职务，组建新的中央领导机构的历史时刻，并当选为
中央执行委员（伊克昭盟"独贵龙"运动领导人之一孟和乌力吉任中
央委员长，白永伦任秘书长，福明泰、布尼雅巴色尔、白海风等任中
央常委，同时当选中央执行委员的还有云润、纪松龄等）。

1928 年 4 月，乌勒吉敖喜尔和纪松龄回国来到察哈尔地区，先
在西四旗（今乌兰察布市地区），后至东四旗（今锡林郭勒盟南部），
开展联络、调查和宣传组织工作，先后建立组织关系、共同工作的有
傅贤德、莫杰（孟和吉尔格勒）、乌云毕力格、纪贞甫（纪松龄侄）等。

1928 年 9 月间，乌勒吉敖喜尔突然接到内人党中央调令，返回
乌兰巴托在内人党总部工作，负责安置处理呼伦贝尔青年党暴动和
乌兰察布盟乌拉特前旗（西公旗，今属巴彦淖尔市）内人党革命武装
失败后退入外蒙古的问题。由于共产国际所能提供的经费有限，乌
勒吉敖喜尔通过外蒙古与国内有关方面多方联系、设法，经过约一
年的努力，才将他们分别遣送回国。为了维持这些人在乌兰巴托的
生活，乌勒吉敖喜尔与白永伦等还组织剧团演出，售票筹款。在内
人党总部工作期间，他还负责接待了往返于国内的奎璧、李森等人。

1929 年秋，受内人党总部派遣，乌勒吉敖喜尔与德勒格尔回国，
准备回察哈尔地区与纪松龄一起开展工作。他们与负责昭乌达盟
工作的汪瀛洲等二人一起从游格吉庙入境，先来到克什克腾旗德勒
格尔的家。不意这时听说他在喀喇沁旗的家被热河军阀当局"查
抄"，父母和两个哥哥也不知下落，德勒格尔即劝他先回家看看。他
临到家附近时才得知，是因父亲先后同大户、高利贷者打官司失败，

家产均被罚没。于是,乌勒吉敖喜尔设法安葬了刚去世的母亲和二嫂,找回了避居在外的父亲等家人。这期间,还前往喀喇沁中旗(今宁城县),找到负责卓索图盟工作的陈庆云、张福恩,了解工作情况,建立了联系。1930年阴历春节过后,得知已于1929年偕朋斯克等一同回国负责开展哲里木盟工作的特木尔巴根正探亲在家,即前去联系、会面。特木尔巴根向他提出,由于是从苏蒙回来,目标大,不宜久留,在与德勒格尔取得联系之前,先随特去哲盟协助工作。于是,两人即辗转来到科右中旗乌勒吉敖喜尔的一位远房亲戚家,先后找到乡村塾师和小学教员的公开职位,掩护开展地下革命活动。

1931年"九一八"事变发生后不久,在外活动的特木尔巴根突然来信,说日军将要占领沈阳,要他尽快到沈阳会面。他赶到沈阳未找到指定联络人,且日军已经占领沈阳,只好返回科右中旗。1932年4月,接到特木尔巴根通知后,离开科右中旗,来到科左中旗由特发展加入内蒙古人民革命党组织的哈丰阿家里。不久,朋斯克向共产国际汇报、请示工作后回来,向特木尔巴根、乌勒吉敖喜尔和哈丰阿、阿思根等转达了共产国际的指示:要潜伏起来做长期斗争的准备,设法打入军队、地方官署和教育等各界。于是,乌勒吉敖喜尔即随哈丰阿等一起打入正在筹建的伪兴安西省设治局(驻开鲁),同时协助哈丰阿与白永伦、汪瀛洲、陈荣久等开展昭乌达盟地区的内人党活动。他们新开辟了从开鲁经北平(北京)转外蒙古与共产国际联系的路线,由朋斯克通过在北平的内人党总联络员德勒格尔,与共产国际及其驻北平代表潘可夫(旺克夫)取得联系。他们还以培训新职员的名义,在伪兴安西省公署开办了行政训练班,招收有一定文化的年轻人,从中培养发展了一些内人党员。乌勒吉敖喜尔白天讲授国际法等课程,晚上曾讲授列宁的帝国主义论。这期间,白永伦、陈荣久先后病故。1933年,德勒格尔派来包彦与乌勒吉敖喜尔取得了直接联系。

1936年3、4月间,日本特务机关拘押特木尔巴根,审讯曾去苏蒙之事,同时也在搜捕朋斯克。哈丰阿闻讯后即通知乌勒吉敖喜尔尽快潜逃。乌勒吉敖喜尔考虑到特、朋为何被缉捕情况尚不明,急忙逃离反会引起怀疑并影响到特、朋,就沉稳未动。德勒格尔得悉这一情况，即委派乌勒吉敖喜尔的弟弟乌恩其（为内人党从事秘密联络工作）通知他离开内蒙古东部，按原来部署转赴西部区工作。乌勒吉敖喜尔乘兴安西省公署裁员之机辞去伪职，辗转设法出伪满洲国境之际，在通辽碰到了同受共产国际领导的包悦卿。包悦卿当时在为德工（德穆楚克栋鲁普）的蒙古军政府招兵，即请他留下一同工作，打入德王的蒙古军。当时同他一起搞招兵工作的，还有由特木尔巴根发展入党的内人党地下工作者关保扎布。

约至 1936 年 12 月，招兵工作结束，乌勒吉敖喜尔即先后以蒙古军第 2 军第 8 师中校参谋的职衔随新兵到达多伦。不久，又以第 2 军军部副官身份采购办公家具的名义前往北平，与德勒格尔接上联系。他向德勒格尔详细汇报了这几年在东部区工作的情况，并随德勒格尔见到共产国际代表旺克夫，进行了两次详谈。乌勒吉敖喜尔向旺克夫提出，想按照当时惯例（即中断学业派回国内工作者，二、三年后可调回继续培训学习）赴莫斯科继续完成东方大学学业，同时提出了加入苏联共产党的问题（德勒格尔、特木尔巴根、朋斯克等均为苏共党员）。旺克夫表示，组织问题上，加入苏共已不可能，乌勒吉敖喜尔已经是没有党证的（中国）共产党员，可以帮助他办理手续。在工作问题上，旺克夫指示他继续并准备长期潜伏在伪军中工作，利用职务之便搜集和传递情报，掩护秘密交通线，保护、接送往来人员。同时强调指出：掌握军权后绝对不能向苏蒙军开战，不得伤害中共领导的武装，如果实在办不到，就允许你脱离伪军；对抗日的国民党军队也尽量避免冲突，而且在伪军中不要轻易发展内人党组织。旺克夫还布置说：将给他介绍毕力格巴图尔（化名姚瑞庭）和阿拉坦嘎达苏（化名道尔吉，汉名鄂伯川，达斡尔族）协助工作。

大约 1937 年 4 月，乌勒吉敖喜尔再次来到北平，将奉命设法搜集到的较详细的伪满洲国日文地图交给了德勒格尔。德勒格尔传达了共产国际的指示，决定给内蒙古东、西部（开鲁和乌兰花）各配备一部无线电台，以便联络和传递军政情报，并且介绍与毕力格巴图尔见了面。同年"七七"事变之际，乌勒吉敖喜尔收到秘密转来的电台，因局势紧张无法脱身，就托人将电台送到开鲁他表侄那苏图（内人党地下工作者）处，交由哈丰阿等负责使用。

"七七"事变之后,日本帝国主义侵占内蒙古西部,在归绥(呼和浩特)成立了以德王为首的伪蒙疆政府。1939年蒙疆政府迁驻张家口,但伪蒙古军总司令部一直设在呼和浩特(时称厚和豪特)。在伪蒙古军中,乌勒吉敖喜尔先后任第1军司令部第一科(分管军风纪)科长、第8师参谋长、第6师参谋长、军官学校教育部长、总部参谋处长(先后二任),按照共产国际的指示,积极开展各种地下活动。

1938年2月,德勒格尔经呼和浩特前往外蒙古汇报、请示工作,从此一去未返。乌勒吉敖喜尔与共产国际和内人党中央的直接组织联系一时中断。同年夏,朋斯克等奉命经呼和浩特赴外蒙古向共产国际汇报工作,乌勒吉敖喜尔派人护送他出境。1939年夏,毕力格巴图尔从天津地下工作岗位调回内蒙古西部,在呼和浩特与乌勒吉敖喜尔和阿拉坦嘎达苏(时在蒙古军第8师任职)接上关系,从此时常会面,通过毕力格巴图尔也与八路军大青山根据地有了间接的秘密联系。

1941年夏,曾与乌勒吉敖喜尔有过秘密联系,并曾参与将无线电台送至开鲁的内人党地下工作者吴相文叛变。隐藏电台的那苏图在开鲁被捕,电台被搜获,随后特木尔巴根也受嫌被捕。两人虽受酷刑拒不招供,几个月后均获释,但从此受到长时间严密监视。乌勒吉敖喜尔接到哈丰阿的密信通报后,立即设法转告了阿拉坦嘎达苏和毕力格巴图尔,并要求毕力格巴图尔马上躲避起来,在没有他的"案情"确讯之前不能前来。由于吴相文的告密和他同特木尔巴根、那苏图的关系,以及他本人曾"留学"蒙古的经历,日本特务机关很快将他也传讯和监控起来。面对威逼,乌勒吉敖喜尔采取以攻为守的策略,首先承认日特已掌握了的蒙古"留学"经历,承认为了"民族利益"去过蒙古工作,但坚称早已隔断联系,更否认与开鲁电台案有任何干系(吴相文不知乌与此电台的直接关系)。因无确实证据,乌勒吉敖喜尔即被软禁起来,允许"正常"上下班,但不得自由活动。几个月之后,日本顾问突然令他率领蒙古军一部,在9名日军教官"协助"下"讨伐"经常在呼和浩特西郊活动的八路军,企图借此予以考验。乌勒吉敖喜尔利用熟悉地形及日本教官的专横巧为周旋,使这次"讨伐"徒费几天工夫,与八路军几次"擦肩"而过而没有发生冲突，最后无功而返。事后，随行的日本教官虚报与八路军作战战果，使得乌勒吉敖喜尔的软禁境遇被解除。

1944年3月间，驻大青山山后的伪蒙古军第9师（原第8、9师合并改称）师部人员在出巡时被国民党鄂友三部突袭，师长、参谋长等均被击毙。时任总部参谋处长的乌勒吉敖喜尔奉命前去师部驻地武川县六合营子收拾残局，处理后事。不久，即于4月1日被任命为第9师师长，并于同年5月1日到职。他先后以整顿军纪为理由撤换了两个亲日团长及一批旧军官，任用许多有反日倾向和有正义感的进步军官，其中包括已陆续被他和阿拉坦嘎达苏、关保扎布等发展吸收为秘密革命者的超鲁（警卫排长）、巴图敖其尔（军医）、武能齐（连长）、杨桑扎布（22团团长）等。由此，很快有效地控制了这支主要由蒙古族官兵组成、堪称伪军中精锐主力的骑兵部队。当时，阿拉坦嘎达苏任第9师中尉军需官，关保扎布已调任驻百灵庙的伪防卫6师直辖骑兵大队大队长并代理师参谋长。

约1944年8月，乌勒吉敖喜尔设法与毕力格巴图尔重新取得联系。为避免与八路军发生冲突，同时也由于国内外战局的变化，开始筹划反日革命起义，要求毕力格巴图尔与大青山八路军尽快联络。一两个月后，毕力格巴图尔带回八路军负责人的讯息称：上级指示，因为现在日军还有一定实力，为避免损失，暂时不要把部队拉出来起义。并转达暗语指示："你们借的牛，现在不要还，上秋再还。"有了以上默契，1944年5月之后直到抗战胜利，与八路军大青山部队比邻交错的伪蒙古军第9师，从未与八路军发生交火冲突。

1945年5月，乌勒吉敖喜尔与阿拉坦嘎达苏到呼市与毕力格巴图尔开会研究了法西斯德国已战败投降后的局势，并讨论了下一步工作计划。三人的分工是，阿争取在蒙古军第7师（驻固阳）中进一步发展力量，毕负责与八路军取得联系，乌设法探询伪蒙疆军政上层对时局演变的态度。之后，毕力格巴图尔即到大青山根据地汇报了他们的工作情况和下一步计划。

1945年7月下旬，乌勒吉敖喜尔来到呼和浩特并了解到伪蒙古军已准备投靠国民党傅作义，乌即去伪蒙疆政府所在地张家口，私下会见了德王，试探他对日本战败后出路的态度。德王表示还是先与国民党联络,而不能与共产党和外蒙古联系,"我们和外蒙古虽然是一个民族,但主义不是一个"。为防备对他早就心存疑忌的伪蒙古军总司令李守信的加害,他连夜乘火车赶回呼市。见到毕力格巴图尔后,因情况紧急,毕提请他尽快离开呼市,不要等与八路军取得联系,快点把部队"拉出去"。

8月5日之后,乌勒吉敖喜尔返回六合营子师部,他随即以同八路军打游击战的名义,通过日本教官从呼市要来山炮和八辆卡车的弹药,电话通知驻百灵庙准备起义的防卫6师骑兵大队(相当于团)大队副田福(受当时在呼市因病住院的关保扎布委托)立即率部开赴六合营子,同时派人到驻乌兰花附近的蒙古军直辖骑兵队(团级编制)联系,动员队长敖特根(黑河)也率队随同起义。

8月10日,乌勒吉敖喜尔召集排以上军官开会,正式宣布起义,并拟开赴远离百灵庙经武川至呼市大道的乌兰花集中,对日本教官则通过翻译谎称要出去打游击。很快防卫6师起义部队从百灵庙抵达六合营子,与9师会合,向乌兰花进发。9师3个团、防卫6师直属大队和直辖骑兵队共计5个团2 000余人,在乌兰花会集之后,召开排以上军官大会。乌勒吉敖喜尔宣布起义成功并将部队改称为内蒙古人民革命军,将企图反抗的日本教官击毙一人、拘捕二人(后转交苏联红军)。

为与八路军取得联系,乌勒吉敖喜尔曾多次派出信使,但送信的人均被跟踪包围上来的国民党鄂友三部截获。国民党派来的招降使者,则被乌勒吉敖喜尔以各种理由坚拒。当派去与苏蒙联军联系的超鲁等人领来苏军代表时,受中共绥蒙政府副主席杨植霖委派的毕力格巴图尔和塔拉也随后到达。杨植霖代表绥蒙政府主席云泽(乌兰夫)将起义部队命名为内蒙古人民解放军第一军第一师,并给乌勒吉敖喜尔颁发了师长委任状。在与杨植霖等于四子王旗韭菜沟举行的会谈中,由于先期到达的苏军代表的坚持,起义部队只好东调苏蒙军控制区内的商都。乌勒吉敖喜尔向苏军代表提出自己的共产国际地下工作者身份,但一时难以证实,起义部队不得不接受苏军前线指挥员的指令,按照战时敌区武装未确定敌友之前一律先缴械,不按俘虏对待的原则,全部被交出武器。之后,经蒙古人民共和国内务部代表的提议，中共绥蒙区政府同意，起义部队开赴蒙古人民共和国整训。为寻找组织关系，证明个人身份，乌勒吉敖喜尔也与毕力格巴图尔一同乘苏军司令部提供的汽车前往蒙古。

乌勒吉敖喜尔在商都期间，一些聚集在苏尼特右旗德王府、温都尔庙的原蒙疆政府官员和激进的蒙古族青年，在苏蒙军支持下筹备建立内蒙古人民共和国临时政府。毕力格巴图尔和苏军代表均向乌勒吉敖喜尔提议，赴蒙古路过时可以去看一看。结果到温都尔庙后他即被邀请参加会议，并被推举为这个政府的军事部长，但乌勒吉敖喜尔既未就任，也未参加这个政府赴蒙代表团的活动。

乌勒吉敖喜尔到达乌兰巴托后不久，蒙古方面与当年共产国际驻北平代表旺克夫取得通信联系，证明了乌勒吉敖喜尔革命者身份。蒙古方面想让他和所有起义部队留在蒙古工作。乌勒吉敖喜尔为率部回国参加人民解放战争，直接给乔巴山写信要求，才批准他先带部分官兵回国。1946年1月1日，乌勒吉敖喜尔和关保扎布（病愈后至蒙古会合）等率领全副武装的120多名官兵进入内蒙古东苏旗境内，然后开进西苏旗南部与察哈尔正黄旗（今察右后旗境内）、商都县交界处的吴家村（蒙古名查干宝格都，今属商都县）。2月，乌勒吉敖喜尔来到张家口，随同蒙古人民共和国内务部首席苏联顾问尼古拉耶夫会见了八路军晋察冀军区司令员聂荣臻、政治部副主任蔡树藩、司令部副参谋长曾涌泉（当年莫斯科东方大学同学）及内蒙古自治运动联合会领导人乌兰夫。尼古拉耶夫代表苏蒙正式将这支部队移交给八路军晋察冀军区。经各方协商，将这支部队命名为内蒙古人民游击队（师级架子），乌勒吉敖喜尔任司令员，关保扎布任政治委员。内蒙古人民游击队党政关系隶属自治运动联合会，军事上受晋察冀军区指挥，由第七（察北）军分区负责后勤供给。当时的主要军事任务是，保护化德至二连的中、蒙、苏交通线。由于这支部队兵力不足，乌勒吉敖喜尔从察北军分区请调两个连进驻德王府，归他指挥，配合完成任务。

驻吴家村时，乌勒吉敖喜尔率部积极帮助支持了附近的自治运动联合会乌兰察布盟分会和陶集县、内蒙古游击大队等地方党政军组织的工作，建立了良好的军政关系、军民关系和蒙汉民族关系，有效地保障了中蒙联络通道的畅通。这期间,他还亲自指挥了哈布其勒庙战斗,巧施计策,利用夜暗诱使敌人互相射击,以只有 60 人的兵力击溃了国民党鄂友三部 12 旅和四子王旗保安队 600 余人。

1946 年 4 月初,内蒙古自治运动统一会议在承德召开,史称"四三会议"。会议决定增选扩大自治运动联合会领导成员,乌勒吉敖喜尔当选为联合会执行委员和执委会常委。根据会议决定,内蒙古东西部民族革命武装统一整编为内蒙古人民自卫军。内蒙古人民游击队改称自卫军第四支队(相当于师级),他任司令员(政治委员关保扎布)。

1946 年 6 月,国共全面内战爆发。解放军晋察冀军区冀察军区(二级军区)政委刘道生(时司令员空缺)将乌勒吉敖喜尔招至商都当面指示说,局势将有重大变化,你们要尽快招兵扩军,继续坚持现地(察北—锡察地区)斗争,晋察冀军区将给你补充一批装备和经费,以后可能就顾不上支援你们了。乌勒吉敖喜尔随后来到张家口,接洽受领经费、武器的同时,也与内蒙古领导人商谈了今后工作。乌兰夫向他提出加入中国共产党问题,他即请党组织对其日伪时期从事地下工作的历史尽快予以审查,并作出结论,以排除入党问题的阻碍。

1946 年 9 月下旬,由于国民党军大举进攻,晋察冀领导机关南撤口里,自治运动联合会北撤贝子庙(今锡林浩特市)。绥远省东部(即原巴彦塔拉盟、乌兰察布盟东部)和察哈尔省南部解放区被国民党军队占领,曾接受内蒙古自治运动联合会领导的一些蒙旗上层中的右翼分子及其控制的武装也纷纷叛变。乌勒吉敖喜尔指挥的内蒙古人民自卫军第四支队,经招兵扩军整训后,离开吴家村,开始了保卫锡察巴乌解放区的游击战争。

为了适应自卫战争的需要,1946 年 11 月 7 日乌兰夫主持召开了内蒙古自治运动联合会第六次常委会议,决定成立巴(彦塔拉)乌(兰察布)军区,以便统一指挥该地区部队,任命乌勒吉敖喜尔为该军区司令员。军区下辖自卫军骑兵 11 师(由原自卫军四支队编成)、12 师、17 师。乌勒吉敖喜尔兼任骑兵 11 师师长,关保扎布任政委。

从全面内战爆发到 1946 年末，乌勒吉敖喜尔直接指挥的 11 师部队，在察哈尔盟南部沿边地区和绥远省东部大青山后地区，长距离游击作战，有效地打击了各地各旗县反动武装的反叛和肆扰，阻滞了国民党军队的大举进攻。他于 12 月 12 日亲自指挥的哈毕日嘎战斗，在骑兵 16 师一部兵力的配合下，一举攻占收复这个察哈尔盟中部重镇，摧毁了设在镇里的国民党察哈尔盟政府。

1947 年 1 月，乌勒吉敖喜尔接通知离开部队北上，与自治运动联合会主席乌兰夫等领导人汇合，一同前往内蒙古东部王爷庙（今乌兰浩特市），参加筹备和组建内蒙古自治政府。他们行抵昭乌达盟林东时，由乌兰夫、奎璧介绍，乌勒吉敖喜尔正式加入了中国共产党。同年 4 月，在王爷庙自治运动联合会执委扩大会议上，乌勒吉敖喜尔作了关于内蒙古西部地区军事工作的报告。在随后召开的内蒙古人民代表会议和临时参议院会议上，他分别当选为参议员和内蒙古自治政府委员。

由于乌勒吉敖喜尔长期从事共产国际直接领导的地下工作，后来又一直在远离后方、信息传递非常困难的战争前线指挥作战，所以对国际局势的风云变幻，对中国共产党关于内蒙古民族解放的新的基本方针和政策，缺乏足够的了解。因而，他在思想认识上仍然恪守着二三十年代共产国际（包括中国共产党）提出并曾付诸实践的，在缺少资本主义因素的少数民族中组建本民族政党领导革命斗争的原则精神。在这一特定背景下，当他到达王爷庙后，对"四三会议"后东部区内蒙古人民革命党的解散感到不理解，曾向党内领导层提出恢复重建内人党的问题，后经党内说明解释转变了看法。与此同时，由于对他长期坚持地下革命斗争的经历懵然无知，加上有些人有意识的歪曲历史的谗言，一些刚参加革命的激进青年曾对他的"复杂"历史进行了错误的攻讦和指责。但他并没有因此而气馁，依然坚守信念，满腔热情地回到前方，率领部队在条件极其艰苦的锡察地区与国民党反动派作战，曾受到上级晋察冀军区的通令嘉奖。部队在商都北部地区坚持斗争时，干部集体曾受到冀察热区党委的一等功嘉奖。

内蒙古自治政府成立后，乌勒吉敖喜尔前往蒙古人民共和国，联系、带回了仍滞留在那里的毕力格巴图尔及原"八一〇"起义部分官兵,以及蒙古援助的一批枪支弹药。1947 年 7 月,他返回前线后,继续指挥 11 师部队流动作战,打击各地反动组织和武装,阻击国民党正规军的进攻,保卫和巩固锡察解放区。期间他先后担任了解放军察北蒙汉联军副司令员和联军北线指挥部司令员,东北冀热察军区察北军分区副司令员(以乌献文列名)。在他直接指挥的战役、战斗中,捣毁国民党锡林郭勒盟政府的陶高图庙之战堪称充分显示其军事指挥才能的典型战例。1948 年 1 月下旬,他指令 11 师 43 团在几百里之外佯动,给敌造成错觉,自己亲率本师 41 团和 16 师 5 团连夜长途奔袭,拂晓时到达并包围了西苏旗南部的陶高图庙。盘踞在陶高图庙的国民党锡林郭勒盟党政军首脑人物,认定解放军距离很远,头一天请喇嘛念保安经之后,摆宴席大吃大喝,倒头沉睡。当我主攻的 41 团指战员徒步占领庙殿,枪已打响之后,敌人才清醒过来,但大部分敌人很快即被击毙和俘虏。此战生俘国民党锡盟党部书记长、保安团长,两名旗长,一名蒙藏委员会委员兼保安大队长,以及旗保安队长以下近 100 人,在军事上、政治上均取得重大胜利。

1948 年秋,解放军华北野战第三兵团发动大规模察绥战役,察北军分区和内蒙古骑兵 11 师等部统归三兵团指挥。11 师部队奉命配合野战军进行了宝源(今宝昌)康保公路阻击战和南壕堑阻击战,有力地阻击了敌数百辆汽车部队的大规模进攻,并在地方武装配合下一度攻克了商都县城。

1948 年 11 月,平津战略决战打响。为配合野战大军围攻张家口,内蒙古人民解放军(由自卫军改称)组建锡察军区,由乌勒吉敖喜尔任司令员,统一指挥内蒙古骑兵 11 师(毕力格巴图尔接任 11 师师长)和 16 师。在他的直接指挥下,骑兵 11 师等部历经张家口以北的狼窝沟一线阻击战、七里河追击战、涕波起山追击战,并西进追击逃敌至商都地区,胜利完成了上级交付的战斗任务。

1949 年初,乌勒吉敖喜尔奉调离开他亲手创建指挥并且已从地方性游击部队转变为正规野战骑兵的内蒙古骑兵第 11 师(不久改称第 4 师),转到地方工作。同年 4 月,被正式任命为内蒙古自治政府交通部第二部长,9 月接任部长(后改称交通厅、厅长)。1960 年 6

月,调任内蒙古政府新组建的经济委员会(第一)副主任。1963 年 2月,调任建设厅厅长,直到"文化大革命"爆发。十几年间,他又为内蒙古自治区交通运输业和其他社会主义经济建设事业,贡献了自己的力量。

"文化大革命"当中,乌勒吉敖喜尔无可避免地受到严重冲击和批斗,"反革命修正主义分子""走资本主义道路的当权派""民族分裂分子""内人党骨干分子"等罪名难以胜数,并且被长期拘押和"军事管制",在监禁中身心受到严重摧残和伤害。1972 年 12 月被解除军管,恢复自由,但种种罪名并未完全解除。

"文化大革命"结束,改革开放以后,乌勒吉敖喜尔于 1980 年重新恢复工作,出任内蒙古建设委员会顾问。1983 年 9 月,因年迈正式离职休养。由于他的早期革命经历一直未能得到公正解决和确认,他自 1982 年起即不断写材料申诉,并几次亲赴北京上访,约见当年战友曾涌泉、吉合等获取证明材料。1984 年 7 月,中共中央组织部正式下达文件,决定他的参加革命工作时间,从 1925 年 5 月算起。

1987 年庆祝内蒙古自治区成立四十周年之际,已经 85 岁高龄的乌勒吉敖喜尔以副省级(离休)领导干部身份登上了全区干部大会主席台和"大庆"庆祝大会主席台,历史终于承认了他在内蒙古革命和民族解放斗争中的元勋地位。

1989 年 4 月 27 日,乌勒吉敖喜尔因病逝世。内蒙古党政领导机关为他举行了隆重的遗体告别仪式,称他为"中国共产党优秀党员、久经考验的忠诚的共产主义战士"。内蒙古党委书记王群,政府主席布赫(兼副书记),副书记张丁华、千奋勇、巴图巴根(兼人大主任)、石生荣(政协主席)等内蒙古党政主要领导人均出席了告别仪式。在由布赫宣读的乌勒吉敖喜尔的"生平"简介中,又进一步明确指出:"他为创建我国第一个民族自治区做出了重大贡献。"

(原载《中国人民解放军内蒙古骑兵第 4 师历史丛书(之二)·资料选编》,内蒙古大学出版社,2008 年)

关于民族史研究的视角问题

在今天我们中国的历史学界,所谓民族史,指的就是汉民族在人口上占多数,聚居地域和历史文化都处于中心地位的多民族国家中的少数民族的历史。这些少数民族不仅人口较少,历史文化积淀相对较弱,而且多分布、聚居于偏僻、边疆地区。我们学界的另一个基本共识是,凡属今天中华人民共和国——近代以来形成的中国版图范围内历史上存在过的民族共同体(民族、部族、部落……"族群"),都属于中国民族史学科的研究对象,而无论它当时是否属于中国传统(正统)中原(中央)王朝的版图之内,或其统治管辖之下。进一步说,既然我们研究的是历史上存在过的民族群体,那就不可能也不应该局限在今天的或历史上任何王朝的版图、国界之内。这个版图之内的民族,或者是某一历史民族群体在版图之内的那一部分我们才研究,迁徙或跨在版图之外的那一部分就不作为研究内容,或者予以简化、淡化处理。这样做显然在学术上是有问题的。你既然研究的是历史上存在过的民族群体,就应该客观和完整、全面地了解和描述。如果不顾这一民族群体自身的存在状况,而是以某一历史版图分界线划割,这个群体的形象就很难是完整的、全面的。

不被史料的"文本"(此处指的是它的出自不同民族、群体、社会阶层作者和文字种类记载)的主观倾向性牵着鼻子走,是历史研究者的常识。从事中国的民族史研究,也就有一个注意不被居于强势的汉文史料"文本"牵着鼻子走的问题;观察历史事物的视角,注意不被囿于中原王朝的长安、洛阳、南京、北京的问题。比如我们前面有一个茶杯,想要观察到它的整体,就应该不仅从我坐着这个方向看,还应该看到我这个方向看不到的另一面、另几面,这样我们才能对这个茶杯有一个完整的印象。这其实不是多么复杂的道理。多侧面、全方位地看这个历史群体本身,才能得其全貌,才能客观真实。如果面向你的一面你就多了解,不(未)面向你的一面就忽视、忽略以至排除,弄不好就会是瞎子摸象,有意无意地陷入误区,造成某种历史的片面或偏见。

比如说,称雄整个蒙古高原几百年的匈奴,衰落以后一部分西迁了,一部分南下融于中原汉族了, 一部分留在蒙古高原融于后来兴起的北方民族了。由于匈奴自己没有文字,西迁后的广义西域也没有留下什么文字记载,我们的研究基本上靠的是汉文史料。从我们(中原—汉籍)的视角看,匈奴这个群体消失了,它的历史也就终结了。但其实这个民族群体还在,至少在蒙古高原以西的西域,它自己的历史还应该存在了很长时间。中外学界很早就讨论出现在西方的"匈人"是不是匈奴,但即使"匈人"与匈奴没有直接关系,匈奴这个群体依然是这一时期的客观存在。只不过这一时期的匈奴与中国(中原)"失去"联系,不再是中国的民族史了。

继匈奴之后统治过整个蒙古高原以至更广地域的突厥,则与匈奴明显不同。第一,它有自己的文字,留下了许多突厥文字的碑刻,包括后来的回鹘也是这样。再有,突厥这个民族群体不管它是不是西迁的,操突厥这个语言的众多"族群",到今天还生活在整个中亚、西亚、土耳其(在其本民族语言里,土耳其=突厥)。不管是直接还是间接关系,他们都应该是古代(中国北方)突厥的后裔、"族群"传承。唐以后,突厥这个民族群体名称逐渐从汉籍史料中消失,或融于中原汉族,或以其他(分支部落的)不同名称出现。但这只能是中国史上的终结,中国的视角的消失,而不是这个大的民族群体的终结和消失。只是由于史料的限制,从汉籍中消失,多种西域文字掌握、释读又很难;并且限于"国界",都已变成了外国史。如果明确意识到这一点,回顾中国学界研究了多少年的突厥史,就会觉得它的多数仍是中国史单视角的突厥史,并不是这个历史上的民族群体的完整历史。即使这个群体在中国北方时期,对它的描述仍然不很完整、全面,而且往往不免单视角。

相比而言,古代东北的肃慎、渤海、女真、乌桓、鲜卑、契丹,学界对它们的研究尽管也不免单视角,主要靠的是汉籍史料,但可以说是相对完整的。因为别无他据,你想找到别处的、别种的文献记载太难了,而且这些民族的主要活动地域,一直都在中国版图(或称中国历史文化圈)之内,没有从视野中"消失"。

但对于古代的西域,新疆和"跨国"至中亚的一些民族,月氏、乌孙、大宛、康居、安息,都各自有相当发达的古代文明。由于汉文记载的限制,它们与中原王朝历史联系的程度,虽然广义上都可算作中国史上的西北民族,但即使是单视角,我们学界至今也很难描述它的较完整概貌。还应该提到藏族。西藏到唐代还是一个单独的历史民族群体,与唐朝有过著名的和亲,也有大规模的战争。它的文字是西边来的,宗教是西边来的,是从喜马拉雅山的那一边来的。西藏受中国、中原汉文化的影响,我们可以从中国传统文献古籍中看到,从藏族文字记载中看到,但它们所受到的来自西边的历史文化方面的具体影响呢?至少从我们学界的论著成果中看到的不多。

回到我们本民族的历史,也是我从事的学术领域——蒙古史。由于历史的原因,今天俄罗斯境内的鞑靼、卡尔梅克,早已经变成留在外国的蒙古人的后裔,离我们已经很远了。我们即使想了解和研究这些历史民族群体,也事实上变成了外国史的一部分了。但是就元朝时期而言,蒙古四大汗国都是以北京为首都的蒙元大帝国的组成部分,而且可以说是"纯"蒙古民族史的组成部分。限于史料(多外文记载)和历史视野(远离中国历史版图),金帐(钦察)汗国和伊利汗国的历史,国内学界的研究很少,即使在中国民族史和元朝史学科领域,也多处于边缘地位。但基本疆域虽然跨境,统治中心却长期位于今新疆境内的察合台汗国呢?刘迎胜教授的代表作《察合台汗国史纲》,无论从哪个角度都堪称国内外学界的顶级水平,也都应是蒙元史和蒙古民族史的主体内容。但多年来除了摘引、利用其具体成果(也不多),尚未见与这部书的学术成就大体相称的专门评介。也就是说,这样一部蒙元史主干内容的大作,事实上也被国内学界边缘化了。

再说卫拉特蒙古史。由于"沾"了20世纪60年代中苏关系恶化、要算苏俄历史旧账的"光",与沙俄侵华史密切相关的卫拉特蒙古史,从"文化大革命"后期就兴盛起来,1980年代达到了一个高峰期。然而从本人的识见而言,对卫拉特史,特别是准噶尔部历史的较系统知识，还是从 20 世纪 80 年代汉译本兹拉特金的《准噶尔汗国史》一书看来的。兹拉特金的这部书是 1964 年出版的，汉译本大约 35 万字。我们国内中国社会科学院民族研究所杜荣坤、马大正等前辈集体写的《准噶尔史略》，1985 年出版，24 万字，而且还大量吸收了兹拉特金《准噶尔汗国史》中的成果。这两部书分量上的明显对比，恐怕不仅仅是外文基本史料的掌握程度问题。

再以本人的识见举例。从沙俄侵华史的角度，俄国扩张势力 16 世纪下半叶越过乌拉尔山脉，17 世纪初开始频繁接触（纠葛、冲突）位于中国西北方、乌拉尔山东南的蒙古卫拉特诸部和喀尔喀札萨克图汗属下的和托辉特部；大约 1652 年（清顺治九年）打到黑龙江流域与清朝势力接触，复经几十年冲突、纠葛，雅克萨之战，最终于 1689 年在清代中国东北的西北角境外、今中俄界河额尔古纳河西边的尼布楚，签订了历史上著名的划分中俄东段边界的《尼布楚条约》。如果面前是清代中国地图或者整个北亚地图，当不免疑惑，强大的沙皇俄国向东扩张、侵略中国，为何舍近求远，不走中亚—新疆或者北亚（西伯利亚、贝加尔湖）—外蒙古（恰克图—库伦）（恰克图—库伦线与中亚—新疆线，恰恰是分别于 18 世纪初叶和 19 世纪中叶，成为中俄交往的主要通道）两条捷径，反倒备尝寒苦，跑到更远出几千里的黑龙江流域，与强大的大清帝国冲突、对抗了几十年？原因无他，就是横亘于沙皇俄国和明清中国之间的，是强悍的蒙古卫拉特、喀尔喀诸部。17 世纪初开始，卫拉特、和托辉特等部的使臣，后来是喀尔喀车臣汗、土谢图汗的使臣都先后去过莫斯科，受到沙皇的礼遇、款待。直到 19 世纪中叶，沙俄侵略者并没有从中国的北面和西北方占到多大便宜。在清朝北京的君臣眼里，大俄罗斯帝国的沙皇竟然屈尊款待蕞尔虏酋的使者，当会殊难索解，不免鄙夷。在传统、正统中原（中央）王朝史的话语系统里，卫拉特、准噶尔、和托辉特部阿勒坦汗、车臣汗，只有"（民族）分裂""（地方）割据"和"叛乱""（被）平定"的份儿。但欧洲的沙皇却没有大清"中央"王朝的意识，卫拉特、喀尔喀打不动，只好"友好"（通使），绕过去，到西伯利亚以东与清朝持续打了几十年，签订界约占了很大便宜。

再举一个蒙古史上与藏族有关的。了解蒙藏关系史的人都知道,藏传佛教格鲁派(黄教)第一教主达赖喇嘛和第二教主班禅额尔德尼都是蒙古人始封并传承下来的。土默特蒙古的阿勒坦汗封的达赖,和硕特蒙古的顾实汗封的班禅。达赖、额尔德尼都是蒙古语,并不是藏语、梵语或其他语言。我们一般的教科书有意无意地回避或淡化这个,只突出明清王朝的册封。似乎只有中原(中央)王朝的册封之后,他们才变成了我们今天知道的统治西藏的第一教主和第二教主。但基本史实应该是,阿勒坦汗(俺答汗)尽管只是蒙古一个万户(较大部落)的汗,他当时的势力已经扩张、影响到了青藏高原。他封了达赖(史称三世达赖)之后,达赖喇嘛借助蒙古的势力,才逐渐建立了在整个西藏的统治地位。① 班禅的情形也大体相近,和硕特顾实汗及其子孙几代拉藏汗,实际君临青藏高原数十年,某种程度上可谓西藏教主的"太上皇"。明、清王朝的册封,实际上只是对这两位"既成"教主的承认。明朝的统治力并没有达到西藏,它的册封其实是虚的。清朝陆续征服了蒙古各部,包括统治青藏的和硕特汗、台吉,西藏头上的那个"太上皇"就从蒙古汗变成了清朝皇帝,清朝皇帝是蒙古这种统治权的接替和延续。

再换个角度来说。我们平常总会看着中国地图来研究中国史,如果是看着亚洲地图、看着世界地图来研究中国史呢? 如果面前是个地球仪,可以随手旋转着看呢? 中国四周当时的情况是什么样? 反过来看看在世界历史上中国受到的不同文化影响,回过头来理解蒙古、理解中国,可能感受就不完全一样了。鲜卑、契丹都是东胡的后裔,都是蒙古的前身。契丹的辽朝和东面的女真人建立的金朝,都曾是蒙古高原的统治者。它们创制本民族文字都学了汉字的字形,可是蒙古兴起时为什么没学汉字,学的是畏兀儿(回鹘)、突厥系统的文字? 换句话说,成吉思汗刚崛起的时候,为什么没用统治过他们的契丹辽和女真金的文字呢? 或者用这些文字的字形、读音去创制本民族文字呢? 很可能辽、金时期契丹文、女真文根本就没在蒙古社会生活中使用过。待成吉思汗打败乃蛮、创建统一的本民族

---

① 承蒙沈卫荣教授的指正,达赖喇嘛确立统治权是五世达赖时才实现的。我原来模糊地以为三世已确立。

国家，才想起来创制本民族文字，而想到的首先是回鹘文，回鹘文字母。从这个意义上来讲，恐怕西域（突厥）文明对他的影响某种程度上更大一些。还有，当时蒙古高原最强盛的克烈部和乃蛮部都普遍信仰聂思脱里派基督教（景教）。尽管西方传说中远在东方的约翰长老，难以在历史研究中落实，但当时的蒙古各部确实有这个宗教信仰。为金朝守边的汪古部出土了许多属于天主教的文物，说明实实在在地受到了欧洲文明的影响，而且汪古部离金朝腹地又是那么近。

蒙元时期，普兰迦尔宾、卢布鲁克、马可·波罗等遥远西方的各界人士，不远万里前来，想要了解和联系这个东方的大帝国，留下了不少出自异种文化视角的丰富记载和极高学术价值的史料。然而，蒙古的汗王们怎么看待这些宗教信仰上并不那么陌生的西方传教士和旅行者？了解蒙元史的人都知道，蒙哥、忽必烈的母亲克烈氏唆鲁禾帖尼哈屯就是一位基督教徒。他们与这些西方来的异族人尽管也遥不相识，但态度和看法显然会与李志常、耶律楚材和刘秉忠、郝经们很不一样。简而言之，如果你换一个视角，多一个"心眼"，可进一步研究探讨的东西就会大为增加。

多年以来，我国的相关学界已在逐渐地、明显地摒弃着中国古代以来的汉族王朝"中央"、正统观念——汉族（王朝、文化）中心主义意识，试图用较广阔的视角来概括形成中国历史文明的丰富多元。有位学者讲到中国古代文明的多元时，画了一个稍扁的大圆圈，圆圈的上、下、左、右各套画了一个小圆圈。大圆圈代表华夏文明，四个小圆圈代表北狄、南蛮、西戎、东夷，意为中国的多元文化大体上是这样相互作用形成的。我看了之后引发的观感是，西边、北边的西域和蒙古这个圈，恐怕不会比中原这个圈小多少，而且是大幅度"跨国"的。西南藏族与印度古文明密切相关的文化圈，也应该有这么大。还有学者（姚大力教授）在今天中国地图上从黑龙江黑河到云南腾冲画了一条直线，以示意今日中国历史文明形成中大体以地域划分的两大来源，即农耕文化和非农耕文化，汉—华夏主体文化和非华夏文化的分界线。我的进一步观感则是，在这条线以西，北方蒙古高原（包括新疆、西域）的民族群体与南面青藏高原的民族群体,语系都不是一个。尽管后来打来打去,蒙古人把西藏的宗教几乎原样拿过去了。而且就外来影响而言,两个(组)民族群体都受到来自西边的影响,但蒙古受中亚、西域文明影响比较多,西藏显然是受印度文明影响大。换句话说,如果用"黑河—腾冲"线把中国划分为两大块文化区域的话,西、北部的文明"元"应该不止一个。在东、南部,汉—华夏古代文明像滚雪球那样越滚越大,把整个东北以至朝鲜半岛和日本都滚进去了。其实这个雪球在这条线的西、北滚得也相当厉害,只不过西、北所经受的雪球不止一个罢了。

民族史研究中的视角问题,远不止是简单化的观点和评价问题,它还会明显地影响你对史料的发掘和利用,对史料记载中一些单视角下可能视而不见却具有明显价值和意义的史事的敏感度。这里所谓的"多视角",如果用我们的学科语言来表述,也应该或本来就应该是客观、求实的历史科学的最基本要求之一。

(原载张志强主编《重新讲述蒙元史》,生活·读书·新知三联书店,2016年)

成吉思汗帝国史研究及其他

——答法新社记者问

[说明] 2006 年,是历史上成吉思汗统一蒙古高原各部,建立"大蒙古国"(习称蒙古帝国、蒙古汗国)的 800 周年。日前,法国新闻社驻北京记者何铭生(Peter Harmsen)就有关问题采访了内蒙古大学的白拉都格其教授。下面是白拉都格其(笔者)接受采访回答问题的基本内容,提交本刊发表时,由笔者对原有即兴谈话在文字和内容上做了一些润饰和补缀。

答(白拉都格其): 首先需要说明的是,我是一个专业史学研究者,对您所提问题,只能从本专业的角度、个人的角度回答,可能与一般新闻媒体和国内外社会各界关注的角度不同,不符合希望和要求。再就是,今天我们的谈话是即兴式的,事先没有多少准备,手头也无相关资料可供查索,所以对您的问题的回答,只能是大致的、概括的,一般不列举较具体的史事,相关细节也不一定十分准确。

问(记者): 您认为,近年来中国的历史学界对成吉思汗及其帝国史的研究,有哪些新的、重要的进展?

答: 谈到某一史学研究领域的动态和新进展,需要对这一领域的研究史有所了解。众所周知,成吉思汗早已是世界史上具有重要影响的人物。对他和他所建帝国的研究,除去中国的传统史学,从西方("西域")具有一定近代史学方法的研究算起,粗略推算也已不下 200 年了。也就是说,经过中外各国学者多代人的努力,它的学术积累早已相当深厚。其学术积累的厚重,可以体现在以下几个方面:

一是相关历史记载的"文本"方面,包括对蒙古、汉,中、外各种相关民族的文字记载,也包括对相关文物考古发现物的搜集、发掘、整理、校勘、出版和利用,成果已颇为丰厚。若以某种矿藏来比喻,可以说经过中外各族人成百年的努力,这种矿产资源的挖掘开采,以致提炼、加工和利用,就目前已知而言,几近枯竭。

二是对成吉思汗及其帝国的基本"经历",在已知史料的基础上,几乎所有相关的、较重大的史事,都已经过了相当程度的勘核、考证,有了相当翔实、具体的揭示和叙述。也就是说,在(重大、基本)史实揭示的"资源"开发方面,也已殆尽。

三是对成吉思汗及其帝国的历史地位、作用和影响的阐明、论述方面,"虚"的,政治性、主义性的评价和看法,出自各不相同的民族背景和社会背景的人们,当然会仁者见仁、智者见智;而其"实"的,也即历史上实实在在存在过的具体作用和影响,也已被前人学者勾画、罗列得差不多了。譬如:哪些技术发明被由东传到西,哪些宗教文化、语言文字由西传到东,等等。

还想补充的第四点是,由于前述三方面的积累,明显抬(垫)高了这一专业领域本已不低的学术门槛。想要踏入这个门槛,并且真想学有所成,其所需具备的专业基础条件,除了一般的历史学知识和功底外,还须有古代蒙古及其他相关民族语言文字、历史文化等多方面的基本知识,从文物考古学到广义文化(民族)学等相关学科的基本知识;因其早已成为国际性学科,为了充分了解海外各国学者的新近成果,还应该掌握比其他专业领域所需更多的现当代外国语文,等等。

这里谈论的这种丰厚学术积累的形成,当然是很概略的,而且只是个人的看法。成吉思汗及其帝国史研究,作为一个牵涉面很广的、国际性的人文学科领域,还远远谈不到它的"终极真理"。比如,可能您已经注意到了,近来在中国的许多书店里,有关蒙古史各个方面的图书较多,其中仅以"成吉思汗"及相关最重要史籍"蒙古秘史"为题的各类著作,就有多种。不过,按照我个人的看法,这些新近似呈繁荣的许多学术或半学术著述,大体可分为两类。一类是一些知名学者多年积累成果的再版(包括外文汉译)或新近辑集问世。

第二类多属新著(包括史籍校译、综合传记等),比起前人成果也有程度不同的新意或进展。但这些新意和进展大多只是枝节性、细节性的,或变换立论角度对已知基本史实的重新归纳、阐述,还难以称得上在(中外前人已形成的)较高学术层次和水平上有明显的、重大的突破性进展。当然还应提到,在中国近年人文学科领域"环境污染"严重的局面下,蒙古史领域也出现不少翻炒冷饭、抄袭拼凑,并无专业素养的标新立异等可称为"泡沫学术"和"文化垃圾"式作品。

谈到这里,我愿意借手头之便送给您两篇分别出自我读硕士研究生时的两位导师,也是国际知名蒙古史学家之手的专题学术论文:一篇是亦邻真的《成吉思汗与蒙古民族共同体的形成》,一篇是周清澍的《成吉思汗生年考》。它们同时发表在纪念成吉思汗诞辰800周年之际的《内蒙古大学学报》(1962年第1期)上。这两篇论文专业性极强,一般读者恐怕很难有兴致卒读。我想说的是,它们虽然只是两位学者各自丰硕成果的"之一",而且已是四十多年前的旧作,但两文中的最基本成果,包括史料的释读、引用,史实的考证和揭示,经缜密论证所得基本结论,至今无人撼动和超越。之所以乐于将两篇论文推荐给您,是想让您阅后能有个初步了解或大体印象:从事本专业领域的研究,需要具备怎样深厚的学术功底和丰富广博的专业知识;中国学界的代表性学者及其成果所已经达到的学术水平和高度。

问:作为历史学者,您怎样看待成吉思汗及其历史王朝?对成吉思汗及其帝国史的研究,还有哪些重大问题尚未解决?如有新的学人要进入这一研究领域,你对其研究课题(如博士学位论文)的选择有何具体建议?

答:这(第一)个问题太大了,涉及对成吉思汗及其帝国的总体评价。在这里,我只能极概略地谈谈个人的一点最基本看法。对于蒙古民族来说,成吉思汗实现了其祖先众多近亲部落的政治统一,使蒙古这个历史民族共同体得以形成,并且使她极强盛地崛起,称雄于世界民族之林。对于蒙古的周邻民族、北亚(内陆亚细亚)和中国历史文化圈来说,成吉思汗及其帝国极大规模地、空前彻底地打通了各个政治实体、民族共同体之间的隔阂、壁垒,实现了政治统一和经济、社会、文化各个方面的广泛而深切的交往、交流和交融。对于亚欧大陆和整个世界来说,同样是造成了历史上空前规模和程度的,各个民族和地域之间极广大的政治统一和极广泛的交往、交流和交融。比如古代沟通亚欧大路的"丝绸之路",在统一、广大的蒙古帝国之下,曾经是毫无人为险阻的畅通坦途……

毋庸讳言,成吉思汗及其继承者的这些历史业绩和贡献,伴随的是草原贵族的暴力、残酷、压迫和奴役。而且这种暴力和残酷,对于社会文化背景不同的异民族来说,尤其后果严重、史痕深刻。然而也应指出,这种历史的局限性并非成吉思汗们所独有,无论是罗马的恺撒、法国的拿破仑、俄罗斯的彼得大帝,还是中国的秦皇、汉武,康乾盛世("统一大业"),其历史功业无不以暴力和残酷铸成,对于被征服和统一的异民族,同样是史痕深刻。同时还应看到,比起西方中世纪的天主教廷、十字军和中国史上的焚书坑儒、文字狱,成吉思汗及其继承者对于众多异族宗教和文化,则是相当宽容和兼容的,中国(汉语)文化史上极为璀璨的元曲和元代书画即是明证之一。

对于您问到的还有哪些重大问题有待解决,我首先想到的是何谓学术上的"重大问题"。一般说来,所谓某一史学领域的对象体系"问题群",只能从现有、已知史料(历史遗存物)的总量出发去探索和构思,也即只能从所占有的资源(原料)量来估算产成品数量的可能性。尽管我前面已谈到,成吉思汗及其帝国史的学术研究积累已相当丰厚,但由于蒙古人(作为游牧民族)自己的历史遗存物(文献记载和考古发现物)为数相对很少,所能勾画描绘的历史图景,比起拥有丰富历史记载的中国(中原、汉族)王朝史研究,还只能算是粗线条的轮廓。所以,我对这个问题的回答是:如果从成吉思汗帝国的时空范围、历史地位和世界性影响来说,我们尚未了解的史实和重大问题,简直是太多了。而在另一方面,除非有新的重要的史料发现,我实在举不出本研究领域还有哪些具有全局性、根本性的重大问题等着我们去揭示和解决。

至于选择新的、具有一定学术分量(如博士论文)的研究课题,我一时很难提出较具体的建议。但鉴于自己对这一学术领域总体状况的了解,仍可以对欲入此门并且确有诚心和志向者提两个最基本的建议:一是打好本学科专业所需的各种基础和功底(这一点比其他同类或相关专业领域本已有更高的难度和要求）；二是注重学习和掌握各交叉、相关学科的基本理论和方法，特别是国内、国外各新兴学科的理论和方法。有了这两条，再加上一般史学研究所应具备的充分占有史料和充分了解国内外动态、成果，你自然会很容易地发现本研究领域中有待解决并且可能解决（具备解决条件）的、具有一定学术水平和创新意义的课题。

问：成吉思汗及其后裔对中国历史有何主要贡献？

答：我在回答上一个问题时，已经概略地涉及、回答了这个问题，也即空前规模和程度地促成了当时大体上的现今中国版图内的各个民族间政治、经济、社会、文化各个方面和领域的交流、交融、互学、互补……成吉思汗及其后裔、蒙元帝国对中国历史发展的贡献，当然还可以举出许多方面，这里不便也不必要更多展开讨论了。我觉得在这个问题上，中国学界研究概括得比较好的，可以举出老一辈蒙古史、元史大师韩儒林主编的《元朝史》（上、下册，人民出版社，1986 年）。

问：近年来，有愈来愈多的人不仅对成吉思汗的武功感兴趣，对他的"治国方略""管理才能"也很感兴趣，你对此有何看法？

答：成吉思汗能够建立地跨亚欧大陆，包括诸多民族共同体的庞大帝国，所凭借的当然不仅仅是武功。但成吉思汗帝国的政治统治制度相当简单、质朴。中央政府的执政官只有一个断事官（札鲁忽赤），职掌领户登记、分配和纠纷审断，其他许多职能则是由大汗的侍卫军（怯薛）执事官直接执掌的，远不及中国中原王朝庞杂细密的制度体制和高度发达的政治文化，比如从三省六部到郡县制，从科举选官到治术、"官场规则"……

一般来讲，所谓治国方略、管理才能，是要以其制度的建立、法令的制定及其施行或更张为具体体现的。所以我的看法是，成吉思汗的军政统驭才能，其帝国的制度、法令，当然有其游牧民族、草原贵族的鲜明特色。但如果我们拉开历史的距离，以今天、21 世纪的眼光来看，无论从中国（也包括欧亚各古国）古代史意义，还是中外近代意义上，都谈不到可资参考、借鉴的，成吉思汗的所谓"治国方略"或"管理才能"。

不过，在这个问题上也不是完全"无话可说"。就成吉思汗及其继承者的实施军政统驭的理念而言，其突出特点是绝不、毫不固守陈规、独尊"某"术，而是开放、兼容，因地制宜，因俗而治。用俚俗语言来说，就是谁(们)的好学谁的，谁(们)的(对我)有利就用谁的。这种开放的、兼容的理念和心态，则是今人可以借鉴和发扬的。

问：近来一些中外学者对成吉思汗葬地所在提出许多疑问，并且有地在内蒙古的具体说法，你的看法是？

答：这对我们来说早已不是或根本不是问题。不仅我们(内蒙古的蒙古史界)，包括全(中)国和国外，真正属于蒙古史学术界或对其有切实了解的人，也都不是问题。因为它早已在十几年前，由我的导师亦邻真教授的一篇论文《起辇谷和古连勒古》(《内蒙古大学学报》蒙古文版 1987 年第 3 期，《内蒙古社会科学》汉文版 1989 年第 3 期)，科学地、缜密地考证解决了(今蒙古国乌兰巴托以东 200 余公里的曾克尔满达勒一带)。可以补充的是，继这篇论文发表数年之后，他的另一位学生宝音德力根博士也发表论文(《成吉思汗葬地"大斡脱克"及相关的几个问题》，《内蒙古大学学报》蒙古文版 1995 年第 4 期，《内蒙古社会科学》汉文版 1997 年第 2 期)，对这个问题作了进一步的论证和阐发。

既然如此，为什么还会有不同说法出现，并且还有以长篇论文形式的详细论证呢？我的看法，一是上述"纯学术"论文还未能以普及、通俗的形式传播给更广大读者。其二，恐怕更主要的是，一些学术界、半学术界或自以为学术界中人，或者不知道有这样的前人成果，或者因其缺乏专业功底和学术素养，自以为可以推翻、驳倒前人而树立"新异"。其三也并非不重要，我们的某些相关媒体，恐怕也包括有相关职位的官员，对学术界及其成果缺乏必要的了解和尊重，却乐于"标新立异"，传播或助长传播某些低层次的"学术"新说。

问：已知成吉思汗已被国际上一些人们评为人类近 2 000 年历史上最具影响力的重要人物，你认为成吉思汗对我们当代有何重要意义和价值？

答：我在回答前面几个问题时，实际上已从不同侧面和角度涉及了这个问题。同时我也考虑，您这里所说的对于我们当代(人们)

的意义和价值,指的是什么? 如果指的是对成吉思汗留下的历史遗产、广义文化遗产(可以包括军事谋略、哲学思想、敬畏自然观念,以及政策、策略、措施、权术、治术等等)的某种借鉴或传承,我的看法是,他尽管极为伟大和杰出,毕竟是已逝去 800 年的古代史人物。对于又已经历了人类历史上空前的沧桑巨变的今人,他的具体遗产早已失去了直接借鉴或传承的意义和价值。

但同时我也认为,成吉思汗曾使蒙古人转瞬之间震撼了世界,留下永难磨灭的印迹,至今仍举世瞩目,毕竟有他的超凡之处。我想这就是:勇于冲破任何有形和无形的"传统"束缚;开拓、进取、创新、创造;无所畏惧、藐视一切,果敢坚毅、一往无前,坚韧不拔、百折不挠;开放的视野、开阔的胸襟,对多元文化的博采和兼容……这样的精神,精神力量和精神遗产,是我们众多今人所缺乏的,值得所有的人现在以至将来永远传承和发扬的。

问:感谢您接受采访,谈了许多个人饶有兴味的看法。

答:也感谢您的采访,感谢您对蒙古民族及其历史的关注,并且希望能够通过您的工作,使国际上有更多的人了解蒙古人的历史及其学术。

(原载《内蒙古师范大学学报》2007 年第 4 期)

新修清史体裁体例刍议

本人对整个清代史和中国传统史学史缺少专门系统的知识,所以只能就自己的视角谈几点粗疏的想法和建议。

关于编纂清史总的指导思想:通过报道和各种信息,参加两次专门研讨会,阅读相关材料,我的理解是,我们所讨论的"大清史",就是要在当今"盛世",继承中国优秀的史学传统,(象征性地)衔接二十四史。而要在十年之内写出几千万字,恐怕只能利用传统纪传体。如所周知,论述一代历史,就全面、系统地记录史实、保存资料而言,以人物为中心并包含志、表的纪传体更具优点。这也应是纪传体能够占据传统正史主流地位的原因。

当然,在现当代修史,中外早已通行的章节体更能体现时代特点。众所周知,章节体具有两个显著特点:一是更多地贯穿、体现着著者、主编的主观意识即所谓观点;二是为高度"中央集权"的统一体(纪传体、纪事本末体实际上是某种"联邦"体,《剑桥中国史》的框架也是"联邦"体)。经过近几十年的发展繁荣,我国清史学界已呈"众说纷纭"之势。不同观点、不同学派的存在,既是必然、亦属正常,更是好事。而倾全国学界之力"官修"清史,且不论如何统一组织和领导、统一意志和观点,十年之内几千万字又如何完成,更为重要的,如何体现"双百"精神、符合学术自身规律?

关于文体:尽管有各种理由,众说纷纭,但恐怕采用简练文雅的现代书面语是无从别择的必然。一则诚如许多学者指出的,现在大约六十岁以下、未受过传统国学基本训练的同仁,有多少能熟练地、"原汁原味"地运用哪怕是清末民初的文言体?又会有多少普通读者(恐怕包括大多数大学生)将被拒之书外?进而如果"宏观"地看,在五四运动近百年之后仍袭用文言体,将无法面对陈独秀、胡适、鲁迅、毛泽东、邓小平……这些"脱胎"于"文言体"的先贤。

"旧瓶"的改造:在复经百年巨变后重修清史,完全用"旧瓶"显然难以容纳"新酒"。在《清史稿》的框架上只做勘误，纠正观点和量的充实，将失去斥巨资重修的价值和意义。而对"瓶子"的改造，最主要的目的是弥补公认的纪传体本身的缺陷，即一代大势、全局和一些重大事件、历史性变化，无总体脉络和全景构画。所以，我赞同许多学者增加"总叙（综述、概述）"和一些重大事物纪略的意见。但有所不同的是，总叙和纪略均应为纪、志、表、传本体的弥补，而不是纪传体加章节体的混合体。因为纪传体原本就是一种综合通史体，若与篇幅较大的章节体捆在一起，难免各说各话、互为两张皮，很难协调地分工合作于一部整体大书。愚以为，白寿彝《中国通史》虽有创新意义，但至少其清代、民国两部，长篇综述与典志、传记间难以协调吻合，及传记的篇幅不小而人物过少，都是明显的体例体裁缺陷。所以我认为，无论总叙、纪略，每篇均应在三五万字和十万字左右，高度概括全貌并蕴含历史性评价，相关具体内容、细节均留给纪、志、表、传。在这方面，《中国大百科全书》的各朝代、时期的总条目，可作为较成功的参考借鉴。下面进一步申述理由。

总叙既是一代通史的全面概括，也反映着全书的总体涵盖和编纂者的主导思想、基本观点，并且对全书具有指导性作用。因而其撰写不宜与各子项目"齐头并进"，应完成于总体工程启动之初，或定稿于全部书稿完成之后。若将其定位于十万字左右，无论率先或殿后，均不会对全书进度造成大的影响。若拟为数十上百万字，本身即构成一部章节体通史，体裁上不仅难免出现"两张皮"，其指导性作用也很可能变成替代性，重复、重叠，以至相互脱节，不相照应和吻合。

如果说总叙是简明的章节体，纪略则可类于纪事本末体。我的意见是，作为传统纪传体体裁缺陷的弥补，仅列几个相对于清朝的独立政权是不够的，纪略应涵盖纪、志、表、传所难于体现其全（概）貌的各类重大事物。同时，由于本书是一部完整的一代通史，所以一些跨时（朝）代重大事件也应容纳于本书纪略。其叙事重在本朝，其源流则可从简、从略。至于有的学者提出纪略（外记）仅收南明、太平天国，并提出以有纪元年号、国家机构为收录标准，愚以为不妥，此方法不无循旧"正统"之嫌（包括外记之"外"）。南明只是已衰亡的明王朝的残喘,而如准噶尔民族政权虽无纪元年号和三省六部,却实际"独立"统治了新疆及中亚地区百余年(民族志中难以合理地"量体"容纳此内容)。

综上理由,纪略的建议篇目(篇题待斟酌)为:

后金(女真兴起至清朝建立、入主中原,含统一漠南蒙古);大顺;大西;南明;郑氏台湾;三藩;喀尔喀;准噶尔;和硕特(青藏);雅克萨之战与《尼布楚条约》;鸦片战争;第二次鸦片战争;中法战争;甲午战争(含日侵东北、占台湾);八国联军;俄侵北疆(含东北、新疆);英侵西藏;太平天国(附捻军、西南各族反清);西北回民反清(含阿古柏叛乱);洋务运动(实含 19 世纪近代资本主义的产生、发展);戊戌维新;义和团运动;清末新政;辛亥革命(其中的"独立"政治实体,均含清朝的征服、统一、镇压过程)。

关于"新酒"的酿造:以《清史稿》为参照系,基本原则当为摒弃于社会历史无大意义的帝王仪威类内容、无直接关系的纯自然性内容,增加被轻视、忽略的经济、社会、文化、科技、外交(外来侵略)、少数民族等方面的内容。在这一弃取原则下,大的类目中本纪由皇帝为事主改为大事编年即可,传记主要是具体人物的去留增补,需要调整改造并大为充实的重点则在志、表的类目,特别是增加能够体现"旷古巨变"即近代化内容的类目。另一方面,新清史虽旨在取代《清史稿》,但《清史稿》作为一代旧史仍然存在,仍有其存在价值。同时,《大清会典》《古今图书集成》等更为详尽的相关资料性图书也依然存在。所以,一些不符合新史收录标准而仍有其一定资料价值的旧史的类目及其内容,包括资料性较强而难以修订增补的类目,新史尽可照标准剪裁,而不必实际上是基本照搬旧史,以致影响自己的标准和新意、时代性。囿于识见,谨略陈几点具体意见和建议:

1."志"

(1)由于不尽符合收录标准,应删、并、略天文、灾异、时宪、礼、乐、舆服诸志,只酌情概括地保留灾荒、历法和能反映清代特点的主要礼乐、舆服。

(2)旧艺文志实为书目,并不符典志体例,并且另有《清史稿》艺文志补及《四库全书总目》《贩书偶记》等书,旧艺文志的资料性价值亦无几。可新辟印刷出版志（含报刊、新闻）取代。

（3）食货志是重点改造、扩充对象。除保留、改造、充实原有篇目内容之外，应新增能够反映、容纳近代生产力、生产关系内容的实业志等类目。

（4）其他旧志主要是调整、修订、补充的问题。如选举志实为科举取士、职官选任和考绩，本与职官志属同类，可否简略其内容附属于职官志？而依近代观点，将学校列入选举亦属不当，应新增教育志将其纳入。邦交志应更名外交志并大为扩充，并可将旧属国传中相应的邻国关系内容并入。同时，还应注意它与拟议中的相关纪略之俄侵、英侵、日侵诸专篇的"分工协作"问题（若将俄侵北疆、英侵西藏、历次中外战争等均纳入外交志，外交志不仅会无限膨胀，亦难符志体）。

（5）建议增加以下各志，粗略想到的有：八旗志，民族志，宗教志（含"洋教"），实业志，科技志，教育志，新闻出版志，学术志（人文社会科学），社团志（即同盟会等，另设会党志以容天地会、白莲教），风俗志，文学志，艺术志等等。其中，民族志应以当时族别立篇（可附注其今日族别）；应包括旧土司、藩部各传的相应内容，并以在清朝的史事为主。若将清朝征服统一准噶尔、和硕特等的整个过程（即拟专篇列于纪略者）纳入其中，也会像外交志那样难以合理"容身"。而从内容编排、篇幅设计的角度看，最难把握的恐怕是风俗志。因为风俗本身所包涵的内容即广又泛甚费斟酌，而且不仅汉族、满、蒙、回、藏等族依地域分布也是千差万别。

2. "表"

（1）纪、志、表、传本为分工协作，为与新增、充实的各志内容相配套，初步想到、建议增补的表主要有：中外条约表，商埠、租界表，外国使领馆表，工矿企业表，铁路、邮电（线路、网点）表，主要书院、新式学堂表，主要报刊表，（清末）社团表等等。

（2）以《清史稿》为参照系，简化皇子、公主、外戚、诸臣封爵表，将藩部世表简化为藩部封爵表（即只列何部旗何爵位），将交聘年表改为中外使领年表。因已另有钱实甫的《清代职官年表》，各职官年表不宜扩充，但似应增补"同级"的八旗都统表和乌里雅苏台、库伦、科布多等地的蒙古办事大臣、参赞大臣表（可附于相应的满洲将军、大臣表之后）。

3."传"

（1）人物传的类编调整难度较大，但忠义、孝义、烈女等显然应摒弃。同时认为不宜单设妇女类，因为清代社会尚不存在"妇女界"。应将其重要人物（收录标准可放宽）归入各相应类编，如慈禧、孝庄应列入政界人物。

（2）旧史土司、藩部等传，实不符人物传体例。应将其部族性内容归入相关各志和纪略，而择其重要人物入传。

（3）各皇帝传，因其广义"政绩"已分见各纪、志、表、传，其篇幅也应视其他重要人物为基准，否则将失去以大事编年取代本纪的"反封建"意义。

（4）凡跨明末、民初人物，只要其清代事迹符合本书收录标准，即理应一律收入，可适当简略其"源"和"流"。

（原载国家清史编委会体裁体例工作小组编《清史编纂体裁体例讨论集》，中国人民大学出版社，2004 年）

《我所知道的德王和
当时的内蒙古》简介

  本书作者札奇斯钦先生,是长期寓居海外的内蒙古人,国际知名的历史学学者、教授。他主要依据亲历见闻撰写的《我所知道的德王和当时的内蒙古》,是中国近代史研究,特别是近代中国(主要是民国时期)民族关系史和蒙古民族史研究的重要历史资料。

  札奇斯钦汉名于宝衡,1915 年出生于内蒙古卓索图盟喀喇沁右旗(今赤峰市喀喇沁旗)一个蒙古族官宦之家。其父罗布桑车珠尔是民国初期北京政府的国会议员,曾活跃于当时北京的蒙藏政治舞台。札奇斯钦自幼随父长期居住北京(后改称北平),系统接受新式初、中等学校教育之后,于 1933 年入学北京大学政治系,1937 年毕业。1937—1945 年日本占领内蒙古时期,札奇斯钦在以德王(即德穆楚克栋鲁普)为首的伪蒙疆政权先后担任过民政部和兴蒙委员会秘书官、锡林郭勒盟总务处长等职。其间,曾于 1938—1939 年留学日本早稻田大学研究生院(日本称"大学院")。抗日战争胜利后,他积极参与了国民党统治区蒙古族各阶层向蒋介石政府要求民族自治的政治活动,还曾于 1949 年春夏间应德王召请,赴内蒙古西部阿拉善旗参与了"西蒙古自治运动"。中国政治局势发生巨变之际,他离开北平移居台湾。

  还在北京大学读书期间,札奇斯钦即曾师从著名蒙元史专家姚从吾教授学习蒙古史。他移居台湾之后,开始潜心研究蒙古史籍、史学,数年之后,即陆续发表了许多专业论著和相关文论。1957 年,札奇斯钦应聘出任台湾政治大学边政系教授、民族社会学系主任。1969 年政治大学新建边政研究所,他又成为首任所长。期间,还先后兼任过台湾大学历史系教授和(台湾)中国文化大学史学系教授兼系主任;应聘赴英国伦敦大学和美国杨百翰大学从事蒙古史教学和研究各一年;十分活跃于国际上与蒙古史相关的阿尔泰学、东方学等学科领域的学术舞台。1972 年,札奇斯钦移居美国,长期担任杨百翰大学教授、研究员、名誉教授,从事蒙古学及中国史等相关学科的研究和教学工作,直至退休。

作为国际知名的蒙古史学家,几十年来,札奇斯钦共以中(汉)、英、日三种文字出版发表了学术性著作、论集 10 余部,学术论文、相关文论 100 余篇,其内容和范围,几乎涉及了蒙古史、蒙古学的所有分支或相关学科领域。其代表性著述主要有《蒙古秘史新译并注释》(台北,1979)、《蒙古黄金史译注》(台北,1979)、《蒙古史论丛》(台北,1980)、《蒙古的文化与社会》(与美国保罗·海尔教授合著,以汉、英文在中国台湾地区和美国同时出版,1987),以及论文《近代蒙古政治地位之变迁》(1937)、《说元史中的达鲁花赤》(1964)、《在欧美蒙古移民的简史》(1971)、《喀喇沁王贡桑诺尔布与内蒙古现代化》(1981)等等。

《我所知道的德王和当时的内蒙古》是一部个人专题回忆录性质的著作。盖缘于札奇斯钦先生的丰富经历兼学者身份,日本东京外国语大学教授、蒙古史学家冈田英弘于 1981 年访问美国杨百翰大学时,提请他写一部德王的传记。为此,由冈田英弘教授经手,日本东京外国语大学亚非语言文化研究所特聘请札奇斯钦为该所客座教授,在不到一年(1983.9—1984.7)的时间里完成了这部书稿。因出版经费的关系,东京外大于 1985 年先仅排印出版了只占全书四分之一强的第一部分,直到八年后的 1993 年,才将近 3/4 的下半部分一次性排印出版。

本书的基本内容,正如作者所题书名,可以说是以回忆录的形式和笔法撰写的一部德王本人(从出生到去世)和他直接、间接参与其间的民国时期的内蒙古政治史。书中述及的时间范围,除了简短交代德王的出身背景及其 1950 年以后的结局,基本上贯穿了 20 世纪的整个上半叶。书中的绝大部分内容,均属作者的亲历或得自当时见闻。其中,尤以作者亲身经历的 20 世纪 30 年代中期至 1949 年的史事,也即主要是德王主导的百灵庙蒙古自治运动、日占时期的伪蒙疆政权、抗战胜利后国民党统治区蒙古各阶层的政治活动及 1949 年阿拉善"西蒙自治运动"的历史,记述得更为翔实、具体和真切，占去了全书约四分之三的篇幅。由于作者本人就是历史学者，所以在记述某一重要史事或时势变迁时，能够着意交代和分析当时的历史背景和环境；同时，为求所述史事的严谨、准确，还注重多方搜求和参酌包括各类当事人留下的各种文字和口传的史料记载。

由于政局动乱和战争等原因，就本书主题的时空范围，留存下来的专门、系统的历史资料为数很少。所以，出自亲身经历者兼历史研究者之手的这部回忆录，就有了比较特殊的史料价值和学术价值。譬如，作者在叙述史实时，特别是比较具体和重要的史事过程时，往往着意说明本人当时在场，或得自在场者的亲口所述，这无疑明显增加了这部忆述的可信、可靠程度。同时，出自学者的素养和识见，他还在多处明确具体地订正、驳正了其他中外相关著述的失实或不准确之处，使这本回忆录体裁的著述也有了一定的学术研究性质。由于种种主客观条件的限制，比如作者也已在"自序"中明确提到的，撰写本书时手头缺少必要的基本资料以供参考、核对，使得书中不属亲历见闻的一些记述，也难免出现失实和不尽准确之处。例如涉及德王的生日和晚年、去世的内容。好在已有德王之子敖其尔巴图先生的回忆录正式出版（蒙古文，内蒙古人民出版社，2003），可资订正。

作为历史学家的回忆录，本书在述及某些史事的政治分野时，笔调已力求拉开历史的距离，相当客观、冷静和平实。由于作者几十年来一直流寓海外，不言而喻，其历史视角和某些政治性观点和看法，会与国内同行学者及同类著述有明显差异。但是，对某些史事的不同看法和认识，不会影响本书作为亲历见闻者忆述也即"三亲"史料的史料学价值。通过这部长达45万余字的厚重著作，我们可以相当全面、系统、翔实、具体地了解过去所不知道或知之不详的一系列重要的历史事实，尤其是其中的许多只有亲身经历者才能提供的历史真相、内幕和细节。

（2006年2月）

《博尔济吉特·白莹论文汇编》序言

本书所收的一部长篇博士学位论文和三篇专题论文,我可以说都是其第一读者。所以,作者邀我给写个序言,既无以推托,也很乐意为之荐介。

白莹先生是澳大利亚籍蒙古人,本为清代世居北京的八旗蒙古贵胄子弟,再往前追溯,则是成吉思汗黄金家族的嫡亲后裔。徙居异域几十载,年届退休之际,受父辈嘱托,也为了遂个人的心愿,开始了他的寻根溯祖之旅。辗转数年,奔波询索于世居地北京、祖籍地内蒙古扎鲁特旗,及内地各省先祖们宦游、驻足之地,图书馆、档案馆、方志办(地方志编纂机构)、高等院校和科研院所,专家、学者、耆宿,然后以浓墨重彩的文笔,将所得所获结晶为英、汉两种文字出版的文学性历史著作《追溯》(澳大利亚堪培拉,中华文化协会,2009 年)。

在这一历史文化寻根过程中,白莹先生搜集到了大量最基本的历史资料,也接触并逐渐熟习了专业性史学方法和著论规范。在已出版的《追溯》中,这些辛勤所得还远未被充分利用和体现。于是,他又开始了新的旨在提高寻根的学术含量,并且能进一步实现夙愿的求索旅程,在"祖籍地的最高学府"内蒙古大学攻读博士学位。于是,我也就有缘成为了他的指导教师,成为他许多学术性文论的第一读者。

对白莹先生的博士学位论文《八旗蒙古大员宝棻主政山西研究》的全面学术评价,已不宜由我来着笔。借此机会,只想就个人的体会,简略介绍一下这部论文的几个较为突出的特点、优点。

作为学位论文,首要的一环自然是选题。近些年来,中国的辛亥革命史研究已经在翔实、具体、专深方面有了相当大的突破和进展。而人们通常以"辛亥"(1911 年)为标示的这场划时代的政制"革命",其各种制度性变革实际上本应以清末新政为起始、第一阶段。但国内学术界对清末新政研究的进展，显然未能与对"辛亥"的研究同步。所以，选取新政时期某一具体省份(山西)的某一特定时段(1907—1909，两年有余)为时空范围，从主政(巡抚)施政的角度，做出十分清晰、具体、详细的揭示论述，显然具有重要的学术价值和意义。

史料的充分占有，是具体史事研究的第一要务和前提、基础。为了将存世的宝棻奏折搜集齐全，作者不仅寻遍国内(大陆)相关各地各机构，还曾分两大批将台北故宫博物院所藏宫中档、军机档中的几百件奏折悉数复制。在史料种类的广泛寻觅方面，作者还将触角伸向了现今的文物拍卖行，搜集到了珍贵的宝棻手札原件(复印件，在史料学上具同等价值)，为搜集史料而付出的功夫、心血，史料占有的"充分"程度，由此可见一斑。

作为高层次、大篇幅的学术论文，在本学科领域的明显创新和突破，是它的最基本要求。在这方面，对某一具体省份、时段的清末新政，作出前人所无的全面系统、专深具体的史实论述，应可视为整个清末新政史、辛亥革命史学科领域中扎实厚重的基础性全新成果。本文的主人公宝棻虽属封疆大吏，在当时政治大变局中，无论是"激进"还是"保守"，他都算不上头面人物。但本文所述史实表明，他是相当忠实、切实地贯彻实施了清朝中枢出台的各项具体新政，为山西一省全新的制度建设做出了明显实绩。宝棻的这段具体"表现"，当可视为这一时期政治史和历史人物研究中具有明显新意并且颇具启示意义的重要、基本内容。宝棻同时还是八旗大员中的蒙古贵胄(博尔济吉特氏)出身。八旗蒙古及其具体人物研究，历来是相关学科领域的薄弱环节。对宝棻事绩的如此翔实丰富的论述，无疑也为近代民族关系和蒙古民族史研究增添了十分重要的新成果。

本书中的另三篇专题论文，有两篇从标题即可看出，是作者以宝棻为主题的全面研究中，可以单独成篇的具体成果。其中，任职"川东道"(驻重庆)一篇，论述了经过外交谈判力争，废止了外国人通过不平等条约规定所享有的某些特权，为清末中外关系史研究增添了新成果。辛亥革命时期以巡抚主政河南的一篇，论述了身为八旗大员的宝棻,在清朝大厦将倾之际的具体表现和复杂心态,从这一特定角度,丰富了辛亥时期地方史和人物研究的内容。有关清初扎鲁特蒙古昂罕编入八旗体制的考证,是作者对此前寻根探索中的一个重要收获,进一步以学术性论证形式的展示,显然是八旗蒙古史研究的新成果。

白莹先生的执着追求和不懈努力,终于得到了"超额"回报:以两年的时间完成了规定三年的博士研究生学业。学位课程各科成绩优异,提前一年完成并且以优良成绩通过了论文答辩,成为整个内蒙古大学迄今第一位正式提前获得学位的博士。本书中的各篇学术论文,就是作者由以获得这一殊荣的"物质"体现和见证。

读者面前的这部历史学术论集,是白莹先生对自己出身家族所做的历史文化寻根之旅在学术层面的结晶,是近代中国政治史和民族人物研究的重要新成果。如果从另一更为宽、广的视角,本书还可以说是各个不同民族文化"多元互动"的果实。正如当时的澳大利亚总理陆克文为英文版《追溯》所作前言中指出的:澳大利亚是一个由世界各国、各民族的移民所组成的国家,"经由这种多样性的人口,我们也就有了与世界其他各国联系的独特渠道","博尔济吉特·白莹的书就是一个我们参与世界联系的例子。他是一个自豪的澳大利亚公民,却可以追溯他的家族传承,回到中国和蒙古,并且直接继承着成吉思汗。他的家族的故事……涵盖了中国历史的几个世纪和动荡的时期","跨越了澳大利亚、中国、蒙古……"。所以,我们有充分的理由认为,白莹的这部史学论集,无论对于他的现居国家澳大利亚,还是他的出生故土中国、先祖和血缘所系的蒙古民族,都是足以引为荣耀和令人钦敬的学术文化贡献。

(2014 年 7 月于中国内蒙古大学)

附录:

《论文汇编》书名:《博尔济吉特·宝棻与博尔济吉特·昂罕研究》,澳大利亚堪培拉,中华文化协会,2014 年。

《论文汇编》目次:

1.《八旗蒙古大员宝棻主政山西研究》(博士论文),内蒙古大学,2012 年。

2.《宝棻任职川东道始末考》,《内蒙古大学学报》2011 年第 3 期。

3.《辛亥革命中的宝棻》,《内蒙古社会科学》2012 年第 1 期。

4.《扎鲁特蒙古昂罕系统进入清军八旗始末研究》,《内蒙古社会科学》2014 年第 1 期。

导师琐忆

时间过得真快,转眼间林沉(亦邻真)老师离开我们已经十年了。

我们今天聚集在这里举行这么隆重的纪念会,就是因为林沉老师在学界所拥有的地位和影响,他的学术成就和贡献,他的学品和人品。特别是有蔡美彪、周良霄、陈得芝、陈高华等老一辈大学者的光临,有中见立夫、大岛立子等海外知名学者的专程莅会,我作为林老师的受业弟子,更感到心里很热,很兴奋和激动,也很骄傲和自豪。

还在林老师刚去世的时候,就有他的弟子们发表长文,相当全面系统地概括和评价了他在蒙古学各个领域的巨大学术成就(《20世纪蒙古学巨匠亦邻真教授》,《蒙古史研究》第六辑,署名:齐木德道尔吉、乌云毕力格、宝音德力根、白拉都格其、乌兰)。其后,我觉得言犹未尽,又撰写一篇短文,专门介绍了林沉老师对蒙古史学发展的几点突出贡献(《亦邻真教授对蒙古史学发展的突出贡献》,《蒙古学信息》2001年第3期)。所以,在这方面我就不再冗赘和重复了。借此机会,我谨把一直很深地铭刻在心里的有关林老师的几个片段记忆,讲述给各位师友,以志纪念。由于时隔已久,一些具体场景和所说的原话,已经记不确切了,如果将它们写下来,也都不便加引号了。

第一件事是,我当初考研究生(1978年),报考的是中央民族学院的贾敬颜先生,曾专门跑到北京求见他。我说了我是从哪里来的之后,贾先生马上就说,你们内蒙古大学有林沉、周清澍知道吗?他们比我强得多,何必舍近求远找我来呢?记得当时贾先生的书房还在中央民院家属院内的防震棚里,在场的还有找他串门的,我后来才知道其是鼎鼎声名的中国历史博物馆的史树青先生。后来在另一个场合,贾敬颜先生当着好几位学界同仁的面还说过,学术上一些艰涩的东西、"犄角旮旯"的东西,就他(林沉)来的了(读 liǎo)。说出来的话,表面上很随意,还有点诙谐,但在场者都能感受到,它实际上蕴含和表达了贾先生对林老师由衷的钦佩。只要知道贾敬颜先生当时在国内学术界的资历和声望,就会联想到资历比他晚许多的林沉老师在学术圈内已经具有的声名。

第二件事也是在 1978 年,《光明日报》刊登了一组"二十四史"点校的体会文章。我看到了署名亦邻真(林沉)、周清澍的介绍点校《元史》体会的文章,模糊记得在同一版上大概还有郑天挺、唐长孺、王毓铨等人的文章。当我逐渐了解到这几位老一辈史学大师的赫赫声名之后,我的感受首先是惊讶,我的这两位当时连副高级职称还没有的导师,竟然能跻身于他们的行列。

在我读研究生头一年的某次课堂上,林沉老师在讲到学界关于匈奴人的语言究竟属阿勒泰语系中突厥、蒙古,还是满—通古斯语族的争议时说,为什么不可以是阿勒泰语系中另外的,也即后来死灭了的第四个语族呢? 我们知道,林老师在学界是以考证论述的严谨缜密著称的。而在这里,却似乎是毫无根据、不着边际的遐想和臆断,至少在当时,我的脑子里是有这种"一闪念"的。随着学术阅历的不断增加,我才恍然意识到这一假说的科学性,史学理论方法论方面的重要启示性。人类文明史上,倏忽兴灭的民族太多了,距今愈久远,其历史遗留物愈只能是断片和碎屑。我们不能仅据其大体活动地域和片断语言资料,即生硬地,且单一性地、排他地同存续至今的某一民族挂钩。这犹如将商周时期的南蛮、西戎诸族都要考定为汉、羌或苗、瑶的直系祖先。又有谁敢说整个印欧语系各语族语支,"自古以来"就是存续至今的这些呢? 迄今所知的历史遗存物可以证明匈奴人属阿勒泰语系,却不足以证明属现存哪个语族。作为一个曾经十分强大的统治民族(族支),他完全可能出自当时的第四种(或可以说,当时"排序"应为第一种?)语族。林沉老师后来将他的这一科学假说简括地写进论文里正式发表了(见《亦邻真蒙古学文集》第 549 页)。他还说:"不能把土著论的错误方法搬到语言史的领域,认为现代有多少种语言,古代也只能有这些种语言,古今一律,不生不灭。"

1981 年秋,林沉老师参加在乌鲁木齐召开的中国蒙古史学会年会回来之后告诉我们,美国的陈学霖教授对他说:你们遵奉马克思主义,可是马克思的五种生产方式学说,尤其是其中的奴隶制社会说,在世界上大多数国家和民族的历史上得不到验证(也即它并不科学),那你们为什么还要遵奉这一说法呢?林老师说这些话时,显然是赞同陈教授的看法的,而且这一基本看法从不同角度也反映在了林老师的相关论文当中。我们知道,在史学界里林老师的马克思主义理论功底很深,并且很注重将它运用在学术研究上。但我作为身边弟子的感受是,他并不像许多貌似的史学理论家那样生搬硬套、贴标签,而是真正领会和掌握了马克思主义理论的精神实质和科学的方法论。他有关蒙古早期社会阶级阶层结构的分析和论断,就是这一科学方法论的很好体现。

亲聆导师教诲方面的例子还有,有一次我把忽必烈与阿里不哥争夺汗位时的大将阿蓝答儿写成了阿兰答儿。林老师很郑重地批评我说,你为什么这么写?你知道这两个字那时怎么读吗?(古汉语蓝和兰读音不一样)汉字音写变了,还原成蒙古文错得就会更远。这个细节给我留下深刻印象,也是很深的教训。林沉老师所擅长的,也是蒙古史研究理应必备的民族史语文学(又作历史语言学)知识,我虽然得到"亲传",却并未能十分熟练地掌握。这一字之差,被老师捉住了马脚。从此,我不再敢轻易应承这方面的征询、求教,宁可辜负了忝列林老师弟子的声名。从中的感触,首先当然是做学问一定要严谨认真、一字不苟;还有就是,要(应该)知道自己的不知道。

我写研究生毕业论文时,林老师在我的稿纸(当时还是八开方格稿纸)上几个字词底下用红蓝铅笔划了线,又在旁边打了问号。被划了线的,往往是我在文字表达时,一般常用而又想得起来的词,觉得不能很准确达意,就用了自认为更能达意的组合型非常用(实则"自造")词。我不解问号何意,林老师就用颇生硬的口气说:"这个词是什么意思?……我当然知道你想说的意思,但别人能懂、读者都能明白吗?不能自己造词!不见于字典、词典和《辞海》的词一律不准用!"实在说,我当时打心里是不大以为然的,认为是"小题大做"，但导师的指令又不敢不听。只是随着自己学术经历的逐渐丰富，加上导师多年来不间断的言传身教，特别是自己也开始指导研究生之后，才愈来愈感受到林老师所提要求的正确性和必要性。从事历史学研究，当然须有学科理论、专业知识，须有有说服力的史料、史实和看法（观点），尤须有存真求实的科学精神和态度；不仅如此，作为严格、严谨的科学研究，语言表达、语词运用也都须严密准确、符合规范。直白地说，你写的学术、学位论文，不是给自己看的，也不仅是给导师看的，而是给广泛的学界同仁和更广大的社会读者看的。所谓字斟句酌、反复推敲，所谓严谨认真、一丝不苟，都须实实在在地体现在你的字面上。历史学术的科学性，只有这样借助于规范合格的语言工具，才能充分地，明确、准确地体现出来。

我很庆幸，在我走上历史研究的道路时，能够遇上这样一位导师。而且随着时间的推移，特别是在我们面临的学术环境和空气愈来愈失常，学问和学位上的糊弄和"忽悠"日益泛滥的今天，我的这种荣幸感也愈来愈深。

（原载《西域历史语言研究集刊》第四辑，科学出版社，2010年。本文为作者在"纪念亦邻真先生逝世十周年国际蒙古史学术研讨会"上的发言，交付发表时略有订补）

亦邻真教授对蒙古史学
发展的突出贡献

亦邻真(林沉)教授是蜚声国内外的著名学者。他在蒙古学各个学科领域的学术成就,已有刊登在《蒙古史研究》第六辑(内蒙古大学出版社,2000 年)上的专文《20 世纪蒙古学巨匠亦邻真教授》作了专门系统的概括和总结。

在这里,我作为林沉老师的受业弟子,仅从个人理解和体会的角度,简要谈谈林老师对蒙古史学学术发展的两点突出贡献。

林沉老师对我国蒙古史学发展的第一个重要贡献,就是运用民族史语文学方法和手段的研究。大家知道,史学研究的第一个前提,第一个基本条件,就是充分占有史料,正确地释读和领会史文涵义。蒙元史夙称难治,这是学界的共识。比起在它之前的宋史和其后的明史,难度大的最主要原因,就是有关基本汉文史籍(还不包括蒙古文和其他语种史料)中掺杂着大量蒙古语和其他外族语汇、专名、术语,而且还有大量堪称最基本史料的元代硬译体("白话"体)官文书。这种情况,使得许多历史上的文人学者望而却步,或者一知半解、半猜半解。

20 世纪初以来,蒙元史研究有了很大进展,如国学大师王国维的一系列考证研究,屠寄、柯绍忞的大部头重修"元史",陈垣大师的相关重要考证等等。但这些成果,基本上仍是在更为丰富地占有汉文史料的基础上,主要运用校勘学、训诂学、考据学等传统国学方法取得的。

国内利用蒙古文等多种民族语言知识,也即民族史语文学知识,与深厚的国学功底相结合来研究蒙元史,首开其端的大概要数公认的史学泰斗陈寅恪,即他的《元代汉人译名考》和四篇有关《蒙古源流》研究的论文。其后,又有曾系统接受西方近代史学方法训练的韩儒林、翁独健、邵循正等人,也将民族史语文学方法引入蒙元史研究，获得了许多重要成果。不过，这些前辈大师毕竟未能掌握熟通的蒙古语文，难以将以蒙语文为主的蒙元史语文学娴熟自如地全面运用于他们的研究。

以深厚精通的蒙语文功底和汉语文功底，系统全面地将民族史语文学与历史学相结合来研究蒙古史，亦邻真教授当属第一人。他登上学术舞台的第一篇论义，就是曾引起学界很大震动的《成吉思汗与蒙古民族共同体的形成》。文中运用丰富的语文学知识揭示了那个时代蒙古人社会生活中具有历史意义的方方面面，并据此阐明论证了一系列重要史实和结论。

20世纪70年代初，在"二十四史"整理点校的全国性重点文化工程中，他受命具体参与主持了在掺有外族、外来语汇方面难度最大的《元史》的标点和校勘工作，解决了这方面的众多难题。《元史》的成功点校，堪称将民族史语文学引入中国传统文献学研究的国家级也是世界级学术成果。

亦邻真教授的另两部代表性成果《中国北方民族与蒙古族族源》和《畏吾体蒙古文复原本元朝秘史》，也都是充分运用民族史语文学知识和方法的国际领先之作，将蒙古族族源研究和已成为国际性显学的《蒙古（元朝）秘史》学研究提高到了一个新的阶段和水平。

在另两部代表国家级学术水平的《中国大百科全书》和《中国历史大辞典》的编撰工作中，林沉老师还分别担任了百科全书的《中国历史·元史》分册和历史大辞典《辽夏金元史卷》《民族史卷》的副主编或编委，撰写了大量民族特点突出的辞条。正如前述全面评介他的学术成就的专论中指出的那样，这些辞条的"大部分是非先生所不能者"，也即其他学者同仁所难以胜任者。

在运用民族史语文学从事蒙古史研究方面，林老师的贡献不仅限于他本人直接撰写发表的研究成果。作为教授和研究生导师，他还将自己这方面的丰富、系统的知识和方法开设为专门课程，传授给了他的直接和间接的弟子。作为成就卓著的学者，他的论著成果也直接间接地启示、促动和影响着整个蒙古史学界。

近20年来，整个蒙古史学科，无论是蒙元史，还是蒙古以前的北方民族史，明代和清代蒙古史，以及蒙古史文献学领域，都有了重大的新进展。而这些新进展中,尤其是其中属于蒙古本体、蒙古族本身的研究方面,几乎所有的突破性成果,都直接、间接,程度不同地得益于民族史语文学的知识、手段和方法。

林沉老师对蒙古史学发展的另一个重要贡献,就是将马克思主义的思想理论和方法,准确、恰当地运用于研究实践。

我们知道,史学研究的目的,并不仅仅是考证叙述史实,还要从中揭示历史发展演变的规律,阐明某个人物、事件,某方面的社会变化,它(他)们相互之间的因果、源流关系,它(他)们在历史发展总体进程中的地位、作用和影响。如果不是照搬硬套马列前贤的现成论点或结论,对我们来说,历史唯物主义的基本理论和方法,仍是我们分析和评判历史事物的最基本的科学理论和方法。

在这方面,林沉老师直接来源于经典原著(曾逐卷逐篇通读《马恩全集》)的深厚的马克思主义理论功底,也是学界同仁所熟知或公认的。

从 20 世纪二三十年代开始的中国古代史学界,从 1950 年代开始的对各少数民族史的调查和研究,社会性质问题,也就是处于何种社会生产关系发展阶段,及其如何演进更替的问题,一直是一个众说纷纭、莫衷一是的热点问题。

在这样的背景下,林沉老师在其第一篇力作《成吉思汗与蒙古民族共同体的形成》中,广泛参酌国内外学界的各种论点和提法,通过对 12 世纪蒙古社会的经济生活、生产关系、阶级结构等方面的深入考察、缜密分析和论证,明确提出了成吉思汗建立的大蒙古国,是带有鲜明草原贵族特点的父权封建制国家。这一基本结论,曾在这篇论文发表的学术会议上,也就是 1962 年在呼和浩特举行的全国性纪念成吉思汗诞辰八百周年学术讨论会上,引起了很大关注,引发了广泛讨论和热烈争议。在我能够基本"看懂"这篇论文时就已觉得,当时所有的不同意见和看法,都难以撼动林沉老师以坚实的民族史语文学知识支撑,科学的历史唯物主义方法分析、论证的基本史实和结论。

20 世纪 70 年代末,蒙古史学科重新复苏的时候,古代蒙古社会的社会性质问题再度成为学界热点,很快就有许多颇有分量的论著接连发表，探讨论证古代蒙古的奴隶制社会，或如何从奴隶制进化为封建制社会的。当时，我们作为林沉老师的研究生，知道他对这些讨论中的许多提法和结论是颇不以为然的。不过，或许由于对这些并没有能真正"吃透"史料记载的，"我注六经，六经注我"式的简单化、概念化讨论不感兴趣，或者是觉得自己的进一步思考（论证）尚未成熟，林老师当时并没有直接参与这些讨论。

其后不久，林老师发表了这方面的又一篇力作《关于十一、十二世纪的孛斡勒》，以无可辩驳的资料和史实，严谨缜密的分析论证，指出了当时蒙古社会的孛斡勒，并不是马克思、恩格斯社会发展基本理论中的奴隶身份和阶层，从而釜底抽薪式地抽掉、否定了蒙古奴隶社会说的最基本论据。

林沉老师的这一在大的方面明显有悖于传统"五种生产方式说"的基本结论，并不仅仅是可以自圆其说的一家之言。尽管林沉老师从未有意识地要求他的弟子们接受他的观点和结论，但至少约从 20 世纪 80 年代开始，在受到林沉老师直接间接影响的学术圈子里，不再有人专门探讨古代蒙古社会的定性问题。

不仅如此，如果我们把视野再放宽一些就会发现，也许是所见略同的共识，一些代表国家级、全国性学术水平的论著成果，包括韩儒林大师主编的《元朝史》和《中国大百科全书》《中国历史大辞典》的几乎所有相关辞条（指非林沉老师执笔者），尽管对古代蒙古社会的奴隶制成分、封建制因素均有一定的揭示阐述，但都没有对整个社会发展阶段明确"定性"，而且对这些各种生产关系要素、成分的分析、判断，尽管表述方式、语言不尽相同，也多与林沉老师的成果和基本结论大体一致或相吻合。

近年来，我国史学界已很少看到拘泥于"五种生产方式"模式的"定性"类讨论争议。而在这一史学理论性进步中，林沉老师可以说是率先以严密科学的分析论证，从早已成为国际性学科的蒙古史角度，向国内外权威论点提出挑战，并在事实上得到了学界的广泛承认和接受。

在谈到林沉老师的学术贡献的时候，特别是在今天这样主题的会上，我还想提到我读研究生期间的另一位导师周清澍教授。

大家知道,在我国蒙古史学界,周清澍老师是以学识渊博,传统国学功底广博、深厚著称的。这一点,在整个他那一代学者中恐怕也罕有其匹。但可能许多同仁没有注意到,在林沉老师特有的前述两个学术专长方面,周清澍老师同样有着相当深厚的专门知识和功底。这不仅具体体现在他的许多论著成果当中,还体现在经他悉心指导下完成的、学生们的论文当中。

比如,周清澍老师的《汪古部的领地及其统治制度》一文,不仅为我们揭示论证了蒙元时代蒙古本土投下领地的基本政治制度和统治体制,而且为整个蒙古社会制度史研究提供了带有相当普遍意义的极为重要的新成果。而我较早发表的两篇蒙元史方面的论文,所涉及的一些蒙古语专有名词的对音勘同,几乎都来自周老师的具体指点,其中有的拉丁文音写更直接出自周老师手笔。

在整个蒙古史学界,林沉、周清澍堪称大师级学者。他们的学术贡献和功绩,不仅在于他们个人的学术成就,还在于把他们的功底和知识、专长传授给了我们,更在于把他们那种严谨、科学、扎实、认真的治学态度和学风带动和传授给了我们。内蒙古大学的蒙古史学能够形成今天这样的总体实力、优势和特点,很大程度上应归功于林、周这两位学术大师。

林沉老师离开我们已有两年多了,周清澍老师也已年届 70 周岁。对我们来说,继往、开来、回顾、展望,很重要的就是要继续恪守、坚持他们的治学态度和学风,在现有特点、优势的基础上,拿出更多具有创新、突破性的成果,取得更多、更大的学术成就。

(原载《蒙古学信息》2001 年第 3 期。本文为作者于 2001 年 7 月 20 日在内蒙古大学"蒙古史研究回顾与展望学术讨论会暨庆贺亦邻真、周清澍先生文集出版会议"上的发言,提交发表时略有删改)

周清澍教授在新中国史学
发展史上的地位和贡献

　　周清澍教授,湖南武冈人,1931 年出生,1957 年北京大学历史学研究生毕业,后一直在内蒙古大学任教,直至退休。周清澍教授是1949 年以后走上史坛的我国最重要的历史学家之一。他是元史和蒙古史研究领域的主要权威之一,同时还在马克思主义社会发展史观的具体运用、中国统一多民族国家形成史、清近代学术史、历史地理学,特别是藏学、历史文献学等专门领域,都作出了坚实的、不容忽视的成就和贡献。

一

　　1.《成吉思汗生年考》《蒙古族社会如何向封建制度过渡的问题》

　　1962 年 6 月,内蒙古历史学会主持召开了全国性的"纪念成吉思汗诞生八百周年蒙古史科学讨论会",周清澍在会上提交了上述两篇论文。

　　《成吉思汗生年考》①大概可以称为周清澍先生在蒙古史、元史领域的第一篇代表作、成名作。关于成吉思汗出生于旧历壬午(1162 年),尽管中外史籍也有不同记载,但中国主流学界并无歧见,否则不会在 1962 年召开纪念他诞生八百周年的学术会议。不过,著名的波斯文《史集》中的 1155 年说和法国权威学者伯希和提出的1167 年说,在国内外学界也有很大影响。周清澍此文的最主要贡献在于,不仅征引蒙汉等各种文字的最基本史料进一步论证了 1162 年说,更通过一系列举证和考辩,较有说服力地指出了拉施特《史集》

---

① 　《周清澍文集》(上、中、下三册,以下简称《文集》),广西师范大学出版社,
　　2020 年。下文所引周清澍文论,凡出自本《文集》者不再另行加注。

和伯希和之舛误的具体原因。

这篇专论在蒙古史和元史研究领域的重要位置,已无须赘言。可以再强调的一点是,它不久即正式发表于中华书局《文史》杂志的第一辑上。我国文史学界都知道,"文化大革命"前创办的这个大型学术刊物,实际上是当时国内纯学术刊物的头牌。

《蒙古族社会如何向封建制度过渡的问题》详细论证了古代蒙古人从原始社会未经过奴隶制社会阶段直接过渡到了封建制社会。学界周知,1949 年中华人民共和国成立以后的中国史学界,大力倡行马克思主义唯物史观的思想理论指导,形成了一个很大的潮流。比如人们所熟知的,包括中国古代史分期问题、农民战争史、资本主义萌芽等在内的被称为"五朵金花"的一些重大问题讨论。当时史学界的许多老、中、青各代的佼佼者都曾参与其中。周清澍先生并没有参与这些讨论,却在同一时期写出了这篇将马克思主义社会发展史观具体运用于古代蒙古史研究的力作,而且其基本结论,是明显突破了这一社会发展史观的"五种生产方式"成说。蒙古史界的同行都知道,这个基本看法和结论,并不是周清澍先生的发明、首创。较早的有苏俄学者符拉基米尔佐夫的经典性论述;[1]1950 年代也有国内学者陶克涛、余元庵在他们的蒙古史著作中的跟进。[2] 在周清澍发表这篇论文的同一个会议上,还有内蒙古大学亦邻真(林沉)在其论文《成吉思汗与蒙古民族共同体的形成》中,持相同看法的相关论述。[3] 然而认真翻阅周清澍这篇专论就会发现,他除了相当谙熟地引用了马克思、恩格斯的汉译原著、原文、相关论述,还比国内外前人更为广泛、细致地发掘引用了各种较好版本的汉文史籍,更多地直接参考利用了国内尚属罕见的拉施特《史集》的俄译原本和术外尼(志费尼)《世界征服者史》英译本及许多西方学者的原文、原著,放

---

① 〔苏〕符拉基米尔佐夫著,刘荣焌译:《蒙古社会制度史》,中国社会科学出版社,1980 年。

② 陶克涛:《内蒙古发展概述》(上),内蒙古人民出版社,1957 年;余元庵:《内蒙古历史概要》,上海人民出版社,1958 年。

③ 内蒙古历史学会编印:《纪念成吉思汗诞生八百周年蒙古史科学讨论会集刊》,呼和浩特,1962 年 10 月。

在当时应是很新近的中外多种资料和成果。也就是说,应是明显站在国内外领先、先进的学术前沿、制高点,比前人更为严谨缜密地论证了这个基本观点。时隔已近 60 年之后回想,这篇论文的成果毕竟一定程度上属于形而上的价值判断,自会留下进一步讨论的余地。但是在当时的全国史学界,其学术意义已不仅限于蒙古史、元史领域,应是将马克思主义的基本观点具体运用于"五朵金花"之外的某一专门领域的代表性作品,在这一史学潮流中占有坚实的一席之地。

纪念成吉思汗诞生八百周年的这次会议,是那个时期少有的规格较高的全国性史学会议。出席者中有蒙元史和北方民族史界的领军人物和久负盛名的翁独健、邵循正、方壮猷、马长寿、杨志玖、贾敬颜等人;来自(内蒙古)区外的与会学者单位有中国科学院哲学社会科学学部的近代史研究所、民族研究所,北京大学、中国人民大学、中央民族学院、南开大学、山东大学、武汉大学、西北大学等。会议正式论文 12 篇,周清澍就占了两篇,其中《成吉思汗生年考》登在了《会议集刊》的首篇。①

由于成吉思汗生年问题已是共识、定论,没有成为会议的主要议题。集中讨论的就是两个议题:对成吉思汗的评价和蒙古早期社会性质,提到最多的讨论对象,就是周清澍及亦邻真的前述两篇文章。会议仅有的两次分会讨论的综述性会议记录中,明确提到的论文作者名字,也只有周清澍、亦邻真。② 也就是说,周清澍(及亦邻真)和他(们)的论文。实际就是这个全国性学术会议的主角。

通过这次会议,及会后《成吉思汗生年考》刊登于《文史》创刊号上,周清澍这位当年只有 31 岁的年轻学者,已相当明显地展示和奠定了其在蒙元史界,以至全国史学界的地位、贡献和影响。在他们那一代学者中,当可谓凤毛麟角、屈指可数。

2. 点校《元史》

中国传统正史"二十四史"的整理点校工作,是新中国文史学术的最重大工程之一。其中的《元史》,就是由周清澍和已故亦邻真教

---

① 内蒙古历史学会编印:《纪念成吉思汗诞生八百周年蒙古史科学讨论会集刊》。
② 同上。

授点校的。①"二十四史"点校工作全部完成之后,《光明日报》于
1978年6月1日的《史学》专刊登载了总题为《"二十四史"整理工作
的感想与体会》的一组由主要组织者和分头点校者撰写的总结性文
章。一共10篇短文中,分别谈到了这个工程是国家下达的任务、其学
术意义和政治意义及具体的体会和经验。署名作者有顾颉刚、翁独
健、唐长孺、王仲荦、孙毓棠、杨伯峻、郑天挺、王毓铨、陈述、张政烺、蔡
尚思等人的名字。这些人物,几乎都是民国时期就已经登上学术舞台
的大学者,可以用如雷贯耳来形容。而跻身其间的,就有亦邻真、周清澍
的合署文章《校勘是做好标点的基础》。这篇文章的内容,实为整个古籍
整理、点校工作的学术核心之一,其在这组文章中的学术分量和位置相
当显眼。完成《元史》点校工作,再加上这篇文章的添彩,就是他们确立
在全国史学界的地位、为新中国史学发展作出重要贡献的明证。

3.《汪古部事辑》(系列论文5篇)

汪古部是金元之际驻牧于阴山以北地区的贵族领属集团。其
统治家族及部众的族源族属,与蒙古大汗、元朝皇室的亲密关系,作
为诸王领地的体制和组织结构,在蒙古——元朝北方草原的历史上既
有特殊性、又具典型性。周清澍教授的《汪古部事辑》系列论文,通
过钩稽辨析各种基本史料,详细具体地考证叙述了以汪古部为轴心
的一系列重要史实,揭示论证了许多相关的、具有"规律"意义(如制
度、体制、结构等)的概括、结论,为夙称难治的蒙古——元朝时期的北
方——蒙古本土史研究,提供了具有典范意义的厚重成果,将这一课
题领域的研究推上了一个新的台阶。同时,这5篇系列论文都连续
刊载于《文史》杂志,从另一个侧面显示了它们的坚实的学术分量及
其作者在全国文史学界的地位和影响。

4.《元人文集版本目录》②

众所周知,古籍版本目录学是中国历史文献学最重要的分支之
一,最艰深的学问之一。《四库全书总目》和《贩书偶记》等目录学巨

① 参见《元史》中华书局标点本,1976年。其第一册卷首"出版说明":"《元
史》的点校,由翁独健同志主持定稿。担任点校的有亦邻真、周清澍同志。
邵循正同志也参加过列传部分的点校。"
② 周清澍:《元人文集版本目录》,《南京大学学报丛刊》,1983年。

作的学术地位人所共知。1949 年以后，国内学界很少看到这方面有分量的专门成果。周清澍的这本小书，把元代可以作为"集部"的古籍，所有海内存世者的版本信息搜括净尽，并且以严格的旧籍版本著录规范，将各种版本要素、相关信息精准齐全地罗列、标示出来。像这样坚实地著录某一朝代某一方面古籍版本信息的专门著述，似乎专门辑录唐代、宋代的没有，明代、清代的也未得见。那么，这本小书就应该是罕有的填补学术空白的目录学力作。

1990 年，周清澍教授应日本东京东洋文库邀请赴日学术访问，将期间访书所得撰成《日本所藏元人诗文集珍本》，为《元人文集版本目录》做了进一步的订缀和充实，使这一学术成果更臻完备。

5.《中国大百科全书·中国历史·元史》分册和《中国历史大辞典·辽夏金元史》分卷副主编①

《中国大百科全书》和《中国历史大辞典》都是我国科学、学术的"形象工程"，都是代表国家级水平的。周清澍教授作为两书分卷的副主编，为这两部辞书撰写了大量重要的、基本的条目，由此所显现的学术地位、贡献和影响，已毋庸赘言。只是还可以说明的是，《中国历史·元史》分册的主编，是民国时期已大名鼎鼎的韩儒林教授，《中国历史大辞典·辽夏金元史》卷的主编蔡美彪先生，也是 1949 年就专业毕业走上史坛的。

二

1. 蒙藏关系史—藏学研究

在 1962 年 12 月内蒙古历史学会举办的"《蒙古源流》成书三百年纪念会"上，周清澍发表了《〈蒙古源流〉初探》②。这篇长文指

① 参见《中国大百科全书·中国历史·元史》扉页"编写组"名单，中国大百科全书出版社，1985 年；《中国历史大辞典·辽夏金元史》扉页"编纂委员会"名单，上海辞书出版社，1986 年。

② 该文首载内蒙古历史学会编印《〈蒙古源流〉成书三百周年纪念会文件汇编》，1963 年。后正式发表于《民族史论丛》，吉林人民出版社，1980 年。该文初发表时，与当时的内蒙古大学同事额尔德尼白音（巴雅尔）联合署名。据所知，额尔德尼白音认真细致地做了《蒙古源流》等蒙古文史籍各种抄本的对勘核校工作。也就是说，本文提到的具体内容和见解，应均出自周清澍手笔。

出,对蒙古文史籍《蒙古源流》,很早就有沈曾植、张尔田等史学大家做过专深的史料学校勘、笺注工作,指明了这部书将蒙古人的远祖追溯到印度、西藏的乖谬和把窝阔台汗的次子阔端(乾隆汉译本写作"库腾")记为蒙古第三代大汗的舛误。陈寅恪则从史源学角度论证了《蒙古源流》对蒙古远祖的追溯几乎全盘迻录自《彰所知论》等藏传佛教史籍。继往开来,《〈蒙古源流〉初探》在总结迄当时为止中外学界(包括德国、俄罗斯、蒙古及日本学者和田清波等等)的各种成果基础上,进一步挖掘利用明代汉文古籍和蒙古文藏传佛教文献,从各个方面严谨缜密地论述了一系列相关问题,将《蒙古源流》研究推向了新的高度。特别是在陈寅恪的基础上,进一步得出《蒙古源流》中整个元代史的内容均来自藏文史籍等一系列新的看法和结论。可以说,这篇长文的学术贡献,已不仅局限于蒙古文史籍和蒙古族历史研究,它同时也是蒙藏关系史、蒙藏宗教文化交流史方面具有明显创新、突破意义的力作、新成果。周清澍在这篇文章的基础上延伸开来,导引出了另外两篇重磅论文《库腾汗——蒙藏关系最早的沟通者》和《藏文古史——〈红册〉》。

《库腾汗——蒙藏关系最早的沟通者》一文,在《〈蒙古源流〉初探》已有引证考述的基础上,通过苏联学者列里赫、日本学者冈田英弘和意大利学者图奇(又作杜齐)等人的研究和译介藏文古籍的学术成果,进一步挖掘出《红册》(又作《红史》)等藏文史料中的有关记载,考证出早在1239年阔端即派朵尔达进兵西藏,直抵拉萨附近,震撼全藏。由此才引出了其后的萨迦班智达的至西凉觐见阔端,代表西藏僧俗统治者正式臣附蒙古。而当时蒙古已攻灭金朝,取代其地位,成为统治整个北中国、事实上的新一代中原封建王朝。所以周清澍的结论是:"阔端部下朵尔达的军队已进兵吐蕃……要谈元朝建立对西藏统治权的历史,必须从1239年算起。"后来,周清澍又在参加撰写的《中国通史》第7册中,将这一臣属关系确立的时间坐标,确定为萨迦班智达会见阔端的1247年。"1247年,萨迦班智达会见了从和林选汗归来的阔端,代表吐蕃各地方、各教派僧俗势力同阔端达成协议,承认吐蕃归属蒙古。""从此,蒙古汗通过萨迦班智达这位宗教领袖确立了对吐蕃的统治。"①

我们知道，中国统一多民族国家形成史，是新中国史学界最重大的议题之一。其中，西藏置于中央王朝的行政管辖之下，是其最重要的历史阶段、历史环节，也是最重要的史证。周清澍教授的这一考证结论，无疑是中国统一多民族国家形成史研究的一个最重要的学术发现和贡献。

《藏文古史——〈红册〉》的内容，属于笔者几近知识空白的藏学研究，很难概括、复述其中的考证辨析。只想强调，该文刊登在创刊未久的 1983 年的《中国社会科学》。熟悉中国学术界的人们都知道，这个刊物多被视为代表中国人文社科最高水准的刊物。把周清澍教授的这篇文章视为我国最重要的显学之一的藏学研究的国家级重要成果，应不为过。

周清澍涉足藏族历史文化研究，早从 1956 年就开始了。是年为庆祝西藏自治区筹备委员会成立，他受学校（北京大学）委托应《人民日报》约稿撰写了《汉藏两族人民历史悠久的友谊》，后改在《人民中国》俄文版（1956 年 6 月，第 12 期）发表。"文化大革命"后期，又应邀参加由范文澜、蔡美彪先后主持的新中国第一部大型《中国通史》的编写工作，承担完成了元代的藏族等篇章。② 周清澍教授的这组文论，为古代吐蕃王朝衰亡后藏族历史的研究，提供了相当厚重的新成果。那时，我国藏学研究的规模和成就远未达到近年来的程度，那么它在新中国的藏学发展史上，就更显其开拓和突破意义。

2. 清近代学术史

近代以来，史学史、学术史是中国传统国学和历史学中的一门显学。许多耳熟能详、如雷贯耳的大学者，都曾涉猎其中，或以此奠定学问的基础和声名。1949 年以后，以此为专攻的学者和相应的专著、专论，难以胜数。周清澍教授并不以此为专攻，却也撰写发表过

---

① 蔡美彪等《中国通史》：(第七册)，人民出版社，1983 年，第 64 页。
② 《中国通史》(第七册)，第 357—371 页。另见周清澍：《元朝的藏族》，载《周清澍文集》(上)。

一批评价、介绍与元史、蒙古史研究有关的清近代学术大家的文章。比如收载于《中国史学家评传》的《钱大昕》,题为《张穆、李文田手迹考释》《洪钧与〈元史译文证补〉》和《蒙古史学者沈曾植及其手迹》等专文。除了专攻蒙古史、元史的张穆、李文田、洪钧,对钱大昕和沈曾植的评价介绍,则远不止于蒙古史、元史领域。

《钱大昕》一文长达 2 万余字,内分 11 小节,以其中 10 个小节逐一介绍了钱大昕在经学、史学、目录学、古文字学及断代史等 10 个专门领域的学术成就和贡献,而元史学只占其第 10 个,也即断代史小节的主要部分。钱大昕是清代乾嘉学派的主要代表人物。周清澍能够如此全面、系统、专深、具体地介绍和评价这位学术史上的顶级人物,并且在拥有众多该领域专攻学者的情况下,其文能够为全国性的《中国史学家评传》专辑选用,足可证明他在这一学术研究领域的地位和影响。

周清澍介绍沈曾植的文章,题目"以蒙古史学者"开头,以"及其手迹"结尾。而我们从文中看到的却是:堪称中国近代史学开山的王国维,曾向沈请教多种学问,并成为沈的授学弟子中成就最突出的人。日本著名学者那珂通世也曾亲得他的传授,而且在他"访日期间,日本学术界人士闻讯来请教的甚多,皆满意而去"。俄国著名哲学家盖沙令"夙闻儒者沈子培(即沈曾植)之名",旅华期间委托怪才大儒辜鸿铭写信介绍,见到沈曾植之后称"沈氏实中国之完人",是"所谓意识完全者,诚中国文化之典型也"(这里的"中国之完人""意识完全者",显然不是仅指道德人品,而应是人文学术修养和水准)。法国汉学、东方学"教皇"伯希和,在来华期间与当时中国著名文人缪荃荪、沈曾植、张元济等晤谈。事后张元济在致友人叶昌炽的书信中说,当时"乙庵(即沈曾植)与客(即伯希和)谈契丹、蒙古、畏兀儿国书及末尼、婆罗门诸教源流,滔滔不绝,坐中亦无可搀言"。沈曾植的博学、才气,在同侪中的身份和地位,简直跃然纸上。这些近代中国学术史上的名人轶事、重要史实,展示出沈曾植在当时国内外学界中公认的极崇高身份和地位。除了王国维在《观堂集林》中有一篇为沈曾植祝(七十)寿的专文,学界同仁较容易看到之外,我相信许多同仁都会同我一样,是从周清澍教授的这篇文章中了解沈曾植的。将如此重要的中国清近代学术史信息揭示给学界和读者,本身就是学术史研究领域的重要成果和贡献。

3. 历史地理学

20 世纪 90 年代初,周清澍主编出版了《内蒙古历史地理》①,翔实具体地论述了从远古至民国时期内蒙古地区以民族兴替和政区沿革为主的人文历史地理。据笔者所知,这部书从指导思想、编排体例、内容大纲及最后统审定稿,都出自周清澍之手。周清澍虽只直接执笔了书中的金代和元代两章,但编写组成员几乎都是他的学生辈的年轻人、初学者,许多章节的具体内容,包括史料的搜寻,史事的梳理,也多出自周清澍的具体指教。

历史地理是整个历史学科的重要分支。同时,它也是一个区域性很强的学术领域。历史上的内蒙古从来未成为单独的政权、民族以至地方行政区域。它横跨中国的东北、中北、西北三大区,民族地理和政权、政区地理都十分庞杂、多元,学术研究的繁难程度远过于内地各个省级区域以至新疆、西藏。《内蒙古历史地理》成书时,国内其他省区还没有同类的专门系统的历史地理著作。该书堪称中国历史地理学科的分量很重的创新性成果,填补空白之作。

前不久,笔者看到一篇总结、综述几十年来的中国历史地理学研究的署名长文。② 该文分门别类地介绍了疆域研究、政区、城市、经济、人口地理等各个分科的研究概况和主要成果,不仅包括了以省区为单位的具体成果,还将许多大区通史(如《东北通史》《西南通史》等)和地方行政制度史方面的厚重作品都囊括了进来,却并没有列出省区地理这个门类,也没有提到本应属题内之义的《内蒙古历史地理》。从该文的这一明显缺憾恰恰可反映出,省区历史地理这个历史地理学科的最基本组成部分,仍处于相当薄弱和某种空白状态,也就更显出《内蒙古历史地理》这部书在整个中国历史地理学研究领域的重要贡献和成就。

---

① 周清澍主编:《内蒙古历史地理》,内蒙古大学出版社,1994 年。
② 华林甫等:《四十年来的中国历史地理研究》,载张海鹏主编《中国历史学40 年(1978—2018)》,中国社会科学出版社,2018 年。

4. 历史文献学

除了前述元代古籍版本目录方面的成果,周清澍教授还于 2000 年发表了另一篇历史文献学领域的厚重论文。

20 世纪 90 年代末,由北京师范大学古籍研究所主持选辑的大型古籍整理工程《全元文》出版了第一批成品。周清澍教授披阅之后,发表了《元代文献辑佚中的问题——评〈全元文〉1—10 册》。在充分肯定其学术价值和成绩的同时,也指出了部分成品中存在的一些不足之处,特别是所指涉及遴选底本方面的问题,具有很高的学术含量。本来,治一朝一代史者充分了解和掌握是代文献古籍的版本源流,应属题内之义。周清澍在这里指出的,却并不止于一部一卷的"知其然",而是相关共通性的(知其)"所以然"。

周清澍说:作者如有别集同行,在《四部丛刊》等近世大型丛书中大多已经影印,保留了初刊本、较早刊本或精校本的原貌,可选为底本(而不要、不应选用《四库全书》本)。如果作者原书已佚,若有经后人辑录的单篇保存在文字完整的石刻、拓本,应采用石刻为底本。若石刻保存文字不完整,年久字迹残蚀,则采用选收此文的总集、方志等善本。关于拓本,周清澍还进一步指出:"乾嘉以后,金石学才大兴,故拓本或金石志往往出现较晚,多有残泐。"所以,选历代递修的方志为好,因为"早年修志时,碑文尚完好,后修的志也可以从前志转录"。

对于学界已熟知的乾隆帝令将《四库全书》中有关史籍的各族汉译专名"一律改译以求划一",周清澍明指其"对于元代文献也可以说是一场浩劫",反而使治元史者,熟悉元代文献的人"如堕五里雾中"。而这一属于古代史料学—历史文献学上的重要问题,不仅直接影响着古籍整理工作中如何更好地选择底本(是否选用四库本)的问题,同时所涉及的也不仅是元史和辽史、金史,还必然会波及与这三朝对峙、交往和前承、后继的宋史、明代以至清代文献释读(如专名译写惯例和通则)。

很难设想,对围绕着《四库全书》中几乎所有与元代及更广范围的史籍熟悉和了解到什么程度,才可能做出这样艰深的辨析和判断、归纳和概括。这篇文章所揭示和论述的一些问题,显然是许多专攻学者尚未很好了解和掌握的中国古代历史文献学中的最基本和最重要的专门知识。

回顾1949年中华人民共和国成立以后的史学发展史，直到"文化大革命"结束之后的20世纪80年代中期，历史学各个主要领域和分支学科的主要权威和领军人物，还几乎都是1949年之前已专业毕业、走上史坛的学者。比起改革开放之后逐步成长起来并逐渐占据史坛中心的新生代，周清澍这一辈大概可以称之为中华人民共和国史学发展史上承前启后的一代。在我们已耳熟能详的这一代学者中，像周清澍这样既是某一专攻领域的主要权威，又在其他许多史学分支领域留下浓重笔墨的，细数起来不是很多。那么我们就可以有相当充足的理由认为，周清澍教授是1949年以后走上史坛的我国最重要的历史学家之一。

图书在版编目(CIP)数据

朔漠烟云：蒙古史与内蒙古地区史研究／白拉都格
其著. —上海：上海古籍出版社,2024.5
（欧亚古典学研究丛书）
ISBN 978-7-5732-1104-0

Ⅰ.①朔… Ⅱ.①白… Ⅲ.①蒙古族—民族历史—研
究—中国 Ⅳ.①K281.2

中国国家版本馆 CIP 数据核字(2024)第 076798 号

欧亚古典学研究丛书
朔漠烟云：蒙古史与内蒙古地区史研究
白拉都格其 著
上海古籍出版社出版发行
（上海市闵行区号景路 159 弄 1-5 号 A 座 5F 邮政编码 201101）
（1）网址：www.guji.com.cn
（2）E-mail: guji1@guji.com.cn
（3）易文网网址：www.ewen.co
浙江临安曙光印务有限公司印刷
开本710×1000 1/16 印张24.75 插页2 字数344,000
2024 年 5 月第 1 版 2024 年 5 月第 1 次印刷
ISBN 978-7-5732-1104-0
K·3574 定价：128.00 元
如有质量问题,请与承印公司联系